师道撷英

SUCCESSION OF TEACHERS' WISDOM

北京理工大学附属中学教育教学研究获奖论文精编

陆云泉◎主编

北京理工大学出版社
BEIJING INSTITUTE OF TECHNOLOGY PRESS

图书在版编目（CIP）数据

师道撷英：北京理工大学附属中学教育教学研究获奖论文精编/陆云泉主编. —北京：北京理工大学出版社，2015. 1

ISBN 978 - 7 - 5640 - 9903 - 9

Ⅰ. ①师… Ⅱ. ①陆… Ⅲ. ①中学教育 - 文集 Ⅳ. ①G63 - 53

中国版本图书馆 CIP 数据核字（2014）第 247498 号

出版发行 / 北京理工大学出版社有限责任公司
社 址 / 北京市海淀区中关村南大街 5 号
邮 编 / 100081
电 话 /（010）68914775（总编室）
82562903（教材售后服务热线）
68948351（其他图书服务热线）
网 址 / http：//www. bitpress. com. cn
经 销 / 全国各地新华书店
印 刷 / 保定市中画美凯印刷有限公司
开 本 / 710 毫米 × 1000 毫米 1/16
印 张 / 22. 25
字 数 / 367 千字
版 次 / 2015 年 1 月第 1 版 2015 年 1 月第 1 次印刷
定 价 / 68. 00 元

责任编辑 / 李慧智
文案编辑 / 李慧智
责任校对 / 孟祥敬
责任印制 / 王美丽

前言

Preface

百年大计，教育为本；教育大计，教师为本。如果说教育是国家发展的基石，教师就是基石的奠基者。教师专业能力既是提高教育质量的关键，也是制约教育质量的瓶颈。学校教师发展是作为社会职业人的教师，从接受师范教育的学生，到初任教师，到有经验的教师，到实践教育家的持续过程。教师发展的中心是教师的专业成长。

北京理工大学附属中学（简称理工附中）建于 1950 年。1980 年被认定为海淀区重点中学，2003 年成为北京市示范性普通高中，是“北京市‘翱翔计划’基地校”、北京市科技教育示范校、国家体育传统项目学校、北京市艺术传统项目学校、联合国教科文组织实验学校。办学六十多年来理工附中求索奋进，秉持“创造优质教育，使学生得到生动、活泼、主动的发展”的教育理念，形成了“人文奠基，理工见长”的办学特色，为国家培养了大批优秀人才，取得了令人瞩目的成绩。2011 年我就任理工附中校长，组建新一届领导班子。为适应新课程改革和不断增长的社会需求，如何在理工附中原有成绩的基础上再创辉煌，成为新一任领导班子的重任。我深感有责任、有义务帮助学校教师树立职业理想，提高业务水平和职业道德，促进学校教师更快更好地发展。在大家的共同努力下，三年来理工附中全体教职员工勤奋耕耘，不断进取，以“教师三年发展行动规划”为纲领，以“教师发展学校”为依托，依靠五大机制（奖励机制建设、教育理念引导、专项技能培训、教研项目研究、科研课题引领）为教师专业发展保驾护航，取得了可喜的成绩，主要体现在以下五个方面：

一是健全了学校教师发展的相关制度：学校教师发展的制度建设是学校教师健康发展的保证。2011 年学校首先出台了“理工附中教师发展学校章程”，明确规定教师发展学校是理工附中教师成长与专业发展的专职服务机构，为不同能力水平的教师提供适合其需求的专业发展机会与支持。在这一纲领性文件的统领下，先后出台了“青蓝工程实施方案”，骨干教师研究月活动实施方案”，“班主任培训实施方案”，“理工附中春天杯、光明杯、理工杯、玉成杯奖励方案”，“练好基本功上好常态课”评价指标体系及评分标准，各学科“常态课有效教学质量标准”，教师教科研年度考核方案等一系列机制。

二是丰富了教师的教育教学理念：教育理念是指教师在对教育工作本质理解基础上形成的关于教育的观念和理性信念，一个教师的教育理念是个人的基本价值观，也显现出个人的教育理想，它奠定教师基本的教育判断能力。学校通过定期请名家进校园和开展教师假期读书活动，形成丰富教师教育教学理念的机制，从而提升教师的专业素养。“思想有多远，我们就能走多远”。通过与近十位大师、名家的近距离接触和阅读优秀教育书籍，提升并丰富了教师的教育教学理念，促使我校教师从不同视角结合自己的教育教学实践进行反思。

三是促进了教师专业能力的提升：教师专业技能包括教学技能和教育技能，教学技能主要内容包括：教学方法的选择、课堂教学设计技能、课堂组织与管理技能、教学语言技能专项训练等内容。教育技能，主要内容包括：如何引领学生、激励学生的技能、沟通与合作的技巧等。学校以教师基本功大赛、班主任培训、青蓝工程实施方案、开展学术沙龙活动、开展校本“小项目研究”和科研课题引领为依托，建立提升教师专业技能的机制，使我校教师整体的专业能力有了很大提升，优秀教师不断涌现。

四是形成了课堂教学、科技创新特色：微课课程大型开放式网络课程，即 MOOC（massive open online courses）。微课堂的特征是能自由取得资源和没有学生人数限制。随着“微课堂”实验的推进，在学校数字校园网上开辟“微课社区”专栏，由初中部部分实验教师扩大到初中全体教师参与，教师根据各学科的重点、难点和急需解决的小问题、真问题制作微课堂课件，目前已有大量微课堂实录上传到数字校园网上，方便广大学生和教师课余时间浏览学习。语文构建“‘人文奠基’系列课程”，其中包含“早起诵读诗歌”“整书深度阅读”“周末家庭影院”“语文实践活动”“接力日记”和“班级图书馆”六部分内容，走出了读、品、悟、行结合的教学新路。化学组寓教于乐，通过神奇的化学扑克，让学生记得轻松，学得有趣味、有动力。学校把科技创新教育定位为学校的特色发展方向之一，努力打造学校科技创新教育特色品牌。整合学校科技教育资源，成立少年科学院，少年科学院下设天文、气象、智能机器人等 8 个研究所，借助大学资源，与大学充分合作，如我校与北京理工大学合作成立了“理工实验班”。在参与创新人才培养的同时，培养创新人才的辅导教师不仅为学校培养了一批创新人才，而且自身的专业发展也得到了不同程度的提升。

五是获得了较为丰富的教科研成果：（1）读书活动成绩斐然：我校教师在 2012、2013 年参与的市区读书活动中喜获丰收，在 2013 年北京市“京研杯”读书活动中，我校共选送文章 166 篇，获奖 117 篇，获奖率占到 70. 5%。（2）科研论文硕果累累：我校教师的教科研整体水平有了显著提升，在不同级别的教科研论文评比中，获得佳绩。（3）校本教材成果显著：目前编写完成的教师校本培训手册 7 册，出版校刊《教坛飞絮》9 期、《教坛集萃》9 期，《教坛集萃》、《教坛飞絮》已申请中国媒体建设百家示范学校。分层作业的编写初见成效：数学学科

“水滴集”，英语学科“Bingo”集，物理学科“点点练”；编辑《班主任工作“雕虫小技”》一书2册。（4）建设学科、年级教师文化：教师文化是学校文化的核心部分，是教师在长期的教育实践过程中所形成的、代表教师群体共性的价值取向和职业行为特征，并成为维系教师团体的一种精神力量，形成了“尊重信赖、相互关心、承担责任”的学校文化。校工会组织各学科、年级在整体风貌、人员组成、教育理念、团队精神等方面梳理总结，打造学科文化品牌，引领教师精神追求，建设阳光教师文化。

三年来理工附中对教师发展的引领日渐规范、民主、自主，管理工作的有效性日渐增强。学校在如何通过组织变革、制度建设、教师文化建设等实现教师发展的有效管理方面进行了有效的探索，积累了有益的经验。此次选编的文章是从理工附中教师在教育教学第一线默默耕耘喜获丰收的众多硕果中采撷的一朵朵小花，代表着理工附中教师三年来对教育教学的思考、求索、奋进的发展历程，其中也许不乏稚嫩之笔，在此真诚地期望专家、领导和同仁们不吝赐教。

教师的专业成长是一个终身学习的过程，是一个不断解决问题的过程，是一个教师的职业理想、职业道德、职业情感、社会责任感不断成熟、不断提升、不断创新的过程。路漫漫其修远兮，理工附中愿与广大教育同人一起，为教师的专业发展，为深化教育改革贡献自己的全部力量。

主编

2014. 5. 6

目 录
CONTENTS

教育管理篇

教学研究篇

语文学科

数学学科

英语学科

物理学科

化学学科

历史学科

地理学科

政治学科

生物学科

信息学科

体育学科

教育管理篇

规则育德

◇杨静琳

孟子说："徒善不足以为政，徒法不能以自行。"意思是只有善德，不足以处理国家的政务，只有法令不能够自行发生效力。由此可见，道德和法律相互联系、相互渗透、相互补充、相互作用、相辅相成。法律贯穿了道德精神，可以培养人们的道德品质和高尚的情操，以自己的规范作用培养人们遵守道德规范的责任感。而道德也是健全法制、厉行法治的重要因素。班级是社会的缩影，是一种社会体系，是以青少年学生为主体，以社会化学习与交往活动为特征的教育社会。班级规则虽不能言之为法，学生德育也不能等同于成人道德，因此在班级社会里用建立规则来培养道德习惯是非常必要的，也能够取得好的效果。

一是充分利用班级大会制度的公信力原则，针对班级出现的问题建立相应规则养成道德习惯。康德说："自由就是在自己创制的法律之下生活。"我们可以通过班级大会的功效培养学生的道德习惯。陶行知先生说："学生所立的法，比学校所立的法更加近情更加易行，而这种法律的力量，也更加深入人心。"而班级学生大会的特点是民主、公平、公开，所以在这个自主的大会上形成的规则就比班主任制定的规则容易信服和遵守。所以对于道德约束性的行为规则一经全班大会形成，它的有效性就会增强。然后根据所发生现象分三个层面进行讨论：①该现象发生是否合情合理，是否被大多数同学接受；②应该建立怎样的规则来约束这样的行为；③由谁来监督执行。例如：初一阶段常出现的问题是语言、行为的不文明。出现频率最多的是骂人、打架现象，我所带班级某同学曾经因为已经养成的口带脏字的不良习惯导致打架事件。针对这一现象的解决办法：①班级大会讨论骂人现象好不好，被骂者什么感受，骂人者什么感受，骂人者被更厉害的人回骂后什么感受？一致同意必须解决骂人说脏话的现象。②一起定义脏话的范畴，凡是对他人人格不敬，带有贬义，使他人不悦的言辞。让学生把他们经常性挂在嘴边的话归类。③制定措施写进班规。④由老师和班级监察小组的同学监督施行。具体措施：凡说脏话被人指出有两个或以上证人的同学，罚去信用点数5分，屡禁不止的改为罚款5元，依据是国家针对违反法规行为的人群也会经常性地使用经济制裁，作为最后的手段经济制裁还是很有用的。实行之后，效果显著。

二是充分利用岗位责任制度，增强学生的责任心，促进学生道德习惯的养成。保护环境是公共生活中的一项必需内容。班级曾经出现一部分同学因为个人的不良习惯经常性地破坏班级卫生，在班级的课桌上写字，还有对班级公共财物不爱护的现象。处理策略：①制定班级公共卫生工作岗位责任制，将班级学生按照人头设置岗位，设立监督评价小组。②每天监管卫生工作的实行。③采取岗位招标制，每岗都附有相应的奖励分值，在班费充裕的情况下可以奖励学习用品。在此情况下，工作不仔细被学校学生处扣分的同学，将体验班级大扫除的辛苦，并扣罚相应的奖励分值。采用岗位责任制后，卫生工作明显有好转，保护环境的意识和责任感增强，这样的制度引起了大家的充分重视，从而有效地保证了爱护公共卫生道德习惯的养成。

三是充分利用班级课堂纪律规定约束行为有偏差的学生，促进他们的道德习惯养成。卢梭认为教育的关键在于懂得规矩，克制欲望。刘超良在《制度德育论》中说：“如果对自由不加限制，那么任何人都会成为滥用自由的潜在受害者。”所以在班级课堂上也是需要通过规则的建立来促进学生道德习惯养成的。例如：为课堂行为建立规则的程序：①全班性讨论：课上什么行为属于违纪行为，什么行为属于个人自由，课堂听课是以什么为原则，不良行为带来的伤害是什么？一经讨论，“说闲话，小动作，斜坐，无序回答问题，趴着”等一类的不良习惯就凸显出来。②一起商量制定课堂规范行为标准，定义不良行为的特征，并为其制定奖励惩罚措施。③将这一规定写进班规并制定改进措施。陶行知说：“对于自己所立之法学生会从始至终心中都有它，平日一举一动，都会为大家所立之法所影响。”从这一点讲，将行为约束写进班规并依据它来规范行为大有必要。④对违纪严重的同学受到处分的同学要制订计划长期帮扶。比如：根据本人意愿可以建立课堂功劳本，因人心向善，所以处分的学生尤其渴望改进以获得认可，所以每节课后由老师对课上的表现签字评价，凡老师持肯定态度的签“好”，每周由班主任盖章，积够150个章可以达到撤销处分的基本条件，然后写申请，再由班委会报请年级为其撤销处分。这一过程中由于对制度的尊崇，并且长期监督执行，150堂课所用时间正好是4周，是一个习惯养成的时间段，因而可操作性和实效性较强，在这样的坚持中道德习惯便养成了。

四是充分利用家长资源，将遵纪守法纳入班规，促进学生道德习惯的养成。遵纪守法的规则在初中阶段一般不会被重视，一旦发生类似违法事件的情节才会得到师生的重视。2012年新初一的学生刚入校两个月，班内发生了丢钱、丢手机的事情，可以肯定的是本班同学所为。于是老师先是道德唤醒，然后缩小范围，明察暗访，然后再晓以大义，明确法规，指出严重后果，最后提出期望为了孩子们更好地成长，只要认错便不再追究。凡是所知道的方法几乎全使尽了。然而吃惊的是居然钱物都没有找出来。于是乎，找回钱物已经显得不再重要了，重要的是不能让盗窃之风蔓延，于是老师寻求支持，发现学生家长中有专门做刑事律师的人，于是就请了律师来用大量的案例和法规来进行深入的讲座。讲座因身边事而起，所以学生们兴趣浓厚，课堂上，踊跃提问寻求对自己困惑问题的答案，效果很好。这样之后偷窃之风终于刹住，虽然钱物没有找回来，但是从发展的角度看效果还是好的，学生在这个教育过程中既认识到了偷钱是不道德的行为，又认识到发展下去是可能会违法的，这样遵纪守法的道德观念便形成了。

五是养成良好的助人为乐的道德风尚也需要规则来促进、发扬。班级曾经出现一个学生只要自己多干一点都不行，借给别人的东西要算利息，如果借出去的东西有破损要加倍赔偿，该生甚至会因为多干了活放弃自己主动承担的岗位。甚至有一部分同学对此不置可否，他们认同该生的做法。针对这一现象，班级制定奖惩制度时设立风尚奖。为同学服务，为群体服务，为老师服务，都是受奖的范围。针对一些后知后觉的同学，因为其总在犯错，可以设计活动，采取情境教育法帮助这些同学养成良好的主人翁精神。例如：指定这部分学生承担某类组织或服务工作，该工作需要其他同学协助，倘若不能完成加倍处罚，并限定在规定时间内完成。然后私下告知配合的同学，无论如何也不能支持他们的活动。事后，请他们谈谈别人不配合、不提供帮助时的感受是什么。在这样违规后再用规则惩戒的情境体验中，学生会很快切身地认识到助人的意义，并且会反思自己的行为，认识到自己行为的偏差，这样对规则的认同加上自己获益的感受就促使学生乐于助人。

综上所述，在班级这个小社会里，建立科学的、实际的、良性发展的规则确实能够养成学生良好的道德习惯。我们把建立规则当成一种策略来进行德育培养将会收到意想不到的效果。

作者简介

杨静琳：北京理工大学附属中学语文一级教师。2011—2014 年期间曾被评为校级优秀班主任，获校级“光明杯”优秀班主任称号。曾获校教育科研先进个人奖，多篇论文获得海淀区教育教学成果一等奖、二等奖、三等奖，三篇文章曾分别发表在校刊、海淀区教师论文集和国家级刊物上。被评为海淀区德育平台优秀辅导员。

关于座位安排和调换的有效管理策略的探究

◇张　红

Bill rogers 著的《课堂行为的有效管理策略》中的“座位安排和学生分组”部分，提到“在布置教室的时候，我们需要想一想，教室桌椅的位置要达到什么目的——‘U’形排列，两人队，还是桌子分组，以及学生的安置，即谁坐哪个座位，和谁坐一起。”怎样分组和调换座位，直接影响具体的教学过程和效果。

这使我联想到自己关于座位安排和调换方面曾经带学生做过的探究。

一、 现实的问题

在日常的教学过程中，座位的安排和调换必不可少，但是，在座位的安排及调换中，如果不合适，就会引起一些学生的不满。为解决这一问题，我带领学生对此进行了一定研究，整理出一套合理、公平的座位安排及调换的方法，为同学们提供了一个良好的学习氛围，也为教师创造了一个有序、高效的教学环境。

二、 研究过程

（一）教室实地研究

1. 教室情况研究

首先，为了更好地研究调换座位的方法，我们对教室高一（3）班进行了详细的测量，得出了一些细节性的结论，以方便以后的访谈等研究。

下午 2：00～3：30 时段，让学生六人对班级教室进行了一系列测量研究，从教室的各个不同角度的座位分别对听觉、视觉等一些影响课堂听讲的客观要素进行了比较研究。

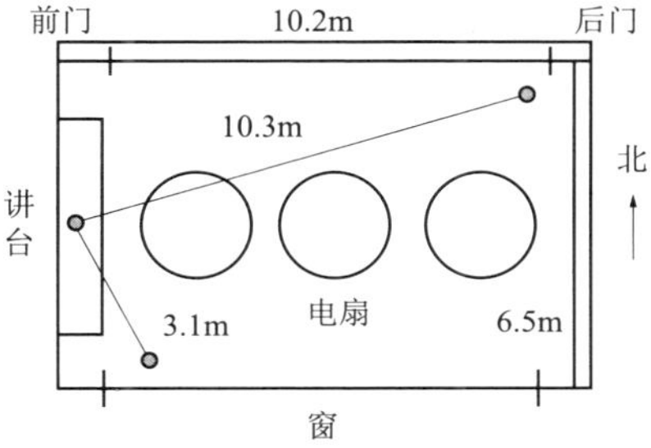

图 1

高一（3）班教室属于理工附中西楼一层北边，背阳，前黑板朝东，主要设施为：位于教室东侧讲台附近的多媒体设备、电视及悬挂在天花板上的三个位于教室中部的电扇。根据粗略测量，教室长 10.2m，宽 6.5m，教室内约有座位 50 个，分为 6 组、8 排。学生座位距教室讲台最远距离约为 10.3m，侧面最近距离约为 3.1m。（如图 1 所示）

2. 听觉角度研究

针对听觉，我们模拟出了不同季节背景下的讲课状况，让肖云柯同学（与绝大多数女老师讲课所使用的声音响度、音调较为相同）在大部分老师讲课所习惯用的位置——讲台用正常音量反复对一段文字进行阅读，其余同学尽力营造出一般上课时所发出的少量噪声，适逢乐团排练，氛围效果正常。与此同时，我们在不同角度的座位上对肖云柯的声音进行试听。多次试验后将数据汇总如下：

（1）夏季

情境模拟：改变主导客观因素，因为是模拟夏季，将教室内三个电扇以及窗户全部打开。

实验结果：经反复试听，结果为：教室后三排声音较弱，听力效果较差，以教室西南角为圆心、半径约为 4.2m 所形成的扇形区域内以及少数靠中间座位听力模糊较为严重。（如图 2 所示）

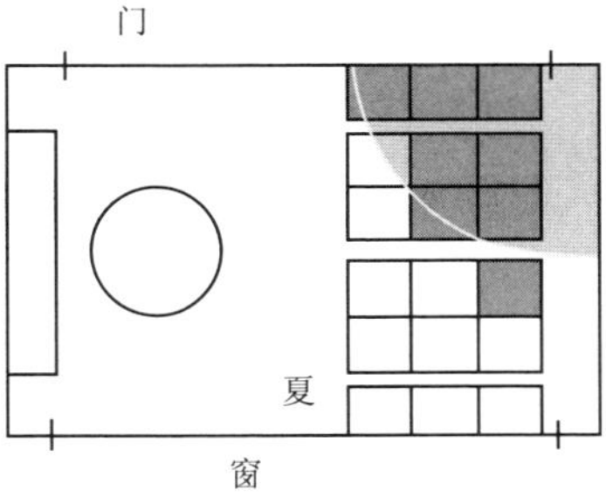

图 2

推测原因：扇形区域内靠近实心墙壁，且位于教室后方，距讲台较远，有相当明显的回声现象，而中间位置受到电风扇影响，所以听觉效果较差，但相比扇形区域内要好一点。

（2）春/秋

情境模拟：改变主导客观因素，因为是模拟春季或秋季，将教室内三个电扇关闭、窗户全部打开。

实验结果：经反复试听，结果为：教室后三排声音较弱，听力效果较差，仍旧以教室西南角为圆心、半径约为 4.2m 所形成的扇形区域内听力模糊较为严重，但相对开电扇时有一定减轻。（如图 3 所示）

推测原因：扇形区域内靠近实心墙壁，位于教室后方，距讲台较远，有相当明显的回声现象。

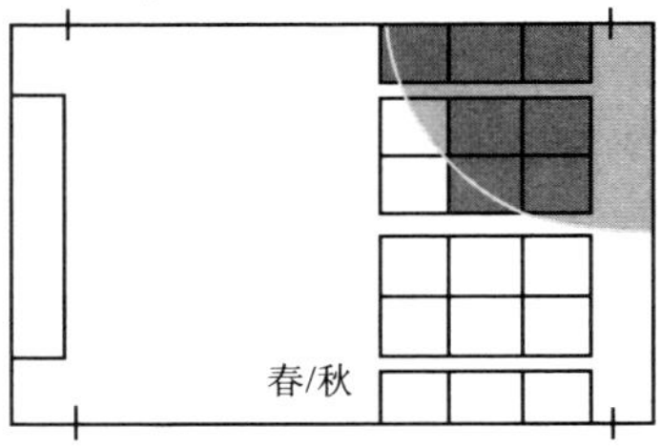

图 3

（3）冬季

情境模拟：改变主导客观因素，因为是模拟冬季，将教室内三个电扇以及窗户全部关闭。

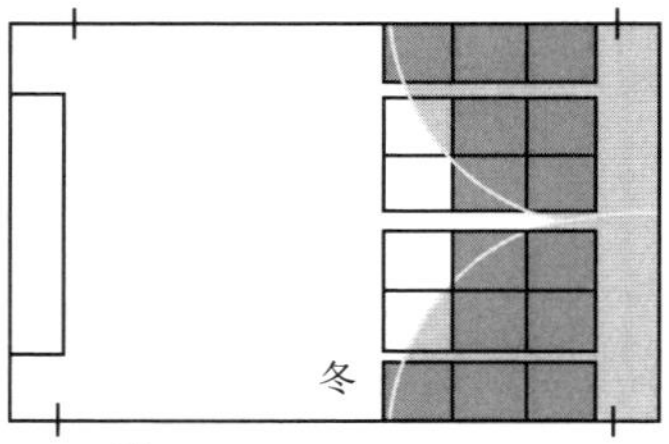

图 4

实验结果：经反复试听，结果如下：仍旧是教室后三排声音较弱，听力效果较差，以教室西南角、西北角为圆心，半径约为 4.2m 所形成的扇形区域内听力模糊较为严重，但西北角所成扇形区域内不清晰程度还是要小于西南角。（如图 4 所示）

推测原因：两扇形区域内均靠近实心墙壁，且位于教室后方，距讲台较远，有相当明显的回声现象，西北角由于关上了窗户，从而加大了回声，但西北角扇形区域由于靠近窗户，声音反弹不如西南角扇形区域强烈，故相对而言听得较清楚。

（4）结论

根据研究初步断定：不同季节背景下假定教师在讲台附近位置讲课，则后三排听力效果较差，模糊区域主要为以上提到的两个扇形区域，而西南角扇形区域内较为严重。开窗、关闭电扇在一定程度上可以缓解这个问题，故春或秋季听力效果应较好一些。

3. 视觉角度研究

我们依次在前黑板上的不同位置，用白色、黄色、紫色、绿色、蓝色、红色粉笔书写了一系列文字，并在不同灯光条件下在台下的座位上认读。

（1）光线明亮

情境设置：白日，阳光灿烂，所有灯全开。

研究结果：发现第 1、2 排两侧靠墙座位有一定的反光现象，对可视程度

有较大影响，在阳光直射入教室时反光现象加剧。（如图 5 所示）

（2）光线不甚明亮

情境设置：白日，无阳光，不开灯。

研究结果：后三排对蓝色及红色的能见度较低，而蓝色则尤为严重，能见度近似为 0。红色在相比之下要稍好一点，不过可视度仍然很差。（如图 6 所示）

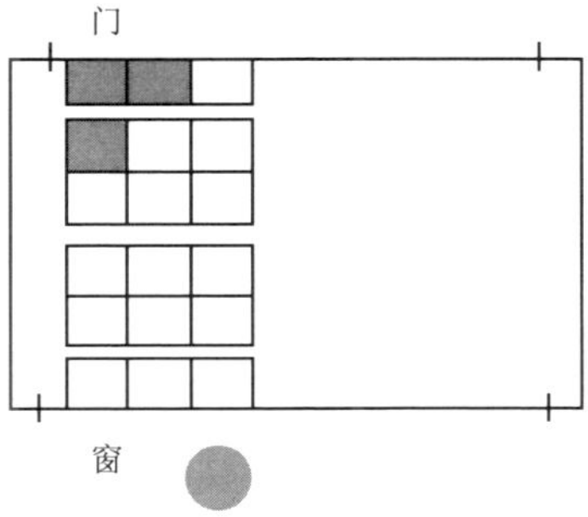

图 5

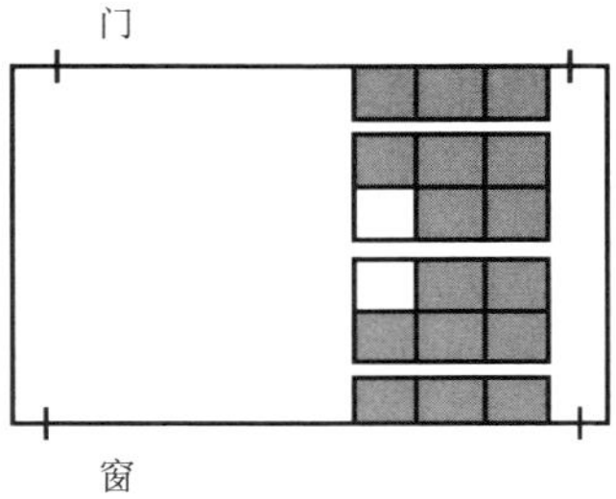

图 6

4. 温度角度研究

关于教室的温度，根据学生的亲身体验和估计，电扇和暖气的大致影响范围如下：（如图 7、图 8 所示）

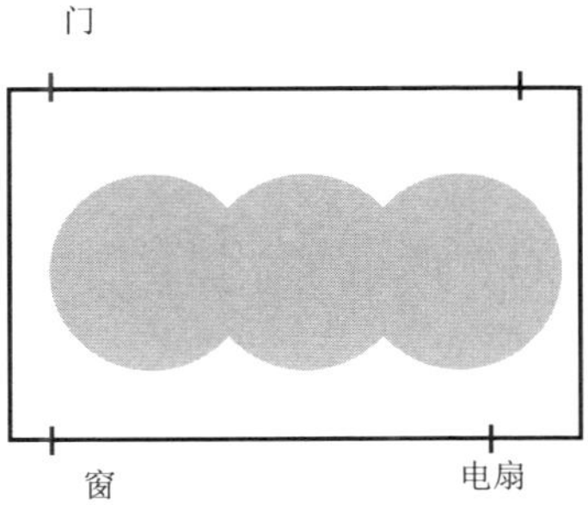

图 7

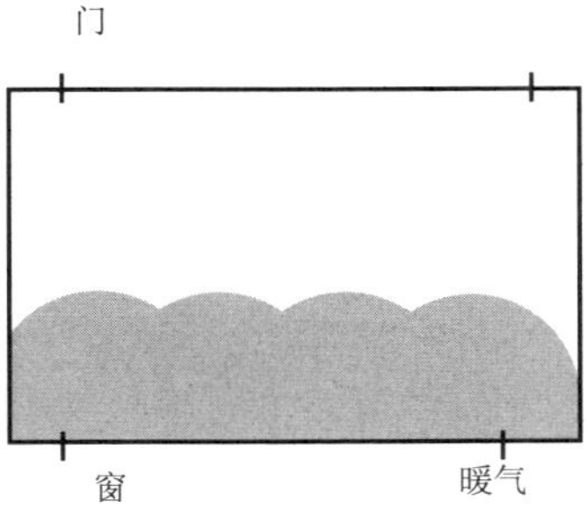

图 8

5. 小结

经过比较和研究，我们发现教室的部分座位在听觉视觉等相关听课质量的重要因素上有相当的欠缺，而有一些情况也是以前所未曾考虑过的。

（二）学生意见调查

接着，面向全年级，通过电话、短信、网络等方式，我们收集了学生们关于班级调换及安排座位的意见和建议。这样，让我们更了解各班学生对此的感想。通过调研，现将年级有关座位安排和调换情况梳理出以下几种：

现状：教室中一共六纵排，每组成员固定，教师按照每组学生的总体得分考虑位置。具体来说就是，学生的考试成绩、上课听讲效果等会被记入各组的每月得分，得分高的小组可以坐在正中间两排，得分最低的小组坐在靠边两排。

● 学生想法：长期以来，会打消一部分同学的积极性。

现状：全班一共七个横排，因为视力的关系，前三排基本不动，或只是小调。而后四排每周一次竖着流动。

● 学生想法：对于一些视力好的不太公平。

现状：每周没有周期性的调动，座位完全由老师决定，老师把关系好爱说话的一堆堆同学分开，处理了纪律问题，但学生对此普遍不满，因为周围的同学都和自己关系不好或一般。

● 学生想法：失去与要好的同学一起学习生活的乐趣，老师有意地大拆座位影响学生的心态。

每周也没有周期性调动，只是每个人一开始的时候把自己喜欢和谁坐在一起的调查小条交给老师和学委，老师和学委会主要依此做安排。

● 学生想法：没过多的想法。

按实力分。把成绩差的和成绩好的放在一起，或把可以互补的放在一起，让实力平均。

● 学生想法：成绩好的觉得这么做不公平，成绩差的一部分觉得压力大，另一部分觉得老师跟他过不去。

按高矮，每周横着换。

● 学生想法：这不是幼儿园的换法吗？学生觉得这种方法有太多的弊端。

斜着换，每周向斜下换一个，保证左右和前后的公平。

● 学生想法：有些同学视力问题解决不了。

根据学生们对于老师安排和调换座位的种种看法，我们得出结论：学生们在衡量这是不是一个好座位的时候，对于自己会考虑许多不同方面的问题。如，考虑到自己的性格，即有些同学不喜欢身边有很 Talktive 的人，认为这样会打扰学习。又或者考虑到身体条件，如身高、视力等。然而，许多老师在调座位的时候很少会考虑到这种种问题，有些老师竟在完全不与同学交流讨论的情况下擅自并多次按照自己的主观意愿调换座位，而这种主观想法往往是考虑得不全面的，老师们对于各个座位位置的听课效率的认识也是有局部误区的。这也就会引起学生们的不满。所以，教师在调换座位之前，一定要多和学生沟通，了解到准确的情况再进行调换。

（三）教师经验访谈

1. 问题设计

首先我让学生设计了几个访谈问题：

（1）您班安排座位和调换座位的基本方法。

（2）我们假设了一些特殊情况，如果遇到这些情况，您会如何处理？

①A 和 B 关系很好，经常聊天

②C 为人过于热情和外向，无论坐在哪儿都能和周围聊成一片

③D 的视力很不好

④E 上课经常睡觉

（3）您是否在调换座位前，对教室的细节（如教室中哪个位置反光最厉害，哪一片区域在开风扇时声音效果最差等）有一个仔细全面的了解？

（4）（总体介绍了一下教室中的细节情况，详见实验一）那么在了解上面的情况之后，您觉得如何对座位进行调整才能尽量使全部学生都拥有最好的上课条件？

（5）在不改变座位排列形状的前提下，您觉得在那些视觉和听力的“重灾区”不坐人或者少坐人，这种方法可行吗？

2. 访谈结果

学生对几位老师进行了采访。针对第 1 个问题，大多数班级在开学初期，也就是不考虑人为因素的前提下，一般都是将全班“大排队”：根据身高安排座位，这种方法有一定好处，它可以使每个同学都能够拥有一个开阔的视野，但是，根据教室中存在的听力和视觉“盲区”，这种方法便弊端初现，于是老师们大都采用了将学生横向移动一个，再纵向移动一个这种“斜向”方法来解决这一问题。（如图 9 所示）

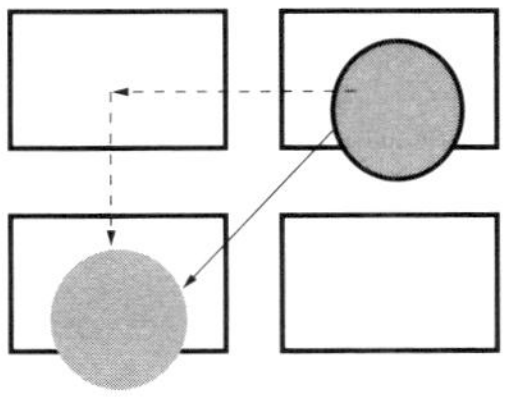

图 9　教室调换座位的方法，其中绿色部分为最后的调换路线，半透

开学后，随着同学们之间关系的熟识，这种方法就不太奏效了。在经过课外的调查后，我们还了解到另外一种调换座位的方法可以解决一部分问题，即全班自由组合分出学习小组，学习小组的同学坐在一起，自主挑选一个合适的位置，这种方法值得肯定的是，可以缓解大多数基本的问题，另外还可以达到同学间互帮互助的效果。但是，这种方法也存在一个小小的弊端，即该换座位体制一定要在教师的监督下进行，或者班级学生的自觉性要达到一定程度后才可实施，当然实施得好的话其效果

也是相当明显的。

3. 特殊情况

以上仅是一般情况。于是，我们又假设了几种特殊情况，老师们针对这些情况，也采取了很多办法。

针对第一种情况，有的老师采取与 A 和 B 谈一谈的方法。有的老师，则将他们调开。但是，经过小组的分析，这两种做法都存在一定弊端，谈话的方式固然能起到一定的效果，但是，如果不采取行动，其效果甚微。同理，将他们调开这种方法，在直观感受上可能达到了预期效果，但实际上这是一种治标不治本的方法。

对于第二种情况，老师们的办法大都是把他们拆开，另外，也有的老师采取谈话的方式：不仅和 C 谈，还和 C 周围的人谈。我们组觉得和周围的同学谈话，这种方法很好，但是对于第一二种情况，我们认为应该采取调座位和谈话结合的方式：不仅让同学有一个心理上的认识，同时也在一定程度上保证了实施的有效性。另外，通过研究和访谈，同学们大都能接受谈话这种方式，这也能够促使调座位这件事的可行性增加。

在第二种情况中，老师还介绍了另外一种有效的调换座位的方式——即“农村包围城市”型。（如图 10 所示）将喜欢聊天的那一对同学拆开，将学习较差的或者是喜欢说话的同学放在成绩较好的或相当沉默的同学旁边，这种方法，我组觉得应该和刚才所说的“谈话法”相结合使用。但这种方法在本质上也存在弊端：比如说将爱说话的同学放在不爱说话的同学中，这种方法如果没有老师适当的引导，最终导致的结果就是周围的学生叫苦不迭，对老师的举动不理解；而喜欢聊天的同学依旧能和周围的同学聊得不亦乐乎，同时周围的那些同学也深受其影响，最终导致的结果就是“城市化现象严重”，全班同学集体畅谈，课堂效果可想而知。

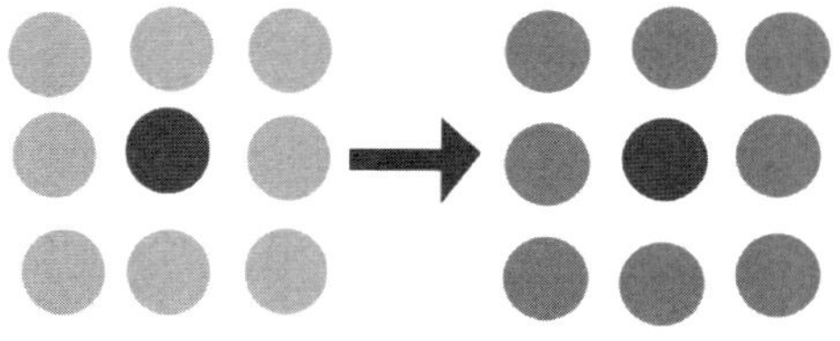

图 10　“农村包围城市”的方法，在某些情况下固然奏效，但“城市化现象严重”的发生也不可避免

接着是第三种情况，如果有人视力不好的话，目前我们组得到的相对合理的情况就是，在换座位的大前提下，小组成员自行协商。当然，这个做法也有一定缺陷，比如说有些同学的人缘不是特别好，“协商”有很大的困难，另外，不加管理的自行协商也会助长一些同学私自换座位的心理，这更影响了班级的纪律。因此，我们组觉得这种方法的实施，应该在教师的大力监管下。同时，也应建议那些近视的同学尽早地加配眼镜，对于度数太高的同学，我们才应该实施上述“小组内自行协商”的方法，这种方法也应是建立在教师管理的大前提下的。

对于第三个问题，调查的结果不尽如人意，所有老师在调换座位之前都未对整个教室有一个全面的了解。或许有人会有疑问，有这个必要吗？答案是肯定的，只有在深入调查之后才会发现，教室中很多地方的情况并不像各位所想象的那样乐观（在第一次试验中我们有详细的介绍）。在教室的最后一排距窗户最远的一个位置，在电扇开着的情况下听力效果奇差（根本听不清老师正常音量的声音），这将极大地影响该位置同学的听讲。那么，如果教师提前对此有一个全面的调查，就会对此进行一系列的教学调整，也就会使同学的课堂效率提高了。

根据访谈，也有一些教师在了解了教室情况后，提出了改进的办法：在教学过程中，条件允许的情况下，尽量到教室的中央部位进行教学，这样使那些位于教室角落里的同学能够听得更清晰。另外，在不影响班级纪律的情况下，让同学们搬着椅子坐到前排来，这种方法很好，但也必须在教师的监管下进行，否则，也会造成上文中提到的情况。

4. 另一种设想

基于上述的调查，我们又提出了另一种设想，即：在不改变教室整体结构的前提下，在“死角”区域内不坐人或少坐人。但这种方法在老师的分析下，也露出了弊端：班级区域有限，学生人数是固定的，空出区域就意味着班中的行列会增加，这势必又会影响到视听的问题。

三、 研究结果

通过对教室的测量，对同学看法的了解，以及对教师的访谈，三者结合，再经过学生的讨论，我们设计出了一种于正常情况下适用的安排及调换座位的方法：

首先，按照高度，男女均衡地初步安排座位。然后每半个月向左后方调一个座位，确保对每个同学都公平合理。半个月后，在对同学有了一定了解后，进行初步的教室座位调整。主要依据下列方法：

（一）如果有同学和另外一个同学经常在上课时说话

首先，要确定是上课时说话，如果仅仅是两个同学关系很好的话除外；其次，是要经常说话，尽管上课期间不允许随便说话，但是有的时候正常的不可避免的交流是可以理解的，比如说橡皮掉了，让同学帮忙捡一下。

教师在发现这种情况后，应该尽量向各任课老师了解情况，询问这两个同学的课堂表现，如了解究竟是只在某教师的课上说话，还是每堂课都说话，这些情况的了解可以有利于后面的谈话。接下来，教师应找这两位同学适当地谈话，让他们了解自己的过错。如果谈话后这两个人仍旧上课聊天，应适当地把他们调开，但是不应该把他们一个调到这头，另一个调到另一头，适当地调开，让他们没有说话的机会就足够了。调查证明，有意地调成对角线只会挫伤学生的自尊心。另外，不到万不得已，教师尽量不要因为上课说话而频繁地请学生家长，这种做法很有可能达不到效果，同时还激起孩子的逆反心理。

（二）如果某一片同学爱说话

应采取如情况一的方法，先谈话，再适当地将他们调开，此时，一定要将学生“分类讨论”。哪些学生是属于易受影响的，他在喜欢说话的那片区域内上课时聊天仅仅是因为环境影响，对于这种学生，教师可以将他适当地调到说话现象不严重的区域即可，不一定非要用一群不爱说话的人包围他，毕竟，全班不爱说话的人只占少数。

但是，对于那些天生的外向、活泼，跟谁都能聊得来的同学，教师一定要考察之后再调换座位。有的时候，盲目地将爱说话的同学都调开，很有可能导致最后的结果就是班中那些自觉性差的同学在那些活跃分子的带领下“集体畅谈”，所以，对于那些和谁都能聊上的同学，我们要另外考虑，如情况三。

（三）外向、活泼，跟谁都能聊得尽兴的同学

对于这类学生，教师首先应该采取和他们谈话的方式来加以教育。如果不见效（当然很有可能不见效），就应该将他们调离这一片，最好能把他们放在很多自觉性较强，不易受影响的同学之间（一定要仔细观察哪些同学的自觉性强，不要将该学生调到那些平时看起来很安静，但实际上只要有人一影响，就聊得比谁都开心的同学旁边。要知道，那些同学平时很安静仅仅代表没人让他有说话的兴趣。这类同学一旦聊起来，可能更难处理）。另外，教师不仅应和聊天者谈，同时，还应和他周围的同学谈一谈，确保该同学上课说话时不会引导周围同学聊天。

如果上述情况还不奏效的话，根据老师的建议，就应该将其调至第一排，

这样会使其接触面积减小，但是这种方法会影响学生的自尊心，因此应放在谈话和初步调换座位之后。同时，第一排的学生，不应参与全班大面积的换座位，也就是说除第一排外的同学每半个月向左后方调一个座位，但第一排的同学只能在第一排内向左移动一个座位。（如图 11 所示）

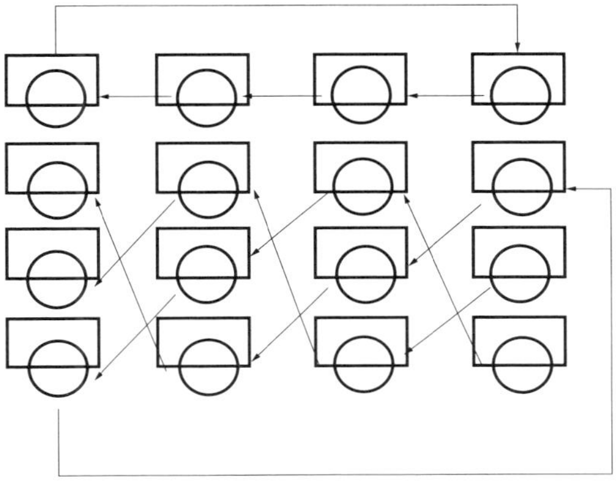

图 11

（四）对于视力较差的同学

首先应劝其加配眼镜，如果度数太高，再增加度数会影响视网膜，应允许其自行在组内协商，可以不参加每半个月的全班大调换。但是，这必须是在教师监管的前提下进行，否则这会助长一些同学私自换座位的心理，更加影响班级的纪律。

（五）对于经常睡觉的同学

在与其谈话无效后，应将其调至第一排，方便教师监督，调到第一排的同学规矩同情况三：不参与每半个月的全班大调换。

（六）全班大调换

最后，为保证座位的公平公正性，建议每半个月全班大调换一次（即每人向左后方移一个座位），教师应在三个月内（或者更长）对班级的座位进行适当调整，以保证应对最新的情况，对座位的调整周期不应过短，过快地调整座位不仅会使学生失去对教师良苦用心的理解，同时还会促使“全班齐聊”现象的发生。

（七）学习小组

另外，如果学生的自觉性达到一定层面上，教师可以采用学习小组的形式，即全班自由组合，形成众多学习小组，学习小组根据组内情况进行自主的座位选定。这种方法在教师的监督下，如果实施得好的话，可以达到意想不到的效果。

四、 提出建议

在研究中，我们发现：有些弊端不能够使用调换座位的方式来进行弥补。因此，我们对教师、学校提出如下建议：

1. 教师

（1）教师讲课时，尽量在教室中央进行教学，这样使那些位于教室角落里的同学能够听得更清晰。

（2）在不影响班级纪律的情况下，让同学们搬着椅子坐到前排来，这种方法很好，但也必须在教师的监管下进行，否则，也会造成上文中提到的情况。

（3）声音小的教师，佩戴扩音器，将扩音器的喇叭放置最后一排，这样也能改善教室后排的听力死角。但是这种方法存在一定弊端，即长时间地听大声的东西会导致审美视听疲劳，会间接地影响学生的学习心态，所以建议是在部分课程上使用扩音器。

（4）校方应控制班级人数，过多的人数也会极大地影响到教学视听质量。

（5）影响教室视觉的另一原因是红色粉笔和蓝色粉笔的使用，前文对其进行了研究，因此，建议教师最好不用蓝色粉笔，少用红色粉笔，杜绝劣质粉笔。

2. 学校

（1）教室中的听力死角的成因之一便是后墙对声音的反射，所以，建议校方或建筑师对教室后面的墙进行材料或形状的改进，对于成型的教学楼，校方可以加设塑料或海绵隔音墙，来进行弥补。

（2）电风扇的使用也会影响到学生的听课效果，叶片的转动会制造一定噪声，而风的产生也会使声音弱化，这也影响了学生的课堂听力效果，所以建议校方在教学楼中普及空调。

（3）建议学校采用推拉银幕式书写板，这种黑板可以使各个位置的学生看见实物投影上的图像。同时，还能有效地避免反光现象。（如图 12 所示）

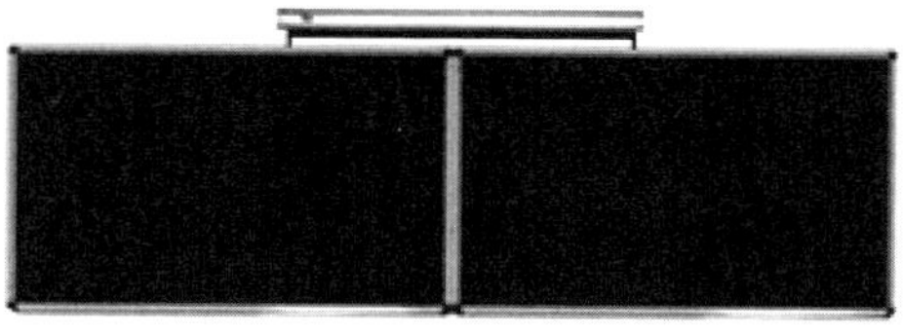

图 12

五、结语

正如 Bill rogers 著的《课堂行为的有效管理策略》中的“座位安排和学生分组”部分所提到的观点，怎样分组和调换座位，直接影响具体的教学过程和效果。所以，座位的安排和调换看似小事，实则意义重大，影响深远。截至目前，有关这方面的研究，资料有限。关于座位安排和调换的有效管理策略的研究，可谓空间广阔，大有可为。

作者简介

张红：北京理工大学附属中学语文高级教师，北京市中学市级骨干教师。主持课题 1 个，参与课题多个；在区、市、国家级论文获奖 20 余篇；在国家核心刊物上发表论文十余篇。曾参与《古代诗歌赏析》《高中古文赏析》《当代语文教育学》《环境素养专题教育》《必修模块导学与检测·语文学科》以及《课时指导意见》等的编写工作。多次辅导学生获得国家级二、三等奖，有多个课件、教学案例和录像课在区、市、国家级获奖。

脆弱、娇嫩的花朵

——离异家庭学生的教育心得

◇陶晓颖

假期里我在《读者》中看到了这样一个数据：每天有大约 5 000 对的婚姻破裂。我吃惊地联想到：这些家庭的孩子是如何成长的呢？学校里这群孩子是如何被关注的呢？

现阶段很多教师经常挂在嘴边的一句话就是“单亲家庭的孩子越来越不好教了。”这些孩子由于突然遭遇家庭的变故，父母一方的离去造成爱的缺失，表现出自卑低沉、担心多疑、寂寞焦虑等负面情绪，在行为上产生一定的偏差：交际面变小，不太爱与人交往，性格易怒，喜欢动手攻击别人，容易反叛，喜欢与人对抗，破罐子破摔等，逐渐成为“问题”学生。造成以上这些现象，除了家庭破裂是主要因素外，学校和社会也承担着重要的责任。

我所带的班级里，经常会出现几个单亲家庭的孩子，通过一段时间的班级工作，我把接触到的单亲家庭学生的问题行为分为以下三种，并谈谈自己的体会和做法。

第一种是脆弱型。这种类型多是女生，因失去父亲或母亲而备受溺爱，生活自理能力极差，以自我为中心，总觉得家庭欠了自己，对母亲或父亲有诸多的要求。我班有过这样一名女生，父母离异后和父亲一起生活，有了后妈后，渐渐地和父母有了隔阂，心里总是觉得父亲没有以前对她好了，后妈对她也不好，心理上的脆弱使得她承受不了一点的挫折、失败，还容易思想偏激。学习毅力不够强，受点委屈就抬不起头来，学习成绩不稳定。

针对这样的学生，老师要积极地配合家长做学生的各方面的工作，要求家长规定孩子做家务活，学会自己料理自己的生活，让孩子承担家庭的事务，不当之处要及时批评教育，不能因为怕孩子受委屈而软弱地妥协，老师要试着把她当成一名坚强的孩子去看待，适当给她比较艰巨的工作去做，多锻炼她，在言语上多鼓励她，让孩子感到自己是个勇敢的人，能克服各种困难，同时跟踪做好孩子的思想工作，让孩子感到父母和老师都是爱她的。记得有一次，班上要求第二天交饭费，她听到这个通知后，开始发愣，我注意到后及时询问了她，原来是家里父母都不在家，她又怕麻烦后妈给她送钱来，正烦恼呢。我对她说："父母都是爱你的，你要主动和他们沟通和交流，不要有不必要的想法。再说，如果父母不能帮助你，你还可以求助老师呀，或者请同学帮忙都可以，你要大胆地去克服困难，而不是消极等待。"第二天，她顺利地把饭钱交上了，还兴高采烈地和我炫耀着，是班上某某同学借给她的，她们是好朋友了。我高兴地点着头，心想：孩子不仅有了克服困难的勇气，还主动地和他人友好相处了。

第二种是沉默不语型。这种类型的学生男女都有。一般情况下，他们的父母工作也不顺心，不良的心态使得夫妻之间相互责怨，人身攻击，加上其他因素的影响造成离婚。离婚后，两口子都把孩子当成包袱，谁也不愿意再带着这个"拖油瓶"，使孩子产生自己是多余的心理。孩子陷入了忧郁、沮丧和苦闷的状态，没有活力，对学习没有兴趣。这样的学生，对老师的批评一般不会当面顶撞，也不会主动诉说自己的苦恼，但感情上渴望亲情和温情。有这样一名学生，一天上课突然头痛，我联系其家长无果，于是送他回家了。我发现他的家很乱，家里很多方便面，父亲为了养家经常加班，平时根本没人负责他的生活。孩子明显表露出希望父亲陪伴他、关心他的心理。这种类型的孩子缺乏亲情、温情、愉悦的心境和欢乐的笑声，因此，父母亲以及老师同学的关爱是医治这种类型学生的最好药方。我在学校里尽可能多地给他创造机会，让他感受到集体的温暖，消除他的孤独感，让他置身于集体活动中，发挥自己的优势，感受成功的喜悦，在负责班级事务的过程中，满足他被需要的心理，增加他的集体责任感和归属感。我积极与家长沟通，建议家长多和孩子聊聊天、谈谈心、逛逛街，关心孩子的学校生活。对待孩子的错误，除了给予正确的引导外，还要耐心地等待，不要给孩子泼冷水，要增加孩子的自信心。这样，孩子就阳光起来了。经过我和家长的共同努力，这名学生后来开心地面对每一天，不仅学习成绩提高了，同学们也感觉他像变了个人似的。

第三种是行为不良型。这种类型的孩子，由于家长工作忙，经常自己一个人在家，冷清的家使孩子丝毫也感受不到温暖和关爱，对家毫不留恋，觉得外面的世界比家里有吸引力，外面的朋友比父母更有"人情味"。孩子开始逐渐迷恋上网吧，深夜都不愿意回家。对待这样的孩子，要利用一切手段切断他们和外面所谓朋友的联系。我班上曾经出现过这样一名学生，我和家长沟通后，请求家长放下自己的工作，投入到教育孩子的过程中来。家长被我的真情和敬业精神感动了，配合学校每天在家里等着放学回来的孩子，和他一起写作业，给他生活上的关心。我在学校给予有效的监管，并交给他一些社团的公益活动，以便收拢他的玩心，留他在学校做一些有益的事情。在学习上，他有点滴的进步我都要在学生面前进行表扬和鼓励。渐渐地，这名学生感觉到自己的价值了，脱离了网络游戏，和自己的家人也融洽地生活在一起了。有一天，孩子突然来到我身边，深深地给我鞠了个躬，并说了声“谢谢”就跑开了。

在班级工作中，转化单亲家庭的学生问题时，经常需要和他们谈话，在办公室谈，许多老师都在场，孩子站在那里，受训的感觉使得他们不能配合谈话内容，一种敌对的态度哪能得来善意的结果。我一般和这些孩子谈话，地点和方式都非常注意，要和他们保持平等，用孩子乐意接受的口吻和话语进行教诲。我还注重用情感打动他们本就善良的心灵，以换位思考、懂得感激作为突破口，使学生放松警戒，放下敌意，和我倾心交流，以便我采取有针对性的管理措施。

在各种问题学生面前，教师对教育的理解就要深入和科学，要不断学习和领悟。学习《问题学生教育指导》，为我的后续工作增加了科学理论和指导方法，也让我从工作中体会到了教育的魅力。苏霍姆林斯基曾说：“问题学生不是畸形儿，他们是人类的无限多样化的花园里最脆弱、最娇嫩的花朵。”他们需要我们教育工作者真心爱他们、细心谨慎地呵护他们、耐心地转化他们，让他们摆脱困惑和迷茫，健康快乐地成长。

作者简介

陶晓颖：北京理工大学附属中学数学高级教师，理工附中“三八”红旗手，校“光明杯”优秀班主任和学生最喜爱的班主任。荣获第二十六届北京市中小学紫禁杯优秀班主任二等奖。《星星点灯 照亮我心》等多篇文章获校读书活动优秀论文二、三等奖。《让学生喜欢上数学》获北京市基础教育科学研究优秀论文三等奖，《脆弱 娇嫩的花朵》获北京市第六届“京研杯”教育教学研究成果二等奖，《公式法解一元二次方程》在海淀区2012年初三年级授课专题研究活动中获三等奖。

一个问题生的教育故事

——走近他，了解他，鼓励他

◇胡余玲

有人说，爱好孩子容易，爱差孩子很难。想必赵航就是这样的一个差孩子。赵航，农村户口，家访时对其家教也稍有了解，尤其是哥哥对他的影响特别大（爸爸说他是不良青年）。他在军训时给人的感觉就是懒散、粗暴，上第一节课就跟老师顶嘴，这样的孩子怎么办？我特别头疼，从未带过初中的我真有点无从下手，但我又不能视而不见。

第一步，我先找到了家长，但是赵航爸爸除了要动手打孩子之外似乎没有其他的办法，但是他的朴实还是让我感动。他说："胡老师，如果孩子不上进，又影响别人我倒不如把他领回家。"看到束手无策只知道简单粗暴教育孩子的爸爸，我先说服他与我达成协议，无论如何不能再打孩子。

第二步，从孩子入手。当然我不能干巴巴地说教，更不能一味地板着脸孔训人，否则就容易把道理讲虚，把思想搞僵，导致孩子产生逆反心理。通过多种渠道了解，我得知赵航并不是个一无是处的孩子。为了能走近他，我特意绕路一小时坐 360 路公交车，颠簸中，我们谈得很贴心。他说：老师您每天几点从家里出来？那时孩子醒了没有？你的孩子还吃奶吗？还不断地提醒我小心。我一边问他新学年的适应情况，一边了解他的过去，一个小时很快就过去了。下了公交后，我还需再倒一次车，那时已是七点钟，天色黑了，他又背着重重的书包送我去了四五百米外的公交站，过马路时他总是右手伸在我的身前保护我。当我看到黑暗中孩子远去的瘦弱的身影，而且他还不时地回头望，突然鼻子酸酸的，原来孩子是这么的纯真，他拥有属于他的优秀品质。

第二天，我在班里就讲了我的想法，“胡老师从昨天开始一直被一种幸福包围着，这种幸福感源于我班的一个同学，他特别懂事，他怕老师找不到公交站，步行几百米送老师去公交站，最后回家时天已经黑了。”当我看到他略带羞涩的笑，迎着别人欣赏的目光显得有点紧张，尤其是和我的目光相对时，也许这里边的内容只有我和这个不谙世事的孩子才懂。当然，我这样做的目的有两个：一是尽量改变他在同学心目中的暴躁、无理的刻板印象，二是让同学换一种眼光去看他，欣赏他的优点，从而帮他改掉缺点。

接下来，我就很用心地观察这个孩子：他很急躁，但是仗义；成绩很差，但乐于助人；自制力差，但有较强的集体意识，他会背着腿受伤的同学去上音乐课，给他打饭。成绩差，我就让班里几个各科都好的孩子帮他，利用中午时间给他听写单词，默写古诗词。渐渐地，他上课说话的状况轻了，下课时也有他追着老师问问题的影子了。他小学时的一个同学告诉我说：“老师，你要是小学时和他在一个学校，你就知道他现在有多好，他小学时曾经打过老师。”我听了以后很震惊，不仅仅是因为他的转变和进步，还因为他提供给我另外一个重要信息那就是他的暴躁竟然能达到这样的程度，这样的事情还会有复发的极大可能性。果然，几天后的一个周二，是体育课，由于下雨，考虑到室外可能会损坏我们的塑胶跑道所以全年级的体育要在室内进行。赵航听了以后非常的气愤，攥起拳头用劲地打墙壁，嘴里嘟嘟囔囔，本来就很安静的课堂气氛变得突然凝重起来，没有人说话，我以前也没见过这样的状况。我的理性和经验告诉我现在当众批评他会事与愿违。于是我很平静，尽量脸上挂着笑（可能很不自然），把他叫到教室的外头先听听他的想法，然后阐述我的观点：你的想法没错，有很好的维权意识，有思想，老师看到你的坦诚、勇敢，但老师依然不赞成你以这样的方式来表达你的想法。接着又和他交流了如何与老师或领导进行思想表达。

我在期中的总结会上给赵航颁一个特殊的奖项，家长会上把相关的 PPT 又回放了一下，他的家长激动得不得了。颁奖词是这样的：“他带给我们的是感动，背着同学爬楼梯去上音乐课的情景将永远定格在我们的心中，纵然他的缺点有目共睹，可是他用心在做着这一切，用心争取着属于他的进步。他的爱心让他荣获‘助人为乐’奖。获奖者：赵航!”热烈的掌声好久才停息，紧接着我又倡议：全班一起帮赵航改正缺点，大家愿意吗？在这么严肃的场合，这么隆重的表扬还是第一次。我还破例和赵航合了一张影，因为一直以来觉得自己的长相挺对不起观众，在众目睽睽之下需要我多么大的勇气呀!

于是，我开始了漫长的“塑造优秀的赵航”之旅。让责任心强的同学或组长去监管赵航，方法多样：可以是组长电话提醒作业，也可以是放学前组长检查他的作业记录本并签字，这样既锻炼了部分孩子的工作能力，又可以监督赵航完成作业。一点一点地，赞扬的声音多了，批评的声音少了，他的热情上来了，尤其是在一些活动中表现出极大的热情。几次歌咏比赛他主动承担领唱任务，而且成绩很瞩目。特别是初一合唱比赛他还获得了全校的“最佳领唱”，不仅如此，在他的带领下，我们五班竟然超过了两个实验班而获得第三名，这在以往的各种活动中还没有过。他很兴奋，全班同学为他鼓掌。我觉得这是个非常好的契机，于是树立他为爱班的典型，逐渐改变了他在同学心中的不好印象。同时，也极大地调动了全班同学的积极性，也增强了班级的凝聚力。后来在7月10日综合素质展示中，很多同学都提到了那次合唱比赛，提到了赵航，这在很大程度上也增强了他的信心。

当然，我做好了打算，知道这样的孩子习惯还有一定的反复性，所以告诉自己不要急于求成，要有足够的耐心。

英语本身就属于他的薄弱学科，他也就没有多少兴趣，所以上课偶尔会说小话。那天他和另外一个同学几乎不间断地说话，声音虽听不见，但不专注的样子能看得非常清楚。我先提醒赵航，但并没有完全停止，于是我提醒另外一个孩子把桌子拉开，但赵航急了，用脚踹了一脚桌子，非常生气。我让班长把赵航带到王主任办公室后，接着很平静地上课。下课以后我的一个班干部就对我说：老师您怎么就这么镇定呢，您为什么不和他发火呢？我自己也有点佩服自己了。王主任与他谈了一个小时，用王主任的话说，赵航那时声泪俱下，也觉得很对不起胡老师。可是我并没有简单原谅他，当着家长的面，我说：“对不起，胡老师要因为曾经对你的一些批评表示歉意，可能是胡老师没有能力，管教不了赵航，不能让你进步，你回去想想。”我这时就要抬起腿离开，根本没想到赵航竟然快速地站在我的面前，拦住我哭着说：“胡老师，您别不管我，只有您能管得了我，要不然我完了……”我轻轻地推开他的手大步走回了办公室，实际我的眼里充满的是泪水，心里已经原谅了这个小家伙，只是我想告诉他你在有意无意中伤害着挚爱你的人，他们会因你的鲁莽而伤心。然后我悄悄地把他妈妈叫到旁边，提醒他这两天注意孩子的安全，观察孩子的思想动向，帮他思考这一段时间的进步与不足。当晚，我便接到赵航的电话，刚刚说完“我是赵航”那边就已经是泣不成声了。从这点上来讲，他已经意识到自己的错误了。第二天，赵航在班里朗读了他那倾注了全部的思考而且似乎远远超出他的写作水平的反思，读到一半时就读不下去了……同学给他热烈鼓掌，赵航深深地给我鞠躬。我说：“实际上，胡老师早就原谅了赵航，并不是纵容他所犯的错误，而是看到了一个反思自己的过错，懂得老师和父母的辛劳，立志改正错误并追求上进的赵航！让我们一起来见证赵航的进步!”

后来，赵航相继做过班级的领操员、行为习惯进步标兵，年级会上王主任两次表扬赵航，专门给赵航发了奖品。记得有一次，因我班的早读一直上得不错，王主任也为了给大家鼓鼓劲，在我们黑板的右侧写了一句话：琅琅的读书声让人感到愉悦！还对大家讲，五班的进步有一个同学功不可没，同学的眼光不约而同投向了赵航，赵航站起来给王主任深深地鞠躬致谢。

当然，现在的赵航成绩依然不理想，尤其英语让我很不好意思。但是从品行上来看的确有很大进步，他再也没有出现过和老师顶嘴的现象，这对于一般孩子来说是个小问题，但对于他意味着很大的努力。他的妈妈对我真诚地说：“胡老师，我的孩子要不是在理工附中，不知道会是什么样子，很多时候我都想放弃，但你们却坚持着，不嫌弃他。”通过我们共同的努力，我也和赵航建立了很深的师生情感。去年圣诞节那天是我的生日，赵航早晨到校以后却又飞快地跑出去，第一节课间赵航的妈妈送过来一个盒子，原来昨晚快十点钟了他想起来第二天是我的生日，愣拉着妈妈出去买了一条围巾，可早晨起来还是给忘下了，所以让妈妈又开车给送了过来。

我真的觉得自己很幸福，也许作为普通班的班主任可能很少尝到孩子们成绩优异的成功感，但我们收获的却是另外一种成功和满足。满足于学生行为上的哪怕一点点进步，满足于虽然家人对他们一筹莫展，无计可施，但我们却能让他们明白自己是可以和别人一样优秀的。

作者简介

胡余玲：北京理工大学附属中学中教一级英语教师。2011—2014 四篇文章获校级三等奖，《假如他是我的孩子》获得校级教育故事先进个人、教科研先进个人；《举足轻重的英语单元课小结》在海淀区教委组织的专题研究中荣获教学论文类二等奖、《读你的感觉像春天》获得教师校级征文三等奖，并获得海淀区教育论文三等奖；《我离高效能教师有多远》获得北京市教育教学论文二等奖；《走近他，理解他》刊登在《海淀教育》上。

润物细无声

——做智慧的班主任

◇阚　晶

假期里阅读了《问题学生的教育指导》我颇受启发，也颇有共鸣。

在本书的第十个话题“我的情绪我做主：如何教育情绪失调的学生”中提到的两个案例对我有很大的启发。它们使我回想起了去年我班李兆石与同学发生的一次冲突事件。那是一天中午，小班长神色慌张地跑来告诉我李兆石对同学大吼大叫，还动手推了王宇轩一下。我赶紧进班，只见两个男孩儿都泪眼婆娑，李兆石双手紧攥着拳头，胸脯一起一伏，似乎满腔的愤怒难以平息……我平和地问他事情的原委，他指着王宇轩大声说：“你问他!”王宇轩委屈地一边掉泪一边说：“今天生物课讲了基因及人种，因他长得皮肤最黑，同学们就开他玩笑，他一点没生气，还笑着回应。刚才吃饭时我们又聊起这个话题，就一起回头笑他，他就生气了，冲我们吼。我回了一句‘至于吗?’他就冲过来要揪我的衣领，还……”王宇轩说不下去了，我又问李兆石情况是否如王宇轩所说，李兆石此时仍满脸愤怒，但我发现他的双手已经不再握成拳头。当着李兆石的面儿，我首先告诉那几个参与聊天的男孩们，和同学开玩笑需把握尺度，最初李兆石表现出的大度，不计较，并不意味着他可以一直容忍你们开他的玩笑，爱美之心人皆有之，拿别人的长相开玩笑是不尊重他人的表现，因开玩笑而导致友谊破裂的例子大家听到或看到的应有不少。所以，开玩笑必须考虑到当事人的自尊心，以尊重为前提。让我倍感欣慰的是王宇轩首先承认自己错了，并主动向李兆石道歉。李兆石此时已完全气消，愉快地接受了王宇轩的道歉。我趁热打铁，问李兆石是不是也想对王宇轩说点什么。李兆石也大度地承认自己脾气不好，还先动了手，推了王宇轩，也向王宇轩道歉……

按理说，作为班主任，这件事我已处理得很圆满。一个巴掌拍不响，孩子打架肯定都说自己占理，我用平和的态度，本着尊重孩子的感受为前提，以理解他们的委屈或愤怒的情绪为切入点，摸清事情的来龙去脉后进行了教育，双方当事人也都承认了错误，一切又都恢复了平静与和谐。然而，我的心里却一直不轻松，因为李兆石的火爆脾气已使他几乎和班里的一多半男生都拌过嘴，每次和同学们发生冲突，我都是等他平静后再找他谈心，逐渐地，他能坦诚地分析自己的问题，并有意识地尽量去克制了。我也经常和他的父母沟通，值得欣慰的是，无论是家长还是他本人都能认同并尊重老师的教育，我也确实看到他与同学们发生矛盾的频率在减少。

书中有段话我很认同："情绪往往是内心的写照。情绪失调的学生并非无药可救，因为每一个学生不是什么都无所谓了，我们要找准很好的教育机会。让学生感知你的存在和对他的关心，并适时地与他沟通，使其逐渐增强自己的自我认同感，进而学会用理性改变自己的暴躁及带有攻击性的不良情绪，与他人和睦相处。"

凡事都有前因才有后果，应该说，现在孩子的表现是他过去多年积累的结果。为了进一步深入了解李兆石，理解他产生失控行为的原因，我专门利用休息日去他家家访，全家人在他们已装修好但还未入住的新房里接待了我，他妈妈小声告诉我这是孩子坚持要这么做的——"因为新房子才漂亮"。这让我了解到孩子很注重面子、自尊心强的一面。在与他父母的交谈中，我也感受到了他们的质朴和通情达理，他们一再向我道歉，说他们因为老年得子的缘故，对孩子太过宠爱，养成了他稍不如意就发脾气的坏毛病，让老师为自己的孩子操了不少心……通过家访，我进一步理解了李兆石容易情绪失控的原因，以及对其不良情绪如何对症下药进行疏导更心中有数了。

对兆石的教育策略总结如下：

第一，尊重人格，保护自尊心。保护自尊心，是信任与赏识教育问题学生的重要前提。在教育的过程中，应坚信"人是可以改变的"。对此我满怀期待，倾注耐心，尊重他的人格，用平等关心的态度对待他，不当众揭丑，更不变相体罚。用人格的力量去启迪他的心灵，用爱心去融化他的"心理防线"，在师生间架起一道情感交流的桥梁。经过"晓之以理，动之以情"，因势利导，使他感受到老师的信任、关爱、尊重和期待，从而渐渐恢复了自尊与自信，消除了自卑和抵触情绪，愿意接受帮助和教育，进而引导他对自我价值的分析，建议改进方法，让他自己去尝试和感受进步带来的成就感，变消极状态为主动状态。

第二，创造契机，树立自信心。树立自信心，是信任和赏识教育问题学生的关键。为了及时了解、掌握他的内心世界和行为表现，进行有针对性的教育，我通过个别谈话、沟通家长、及时表扬鼓励、正面疏导等来发现他的闪光点。例如，他喜欢鼓弄电脑，我便让他担任信息管理员为班级收集活动照片，并把制作短片、介绍班级风采的任务交给了他。他很上心，提前完成了任务交我审核，我在全班隆重表扬了他的认真态度，我的及时表扬和鼓励在他身上产生了良好的连环效应，他的课堂听讲也变得认真了，作业质量也有了不小的改善，卫生值日也做得踏踏实实了。我从肯定小成绩、小进步入手，让他品尝到受赞许、表扬的欢乐，从而树立起自信心，以此作为教育转化的突破口和推动其前进的动因。在他通过努力取得成绩时一方面及时肯定，一方面又提出新的目标，循序渐进。由此他看到了希望，激发了进步的内在潜力，确立起了不断进步的信心。

第三，注重情感教育。古人云："亲其师，信其道。""问题"学生更易与教师或家长形成对抗性逆反心理，所以教育者切不可恶语相加，更不可戴着有色眼镜看人，而应对他们有超人的忍劲和过人的宽容，倍加呵护他们脆弱的心灵，始终微笑地面对学生，用真心来爱他们，用真情去温暖他们，使他们从心底感受到你浓浓的爱，包括一些很小的细节，你都要倾注爱。"没有爱就没有成功的教育"，这是永远的真理。只有亲其师，方可信其道，师生感情融洽是教育的润滑剂。

第四，多方协调，讲究系统性。生命的成长需要多方面的滋润，班主任对学生的教育也应该是个多方面且有系统的过程。讲究系统性，是信任与赏识教育问题学生的重要方面。根据他的问题成因分析，实现转化显然不是一朝一夕的，要认清转化过程中的反复点，正确对待、耐心等待，要有长期的、系统的计划和打算，不断地调整方法进行教育，与家长密切配合，步调一致地对他进行思想教育，追踪考察，反复抓，抓反复；加强日常生活、学习的监督，促使他养成良好的行为习惯和学习习惯。

在圆满解决了几次争端后，李兆石对我越发信任，作为信息管理员和值日组长，成为我最可信赖的学生之一，在班中协助我工作，不仅自己认真做值日，还督促其他同学认真履职，对我的班级管理起了很好的辅助作用。

总之，读《问题学生的教育指导》这本书，如同与经验丰富的老师们在交流育人之道。它告诉我们，转化问题学生是一项长期的、复杂的、艰巨的教育系统工程，它需要你的爱心、耐心和智慧。

记得康德曾经说过："启蒙就是人类脱离自己所加于自己的不成熟状态。"作为一名普通班主任，我无启蒙思想家之伟大，但是可以希冀用自己的微薄之力点燃学生们生命成长的理性之光，用爱心、耐心和智慧无声地滋润他们心灵的幼苗健康成长。

作者简介

阚晶：北京理工大附中英语高级教师。"2012 年理工附中优秀班主任"称号。参与编辑《班主任工作——雕虫小技》，并在主题论坛发言。《以小组合作促进英语教学的几点设想》获海淀区第十二届教育科研论文二等奖。《家校合作 为爱护航》获北京市二等奖。《润物细无声》获校一等奖、并获北京第六届"京研杯"教育教学研究成果三等奖。论文《有效教学》和《由"第 56 号教师的奇迹"引发的思考》分获 2012 年校一等奖和三等奖。《做一盏温暖的灯》《过程性评价在中学英语教学中的探索》和《感悟幸福》分获 2013 年校一、二、三等奖。

拿什么“拯救”你

——我的 8 班

◇王　阳

说实在的，还没进 8 班呢，心里已经打鼓了。这个班在初中两年里，除了班主任所教的数学学科成绩不是最后，其余各科成绩全是年级倒数第一，而且与兄弟班级的差距还不是一般的大呢！

该怎么教好 8 班呢？我一直在努力地探寻着答案！

第一天走进 8 班，我丝毫没有受到以往新老师进班的待遇，没人对你好奇，甚至上课铃响了，都没人理会。直到我大声地喊：“上课了，安静！”喧闹的声音才慢慢小了起来。这一节课讲下来，我这个有着十几年教龄的“老教师”真的是眼泪都快要下来了。整堂课我只有一个感觉——乱，几乎没人听课，下面乱成一片，说话的，笑的，回头的，睡觉的，做什么的都有。看到这一切，反倒激起我不服输的劲儿，心想：“好，闹吧，看你们还能有什么花样？”

接下来的几天，我都没有管 8 班的课堂纪律，而是想看看他们最真实最自然的状态。我用心观察了每人的表现，发现 8 班的大部分孩子自制力都不是很好，很容易受到“风吹草动”的影响。他们因为长期的松懈，对知识性的内容不感兴趣，倒是对我语言中幽默的部分相当感兴趣。

觉得是时候行动了。周五下课前，我留了几分钟和孩子们聊天：“老师和大家相处了一周时间，发现咱班是一个非常有潜力的班，老师很喜欢大家！”孩子们听了之后开心极了，高兴得在下面又是鼓掌又是笑。

“可是，我也发现我班还有一些问题，你们想现在谈还是周一谈呢？”我故意卖了个关子。

“现在谈!”孩子们大声地回答着。

“好。我发现我们班成绩不理想并不是我们真的不行，而是上课状态不好。上课睡觉、聊天的同学太多。大家想不想改变我们班的现状，让我们的成绩提高上去?”

“想，当然想!”下面叫成一片。

“好，我们先尝试一下，周一是教师节，老师希望收到一份特别的礼物，就是同学们能安安静静地听老师上一堂课，好吗?”

“好!”

周一上课时，我故意没早到，拖到上课铃响才走进教室，教室里安安静静，没有一个人说话。这堂课我上得非常顺利，孩子们认认真真地听课，记笔记。下课时，我真诚地对孩子们说：“今天的课老师太开心了，谢谢大家送给老师这特别的礼物，谢谢!”下面沉默了一会儿，过了一会儿才恢复了下课的喧闹。

第二天上课之前，我开始提我的要求了：“昨天大家听课听得非常好，说明我们班可以做得很好。从今天起我们约法三章：一、上课我说你不说，你说我不说；二、想说举手说；三、坐姿要端正、笔记要工整。”经过前面的铺垫，孩子们也比较愿意接受了。

但在实施的过程中，却不是答应了就能做到的。开始的一节课，多数人还能坚持。可是很快地，当我讲到比较有趣的内容时，下面又会说成一片。我停下来看着他们，直到有人反应过来大声说：“别说了!”班里静下来，我再开始上课。我提问时，会答的同学在下面大声嚷嚷，我不理他们，直到谁想起举手，我才给机会请他答。“你说我不说，乱说我不理，举手请你答”这成了我上课的宗旨，无论课时有多紧，我都咬牙坚持。一段时间下来，孩子们养成了正常的上课秩序。

对于不爱听课，上课睡觉等问题，我利用了各种方法来调动孩子们的学习兴趣：利用化学学科的强项——“实验”来吸引孩子们的注意力；对于枯燥的知识，利用朗朗上口的谐音或是口诀让孩子们轻松记住。幽默的表达能吸引更多孩子爱听课，我努力发掘自己的语言特点，使课堂充满吸引力。在我给其他班代课之后，该班的孩子评价我：“这个老师上课太幽默了!”

当然，仅靠兴趣来吸引学生还是不够的，在把孩子们吸引到我的课堂上之后，我便开始针对8班的特点进行起我的“小计划”了。8班孩子的学习能力弱，课上学到的知识回家根本不复习，遗忘非常快。针对这一问题，我采取了“每天3分钟，堂堂有小测”的上课方式。就是，每天上课之前会拿出几分钟检测前一天学过的知识。一开始当然是怨声载道，只要一发小测纸，就听见下面一片“鬼哭狼嚎”的声音，“又测啊！”“又考试啊！”“天天测有什么用啊！”我也不做任何解释，而是用加大加分力度和“狠狠”表扬的方式来激起他们的斗志。在每一次单元测之后，我都会“夸大其词”地赞赏基础知识优秀的孩子，当然也不忘赞扬一下“堂堂测”的功劳。久而久之，孩子们从怨声载道变成后来会有人追着问我：“老师，今天还测吗？我一定能全对！”

除了“堂堂测”这个法宝，我还有一个法宝，就是“少PPT，多板书”。给8班上了一段时间课之后，我发现“多媒体”教学的确能吸引孩子们的注意力，但在一片“眼花缭乱”之后留下得并不多。于是，我减少多媒体的使用量，开始一根粉笔“打天下”。每次上课之前，我都会精心设计板书，课上再用不同的颜色呈现出主次。对于重点内容，无论多少字，我都会一字不落地写在黑板上，这样能力弱的孩子就能有时间整理好笔记了。PPT上应该出现的装置图，我会手把手教孩子们画，一边画一遍讲解，加深他们的理解。书写详细的板书，可以使孩子们的关注点集中在授课内容上。我也通过自己板书的分层次、分类书写使孩子们受到“潜移默化”的影响，养成笔记分类和整理的好习惯。记得一位老教师来推门听课，课下她拿出厚厚的听课笔记跟我说：“你这节课容量真大啊，光你的板书我就记了四页。图都画得又快又好，像简笔画一样。”

教学的“主战场”在课堂，它还有一个好“后勤”，就是作业。“后勤工作做好了，战场上才能无往不利”。记得第一次判8班作业时，我几乎崩溃了。41个人的作业，合格的只有5个。我把作业发下去，让他们改正后收上来再判，仅仅一次作业，我前后判了4次，才勉强过关。从此以后，我一定先判8班的作业，上午就把作业发下去，让孩子们及时改正。一次没改明白讲清楚，就再改，直到孩子能讲明白改对了为止。办公室、走廊上、教室里，到处都留下过我们问答、讨论、批改的身影。从作业质量差，被迫改错到“今日错今日改”，孩子们的学习状态发生了巨大的变化。

经过半个学期的努力，8班的化学成绩提高了，在大小考试中都名列前茅了。现在，我一进班，许多孩子都会迎上来和我打招呼、聊天，喜爱之情溢于言表。

"教好学生"是没有止境的，它将会是我不懈努力的方向，我会继续探索……

作者简介

王阳：北京理工大学附属中学化学一级教师。《拿什么"拯救"你——我的8班》获北京市第六届"京研杯"教育教学研究成果三等奖并发表于《海淀教育》2013年第二期。《质量守恒定律（第一课时）》获海淀区2012年初三年级新授课专题研究活动二等奖并获"2012年北京市初中化学优秀教学设计评选"二等奖。

追忆似水年华

——2011 届高三(6)班“心”路历程

◇张雅玲

今年是我第一年带高三，也是第一次担任高三班主任，加上天资愚钝，一切都像是摸着石头过河，幸亏身边有那么多经验丰富的老师——马立秋老师、房桂红老师、马庆兰老师、王小辉老师、刘秀仿老师等一路拉着我拽着我，还有我们班那些兢兢业业的任课老师——崔广平老师、刘晶老师、张颖老师、王申奎老师、王恒老师在我身边扶持着我，他们用无私的爱心和坚强的臂膀帮我撑起高三（6）班的天空，我深深地尊敬他们、感谢他们！

回顾这一年的工作，真的觉得自己做了很多，可是又远远不够，唯一能让我觉得可以总结出来供大家分享的，也许就是这一年中高三（6）班的《“心”路历程》。高三学生最需要的是一份稳定的情绪，一份坚持的勇气，一份不服输的韧劲儿，还有一颗坚强的心。因此，高三的每一个特殊阶段，我都力图去探求学生心理上的需求，然后利用每一节宝贵的班会课，与学生一起走一趟心灵之旅，帮助他们克服每一个心理上的难关，就这样，一直坚持到 6 月 3 日——我们班的“最后一课”。

以下按时间顺序选取几次比较有代表性的班会进行总结：

（一）2010 年 7 月 7 日：《仰望星空，脚踏实地》——高三（6）班第一次主题班会

临近高三，每个同学都感到彷徨甚至茫然无助。同时，大部分学生缺乏持久的学习动力，面对高三的巨大压力，很多同学的畏难心理使他们更加畏缩不前。这种情况下，除个人必须付出努力外，积极向上的学习风气和踏实稳定的学习环境尤为重要，如何利用集体的力量带动个人持久有效地发展，

从而帮助学生在高三阶段稳步前进？我想到了“小组合作学习与竞争”方式。实施过程如下：

1. 以“志愿填报”与“酌情选拔”的方式组建学习小组：

首先，我选出八位学习品质优秀，综合能力强的同学作为各小组的“学习领袖”，然后由其他学生填写《志愿申请单》，选报最适合自己的学习领袖。

高三（6）班学习小组志愿申请

学习领袖：

苏晓晗、马迪、庞铮、侯丞、龙海若、顾天聪、李恒谦、王君宇

第一志愿：　　　　　　　　第二志愿：

我承诺：

我志愿选择以上同学作为学习领袖，在高三一年中，悉心求教，取长补短，并以提高本组成绩为己任，积极配合，与其他组员互帮互助，同舟共济。

若出现以下情况，我愿意“服从分配”：

1. 两个志愿均未被录取；

2. 因违反纪律、不思进取及其他任何影响集体荣誉的原因给小组抹黑。

签名：________

之后是“学习领袖”的“选拔”工作。由于小组间存在竞争关系，“学习领袖”对小组成员的录取都比较慎重。小组之间的评比依据是每次考试各小组平均的进退步幅度，因此他们“选拔”组员主要考虑的是每位同学的进步潜力。未被录取的同学则通过“服从分配”的方式被分到人数不够的学习领袖手中。学生在此过程中提前体会了高考录取中个人意愿与高校意愿相结合，必要时只能服从分配的模式。

为落实“学习领袖”的工作职责，增强他们的责任感和使命感，每一位学习领袖都填写了《责任承诺书》，担当起真正的领袖职责。

高三（6）班学习领袖责任承诺书

我承诺：

我愿意与以下同学结为学习小组，无私付出，携手共进，互帮互助，让包括我在内的每一名同学“做最好的自己，成就最优秀的集体”。

________________　________________　________________

________________　________________

我的职责：

1. 促进组内学习气氛，组织答疑，互相交流，对每一位同学负责，不抛弃、不放弃；

2. 遇到组员学习松懈，及时提醒；动力不足，及时鼓励；遇到挫折丧失信心，及时宽慰，为其鼓劲，必要时请老师解决；

3. 我们的口号——“一切为了学习，学习为了一切”。

签名：________

2. 秘密任务——“谋定而后动，知止而有得”

无论做事或学习都需要“谋定而后动，知止而有得”。在填报志愿和选拔工作结束之后，我给“学习领袖”们布置了一个秘密任务——客观分析本小组的优势、劣势，并根据本组实际情况初步制定学习计划和进步目标，在班会上向全体同学做汇报，旨在通过各位“学习领袖”客观、明确的分析，给每个小组、每位同学一个客观认识自己、了解对手的机会，从而制定切实有效的学习策略。

当时正值2010南非世界杯已进入到最后的四强争夺赛，同学们对此类话题乐此不疲。我想，如此高手云集、关注度极高的世界级比赛，跟我们即将面临的高考不是具有很高的相似度吗？比赛中出现的种种主观、客观问题，同学们在考场中不是同样有可能会遭遇吗？于是，世界杯成为了一次绝好的教育契机——我要求“学习领袖”每人选取1~2场值得他们反思和借鉴的比赛，在汇报中分析其成功的经验或失败的教训，并作为小组今后学习的“前车之鉴”。正所谓“以铜为镜，可以正衣冠；以古为镜，可以知兴替；以人为镜，可以明得失”。

“学习领袖”们开动脑筋，认真分析了本小组成员的实际情况，为班会做了精心的准备。下面举一个例子：

“游骑兵”组——《Rangers，lead the way！（游骑兵，做先锋！）》，学习领袖：龙海若

龙海若同学借用德国队队长拉姆的一番话提出本学习小组坚持的基本原则——“一旦踏上球场，我们总是在以团队形式在战斗。此外，我们的备战工作相当缜密，任何一个细小的细节都不会被忽略。……总而言之，决定比赛胜利的关键，是我们这个完整的团队，无论主力还是替补球员。”借此强调小组成员间团结协作的重要性。随后，他与同学们分享了两个小故事，提出“竞争对手常常不是我们打败的，是他们自己忘了每天进步一点点。成功者不是比我们更聪明，而是他比我们每天多进步了一点点。”并以此提出小组的奋斗方向——“每天扎扎实实地拿下0．5分”。最后，他以“游骑兵的誓言”

阐明自己小组命名“游骑兵”的含义——“我承认游骑兵事实上是较那些在严酷的海陆空战场上的兵种更为精锐；我完全接受我国家已期盼我身为一名游骑兵队员是会行得更前、更快及较其他士兵更卖力地战斗的事实；我永远不能忽视我的战友，我需要时常保持精神上戒备、体能上强健以及我会背负多于我应背负的任务，100%及更多；我会在战场上击倒敌人因为我有较好的训练及竭尽全力的拼劲……”

3. 竞争——精益求精

英国著名哲学家休谟说过：“高尚的竞争是一切卓越才能的源泉”，而源于同伴间亲近、公平的“合作 + 竞争”更是能激发这些十七八岁的准高三学生的激昂斗志。8 位“学习领袖”进行了精辟、理性的分析之后，全班以各学习小组为单位展开了热烈的讨论，认真制定或修改了本小组具体的高三复习策略，并设定一个进步目标和一个挑战目标（其他某组）。讨论气氛非常激烈，每个同学都积极参与，跃跃欲试，希望自己的小组可以在高三阶段稳步前进，打败对手，更重要的是提升自我。这让我想起了我们班教室墙壁上贴的一句条幅：“你不是一个人在战斗！”

这次班会大大激发了学生的斗志和信心，同学们自主学习的意识得到了更为充分的调动。开学后不久，各小组纷纷在下午放学后开始了自发的“晚讨论”活动。或是理清一天中各科复习的重难点，或是讨论课上、课后作业中出现的问题，或是熟读、背诵英语、语文等课上要求的基础知识……（如下图所示）

每天下午放学后各学习小组自发的“晚讨论”活动

（二）2010 年 11 月 11 日：《行动·信任·专注》——期中考试总结及反思

11 月，学生终于经历期中考试和第一次全区大排名。虽然我们班学生在年级里考得还算正常，可是区排名却几乎让每个人备受打击。这其中当然有试卷泄露事件的影响，但也反映出部分学生对自己的真正实力估计过高、考试策略和心理不成熟等问题。我认为这正是一个让他们清醒认识自己、对自己提高要求的好机会，很多学生尚有很大潜力却甘于满足现状，更何况即便是快马也可以再加一鞭的。

班会分为成绩总结和反思改进两部分，其中反思改进又分为“行动篇”“信任篇”和“专注篇”。

“行动篇”选用音频素材《羊皮卷 9——现在就付诸行动》——“我的幻想毫无价值，我的计划渺如尘埃，我的目标不可能达到，一切的一切毫无意义——除非我付诸行动”“拖延使我裹足不前，它来自恐惧。行动而失败总比坐而待毙好！明日是失败者借口成功的日子，我并不是失败者！成功不是等待，我现在就付诸行动！”

“信任篇”强调相信自己，更要相信老师，相信同伴。选用电视剧《士兵突击》中许三多在史今班长的鼓励下做开始练起大回环的片段，学生也和许三多一起，体验了由 3 个到 333 个的磨砺……“那天晚上，班长给了我巨大的鼓励，我相信班长说的话——我是有潜力的，因为，他是我的朋友……”这个片段使很多同学陷入了沉思。

“专注篇”是我自己制作的自动播放的幻灯片，以学生高一、高二历次军训、农训、篮球赛、青春风采大赛等活动中的照片加配乐歌曲《专注》的方式呈现给学生。学生看到自己的身影很激动，也很有感触。最后，我还是以许三多的一句话收尾——“安静，好安静；只有风，只有我……”由此告诉学生，我们真的可以做到专注、安静！

（三）2010 年 11 月 25 日：《第一个调整期，我们怎么做?》

期中考试结束两三个星期之后，学生不可避免地开始放松，有的人又开始“不知所措”了。当时正值 2010 年广州亚运会，我并没有选刘翔的浴火重生，而是选择了新科亚洲百米飞人劳义的“每一阶段我都知道自己要怎么跑”。——“我起跑时速度并不快，但整个百米的节奏从慢到快，冲刺阶段不放松，尤其是最后 10 米紧紧咬住对手，毫不松懈，所以，每一个阶段我都知道要怎么跑。”

随后，播放音频《羊皮卷1——今天，我开始新的生活》——“失败不再是我奋斗的代价，它和痛苦都将从我的生命中消失。失败和我，就像水火一样，互不相容。我不再像过去一样接受它们，我要在智慧的指引下，走出失败的阴影，步入富足、健康、快乐的乐园。……造物主创造树中之王橄榄树需要一百年的时间，而洋葱经过短短的九个星期就会枯老。我不会留恋从前那种洋葱式的生活，我要成为万树之王——橄榄树。”

这次班会有效地帮助学生及时调整好情绪和学习状态，不因成功而松懈，不因失败而自暴自弃，从而顺利度过高三“高原期”。

（四）2011年2月16日：《成长·成人·成才》——18岁，我们铸造辉煌，让青春无悔

这节班会是我和几个学生一起完成的。除此之外，还有我们班所有的学生家长。自我感觉，这是三年来学生最投入、最动情的一节班会，也可以说是最成功的一次。

为了能把班会开好，会前我和班长、团支书等班级主要干部搜集了大量的素材，内容和流程也是一改再改，光是班会之前的彩排就花了两天的时间。最终定稿的班会分三个环节——“青蛙的故事”“人生，背着壳前行”和“感动·感谢·感恩”。

环节一“青蛙的故事”告诉大家：“永远不要听信那些习惯消极悲观看问题的人因为他们只会粉碎你内心最美好的梦想与希望！”

环节二“人生，背着壳前行”——“我们每个人身上都有自己的壳，那就是我们的责任。我们对待这些责任时，要向蜗牛一样向前爬行，不放弃，不退缩，勇敢地面对生活中的各种挑战和困难。”主持人从日剧《龙樱》中选取一个片段跟大家分享。故事讲的是一对双胞胎兄弟，弟弟次郎成绩优秀，在一所名校上高中，而哥哥一郎则上了最差的中学。弟弟一直看不起哥哥，甚至觉得有这样的哥哥很丢人，而哥哥也习惯了家人的蔑视，每天毫无自尊地生活在弟弟的阴影里。哥哥所在的学校有一位老师，组织了一个“特升班”，目标东大，凡是想上东大的同学一律接纳。他坚信只要大家努力，按照自己的方法学，一定能考上东大，而“进入东大的那一刻，废物就不再是废物了”。哥哥在老师的激励下终于鼓起勇气，在弟弟鄙视的目光中哭着大声说：“我本来也不想放弃！我虽然不像次郎那么聪明，虽然要花比别人多好几倍的时间，但是我也很想努力！很多事我真的不想放弃！老师，请让我也进入特升班吧，也请教我学习！”这一段让很多同学和哥哥一郎一起潸然泪下。

环节三“感动·感谢·感恩”中，班长苏晓晗结合提前要求学生写的《成长过程中最让你感动的一件事》的小文章，改编成为微博中流行的“三行情书”的形式，跟大家分享。

最后，由我带给大家这个环节中一个秘密的 super surprise——家长寄语，将班会推上了高潮。学生们被家长们的信感动着，泪流满面，一个男生趴在桌上泣不成声……接着，我和孩子们一起，眼含着热泪，看了我利用向家长征集来的学生照片做成的幻灯片，配乐：《妈妈我爱你》和《隐形的翅膀》。

那次班会之后，我真的觉得学生懂事了。虽然还会犯错误，还会闯祸，但是，他们的目光中，多了一份深沉与信任；他们的行为举止中，多了一份沉稳和责任。

（五）2011 年 6 月 3 日：《电影欣赏：〈国王的演讲〉》——最后一次班会

6 月 3 号，学生在学校的最后一天课，我的化学课也很荣幸成为学生在理工附中的“最后一课”。我直接将这节课改成了“临考嘱托”，当然，是一种特殊形式的“临考嘱托”。我精选了《国王的演讲》这部电影中几个片段加以简单的剪辑，并与学生分享。——

“哥哥放弃王位后，伯蒂不得不担当起国王的重任，片尾的伯蒂在莱昂纳尔的“圈圈点点”中略显缓慢地艰难演说，几乎没有结巴。这是一个奇迹，在压抑、痛苦、挣扎之后，他涅槃重生，成功地让自己成为真正的国王，而不是笑柄。结巴的伯蒂和基本不结巴的伯蒂都有震撼人心的效果，前者在于努力，后者在于持久地、长期地努力。……他毕竟超越了自己，也履行了责任。人要战胜的，始终是自己！”

“我们即将迎来的高考之役，与这次演讲何其相似——同样是为其付出了长时间、艰苦卓绝的努力，同样是备受家长、亲友、老师甚至是社会的关注，同样会在整个考试过程中面临一个个对自身知识、能力甚至是心理的挑战，同样，我们都期望它的圆满成功……那么，让我们记住这一幕——当你迫切地希望圆满完成某一目的时，你要做的，反而是‘抛开一切’！”

高三（6）班的往事已成追忆，数完这些“家珍”，2011 届高三（6）班也将永远封存在我们的记忆中。希望当时经历这一次次班会的孩子们，能真的有所收获，在他们最脆弱、最茫然的时候得到指引和鼓励。如能这样，我心无憾。

作者简介

张雅玲：北京理工大学附属中学化学教师，2011 年海淀区青年先进教育工作者，“十一五”期间教育科研先进个人。其论文《追忆似水年华》获海淀区高三新课程教育教学优秀成果评比二等奖；2012 年《给足阳光，让他们更灿烂》获北京市智慧教师教育教学研究成果二等奖、《改革中求创新，从实处促进学生主动发展》获北京市基础教育课程教材实验（高中）优秀论文三等奖、《老方新用，因材施“助”》获北京市京研杯教育教学研究成果三等奖；2013 年获海淀区智慧教师征文一等奖、《谈初三化学小结课“温故知新”的几种方式》获海淀区教学论文类成果一等奖、海淀区初中教师实验技能一等奖、《改革中求创新，从实处促进学生主动发展》获北京市基础教育科学研究优秀论文二等奖。

享受成长，如诗如歌

——高三师生与时代同行

◇马立秋

年级工作是学校工作的重要组成部分，既需要宏观布局，又需要细致入微，具体、复杂、繁重却又政策性强且责任重大。怎样实现学生的健康成长，是我担任2011届新高一的年级主任要探索的重要课题。为此，我决定首先了解学生的情况，为三年乃至以后学生顺利发展，制定符合实际的教育规划。我将面对的是一群怎样的孩子呢？

1. 他们大部分出生在1992年邓小平南方讲话，建立市场经济体制的目标确立后，他们从小接受的就是：物质上国际品牌式的生活享受；精神上，欧美现代的民主、平等、自由等意识文化的渗透；他们具有批判精神、独立精神，他们是思维活跃的一个群体。

2. 小学毕业到初中，他们成长在北京申办奥运会成功后，在这个过程中，他们伴随着北京的文明进程而成长，文明意识在增强。

3. 他们的少年成长期，正是社会大环境的价值体系新旧杂陈，国际形势复杂多变的时期，价值观的重构过程中的影响，在他们身上也有体现。主要是：他们中有些人对自己要求自由、平等，却限制别人、藐视别人；对自己宽松、容忍、原谅，对别人做的同样事情则斤斤计较、穷追猛打、绝不饶恕，还有较为普遍的是行为上散漫，办事情效率低、动手能力相对较弱。看问题缺少理性，比较偏颇，缺少全局观，等等。

在对这届学生特点的分析、思考中，一个难题浮出水面：拿什么奉献给你，我的孩子？

谋定而后动，这是《孙子兵法》上说的。集中集体的智慧，“谋定”就会更有胜算。我们年级团队形成以后，根据已经掌握的学情信息，通过与老师们研讨，我们确立了“成人比成才重要，成人可以促进成才”，打造优秀的年级文化来引领年级工作的整体思路，我们从学生三年的成长角度，决心以优秀的文化引领整个年级，使年级成为一个自觉的优秀团队，以此为基础，我们制定了整体三年的目标：

1. 致力于培养个性鲜明、充满自信、敢于负责，具有思想力、领导力、创造力的杰出公民。他们无论身在何处，都能热诚服务社会，并在其中表现出对自然的尊重和对他人的关爱。

2. 加强教师、学生会、班级队伍建设，构建文化型、自主型、稳健型、进取型的年级与班级。

3. 致力于素质教育与升学教育的有机结合。

在此基础上制定了三年中每一年的目标：

高一基础篇：入境寻位，稳健奠基，注重养成，践行优秀。

高二关键篇：沉潜学业，厚实根基，未雨绸缪，兼顾全面。

高三冲刺篇：坚持坚韧，厚积薄发，君子豹变，鸿鹄高飞。

在每一个年级之初，对于学段目标，进行阶段目标分解，明晰工作，便于落实。比如从高一入境开始的工作计划到高三入境及高考前后工作的设计，坚持了三年。

对于我们浩繁且庞杂的工作，我简单举例如下：

一、 以优秀的文化， 引领团队

高一新学年的教师班底刚刚组建，我们大家都一致认识到年级集体文化和年级集体的教育效果就是——水和舟的关系，教育教学效果是舟，年级文化是水——水能载舟，亦能覆舟。据此提出高一年级的教师文化：和谐、合作、同心同德；务实、进取、勇于创新。高度的相互理解和坚定不移的相互信任，是形成优秀文化的基础。

担任年级主任后第一次和年级全体同仁面对面交流 2011 届高一年级开学工作预想与安排，我讲了以下一段话：“我相信大家高度的责任感、优秀的工作能力，大家一定能做好本职工作，这是第一位的，也是我自信心的源泉。同时，我想说，友爱、理解、团结、奉献、顾全大局，也应该是我们这个团队的作风，这应该成为我们的品格，这是我们在一起能感受幸福、感受成就的保障。我觉得我们所做的工作，是学校的，也是我们自己的。工作做得好，做得出色，学校就发展得好，我们每一个人也就有成就，有更好的发展。”

从此开始了我们合作的日子，日子一天天流逝，为了使我们及时沟通，便于理解，明确要求，促进和谐，老师们经常会在自己的办公桌上看到这样的温馨贴士，例如：

1. “今天年级主任会上校长提到前段发现的学生问题，高一是唯一没被点名的，这是大家努力的结果，没有批评，就是表扬。加油！”（2008. 11 ）

2. “昨天早晨7：45 时班级学生已到齐的有 1、2、3、4 班。请各位提醒经常晚到的学生再早点出门，以免节后回来的月考迟到。”（2009. 9. 24）

3. “伴 2011 届的孩子们一千多个晨曦晚霞，我们终于到了最后闯关的时刻，大家一路辛苦了。让我们再坚持一下，让胜利在望转为胜利在握。……”（2011. 5. 25）

这支团队中的突出代表是班主任，他们的智慧、耐心、爱心、平和、辛苦、思考，大都付出在校园的课堂中、他们所带的班级里。我非常想让他们的家人知道，他们的丈夫、妻子、他们的爸爸妈妈是一个多么爱学生，多么值得骄傲的人！高一元旦时，我给每个班主任的家人写贺年卡，这样做，我只是希望传递给大家的是一份工作中的温暖，以及我内心的深深感动。

老师们怎样与我合作？且不说一节节课精心准备，精彩纷呈，让学生徜徉于知识的海洋中，也不说课上课下与学生思想的碰撞，心结的疏导，单说每年的全校教工运动会和元旦联欢会，也都是大家很在意的，在那里能够表达出年级老师们热爱团队、创新争优的豪情。比如高一时迎新晚会上，我和同事把诗人郭路生的《相信未来》一诗改写后，嵌入了全组人的名字，当每个备课组踏着诗的节奏，以独有的方式进行合唱时，也凝聚了当时全组人的心。

依据美国著名心理学家威廉·詹姆士的教育名言：“人类本质中最殷切的需求是渴望被肯定。”我们也进行了战略考量，用信任、感恩、表扬、营造自主、有序、拼搏的学风，推动学生的成长。建设高一年级的学生文化：自主、自律、目标高远，有序、负责、追求卓越。

我们深知，高考的高分，是和学生的知识素养以外的人文素养不可分割的。高考分数，不是教育的全部，高考更不是学生学习的终点，而是人生的起点。我们在学生人文素养的培养上，也下了很大的气力。

二、 发展综合素质， 为未来奠基

前面我们已经了解到 2011 届高一新生的特点，有若干突出不足，老师们也达成了共识：以优秀的文化，引领学生成长。那么，这个优秀文化建设的切入点是什么？我们认为，最为关键的，首先是：

（一）公平、公正、公开，铺就学生成长的舞台

十五、六岁的孩子，正是心理要求独立、初步具有社会判断力的时期，教师、学校的工作活动，是否公平、公正，对于学生的个性、世界观的形成，影响巨大。我们让学生体验教师的公平、公正、公开，让学生在自主管理中学会“三公”的游戏规则，将会促进学生自主、民主、积极向上地融入学校和社会生活。

我们在阶段计划中，重点策划和落实了：高一农训、高二文理分班、尖子生流动、高三自主招生中的公开、公正、透明。

（二）责任、博爱、感恩，构建融洽、温暖、积极向上的成长环境

高一在农训中，年级学生会策划的竞技烧烤晚会等方案井井有条。老师在充分肯定学生严谨、有序、创新的特色后，提出了安全保障的问题，聪明的干部们做了稳妥全面的预防计划，烧烤晚会很成功，很多学生在农训总结中提到了烧烤晚会带给他们的快乐，这是对学生会干部们工作最好的表扬。干部们在分享成功喜悦的同时，得到了有益的成长。例如，负责摄影的赵毅弘总结说：“当干部，一定要有超强的领导能力，非凡的毅力，除此之外，还有一点是我这次活动中切实体会到的，那就是对其他同学的责任感，以及无私的奉献。农训期间，我和干部们在一起，我们一起工作，我们一起策划，我们一起熬夜……这对于我来说，是巨大的精神财富。”高三，一系列的班级年级主题班会无不围绕着成人成才的思路贯穿着上述三个主题。抓住教育契机开展教育。在高中毕业典礼上当全体老师列队走上舞台，用并不专业的歌喉，唱出对即将毕业离校的孩子们真诚的祝福，更是把深深的仁爱之心捧给了孩子们。

（三）自律、有序、慎独，教会学生尊重规则维护规则

高三，一方面保证学生的学习时间最大化，另一方面日常行为规范还要做，思考后，我们在三楼走廊立了一块黑板，我和年级助理做早读迟到与否统计，意图适当减轻班主任工作压力，又不能降低工作要求标准。要求学生不迟到，老师首先不迟到，施之以身教。从此，每天早晨 7：30 我和助理都准时出现在值岗位置，只是想告诉孩子们，到了该上早读的时间了。临近高考，已经少有学生迟到了，我们的任务便成了迎接学生和问候学生。这种关爱温和而坚定，持续一年，包括寒假补课也没停止，只是想把坚持落实到底。相信以后的日子里，他们中的一些人会想起高三时，每天早晨会在走廊的楼梯口准时看见两个老师在等着他们的到来，希望并坚信那时的他们回忆至此

时，不仅仅想起迟到两个字，还会想起诸如执着、慈爱这样的词。那么，对于时间纪律的认识，也会由自发变为自觉，成为“君子慎独”的好作风。

（四）激励、肯定、暗示，树立典范促进崇高优秀

优良的人文素养培养，离不开榜样的力量。三年来的每一次活动及阶段学习成果检测后，我们都要进行表彰，由德高望重的老教师和班主任颁奖，不吝赞美地为学生写颁奖词，对他们鼓励。

高三时期，每个班每周送给年级所有同学一段话，写在走廊统计早迟到黑板的另一边，这是一种最直接的感性关怀，想要告诉孩子们：你们每个人都不是一个人在拼搏，我们是一个团队在战斗。也想“给每个人留下阅读的时间，给每一个阅读的时间留下一份宁静的心情，给每一份宁静的心情留下悠悠书香”。

表扬胜于批评，在多数条件下，是成立的。人生的幸福，就是对人生过程收获性的体验。那么我们给他的收获性的体验越多，对他正确行为的肯定越多，他对人生越有信心、他对真善美越有明确的理解。他的综合素质就会与日俱进，运用所学，解决问题，包括高考题，就不是难事。

但是，高考毕竟是有其特殊规律的。我们在面对高考的过程中，必然要充分准备。特别是阶段细节问题，在因地制宜原则下，要提前预设方针。

三、未雨绸缪，克服阶段性困难

高三一年的工作是有规律的，学生的心智发展、学业进步也是有规律的。在这个宏观规律下，结合本年级学生特点，预测每一个阶段可能存在的困难，并提前思考解决办法，这对于降低教学劳动成本、提高学生的成长效率，有事半功倍之效。

一模大考，是一个关键。高三一模学生考得不很理想，辛辛苦苦 12 年，即将回到解放前，可以说——孩子的天，塌了。这个时候，什么事情都可能出现，我们可敬的班主任早就对于有可能发挥失误的学生，打了预防针。考后，班主任“偶然”聊天，梳理郁结；科任教师有针对性地点拨得失，对于“救救孩子”，也是相当必要的。这些活动，对于提高知识水平的意义小于提升战斗意志的意义，它传递的信息是：你一定行，你没问题，我们支持你，你是我们的希望，我们在乎你！例如：年级会上我送给他们狄更斯在《双城记》中的文字：“世界历史上所有黄金时代都是紧张和恐惧的时代。伯利克里时期的雅典、文艺复兴时期的意大利，伊丽莎白时代的英国，无不如此。”（《全球通史》）“这是最美好的时代，这是最糟糕的时代；这是智慧的年头，

这是愚昧的年头；这是信仰的时期，这是怀疑的时期；这是光明的季节，这是黑暗的季节；这是希望的春天，这是失望的冬天；我们全都在直奔天堂，我们又全都在直奔相反的方向。”（狄更斯《双城记》）这段文字让很多躁动的孩子们陷入了静静的思考，老师对孩子们的鼓励和支持也由此传递到了他们心中，内心升腾起进取的勇气和力量。

四、协同作战，倾情奉献绘宏图

三年来，我们在全体理工附中人的关爱呵护中走过每一天。我们年级是一个小团队，但是我们绝对不是一个人在战斗！各位领导的关怀、领导，各个处室单位的全力支持，才是我们强大的力量源泉。对我校 11 届高三年级学生发展做出过贡献的人们，作为年级主任，我心存感恩！

三年，虽说弹指一挥，但是我感受到无论是我们教师团队还是学生们，收获都是沉甸甸的。我们分享了“共谋大事”的快乐和幸福，我们对于 2011 届高三这个“家园”的记忆，永远都不会抹去。曾经的那些困难、苦闷、折磨，我真的感到很值得，更有为一种自己熟悉的奋斗者的文化精神所自豪的感慨：“高岩险岸遮不住，毕竟东流岁月河。”

参考文献：

深圳中学培养目标 . http：//www. shenzhong. net/indexs. html

作者简介

马立秋：北京理工大学附属中学历史学科高级教师，海淀区骨干教师，曾获海淀区师德标兵和海淀区“三八红旗手”称号，曾获理工附中“光明杯”优秀班主任和理工附中“春蕾杯”优秀教师奖，在《海淀教育》和《中学历史教学参考》等期刊发表过多篇文章，在北京市 BDS 课程中录制了《从“战时共产主义”到“斯大林模式”》一课。

民主制定《班级行为守则》

——读《课堂行为的有效管理策略》有感

◇王艳秋

一个新的班级的组建，或者一个班集体迎来一个新学年，每个任课教师的第一节课，都必须要制定《班级行为守则》或者《课堂行为守则》。过去我们很多老师都是在《中学生行为守则》和学校《德育手册》的基础上，制定好《班级行为守则》后宣布给学生，学生感觉都是多年的陈词套话，离自己很遥远，和自己关系不大，实行起来的效果可想而知。班级守则往往成为一纸空文贴在班级的墙上，操作的时候学生很反感，往往半途而废。

读了《课堂行为的有效管理策略》一书，让我意识到了民主制定《班级行为守则》的重要性。《班级行为守则》应该以学生的自然成熟度和学生的期望为基础，针对学校制定的不同规则和规范，班主任和任课老师用一定的课上时间，和学生就共同的权利和责任达成一定的共识，然后确立具有合作可行性的班级管理模式。学生和教师一起参与到守则制定的过程中。守则的内容包括：行为和学习的共同权利、责任和规则，违规行为的主要后果，给予学生的支持框架，以帮助学生和不良行为做斗争，建立良好的学习习惯。《班级行为守则》制定的关键是学生的参与和认可，体现出民主参与制定、民主监督，才能最终达到全体遵守。

又一个新的学年要来到了，学生已经进入到了初三毕业年级，显然初一适应中学生活、初二防止两极分化的《班级行为守则》已经不再适应初三年级。初三年级的学生从心智上要比初一、初二成熟了一些，中考的紧迫也让他们对学习有了前所未有的压力。在这个年级制定一个什么样的《班级行为守则》更有利于班集体的建设、学生良好行为习惯的养成呢？读了《课堂行为的有效管理策略》一书后，我首先想从“民主”这两个字开始。我在开学前召开了班干部会议，在会上我做了充分的动员，希望班干部首先行动起来，在开学前思考出你所负责的工作的目标、措施和方法。集思广益、发挥干部们的聪明才智，干部们开始行动了。新学期学生报到到校，我们利用宝贵的时间召开了一节制定新学期《班级行为守则》的主题班会，在这个班会上，让学生们畅所欲言，谈了对上学期《班级行为守则》大家遵守的情况，哪些有利于班级的发展，哪些操作性不强，形同虚设；初三了大家希望什么样的《班级行为守则》，来督促自己的言行，来约束自己的惰性，来提高自己的觉悟。在这个班会上，学生的发言给了我们很多启发，我让班长做好记录，有些观点不一致的，我们还展开了辩论，最后达成一致意见，让所有同学接受这样的守则，这样才能很好地去实施。

经过了两周多的反复商量、研讨、修改。我们初三年级的《班级行为守则》出台了。

纪检日常行为规范

新的学期开始了，我们纪检部先祝同学们在新学期里步步高升。在这个学期，对于我们纪检部，我们主要是奖罚分明，因此，我们做了以下规定：

课堂纪律：什么是堂好课？

1）班里气氛活跃。2）不会有接下茬、看课外书等做与课堂无关的事情。3）让同学们学得开心，老师教得开心，愿意为我们更深入地讲解。4）认真听老师讲课，尊重老师，不顶撞老师、扰乱课堂纪律，无理取闹。5）没有迟到者。

若有人违反2）、4）、5）条的同学，还要写300字的说明书。

升旗仪式：什么是好的升旗仪式？

1）无迟到者。2）衣着整齐。3）在队列中，没有说话、聊天、嬉笑、打闹者。

若有人违反1）、2）、3）条的同学，罚做1个星期的值日并写300字说明书。

零食饮料：怎样才能管好自己？

主要是不带零食饮料进教学区，还有最近越来越热了，也希望同学们不带饮料瓶子进班。

若有人违反，请为每个人准备一包糖或者一瓶饮料或者把实物变换成钱，上缴班费。（周五结算）

仪容仪表：怎样才符合要求？

1）头帘不超过眉毛。2）在校时必须穿校服（体育课除外）。3）不佩戴饰物，如手链、项链等。4）不穿耳洞。5）佩戴红领巾（体育课除外）。

若有人违反，1）请第二天剪掉；2）写200字检讨；3）没收，期末再还。

自习课：怎样才算好的自习课？

1）不迟到早退。2）不交头接耳，问问题不得让第三个人听见。3）没经过允许不得下座位。4）服从管理。5）不带课外书（与学习无关的书）。

若有人违反，请把当天所学的所有知识点抄在纸上，第二天交。

广播校会：怎样做才好？

1）遵守纪律。2）不趴在课桌上或做其他事情。3）整理好桌面。

若有人违反，做一个星期的值日。

早读：怎样才算好早读？

1）开始早读时不得写作业、收作业。2）遵守纪律。3）不大声喧哗。4）认真读早读。5）不乱下座位。

若有人违反，请把当天读的第一个和最后一个抄3遍，若是故事或文言文等短片抄5遍。

课间：怎样才是个好课间？

1）不追跑打闹。2）不在楼道里玩篮球等运动器材。3）不在教学区大声喧哗。

若有人违反，写100字说明。

课前：

主要是2分钟准备，回到座位上坐好，准备好用具。

关于课堂纪律的补充说明：

一、上课可以说话讨论：

1. 举手，经老师同意，可发言。

2. 老师安排讨论：两人合作或小组讨论。

二、课堂违纪行为包括：

违反上述情况说话、看小说、做与课堂无关事宜、无理取闹、浪费上课时间及被老师点名。

三、处理条例：

1. 违反（被老师点名）一次，当天德育考评扣2分。

2. 违反（被老师点名）两次，当天德育考评扣4分，中午时间找老师谈话5分钟。

3. 违反（被老师点名）三次，当天德育考评扣8分，中午抄课文或到操场连续跑圈。

4. 若上课看课外书，除扣分以外及上述处理外，还要写读书笔记。

四、加分

若有同学陪罚，则给陪罚人加分（被罚人扣几分，则加几分）。

文体部新学期规划

新的学期开始了，我们文体部也要加强各方面的管理。这学期，近期要举行春季运动会，为了让运动会成功地进行，我们部会积极组织大家，也会安排运动会全程，让每一位运动员大展身手。运动会可以锻炼身体也可激起同学们对运动的兴趣，希望大家积极参加。

每一天的课间操我们都进行跑步运动，在跑步前体委会整理队伍，也希望在跑步过程中大家能以整齐的队伍进行运动。这些运动锻炼身体，增强素质，希望不要迟到。在跑步过程中，有些同学因身体素质较差，跟不上队伍。其实，如果你坚持到底，你一定会跟上队伍，时间长了，就不会觉得累了。4月份我们可能会把跑步改为广播体操，运动量减少了，大家更该认真锻炼，起到运动效果。

文体部还需要监督本班同学不要在教学区内进行球类运动。进入教学区之前，必须将球套上塑料口袋。在这方面，有些同学经常不注意，希望这些同学能够改正。

纪律部加减分制度

类别	内容	扣分
课上纪律	在课堂上未经老师允许说话、聊天、接下茬者	2分
	在无特殊情况下，睡觉、下座位者	2分
	看课外书、传条、做当堂无关者	2分
	不尊重老师、顶撞老师、扰乱课堂纪律、无理取闹者	3分
升旗仪式	衣着不整齐、迟到者	2分
	在升旗仪式中说话、聊天、打闹者	2分
零食饮料	带零食饮料进教学区者	2分
仪容仪表	发型、着装不符合要求，佩戴饰物者	2分
自习课	无特殊情况下迟到、早退或旷课者	2分
	说话、聊天、下座位、不服从管理者	3分

续表

类别	内容	扣分
广播校会	不守纪律，随意说话、趴在课桌上或做其他事情	2 分
	广播开始后桌面没有整理好的	2 分
早读	早读期间不遵守纪律下座位、说闲话、不认真早读者	2 分
出勤	没有按时出勤，迟到，早退	2 分
课间	追跑打闹，在教学区大声喧哗，影响他人	2 分
课前	2 分钟预备，没有准备好课堂用具、不能保持安静者	2 分
负责人	×××	

生活部加、减分制度

	内容		减分
减分制度	值日生当天未按规定做值日或故意捣乱		2 分补做值日
	大扫除值日生故意逃值日		2 分补做值日
	破坏班级卫生和环境卫生，乱扔东西		4 分
	值日生做值日不合格，影响班级分数者		2 分　补做值日
	在黑板上或墙面上乱涂画		2 分　擦黑板
	眼保健操	铃声过后，私自下座位、不服从管理者	2 分
	个人保洁不到位（座位下有纸屑、污渍等）		2 分
	内容		加分
加分制度	在全年级或全学校活动中表现（卫生值日方面）表现突出		3 分
	主动帮助他人参加大扫除或值日，确实认真		2 分　表扬
负责人	×××		

宣传部加、减分制度

	内容		减分
	破坏板报（拔图钉、乱涂乱画、撕毁等）		2 分
	文明礼貌	没有文明用语，说脏话 见老师没有主动问好	2 分

续表

	内容	加分
加分制度	参与板报制作，参与班会表演	2 分/次
	主动承办班会，并举办成功者	2 分
	协助提供素材（彩纸、彩带等）、协助张贴布置板报	2 分/次
	积极构思板报、班会设计，提出良好建议并被采纳	2 分
	积极参加学校倡导的捐款捐物活动	2 分
负责人	×××	

学习部加、减分制度

	内容	减分
减分制度	未按时完成和交作业，包括交空本	2 分
	抄袭他人的作业	2 分
	没有及时改错	1 分
	内容	加分
加分制度	期中、期末成绩优秀（前 5 名）	2 分
	期中、期末成绩进步 5 个名次	2 分
	平时作业一贯整齐、仔细，一周全 A。	2 分/科
	参加各级别竞赛获奖	2 分
负责人	×××	

文体部加、减分制度

	内容	减分
减分制度	无故不参加体操，不认真做操，动作懒散、不到位	2 分
	在做操的过程中说话、打闹	2 分
	不准时参加体活课，无故迟到，随意自行活动，不参加体活课者	2 分
	在教室或教学区玩球者，体育用品没有装袋进教学区	2 分

续表

	内容	加分
加分制度	运动会积极参加，并获得名次	2～3分（总）
	参加运动会积极为集体服务，表现突出	2分（总）
	参加各种级别运动会获奖	
负责人	×××	

信息部加、减分制度

	内容	减分
减分制度	随意在教室的电脑上玩游戏或下载，或未经允许用教室的电脑放光盘	2分
	随意删除电脑上的文件	2分
	随意下载引起电脑病毒发作，而影响正常教学者	5分
	内容	加分
加分制度	为班级提供资料	2分
负责人	×××	

后勤保障部加、减分制度

	内容	减分
减分制度	破坏公物	5分以上
	内容	加分
加分制度	提供后勤用品	2分
负责人	×××	

这个《班级行为守则》的优点就是先民主再集中，体现了学生民主参与的意识。学生自己制定的，不是学校、老师强加给他们的，所以他们内心不抵触。每一条都是为了他们的前途和发展，他们不感到被束缚和制约。实行起来容易操作、得心应手。当今的社会也是需要规则的社会，规则的主要目的是为个人权利提供一个正式的、明确认可的公共保护。公平的规则同时也

突出体现和鼓励个人责任心。他们也拥有共同的权利，有些权利是不可协商的，它们是班级行为守则的核心：在学校享有安全的权利、学习的权利、受尊重的权利。核心权利应建立在大家达成共识的价值基础上。权利要确保班集体能高效地凝聚在一起，协调工作和学习。

作者简介

王艳秋：北京理工大学附属中学历史高级教师，理工大附中三八红旗手。《让学生感觉到学习的快乐和成长的幸福》获得2012校级征文二等奖和2013年区级论文二等奖，《唯有真情最动人》《课堂管理教师的智慧与艺术》获校级征文二等奖，“民主制定班级行为守则——《读〈课堂行为的有效管理策略〉有感》获得校级征文一等奖和海淀区教师阅读工程智慧教师征文二等奖。

构建“我（们）能行”年级教育管理体系的实践研究

◇张德宝

一、 针对的主要问题

在各级政府大力推进教育公平的新形势下，许多学校都面临着因生源结构多样化而带来的教育教学问题。推优生、派位生、特长生、共建生和同城待遇学生的同时出现，不仅导致学生之间的差异更加明显，而且使得学校干部、教师都很不适应。

在这种情况下，要做好学生的教育管理工作就必须适应新变化、研究新学生、掌握新情况、寻找新方法、力求新突破。经过调研分析，我们发现了学生问题的主要症结：一是“我不太行”的自卑心理不同程度地大量存在着；一是“只知道有我，不关注他人”的自私心理也不同程度地大量存在着。这样，如何鼓励并支持“我能行”以培育并强化每个学生的个体自信心，如何促成不同群体的“我们能行”以培育并强化每个群体的集体自信心，借以不断培育确信发掘自身力量必能实现人生目标的“我（们）能行”的自信心理品质，就成了有效开展学生工作必须着力加以解决的重大教育问题。

二、 采取的主要措施

一般来说，在基础教育阶段，学校内部的教育管理有三个层级，按照从上到下的顺序依次为学校教育管理、年级教育管理和班级教育管理。但是，无论从理论上讲，还是从实践上看，年级教育管理都是被相对弱化的一个环节。年级教育管理在学校整体教育管理中究竟应该扮演什么角色、处于什么地位、能起什么作用呢？我认为，年级教育管理是处于学校和班级之间的中观教育管理环节，它不仅要发挥上传下达的桥梁和纽带作用，更应该在科学准确地把握学校办学理念，落实学校工作部署，创造性地引领、指导、管理和服务各个班级有效开展教育教学活动，促进全年级学生都能够不断得到全面发展方面中发挥中流砥柱作用。基于这种认识，作为一名深信通过有效实施年级教育管理能够较好解决上述学生问题的年级主任，带领自己的年级教师团队，开始了非常艰难的探索历程。

我校的教育理念是，“教育远远不只是让学生掌握书本知识，她还要唤醒每一个学生蕴藏着的丰富潜能。”我校的培养目标是：“创设优良的学习环境，开发学生与众不同的潜能，帮助学生形成‘仁爱、自信、勇敢、尊重、独立思考、学术真诚、相互关心与协作’的价值观，培养学生的科学思维和人文素养，提高学生的动手实践能力和问题解决能力，增强学生的社会责任意识，鼓励学生确立自己热爱的理想并为之奋斗。”在学校教育理念和培养目标引领下，我们从学生实际出发，在多年的教育实践中，逐步构建了有特色、讲实效的“我（们）能行”年级教育管理体系。

（一）形成并明确年级指导思想——年级教育管理总纲

在教育实践中，我们逐渐形成并向全年级师生、家长阐述了“大教之道在德、中教之道在专、小教之道在智、无教之道在废、全教之道为本的五种教育境界，与此相对应的大学之道在德、中学之道在专、小学之道在智、无学之道在废、全学之道为本的五种学习境界”的教育论断，以及“大规之道在德、中规之道在纪、小规之道在法、无规之道在乱、全规之道为本的五种管理境界”的管理论断，并在此基础上提出了一定要以“明德”这一最高教育管理境界来统领自己的全部教育管理行为的根本教育要求。这就是自信年级基于的“明德”的年级教育管理总纲，它是不断培育“我（们）能行”人生态度必须遵循的根本指导思想。

（二）确立并解读年级工作目标——年级学生培养目标

教育就是哺育爱心（根基）、培育信心（灵魂）、培养专心（关键）、树立雄心（引领）、发掘潜能（实质）、发展人性（目的）。在这里，懂感恩——有爱心、担责任，是一个人精神生命的根本生成点（从哪里来?）；有理想——要自信、能拼搏，是一个人精神生命的最高引领点（往哪里去?）；会学用——要专心、能创新，是一个人精神生命的核心关键点（该怎么办?）；强体魄——机能全、体质壮，是一个人全部生命的自然物质基础（靠什么承载?）。可见，教育的根本任务是育人，教育的主要任务是育心，教育的第一要务是教育学生懂得感恩从而哺育爱心并为培育精神生命特别是锻造精神脊梁奠定社会根基。因此，我们的年级教育管理目标是，培养以振兴中华为己任的懂感恩、有理想、会学用、强体魄的优秀中学生。这四位一体的年级学生培养目标，既尊重了人的自然属性——强健物质脊梁，更彰显了人的社会属性——培育精神脊梁，特别是对于发展学生正常的感情和理性有着重大的现实意义和深远的历史意义，它是不断培育“我（们）能行”人生态度必须坚持的主要前进方向。

（三）孕育并营造年级文化氛围——年级总体文化概览

1. 年级教师文化

（1）年级教育理念：从教育公平出发，促学生科学发展。

（2）年级教师精神：特别讲奉献，特别动情感；特别有目标，特别肯落实；特别会合作，特别能创新。

2. 年级学生文化

（1）教育目标：懂感恩、有理想、会学用、强体魄。

（2）年级名称：自信年级。

（3）年级口号（年级精神）：我（们）相信，我（们）一定能行。

（4）年级训诫：爱班、尚学、合作、健体。

（5）年级纪律：着校装，不迟到，特殊事情早报告；认真听，不乱说，思多记多举手多。

（6）年级徽章：自信年级徽章，又称共育行动“路线图”。

上述八项年级文化内容既各有侧重，又是一个有机整体。其中，“我（们）能行”的人生态度在解决上述学生问题的主要症结方面处于核心地位、起着关键作用。因此，在年级教育理念指引和年级教师精神带动下，从确立学生发展目标，到为实现目标而确定的名称、提出的口号、牢记的训诫、遵守的纪律和遵循的“路线图”，鲜明地体现了全年级师生着力打造的目标引领行为、名称预示行为、口号开启行为、训诫警示行为、纪律约束行为和徽章统一行为的以“我（们）能行”为核心内容的自信牌年级学生文化之魂。这是整个年级最宝贵的精神财富，它是不断培育“我（们）能行”人生态度必须汲取的强大精神动力。

（四）搭建并启用年级成长平台——年级实践育人平台

为了促使每个学生都能够形成自信的人生态度，作为年级主任，能够根据学生成长特点、教育发展规律和社会发展要求，本着“从教育公平出发，促学生科学发展”的教育理念，在实现年级教育管理目标的过程中，在日益形成的“六特别”年级教师精神鼓舞下，将《国家中长期教育改革和发展规划纲要（2010—2020年）》《北京市初中学生综合素质评价方案（试行）》（京教基〔2006〕9号）等国家有关教育政策、中学政治课学科教学与年级教育管理实际相结合，逐渐形成了“青春与目标，信心与激情，潜能与情境，竞争与合作，评价与表彰”的年级工作主线和比较完备的自信牌年级学生文化，切实搭建了具有鲜明素质教育特征的学思结合基础上的知行统一、体验成长的“我（们）能行”年级实践活动育人平台，创立了中学生精彩理论。这一理论主要包括三大核心教育内容：一是通过班级和年级、学生和家长等多层面开展的系列主题教育活动——趋于完备的青春理想和独具特色的潜能开发两大系列主题教育活动，在年级实践基础上精心绘制并逐步实施了共育行动“路线图”；二是通过从方法技术上逐步制定并完善年级四大文件而创造性地开展综合素质评价活动——富有实效的形成性和更加科学的终结性两大综合素质评价活动，探索形成并日渐完善了“三两六·组合赢”制年级教育管理模式；三是在此基础上，通过长期梳理年级教育管理总纲、不断孕育年级学生培养目标，较好地解决了“培养什么人、怎样培养人”这一重大核心教育主题，全面建立并日益巩固了“我（们）能行”年级教育管理体系。由此可见，思想相信、情感要求、行为表现，是不断培育“我（们）能行”人生态度必须搭建的三大实践育人平台。

1. 逐步形成、不断完善并正式宣讲共育行动“路线图”，创造性地开展系列特色主题教育活动

在教育实践中，自信年级逐渐形成并在年级学生会、家长会上宣讲了共育行动“路线图”。所谓共育行动“路线图”，是指2012届理工附中自信年级徽章，它的主要内容包括：写有汉语拼音“BANJIGENGSHIWODEJIA，GONGYUJINGSHENJIAYUANHUA”的正圆形外圆、蓝色海洋与喻示巨大潜能的漂浮着的白色冰山的内圆下半圆、象征人生春天的浅绿色背景的内圆上半圆、在外圆跑道环绕下占据整个内圆核心位置的三颗（爱星、学星、组星）双层（优秀类、进步类）金色大五角星、集中体现“我（们）能行”这一年级学生文化之魂的由冰山演变而来的攥紧的拳头与象征中学生青春理想之花全面竞相绽放的金色光芒、代表本年级届号和所属10个班级班号的“理工附中自信年级2009—2012”和从1～10组成的10个阿拉伯数字。自信年级徽章是对2009年12月我们发表的

《初一年级教师宣言》的图解式说明，集中阐释了打造精神脊梁是育人的根本任务、开发内在潜能是育人的豪迈任务、促进“长思想、长知识、长身体”是育人的主要任务的深刻道理，清晰勾勒出一幅包括教师、学生（学生自身、学生之间）和家长在内的各主要教育力量共同开展教育管理活动的总体行动“路线图”，彰显出这些力量特别是中学生自身塑造青春心灵、构筑人生梦想、发掘巨大潜能、促进健康成长，从而为全年级学生的青春理想之花全面竞相绽放进而实现人生精彩奠定基础的坚定决心和坚强信心。由此，自信年级发表了年级教师宣言、发布了自信年级徽章、树起了“我（们）能行”年级旗帜、启用了“三星”年级用章和自信年级文化衫等。通过开展这些年级文化建设活动，让学生能够准确地进行人生定位，明确自己的努力方向，从思想上相信“我（们）能行”。

在共育行动“路线图”指引下，自信年级开展的一系列主题教育活动越来越富有生机和实效。初中学生大致要经历养成教育期、青春起始期和升学拼搏期。其中，青春起始期则是初中学生所独有的人生最重要时期。为此，第一学年，以年级训诫为主要内容，以各班主题班会和思想品德课为主要途径，大力开展了“迈好中学第一步，争做合格中学生——尊师、爱班、守纪、尚学，与自尊、自信、自立、自强”的双线并举主题教育活动，达到了从情感上建立自信的教育预期。为了继续深化上述教育成果，在第二学年开展了“迈好青春第一步，争做优秀中学生——扬起理想的风帆，奏响青春主旋律”的主题教育活动，收到了从情感上巩固自信的教育效果。第三学年，在谋势而动基础上乘势而上，切实开展了“直面人生第一搏，决战中考我能行——争做惜时、守纪、勤奋、拼搏的中学生”的主题教育活动，特别是适时举办了潜能开发主题教育讲座、召开了冲刺中考百日誓师大会，实现了从情感上发展自信的教育目的。在这里，非常值得一提的是初二学年开展的青春立志主题教育活动：在邀请全体家长参加的主题班会上，通过“回顾昨天，感受父母的挚爱与期盼”“调整今天，感恩的话语将永远扎根心底”“把握明天，迈好青春第一步，We are ready”三大环节，全面诠释了青春系列主题教育活动的主旨，并把该系列主题教育活动推向了高潮。其中，由学生自编自导自演的《我们的青春不叛逆》《感恩话语与少年中国说》，以及《那一刻，我泪如泉涌》的家长感言，是整个主题教育活动最令人感动、最振奋人心之处。这样，对自己既不满意又管不住甚至受网游网聊黄网黄盘等不良诱惑冲击的心灵，受到了深深的触动。在主题班会后召开的“翅膀越硬，心越要飞”年级青春系列主题教育活动总结大会上，“感恩·责任·立志·拼搏”成了主旋律：孩子们哭了，谁说他们不懂得感恩；孩子们立下了誓言，他们要当“中国制造”的英雄。通过开展趋于完备的青春立志和独具特色的潜能开发两大主题教育活动，让学生从情感上要求“我（们）能行”。

2. 逐步形成、不断完善并正式实施“三星”评价发展运行图，创造性地开展形成性综合素质评价活动

在管理实践中，自信年级探索制定并贯彻落实了年级四大文件，建立了每个月、每学期、每学年都不断开展旨在促进全体学生（优秀类、进步类双层学生）全面发展（爱星、学星、组星、个性特长）的“三星”形成性评价制度，创立了“三星两层六大人物，小组大组合作共赢”制年级教育管理模式，形成了同伴竞争激励引领和小组大组合作共赢等两大长效管理机制，走出了一条有特色、讲实效的形成性综合素质评价之路。请看自信年级“三星”评价发展运行图：

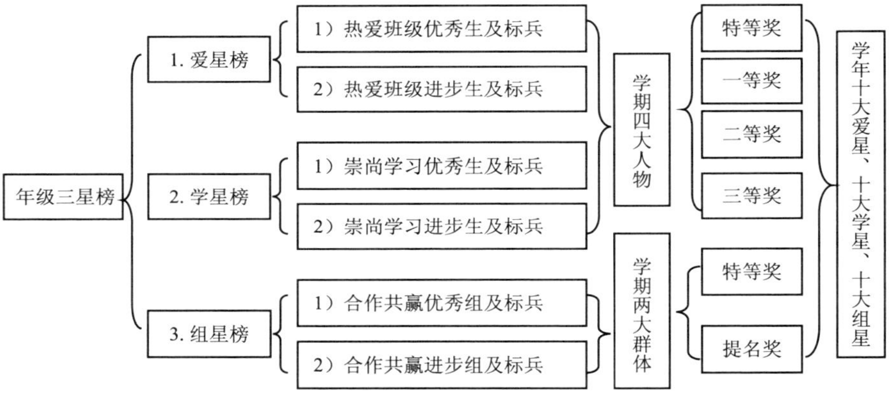

最为值得一提的是，这个“三星”评价发展运行图，包含了许多素质教育元素：①爱星、学星、组星、个性特长——全面发展、协调发展（科学发展观之前两大要求）、个性发展；②优秀类、进步类——以全体学生为本（科学发展观的核心）、教育公平（发展机会均等）；③每个月平时积分、每学期六大人物、每学年十大人物、每一届综合评定——长效机制、可持续发展（科学发展观之第三大要求）、打造领军人物（学生间自上而下的引领作用）；④积分比例递增式形成性评价表彰制度——竞争意识（学生间互为环境的影响作用）、可持续发展（科学发展观之第三大要求）、制度公平（规定面前人人平等）；⑤班级小组梯次帮扶——团队精神（学生间互为环境的影响作用）；⑥年级大组强强联合——畅谈体会、交流学法、激发创新思维（学生间互为环境的影响作用）。在这里，教育公平是最重要基础，精神提升是最根本引

领，制度保障是最关键环节，科学发展是最终极目的。总之，“（双层）三星”的常规评比工作，不仅较好地发挥了优秀生的带头作用，而且从制度层面为后进生和特长生提供了最适合的教育——自信心的恢复和成就感的增强。更为重要的是，每月一次的爱星评比，以及具有行政、学习双重定位功能的组星评比，特别是每周一次的年级论坛，使每个学生都置身于不同范围的“我”和“我们”之中——我和小组、我和班级、我和年级，乃至我和……这样，每个学生都有机会体验“我”与“我们”的利益关系——“我们”的成功要建立在每个“我”的努力之上；“我”的成功也必然离不开“我们”的成功。通过体验“我们”对“我”成长的巨大价值，让学生在努力做到“我能行”的同时，从行为上表现“我们能行”。

三、 强调的主要事项

1. 实现由他律到自觉的转变，需要逐步加大学生的全面自主管理力度

文明有序的背后是心灵的感悟与规则的约束，只有不断开展系列主题教育、加强系统引导管理，逐步构建能够促使学生由他律转变为自律最后到自觉行动的养成教育模式，才能从根本上为实现全年级学生都能够在原有基础上不断得到生动活泼的全面发展奠定坚实的思想基础和习惯保障。

2. 要以践行公平正义为指针、以制度设计为抓手，大力构建和谐年级

只有确保公平竞争、展开充分合作，每一个学生才会真正拥有幸福感，才会接受集体的各种制度设计，才能切实促进班级发展、最终构建和谐年级。为此，科学制定并严格执行年级规则是至关重要的，这体现在人与人、组与组、班与班之间的竞争与合作过程中。和谐的“和”，就是人人有饭吃，这里主要指积分制度的公平公正，即进步生与优秀生、进步组与优秀组的积分赋分比例要有科学性；和谐的“谐”，就是人人都能说，这里主要指制度修订和有错必纠，如重大问题集体讨论票决制、积分异议当天当月当面提出制等。由此，公平竞争与和谐发展的教育思想得到了充分体现。

3. 形成性综合素质评价，必须坚持始终促进各个层次学生健康成长为目的

在开展形成性综合素质评价工作中，在平时“三星”评比基础上产生的学期总积分，不仅是学生评价评优和干部选拔任用的重要参考依据，而且还将累积到初中阶段总体综合素质评价分中去。但由于个别学生的第一学期总积分太低，为了切实促进每个学生健康成长，自信年级又出台了以下规定：首先，每个学生的学期总积分最低为零。其次，逐步加大学期总积分在初中总积分中所占的比例，使评价工作真正起到尊重历史、竞争激励、引导发展

的作用，如第一学期总积分仅占 5%，随后四个学期分别占 10%、15%、20% 和 50%，第六学期则完全实现学生自主发展。最后，除个别严重违纪且没有明显改善的学生外，绝大多数学生最终都能够得到 A 等综合素质评价结果，但是班主任和任课教师要同个别学生及家长通过多种形式，共同采取有效转化措施，如经常进行耐心细致的思想沟通、使用蕴含联动教育管理机制的家校联系本等。

四、 取得的主要成果

1. 理论效果

七年来，自信年级不断探索形成并最终创立了中学生精彩理论，它主要蕴含五大创新点：一张“路线图”（教育理念：基于“明德”的年级教育管理总纲和“懂有会强”的年级学生培养目标的自信年级徽章）、两个教育管理公式（教育法则：文明有序 = 心灵感悟 + 规则约束，最大特点是共育行动；好孩子是夸出来的 = 口头表扬 + 制度表彰，最大亮点是共赢工程）、“三星”评价发展体系（教育平台：爱星、学星、组星、个性特长，优秀类、进步类，特别是班级小组梯次帮扶和年级大组强强联合等两大共赢活动平台；同伴竞争激励引领和小组大组合作共赢等两大长效管理机制）、四大年级工作文件（教育规则：《平时“三星”评比积分办法》《共赢工程总体实施方案》《阶段“三星”评选表彰办法》和《关于在促进全体学生都有提高基础上全面打造优秀学生团队的几项规定》）、五层理论实践成果（教育成果：处于总体根本点层面的中学生精彩，以及一分为四的处于具体点层面的中学生精彩：理论上的教育管理体系和示范带动作用、实践上的学生文明程度和学业发展水平）。中学生精彩理论主要由五篇核心教育文章组成：一是撰写完成了全面阐释年级教育管理主旨的《生生出彩促公平》；二是撰写完成了集中体现年级教育管理理念的《共育行动“路线图”解析》；三是撰写完成了主要蕴含年级教育管理模式的《从教育公平出发，促学生科学发展——“三两六·组合赢”制年级教育管理模式总结报告》；四是撰写完成了高度浓缩年级教育管理精华的《让学生体悟“我（们）能行”：年级教育管理的作为》；五是撰写完成了总体反映年级教育管理全貌的《构建“我（们）能行”年级教育管理体系的实践研究》。这些教育论文，不仅被评为每四年评选一次的首届海淀区教育科研优秀成果一等奖、全市一等奖、全国一等奖，而且都已经发表在国家级期刊上，并且还多次在全校、全区、全市和全国范围内进行交流研讨，特别是在 2010 年、2013 年北京教育学院主办的“全国优秀班主任论坛”、2013 年北京师范大学价值与文化中心举办的“社会主义核心价值引领公民教育”全国学术研讨会上，我所做的以《为每一个学生创造均等的出彩机会》《创新年级教育管理模式的尝试与探索》和《构建“我（们）能行”年级教育管理体系的实践研究》为题的大会发言，都收到了良好效果。这一系列教育管理文章的相继诞生和发挥作用，是“我（们）能行”年级教育管理体系完全形成的主要标志。

2. 实践效果

中学生精彩理论基本上回答了在一个年级里“什么是中学生精彩、为什么要创造中学生精彩和怎样创造中学生精彩”等一系列重大教育问题，指引自信年级逐渐走出了一条教育引导学生成长、评价促进学生成长——富有实效的形成性和更加科学的终结性两大综合素质评价活动相结合的切实推进教育公平、真正实施素质教育的育人之路，在很大程度上解决了不同层次学生在成长过程中出现的许多问题，更好地实现了自信年级自己所确立的“培养以振兴中华为己任的懂感恩、有理想、会学用、强体魄的优秀中学生”的年级学生培养目标，较好地促进了全年级学生较为生动活泼的全面、协调、可持续发展。一方面，在全校第一届文明礼仪漫画展中，年级参展作品占全校的56%，年级团体均分连续六次夺得广播操比赛全校第一名，打造的全校最好的校级国旗护卫队升旗图片被我校60周年校庆图书封面采用，200名学生被选派成为有国务委员刘延东出席的全国科技周开幕式观众，等等，都是全年级学生文明程度普遍提高的集中体现。另一方面，在我校小升初招生发生重大变化——实验班招生由笔试改为面试直至完全取消的关节点导致生源总体质量下降的情况下，自信年级仍然取得了2009届我校实验班学生文化课中考总平均分位居全区所有学校第一名，2009届、2012届我校初三年级全体学生的文化课中考总平均分位居全区同类学校第一名的优异成绩；在2011年全国天文奥赛决赛中，自信年级学生获奖率为全校的83.3%，邴龙基同学获得了全国中学生天文奥林匹克竞赛决赛一等奖第一名并在初中毕业当年一举夺得了国际金牌，等等，都表明全年级学生学习热情、学业水平、创新精神、实践能力得到了普遍提高。由此，自信年级被我校校长在全校教职工大会上先后誉为“全校公认的优秀年级”“文化建设特色年级”和“文化建设已成体系年级”。

3. 社会效果

随着教育思路的逐渐清晰，自信年级的班主任都很愿意开展这种针对性较强的青春理想和潜能开发等主题教育活动，老师们都很愿意开展这种实效性极强的形成性综合素质评价活动；自信年级毕业前后的学生们经常沉浸在这一良好的教育教学形式所带来的惊喜发现中；自信年级的家长们和领导们则经常对此赞叹不已。在许多初中毕业生给予我的众多感激话语和电子感言中，有这样一个极富典型性的事例。在百度理工附中贴吧里，一个初中毕业一年之后的高二学生，在2010年教师节晚上，发了一个题为“希望给德宝盖个楼……”的帖子，原文如下：“当时初中真的不理解，但是恍然间发现，德宝为我们付出的心血真的很多，甚至至今还在注视着我们……那种感动，在当时难以察觉，却在事后汹涌而来……初二的孩子……珍惜你们的年级主任……记住他的那些话，就好像‘等到你们上高二，就会学哲学了。’……我们真的已经到了高二学哲学的时候……”在这个帖子发出后的半年多时间里，回复帖达到了101个。此外，还有一个很有代表性的事例。2012年金秋时节，在我校高一（1）班楼道班级文化园地里，展出了由一个刚刚毕业不久的高一学生制作的一幅图文并茂的“理工师恩美”的作品，原文如下：“这是个不用做过多评价的人，这是位真正的教师。我们做学生的忘不了张老师的讲话，每次开大会，他的讲话总是那么慷慨激昂，洪亮的声音中，透出的是一种自信的肯定，一种正直的严肃，一种对工作的责任。我们同样忘不了张老师的政治课，通过那激情的讲话，有力的板书，他带我们遨游在哲学的世界。他陪我们走过三年的日日夜夜，他爱了我们三年，但直到最后，我们与他挥手道别，再看他满头银发时，才悔恨当初的年少无知，为张德宝老师潸然泪下。张老师，理工之美，人格之美。”

五、 获得的主要启示

1. 教育者只有全面贯彻党和国家的教育方针，关注学生在不同群体中的集体意识与自信心的养成，才能真正做到用“我们”（教师）来培育“我们”（学生），让每个“小我”真实感受“大我”的促进与保障作用。这是在构建“我（们）能行”年级教育管理体系实践过程中形成的学生发展局面带给我们的首要启示。

2. 学生发展是第一硬道理，面对层出不穷的新问题，教育者不仅要创造性地制订切实可行的教育计划，更要有知难而进的教育勇气来落实这一计划。只有在不断地发现问题和解决问题的过程中，教育者的教育认识才能真正得到发展。这是“我（们）能行”教育教学观生成与发展的实践过程带给我们的重要启示。

3. 实践证明，自信年级最初确定并一再坚持的主要教育思路是非常正确的，必须继续沿着自己逐渐摸索出来的这条教育道路坚定不移地走下去。当然，工作中存在的许多问题，有待于我们在今后工作中不断地加以解决。这是在构建“我（们）能行”年级教育管理体系实践过程中形成的学生发展局面带给我们的最大启示。

综上所述，多年来，作为年级主任所感受到的最大教育体会是，塑造青春心灵、构筑人生梦想、发掘巨大潜能、促进健康成长，是无比崇高而又豪迈的事业。给孩子们搭建一个适合发展的舞台，他们就会创造出令人感到惊讶的奇迹。

作者简介

张德宝：北京理工大学附属中学政治高级教师，3 次承担市级研究课、观摩课做课任务，全国论文获奖 3 篇，全国学术发言 3 次，全国论文发表 7 篇；被评为北京市中小学优秀共产党员、北京市中小学紫禁杯优秀班主任特等奖并作为唯一发言代表在表彰会上发言；北京教育学院德育与班级管理重点学科建设项目团队主要成员；《中国教师报》教育专家团成员，全国科研优秀教师。

教师课堂教学智慧

——谈技术学科课堂管理

◇张春鸿

技术学科课程改革的目的就是让学生在“做中学”，在“学中做”，让学生亲手操作、亲历情景、亲身体验，让学生通过观察、调查、设计、制作、试验等活动获得丰富的操作体验。学生上技术课就是要动手操作，但学生一旦放开了，课堂管理便成了让老师头疼的问题，如何管理好课堂给技术学科的教师提出了挑战。

课堂管理的目的是保证课堂教学有序进行，提高课堂效率，作为一名教师如何营造有序课堂，是必须考虑的问题。而对于技术学科的教师，由于学生上技术课时状态散，课堂管理难度大，如何营造有序课堂，更是急待解决的难题。

技术学科的教师与其他学科的教师首先在教学环境上就有所不同，技术学科的教师都有专业的教室，学生愿意到专业教室上课，因为这里是他们自由的空间——想说什么就说什么，想做什么就做什么，这样就增大了课堂管理的难度。通过几年的教学观察，我对课堂管理有了一些思考：能不能让爱说话的学生与不爱说话的学生坐在一起？能不能让爱动手的学生与不爱动手的学生坐在一起？有了这些思考之后，对于营造技术课的有序课堂，我总结了以下一些粗浅的管理方法。

一、 座位的安排

“课堂管理最成功的境界，就是发掘学生群体的力量来提高每位学生的学习效率，课堂上只有一两个学生违反纪律，课堂教学或许还能够正常地开展下去，但如果课堂上有很多学生都违反纪律，那课堂教学就无法再进行下去了，课堂中对学生群体的管理，不但可以预防学生群体失范行为，更重要的是可以引导与建构一种积极的课堂氛围。”对于技术课如何杜绝学生群体的失范行为呢？我首先想到是座位的编排。座位的编排方式对学生的课堂行为、学习成绩、学习态度、人际关系以及整个教学活动都有直接或间接的影响。

曾经有过这样一个案例：

一节通用技术课，老师在上面讲，有一名男同学在下面不停地说，老师停下所授新课让他坐在单独的一张桌子那儿，该男同学说：“为什么要坐这个座位？这个位置不能和别人一桌，别人都是几个人在一桌，我为什么自己一桌?”老师说“你就坐那儿吧!”该同学说：“你什么意思?”老师说：“如果不坐那儿，我就要和班主任说。”该同学说：“这么点小事就找班主任，至于么?”结果该同学就是坐在原来的位置没有动，老师非常生气地继续讲课。

分析这个案例，如果老师在开学前做好准备，先把座位安排好，对大家都是公平的，如果在某一节课上只单独调换一名同学的座位，该同学势必认为老师不公平，学生也就不会听老师的话。

对于技术学科的老师基本上每一年都要接触一批新的学生，一个班一周 1 节课，最多一周 2 节课，老师教的班多，能叫上学生姓名的不多，对学生的学习情况了解得不多，那就要老师在新学期上课前做好准备。

第一，先排座位。上第一节课前先与班主任进行沟通，了解学生的情况，把学习有困难的学生放在离老师最近的位置，然后在他们中间安排一名学习优秀的同学，这样既能保证老师辅导同学方便，同时也能让同学之间互相帮助。

第二，让爱说话的同学与不爱说话的同学坐在一起，同时与不爱说话的同学说明老师的用意，让他来帮助爱说话的同学上好技术课。纪律有了保障，同学就爱跟着老师讲的内容听，自然也就学会了老师教授的知识，所以安排座位方式是非常关键。

技术课的课堂，学生的座位安排可以设计成以教师为中心的基本课堂座位，也可以设计成以学生为中心、以课程为中心的特殊的课堂座位，还可以设计成暂时性的课堂座位，比如有一台计算机坏了，只能临时调整一下，这时一定要与学生沟通好，以免学生产生逆反心理。技术学科的教师可以一个月、半个学期或一个学期调换一次座位，总之不管采用什么样的座位安排，就是要减少学生的违纪行为，避免学生群体的失范行为，保证课堂教学有序进行，提高课堂教学的有效性。

二、 有趣的教学设计是安全的保障

技术课的安全问题是第一位的，比如信息技术的网络安全，劳动技术课、通用技术课的工具使用安全等，要想保证学生安全，就要让课堂有序，就要让课堂有趣。

对于技术课，学生非常喜欢，因为这类课学生没有学习的压力，课堂氛围轻松。也恰恰是因为这个原因，有的学生上课不仔细听讲，觉得老师讲的他们都会，有的学生做一些自己想干的事情，往往正是这种自由散漫的态度让潜伏于技术课堂的安全问题暴露出来。如果老师每一节课都设计得非常有趣，讲得又生动、活泼，能吸引学生的注意力，学生就不会做课堂之外的事情，他们的安全自然就有了保障。

在信息技术课上，我原来讲视频编辑时总是带领学生一步一步地做，一位老师辅导四十几名同学，一节课下来，老师觉得特别累，可有的同学还没有学会。这几年通过自己的研究，我现在上这节课时采用自主探究式教学模式，给学生创新、发挥的空间。“会声会影”软件学生很容易上手，不需要一步一步地教，我就把学习的主动权交给学生。课堂上老师提供一些他们的活动素材，让他们也自带一些电子版照片，根据自拟主题选择相应的素材制作视频文件。课堂上学生自主学习、自主探究，形成一种浓厚的学习氛围，学生学习的积极性、主动性和创造性大大加强，另外老师还有充足的时间去巡视、辅导学生，学生也就没有时间上网聊天说一些污言秽语，或者上一些不好的网站等，网络安全自然就有了保障。

三、 课堂应该服务于学生群体， 而非管制学生个体

以前在日常教育教学生活中，想到课堂管理，我就会想到那些调皮的学生，就会想到如何制服那些调皮的学生，他们在老师讲课时说话是常事，即使不说话也会动这个或干那个。就拿我来说，以前如果我讲课时下面发出声响，我就会停下课点这个学生的名字或点那个学生的名字，以此方法来维持课堂纪律，认为自己这么做是对的，是让同学认真听老师教授的知识。通过几年的教学管理让我明白了在课堂管理时不应该将过多的精力用来管制学生

个体。“当老师将管理的重心从班级群体转向学生个体时，自己就成为学生个体的冲突对象，于是课堂上就会充斥着个体与教师间的是非之争，而其他同学则成为冲突的观众。在这样的课堂中，没有一个人是赢家。”同时也让我明白了课堂管理是以维持学生群体的学习秩序、提高学生群体的学习效率为目的，是服务于学生群体，而非管制学生个体，现实更让我明白了有序课堂不是用权力和体力去管制学生。

我校高一有一名同学，他在上初二时就获得了全国创新大赛的一等奖，他聪明，思维高度发达，看待问题的角度也总与常人有异，他很固执，总是坚定地认为自己一定是对的，有时明知自己理亏，还非要争斗，不给对方洗脑，誓不罢休。通过几年的教学管理，我明白了针对这样的学生，我不能把精力集中在管制他身上，在上课前我就先与他交流，让他尽情地说话，老师就是倾听，在课上当他想说话时就赶快想问题让他回答，给他说话的机会，这样既不用维持课堂纪律又能让他跟着老师所讲的内容思考，既不会因为批评某一名同学耽误大家的时间，又能营造良好的学生群体的学习氛围，一举两得，何乐而不为呢?

四、 让学生明白要做什么， 而非禁止

每个新学年的第一节课我都会对学生提出课堂要求，要求同学禁止带移动存储设备、禁止玩游戏、禁止靠近窗户……通过几年的反思我明白了应该让学生知道在课上要做什么，以及如何去做，而不是禁止做什么。像中学生这个年龄段逆反心理强，你不让他做什么，他就偏要做什么，所以老师应尽量不说“禁止”两字，和颜悦色地与学生说你应该做什么，怎样能做好，学生没了逆反心理，自然愿意听老师的话。

五、 总结

课堂管理是在考验教师的教学智慧，如果教师用微笑去感染学生，用语言去感动学生，用情感去感化学生，走到他们的生活中去，走到他们的心灵中去，学生自然就会喜欢这位老师，就愿意听老师的话，就愿意听老师的课，他们也就没有精力去做与课堂无关的事情，有序课堂的氛围自然就会形成，课堂效率自然就会提高。

课堂管理是教师应该长期思考的问题，以上只是我对课堂管理的所想、所感、所悟。赫尔巴特说：“如果不坚强而温和地抓住管理的缰绳，任何功

课的教学都是不可能的。”课堂管理就是营造有序课堂，学生应该在有序课堂中获得乐趣，在有趣的课堂中获得成绩。课堂管理是我今后教学生涯中长期思考的问题，我将不断地反思，提升课堂管理水平，做学生心目中优秀的教师。

参考文献：

周彬．课堂密码［M］．上海：华东师范大学出版社，2009.

作者简介

张春鸿：北京理工大学附属中学信息技术学科高级教师。信息与社会、信息加工与表达等四个专题由教育部全国中小学教师继续教育网录用，多篇文章获区、校优秀论文，多次获市、区优秀辅导教师，名师工作站优秀学员，海淀区师德之星。

聆听花开的声音

◇马湘苹

“花开是美的，等待花开会更美。”当我看到这句话的时候，我被这句话蕴含的简单哲理震撼了。我们是辛勤的园丁，学生就是我们花园里的小花，当有学生在各种各样的比赛中脱颖而出的时候，我们是多么的高兴；但并不是所有的学生都能在我们的预想中如期地开花，这可是有先有后的。这就需要我们在平时的教育中，对我们的学生要多一点耐心和细心，在等待中静候花开。

从参加工作至今，我既是教体育课的任课老师，也是校田径队的带队教练。校田径队是一个由初一到高三的田径特长生组成的集体，由于特长生名额较少，田径队偶尔也会招一些身体素质比较好的普通学生入队。队里大部分学生都有较好的道德修养，能团结同学，热爱学习，集体荣誉感强，在队里起到了良好的模范作用，并能配合老师做好队里的工作。但是世界上没有完全相同的两片叶子，学生也是如此，由于遗传、性格、环境、生活习惯等因素的影响，在学生身上存在很多差异。有的听话懂事，有的倔强顽皮；有的聪明伶俐，有的反应迟钝。教师应该承认差异，尊重学生差异，在教育教学过程中讲究方法，善于抓住孩子的闪光点进而因材施教。

如我队去年有一名学生叫小浩，他不是特长生，是教他体育课的孙老师推荐到田径队的。孙老师告诉我小浩身体素质很好，尤其耐力素质很突出，也很聪明，接受能力也很强。但在课堂上纪律松散，自控能力较差，在学习上主动性不强，作业也不认真，做好了也不会及时上交，让老师很头疼。不过小浩对加入校田径队特别感兴趣，和孙老师提过好几次想入队。我想小浩虽然调皮，但他对加入田径队这个集体的愿望这么强烈，也许入队后还能促进他在各个方面都进步呢，为何不给他一个机会呢?

小浩下午放学后来田径队报到，见了我们队里的三位教练特别有礼貌，安排给他的训练计划也完成得一丝不苟。看得出他很珍惜加入田径队这个大家庭的机会。从第一次开始，小浩在训练上就从不偷懒，领悟力也很好，长跑成绩进步很快。苏霍姆林斯基曾说过："一个好教师意味着什么？首先意味着他热爱孩子，感到跟孩子交往是一种乐趣，相信每个孩子都能成为一个好人，善于跟他们交朋友，关心孩子的快乐和悲伤，了解学生的心灵，时刻都不忘记自己也曾是个孩子。"平时我有时间就和他聊一聊，他也很喜欢和我聊自己的学习情况和训练情况。我有时还半开玩笑地对他说："如果在体育课或文化课上有老师反映你表现不好的话，就立即让你退队哦。"小浩一听马上就表决心说一定要认真学习，积极上进，不辜负老师。

不管是大人还是小孩，只要有了兴趣，就会主动去做事，主动把事情做好。另外，在他感兴趣的事情中，他会收获更多成功的喜悦，找到更多的自信，继而对其他的事情就更有积极的态度，学习上也会更因兴趣而努力了。因而以兴趣促学习不愧是一种好办法。一段时间过后，我从侧面了解到小浩在体育课和班级里表现得都比较好，至少能做到不再随意说话，比较能克制自己，作业也能认真完成，及时上交了。我心里暗暗高兴：这孩子真的是进步了！

没想到没过多久，小浩就犯了糊涂。有一天训练开始时，和小浩同班的队员告诉我，前一天训练结束后，小浩带队里的几个小队员去游戏厅打游戏了。我一听心里很不高兴，一块儿带队的两位教练也很生气，都说这孩子干脆让他退队得了，免得还带坏了队里别的孩子。我也很矛盾，怎么处理这件事呢？（他毕竟不是我们的特长生呀。）这时候小浩来训练了，见我们三位教练都一脸严肃的表情，眼神很惊慌。我问他昨天训练结束后干什么去了，他马上就承认自己做错事了，还保证说以后再也不会贪玩去玩游戏，更不会带别的队员去了。我看他态度很诚恳，应该是真的知错了，便抓住这个机会对他进行了教育，并和他约定训练和学习一定要两不耽误。卢梭曾说过："让孩子知错的最好方法，莫过于让他自己感受到羞耻。"这句话很有道理。作为老师遇到类似的事件，首先应该冷静，克制自己的情绪，保持清醒的头脑。其次要充分发扬民主，尊重学生，讲究育人艺术。要本着"一切为了学生，为了学生的一切"的原则，以宽容之心，挚爱之情，去教育学生，感化学生，使他们能够主动"站"出来，承认错误，改正错误。当学生有过错时，尊重他们的人格，给他们一个改正的机会，因为这样，他们会更加发奋学习，改正自己的缺点。

这件事后，小浩训练更加刻苦，学习上也更加认真了。在不久后的海淀区中学生田径运动会中取得了 1 500 米单项第六名。在随后的学校运动会中，他不仅是班级里接力项目的主力，还在 1 000 米的单项中夺得了冠军。同学们都对他刮目相看，队友们对他也赞许有加，他的班主任更是欣喜不已。初三中考时，他也考出了很不错的成绩，进入了自己理想的中学。

花开也有时，作为园丁的我们一定要记得每天给予花儿们点点阳光和雨露，然后只需耐心等候，角落里不起眼的小花终有一天也会绽放迷人的笑靥，散发沁人的香气……

花开是美的，但聆听花开的声音更美！

（本文发表于核心期刊《中国学校体育》2013 年第 11 期）

作者简介

马湘苹：北京理工大附属中学体育一级教师。2011—2014 年海淀区初中教师基本功展示活动二等奖；海淀区中学优秀体育教学课例评选一等奖；均荣获海淀区中学体育系列比赛优秀教练、海淀区“功勋教练员”称号及海淀区“海韵之星”称号；获海淀区“优秀裁判员”称号。被授予海淀区教育系统“功勋运动员”称号。两篇文章已发表于核心期刊《中国学校体育》。

让学生在实践中获得“诚信”

◇潘　军

诚信是立身之本，道德之基，也是学校进行未成年人思想道德建设的基础和重要内容。但在学校以往的教育过程中，诚信教育却往往只停留在简单的说教上，显得苍白无力，不能有效落实。如何将诚信教育印在每位学生的心里，化为行动，并最终升华为一种品质，是我校德育工作始终思考和实践的重点。

以诚信教育作为切入点，2008 年 4 月理工大附中创立了“诚信水站”。四年多来，以此为教育载体，我校诚信教育成为了德育教育的一个亮点，实现了让学生在实践中获得诚信。

一、 从学生需求出发， 寓教于服务之中

保障学生饮水是学校日常管理当中的一项基础工作。理工附中非常重视此项工作，特别是 2004 年，学校拨出专款在学生教学楼安装了电热饮水器，极大地方便了师生的日常饮水，同时也彻底结束了人工挑水的时代，使理工附中的服务水平上了一个新台阶。然而，新的管理问题还是出现了，由于近年来学生人数的不断增加，课间休息时间又短，学生嫌麻烦不带水杯等原因，仍有许多学生不能及时喝到水，有的学生甚至为校外买水而迟到，从而影响了正常的教学秩序。为此，学校德育处专门抽出人员在课间进行管理，但始终也没有杜绝买水迟到现象，于是你管我藏，他卖我买的情况时有发生。面对学生需求和管理产生的矛盾，学校德育部门进行了认真的思考：学生违反学校纪律需要教育，但学生需求也是正常的，那么把学生需求与学校教育管理有机结合才是解决问题的最佳方式。为了解决这个矛盾，学校最初的设想是购置几台自动售水机，放在学生集中出入的教学楼门厅内，以满足学生用水。管理问题看似解决了，但从德育教育角度来说，总觉得缺点什么，仔细

琢磨，问题在于：这个办法只体现了满足学生需求这一项功能，表现的方式是学生和机器的“对话”（不投币就不会出水），不能体现教育功能。能不能把服务功能和教育功能同时体现呢？经过学校德育部门的认真思考和设计，以诚信教育作为切入点，理工附中诚信水站应运而生。

理工附中诚信水站有以下几个特点：第一，在学生相对集中的教学楼门厅内设立了3个水柜，由校团委以团支部为单位组织学生志愿者定期负责在水柜内摆放矿泉水；第二，每个水柜的门是开放的，自由开启方便学生取水；第三，学生取水时，自觉投币一元（水柜两侧设计了6个投币孔）；第四，每个月由班级团支部负责对上水瓶数和回款进行清点统计，算出诚信度并做出“诚信报告”向全校公布。水柜的“大开门户”，无人监督，目的是对每位取水学生诚信意识和诚信行为进行考验，每次取水的过程都将是学生自己与“心灵”的一次对话，一次诚信的实践。三年多来，此项举措，得到了学生的高度认可和欢迎，看似简单的饮水问题，却潜移默化地融入了诚信大教育，成为德育亮点。

二、关注“诚信”过程，深化教育成果

“诚信水站”从2008年4月创建以来，运行情况良好。受到了学生的普遍欢迎。通过一个阶段的实践，其教育和服务的功能也得到不断提升。一方面，校团委以团支部为单位组织团员志愿者以月为单位轮流负责“诚信水站”的上水、清点水款、计算诚信度、做诚信报告等项服务，通过学生亲身实践，使之固化成了学生志愿者自我服务的一项内容；另一方面，通过定期向全校学生公布诚信报告，及时反馈学生诚信的状况，很好地实现了学生自我反省、自我教育的目的。如：2008年11月的一个阶段，水站的诚信率从创建以来的90%左右突降到84%（见诚信报告），这引起了学校德育部门和学生干部的高度重视，因为诚信率的高低直接反映了理工附中学生的诚信水平。

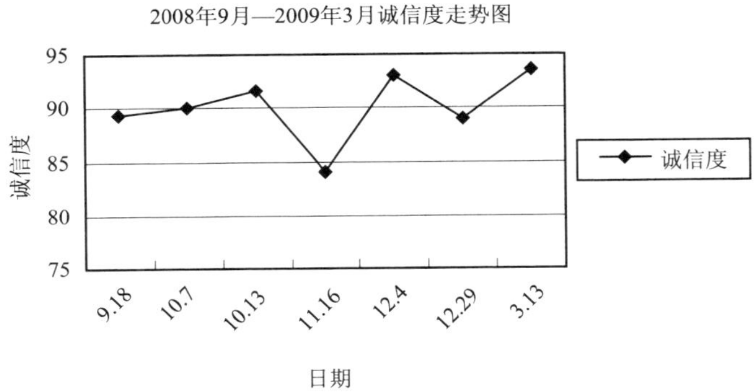

诚信报告

从这幅折线图上可清楚看出，自 2008 年 9 月—2009 年 3 月以来，水站的诚信度整体呈上升趋势，最高达到 93%，最低一次曾低于 84%，平均诚信度在 90.0% 左右，但直到目前我们理工附中的诚信度还从未达到 100%。

其中，有的同学取走了水，“忘了”投币；虽然这些问题仅仅出现在个别人身上，但影响了理工附中学生的整体形象。损失几瓶水、几件雨具对学校造成的经济损失不大，但失去诚信对于同学本身就是重大损失。

诚信报告公布后，经过仔细分析和研究，我们认为：学生一种良好品德的形成需要一个过程，教育过程中出现问题也是正常的。在确定教育活动设计没有问题的情况下，作为德育工作者就要不断反思和改进教育方式和方法。于是，面对诚信度的下降，学校没有采取常规的教育方式，而是决定在不通告的情况下，暂时关闭诚信水站，在这过程中，要求学生干部密切注意学生们的反应。很快，就有不少学生询问关闭水站的原因，当他们得知是因诚信遇到了“危机”，才关闭水站的时候，对不诚信的同学产生了强烈不满，认为理工附中不应该有这样的学生，要求校团委进行说明和教育，同时也表达了重新开放水站的强烈愿望。两个星期之后，学校认为教育时机已到，便利用周一升旗仪式讲话的机会，由校团委围绕“诚信水站”向全体学生进行了一次关于诚信的教育，引起了极大反响。开放后的水站诚信率也迅速回升，最高可达到 97%。这个过程表明：学生诚信教育的确需要过程，需要在实践和考验中不断强化，最主要的是，当学生成为自我教育的主体时，其教育成果才能不断深化，对学生的影响才能深远。随着“诚信水站”的发展，校团委还利用卖水的利润购买了雨披和雨伞，增添了“诚信雨具”以方便雨雪天气时学生使用。当我们看到学生们打着五颜六色的诚信雨伞、披着诚信雨披走出校园时，学校的一份关怀，一份温馨也就传递给了家长、传递给了社会。当“诚信雨具”重新回到校园的时候，学生们也同样完成了一次诚信实践。“诚信雨具”也自然成了展现理工附中德育教育创新的又一个靓丽的窗口。

理工附中的诚信教育，是通过创设教育情境，让学生置身其中，学生每一次自主取水时都在选择、思考、经历考验，都会经历一次心灵的对话。一次主动投币，一次自觉行为，就是对诚信意识的强化。经过这样的过程，就把诚信的种子深埋在了学生的心里，为学生在世界观、人生观、价值观形成的时候培养良好的道德品质，起到了很好的促进作用。四年多来，来校参观视察的区领导、教委领导、社会各界代表团，对我校通过创设诚信水站的途径，对学生开展的诚信教育给予了充分肯定，海淀教委宣传科、海淀有线电视台也就诚信水站进行了专题报道，这对于理工附中的德育工作无疑是极大的鼓舞和促进。我们有信心通过努力实现诚信度的100%，实现德育工作的不断创新，把未成年人思想道德建设落到实处。

作者简介

潘军：北京理工大学附属中学高级教师，现担任初中政治学科教学；党总支副书记、工会主席；区级德育学科带头人，北京市德育先进个人，多年从事团队和德育工作，创设的“诚信水站”等教育实践活动被录制成专题节目在海淀有线电台播放，曾荣获海淀区“中学创新德育管理优秀奖”；《让学生在实践中获得“诚信”》《成人励志教育——激励学生懂得感恩与责任》等论文获得国家、市、区一等奖，并在《北京教育》《海淀教育》等刊物上刊登。

教学研究篇

语文学科

诗歌吟咏促写作

——诗歌促写作教学模式新探

◇白咏梅

一、 作文教学的困境

当今语文教学存在一个非常突出的问题就是教学效率低下，而作文教学更是令人关注。为此我们提出读写结合的原则，以读促写。而在现实操作中，常会出现针对阅读作品中一个人物的外貌或一个事物的特点分析透彻后，立刻进行写作迁移，要求学生照样写片段，于是阅读课即演变成写作课，令人诧异！

诚然，阅读是写作的前提，正如叶圣陶老先生所说："阅读是吸收，写作是倾吐，倾吐能否合乎于法度，显然与吸收有密切的联系。"写作与阅读是密切相关的，二者相互作用、相互转移。现实中，我们模仿性的读写结合较多，可创造性的读写结合不足。学生记背了大量范文、华丽词句，当然这是必要的，但写作时，学生往往只会依葫芦画瓢，不会创作。甚至会出现只顾词句华美，不管真实生活的作文。比如在 11 月份，我们的同学写长河之冬，为渲染冬天景致的优美，这样写道："河边的垂柳婀娜多姿，绿荫成行，四周的草绿茸茸的、软绵绵的，河边的小山坡上葱茏一片。"而针对北方的冬天，这是不可能的事呀。作文应是生活的再现，不是死记硬背的，我们需要将人家的写作技巧消化吸收，变成自己的东西。为此，针对划片招生的常规班中多数学生不愿也不会写文章的实际情况，我在教学中，借助诗歌便于吟咏、好记好背的特点，引领学生挖掘写作之道，创设情境，进行了合理写作的训练。

二、 改变诗歌教学模式的初衷

我们都知道《红楼梦》中的一段黛玉论诗的文字：

黛玉道："什么难事，也值得去学！不过是起承转合，当中承转是两副对子，平声对仄声，虚的对实的，实的对虚的，若是果有了奇句，连平仄虚实不对都使得的。"香菱笑道："怪道我常弄一本旧诗偷空儿看一两首，又有对的极工的，又有不对的，又听见说'一三五不论，二四六分明'。看古人的诗上亦有顺的，亦有二四六上错了的，所以天天疑惑。如今听你一说，原来这些格调规矩竟是末事，只要词句新奇为上。"黛玉道："正是这个道理，词句究竟还是末事，第一立意要紧。若意趣真了，连词句不用修饰，自是好的，这叫作'不以词害意'。"从这段文字可以看出：写文章一要讲谋篇布局，二要讲遣词造句，三要讲创新。而这些恰恰就是我们的作文之道，也是我们在实际教学中训练的重点。

"诗言志"，当诗人描绘事物时，目的往往不在于说这事物怎样，而在于自己的感情；写景则借景抒情，咏物则托物言志。而这些形象也好，情感也好，无不依赖于语言的表述。如果我们在写作时能借助这一作诗的技巧谋局布篇，抓住关键性的语句写景抒怀，那么我们就能拨开迷雾，解决写作中的一些难题。

三、 诗歌教学中的大胆尝试

1. 回顾诗句，学会观察，寻找生活闪光点

开学之初，就是否喜欢作文对学生进行调查，全班 41 人，只有 3 人说喜欢，1 人有记日记的习惯。问及不喜欢作文的原因时，众说纷纭，但怕的因素比较多，不知写些什么。学生在习作中打不开思路：不知如何谋篇布局，是一个普遍的现象。为此，我将回顾诗句、学会观察、树立"整体"观念引入教学，借助诗歌先景后情的结构模式定下格局，解决无米下锅的问题。利用课堂，随意背诵诗句，一边背诗，一边回想类似的经历，挖掘相似性；观察现实的生活，关注眼前的细节，注意体味，涵咏不同时代不同人生的感悟，让学生作文有章法可循。

具体操作：明确作文就是生活，即使我们的生活圈子很小，就是从家到校，周而复始，但只要我们注意观察，写作时，就会有意外的收获。回想我们所记背的诗文，我们的衣食住行就会多了情趣，写入文中，生活就会丰富起来。比如学生多数知道徐元杰"花开红树乱莺啼，草长平湖白鹭飞"的诗

句，十四字就写出了诸多景物，且色彩缤纷，生机盎然，表现了作者对生活的喜爱之情；有鉴于此，我要求学生放学路上细心寻找，感受生活的美好。

交流时学生谈到：（1）原本放学后急于穿过喧闹、嘈杂的街边小路，如今放慢脚步，看到同学在路边购买食物，相互交换，感受到了同学互助的友谊，也体会到了陶渊明的“结庐在人境，而无车马喧”的心境；

（2）看到母亲不主动扶起摔倒的孩子，当孩子重又站起时却激动又骄傲地夸赞孩子时，懂得了“慈母之心”——严格而又饱含关爱之情，理解了孟郊的“慈母手中线，临行密密缝”的诗句。

（3）弯下腰系鞋带时，路边的花坛中小花努力地绽放，颇有“野芳发而幽香”的美妙，学生醒悟到：无论多么平凡，都要尽力活出精彩；还有同学补充道：“生活并不缺少美，只是缺少发现美的眼睛。”

（4）甚至有训练晚归的同学发现我校教学楼寓意“辉煌”——教学楼外墙整体灰色，初中楼喷涂黄色，在初、高三补课时的灯光映照下，是辉煌一片。

……

虽然还是从家到校周而复始，但借诗词引领，会看了，能说了，初具观察能力，但到写作应用仍有一大段距离，我还是要借助诗词教学来改变作文的难题——围绕主题选材。

2. 改动目标，借意象悟情感，集中选取典型材料

中华文明五千年，诗词书画璀璨生辉，而我们国家有从小就有用吟诗背词来做启蒙教育的传统，随意叫个学生肯定能背不少的诗词，然而，让他们说说诗词的结构、音韵、炼字、情感……则一片茫然。于是我将诗词教学的目标从《课标》要求：吟诵诗词，陶冶情操，培养语感，增多积累，改动为：借助音韵，掌握停顿，学会吟诵；捕捉意象，领悟情感，陶冶情操；通过背诵，利用结构，引领作文。

《次北固山下》教学过程：

（1）划分停顿，朗读明义。

（2）氛围创设：李白有：“床前明月光，疑是地上霜。举头望明月，低头思故乡。”

杜甫有：“露从今夜白，月是故乡明。”

苏轼《水调歌头》：“但愿人长久，千里共婵娟。”

所以：千百年来人们总是用“月”来寄托对家乡、亲人的思念。

（3）明了方法：借意象，明感情。

（4）问题引导

1）这首诗中都写了哪些景象？

2）这首诗中借什么意象抒发诗人怎样的思想情感？

3）最生动传神的是哪个字？为什么？

（学生各抒己见，自由作答，参考理解要点：古代交通的限制；运用了雁的意象；乡愁人人有；人的情感归宿。）

（5）拓展达理，引领作文

思乡是中国文学的主题之一，无数的乡愁陪伴着无数的诗人，同时无数的诗人创造了无数的乡愁诗。乡愁丰富了我们的情感世界，乡愁诗丰富了我们的文学世界。思乡实际上借助一个个典型的意象展示出来，引起人们的共鸣。由此可见，我们写作时必须围绕我们的中心有意选取相关的人、事、物，典型的事物可以传递情感，选材的依据是服务于特定主题。

训练：军训时想家，可借何物表达思念？

学生讨论后明确：躺在硬床上，啃着冷馒头，看着皎洁明月，想念家中舒适的环境，可口的饭菜，思念家中小宠物，更怀念妈妈的唠叨，借手机上的全家福以慰思念……

（6）布置随笔——初中生活新感受

后记：学生取材广泛，从新的校园、操场、教室、礼堂到新的老师、同学、朋友，更有新的生活——机房、图书馆、音美活动课……围绕着新奇、新鲜，娓娓道来，笔墨集中，选材典型。

3. 同类对比，品评诗句，提炼作文之道

学习诗词，借鉴写作技法，并不是为了让学生写古典诗词，只是借其技法，促使学生提高写作水平，修改自己的文章。

借助同一类的诗词，进行比较，提取作文之道。

（1）同类题材，立意要高远

李白的《赠汪伦》："桃花潭水深千尺，不及汪伦送我情。"

李白的《送友人》："挥手自兹去，萧萧班马鸣。"

王勃的《送杜少府之任蜀州》："无为在歧路，儿女共沾巾。"

高适的《别董大》："莫愁前路无知己，天下谁人不识君。"

王维的《送元二使安西》："劝君更尽一杯酒，西出阳关无故人。"

——送别是写诗作文常见的主题，而几位大诗人用自己的生花妙笔为我们开启了高远的立意，起到发人深省、启迪心智的效果，且又各具特色：李白直白且潇洒至极；王勃年轻有为、积极向上；高适、王维心胸豁达更兼善解人意……

启示：作文之初，定下主题，通过比较，力求高远，深切表达，文末出彩。

（2）构思巧妙，文贵有起伏

再看送别诗王昌龄的《芙蓉楼送辛渐》：“寒雨连江夜入吴，平明送客楚山孤。洛阳亲友如相问，一片冰心在玉壶。”

从结构角度分析这首诗的特点：

一、二句为本首绝句定基调，从夜色江雨的环境描写入手，由远及近，出现了人物，在平明送客的背景下，连楚山也添了孤独，完成了点题。

妙在第三句，按常理下面该写依依不舍送别情，而王昌龄却不按常理出牌，将笔触停留在遥远的洛阳亲人的身上，对辛渐的叮嘱，恰恰是表达自己的内心世界。

评价：短短四句，精妙构思，缜密至极，耐人寻味，寓意深远。

启示：定下主题，取材、选材是关键，我们写作中要精于安排，事件要有变化，变化前——变化中——变化后，事情的波澜起伏就有了；描写中要集中笔墨，对材料学会剪裁。

（3）析读品味，学习技巧，修改作文

古代诗歌的语言是最凝练的，往往一词一句就能生动地描摹出事物的特征，深刻地反映思想内容。古典诗词中运用的写作技巧是丰富多彩的，常见的有对比、比喻、衬托、象征、借景抒情、融情入景……化抽象为具体，炼字之精巧更是妙不可言。王安石的《泊船瓜洲》：“京口瓜洲一水间，钟山只隔数重山。春风又绿江南岸，明月何时照我还。”第三句中的“绿”字，本来是形容词，这里用如动词，系“使之变绿”之意。一个“绿”字，就把春风带来的景象非常形象地表达出来了。联系全诗，尤其是最后一句，不难看出，作者想说的还有：一年一度，江南岸有了变化，一片盎然春意，充满了欢乐美好的气氛。可是，我官居外地，又过了一年，现在离家已不远，“只隔数重山”了，却不知何年何月何时才能回家与家人团聚，去过那如江南一样的富有生气的美好生活。悠悠思乡怀亲之情跃然纸上。“绿”字之妙，不言而喻。

鉴赏诗词，品味语言，学习修改。很多同学在作文时，往往一气呵成后不再认真修改，有的用字不准，有的词意不当，有的修辞不通，有的拘泥于语法。诸如此类的毛病，多读多改几遍后，像读诗一样，大都能改顺。

第四单元写景的文章，借着韩愈的《早春呈水部张十八员外》学习写景文章的技法。

天街小雨润如酥——运用比喻，炼字“润”写得生动、传神，借助感官，运用视觉、触觉；

草色遥看近却无——角度变化，从上到下，由远到近，写出变化；

最是一年春好处，绝胜烟柳满皇都。——运用对比，借助议论，揭示中心。

借助写景技法，学生改写自己的作文——《昆运河之冬》，要求扣上一个关键词，仿照诗词的写法，选取典型景物，运用多种感官，使用多种修辞，创设一种氛围，结尾运用议论点明中心。

后记：学生由写不足 400 字，打不开思路，不知如何谋篇布局，改二稿达到 1 000 多字，写得精彩，构思巧妙，普遍都写出了生机、活力，涌现出不少佳作。

四、 教学设想——吟诗咏词， 借诗句成新文

用诗作谋篇布局，不比其他文章，因为诗是自由的，在作文中，把握立意，浮想联翩就可以了，且操作简单，符合《考试说明》中对作文的要求：既“新颖”，又“巧妙”。如以“环境”为话题，这个题目算是老掉牙了，我们就可以避开“环境与生存”“保护环境”“爱护环境”的旧调，运用古代诗人所写的居家环境来尽情发挥，写一种人类更美好的环境。思路如下：

①日出江花红似火，春来江水绿如蓝。

②苔痕上阶绿，草色入帘青。

③几处早莺争暖树，谁家新燕啄春泥。

④野芳发而幽香，佳木秀而繁阴……

⑤绿树村边合，青山郭外斜。

⑥山重水复疑无路，柳暗花明又一村。

⑦稻花香里说丰年，听取蛙声一片。

⑧结庐在人境，而无车马喧。

⑨采菊东篱下，悠然见南山。

⑩明月松间照，清泉石上流。

……

有了这些诗句，就可以“我所喜欢的居家环境”为线索，把这些诗句联系起来组成一篇美文。值得注意的是：虽然说通过选诗句来写，比较易于操作，但要能注意到，诗句和诗句之间，并不是毫无关联的，而应该是一个有机的整体。选诗句不能盲目，要使所选的诗句具有“以点联面”的功能。当

然，用诗或引诗写作，并不一定要求全文都要用诗，或者处处皆有诗意，我们可以灵活运用于文章的一些紧要的地方，比如开头、结尾、题引、过渡或者全文思路等。

如此训练，不停强化，同学们在作文时，力求吸取古诗词乃至传统文化中的营养，安排好谋篇布局，在遣词造句方面细琢磨、多推敲，努力做到“语不达意誓不休”的境地，让学生作文时有抓手、有借鉴；教学时有章法、有指导。我会在日常教学中遵循这个原则，以诗词引领作文，将此法贯彻下去，改变学生苦恼作文的现状。

参考文献：

孙光萱：《诗海拾贝》——古今诗歌艺术谈，汉语大词典出版社 2000 年版。

作者简介

白咏梅：北京理工大学附属中学语文高级教师。《刚柔相济走进学生内心世界》获得北京市第六届“京研杯”三等奖；《引导学生投入探讨主动学习》获得海淀教育委员会中教科教学论文成果二等奖；两篇论文获校二等奖，一篇论文获校三等奖。

有一种语文学习叫“一见钟情”

——谈初读情感体验对高中学生语文学习的作用

◇林　琳

从事语文教学已十年有余，近几年我时常问那些毕业回来看我的学生，“高中语文课文中你印象最深的是哪一篇”或者“你印象最深的语文课是那一节”，学生们回答虽不相同，但提到最多的居然还是《我与地坛》《合欢树》《将进酒》《无题》等。为什么是这些文章而不是别的文章？我心里不停思考——也许有时候，语文学习也是有“一见钟情”这回事的。

什么是“一见钟情”式的语文学习

“一见钟情”，顾名思义，见到第一面就顿生了喜爱之情。有些语文课文就具备这样的特点，能一下子抓住读者的心，使读者有那种一眼看去便有恍如隔世的知己再次重逢之感，宛若等待多年的心上人突然降临面前。然而，这样的情感又绝不是此刻才萌生的，那是潜藏在读者内心不被刻意探寻的既有情愫或观念，需要一支火柴将它点燃。有些课文在第一次阅读时就表现出了这样的特点。

然而，有一点是需要注意的，“一见钟情”不同于“日久生情”。倘若是两个人“长期相处”所获得的情感，与这种初次见面心理上的悸动又大不相同。所以一个读者对于一篇文章的第一次阅读，一名学生对于一篇课文的第一次阅读可能成为一次非同寻常的情感体验，令阅读者产生无可替代的感受和刻骨铭心的印象。即使是别人事先介绍过的，都会给读者留下先入为主的印象，从而削弱或诱导了读者自身的独特体验。因此，“一见”就显得尤为重要，放在语文的阅读教学上，就是“初读体验”。

“一见钟情”还需要具备一个条件，就是文章本身具有突出的情感启发性这一特点。比如《我与地坛》，这篇原来高中人教版（试验）的课文，谈及一个走入死胡同的年轻倔强的儿子与母亲之间的种种情感碰撞，还谈及迷茫的青年们的一个共同的生命追问——生或死的意义。这正是叛逆而迷茫的一代年轻人每日对着苍天胡思乱想的事情，因此这篇课文成为拜读过它的中学生们最难忘的课文之一。启发性就在于这种情感的呼应与共鸣。与此同时，这种启发性必须十分突出，是读者自己可以感受到的，倘若经过别人一再点拨促成好事，这种情感体验就会因注入了别人的经验而大打折扣甚至荡然无存了。

也有的“一见钟情”很难说清到底是什么打动了你，但你就是在第一次阅读过这篇文章后或激动或感伤或沉醉，就是获得了一种美的体验。待到“解读”过后，你终于知道是什么打动了你，但打动你的美却伴随着层层剥离的过程渐行渐远。所以，“美”成为“一见钟情”的唯一解释。

由此概括，“一见钟情”式的语文学习就是一种学生在对一些具备突出的情感启发性或美的特性的文章进行初次阅读时产生强烈而独特的情感体验与共鸣，而学生的这种自主的阅读体验会在再次阅读、他人点拨或其他外在因素的干预下受到影响。

“一见钟情”式语文学习的理论依据

1. 情感体验是语文学习的特点之一

语文学习是一种母语学习，而母语学习区别于对外语学习的技术性特征，就是需要充分尊重学生的情感体验，有时，这种情感体验需要凌驾于知识、技法等工具性学习之上，成为最为可贵的学习过程。

虽说“一千个读者就有一千个哈姆雷特”，但是，一群中国读者，尤其是一群高中阶段的中国读者在面对英文原著《哈姆雷特》时，真的可以获得不同的阅读感受吗？恐怕大多数读者必须将注意力放在单词、语法和一些英文熟语的翻译上，待到基本的意思疏通精力已消耗大半，再要去揣摩故事的悲剧性、人物的性格等这些情感态度因素时，灵感大多已经变成惰性。这种不成功的主要原因就是来自非母语学习的隔阂——语感上的、情感上的、对传统文化认知上的，等等。

母语学习进入高中阶段不应该是以识记、知识积累、表现手法这些工具性目的为主导，十六七年的母语经验使高中学生对于母语的理解和运用已经达到一种非常熟练的程度，是该到“质变”的时候了。在对于母语的阅读中，学生遇到“美丽的天使”就会毫不保留地敞开心扉，那些教育者认为需要

“技术化”处理的东西其实全然不需担心，因为这是母语。冲破语感上的、情感上的、对传统文化认知上的种种隔阂，母语已经渗透到学生的每一处可以思维和感受的意识或潜意识中，恰当的情感与观念只要文本表现出来，学生就会在初读之时像在万般声响中寻找自己母亲动听的歌声一样把她找出来，也像一位吟诵佛经十几年的僧侣突然顿悟禅语真谛一般。

所以，“把母语还原成母语，把语言还原给语言，把思想还原成思想，把情感直面成情感。可以把文字降格为低级表达工具，把文字后面的勃勃‘生命’看作语文的太阳。捕捉文字后面的事物，用古老的象形会意指事形声来承载鲜活的事物，这就是忠诚的母语教学”。①

2. 心理学中对满足学生情感动机的需要成为“一见钟情”式语文学习实现的客观条件

几十年来，教育心理学中无论什么流派，都或多或少地认可的一种有效的学习因素就是“内在动机”。比如行为主义心理学家斯金纳“强化理论”，认知心理学范式下“观念冲突论”“成就动机论”“归因论”等动机理论体系，还有我们更为熟悉的马斯洛“需要层次理论”。尤其是与马斯洛理论交织呼应的人本主义学习理论提出“发展的机制”，即每个人都具有发展自己潜力的能力和动力，个体可以自由地选择自己发展的方向和价值，并对自己选择的结果负责，以追求自我实现。这些理论首先强调了学生以“内在动机”的形式对所学内容和学习结果具有的自主选择性和自主控制能力。其次，那些符合学生需求的学习才是可以满足学生、从而促成学生“自我实现”的学习。

回到对高中学生的年龄阶段的分析，这一阶段的学生对客观世界已经有了一个基本认识，但对内心世界的探求才刚刚开始，每一次对情感的体验、对美的琢磨、对观念的思索都是学生试探内心方向的实践。因此，比较那些以他人建立的“知识、技能”为教学目标的外部学习，这类强调情感体验、观念形成和态度判断的学习似乎更符合学生的内在动机，也就更能达到学生“自我实现”的目的。所以，有些文章初读之时，学生已经主动融入其中，他们在与文本所蕴藏的情感和观念的碰撞中自己摸索，乐在其中，“一见钟情”正是满足学生、从而促成学生“自我实现”的合理反应。

在“一见钟情”的学习中获得刻骨铭心的“语文大美”

《高中语文课程标准》明确说明“高中语文课程应关注学生情感的丰富和

① 徐社东：《被背叛的母语和语文教学的价值》，《语文学习》2011 年第 11 期。

发展，让学生受到美的熏陶，培养自觉的审美意识和高尚的审美情趣，培养审美感知和审美创造的能力。”与之相对应，“情感态度价值观”作为三维目标之一也被明确提出。但在语文教学实践的大多数情况下，这种“情感态度价值观”只是存在于对文本思想内容解读的影子里，传统的语文教学思维定式就是，“思想内容”是“实”，“情感态度”是“虚”，解决前者是任务，也是后者得见天日的必需途径；而且最可叹息的是，此处的“情感态度”还只是文本中作者的“情感态度”，其实还极少涉及学生自己生成的“情感态度”。

事实果真如此吗？

前文提到高中毕业生印象最深的语文课文是《我与地坛》，那篇很长很长的文章，我是如何处理的呢？我没有让学生做任何预习，语文课开始，我播放了经典的班得瑞音乐，声音舒缓的流淌之间，我让学生们无声地跟随我的朗读而进行初次阅读。至今，我仍然惊奇于那不可思议的一幕：课堂上静得很，只有我的声音和音乐声，慢慢地，开始有同学的抽泣声，然后流泪的同学越来越多，到最后有三分之一的同学不禁潸然。剩下的时间，我让学生自己写读后感，与过去课堂练笔有所不同，这次几乎每个人都思如泉涌，而之后的课堂展示中，学生所展现出来的认识深度与情感共鸣更是令人称奇。

这节课所做的就是对于一篇文章的初读，没有引导，没有解读。（当时《我与地坛》被选入人教版课本时，史铁生还不是畅销书作家，但那之后，他成为学生们最喜爱的作家之一，所以初读率至少超过 90% 是可以保证的）为什么初读的效果会如此惊人？如果不是初读，还会有这样的效果出现吗？

“初读”意味着“零经验”，这虽然意味着在阅读者的理性意识中还不曾具有理解新内容的台阶，但也意味着阅读者对第一手的感性材料的体验没有先验的理性束缚，所以学生最易动情。此时，学生的情感体验正处在如“一见钟情”般的如痴如醉的状态，一种审美愉悦和情感共鸣会瞬间爆发，挽留住这一美好的感动至关重要。对于这种阅读过程，我们可以说，“情感态度”是走在“思想内容”前面的，情感体验是最先叩响学生心门的。随着阅读次数的增加，感性的认知会慢慢被理性的理解所侵吞，一些固有的认知习惯和程式化的技术处理方法还会参与进来，情感体验必须不断让步，学生对文本“一见钟情”时的炯炯目光也会逐渐暗淡下来。

由此可知，对于一些语文课文，重视学生对它的初读情感体验是非常重要的。除了像史铁生等作家这类以情动人的文字外，一些境界奇妙、语言绮丽的文字，如李白的《将进酒》、李商隐的《无题》，学生初读时是很难读懂的，此时不应无视学生沉醉在美的境界中的情感体验，留一些时间与空间，让学生初读文本的奇妙感受自己发酵，或许会收到比“分析”“解读”“探究”更好的教学效果。

这里必须强调的是，不是所有文章都会使学生产生“一见钟情”的初读情感体验，有些语文课文与学生所处的时代相隔久远，有些文章疏通起来就已十分困难，还有些文章虽为经典，题材实在难以令学生感兴趣，这些文章的教学处理反倒应该是“多读”，在“读”中寻找突破口或兴趣点。

追求爱情的人，总是希望遇到“一见钟情”的另一半；在高中阶段的语文学习中，学生又何尝不希望获得一种令人心动的“阅读邂逅”呢——排除他人的左右、世俗的眼光、经验的束缚，功利的目的，获得一种纯粹的审美体验和情感碰撞，从而收获一次刻骨铭心的语文大美。人总是或多或少会有先入为主的思维方式，因此，在初读中获得最大价值应该是促成语文学习事半功倍的有效策略之一。其实，除了初读是激活内在情绪的触发机制外，它还是实现情境教学的最佳时机，是展现学生原发性问题的最好契机。留一点时间和空间给“初读”，应该是每一位语文教学工作者都思考的问题。

参考文献：

[1] 张申平，李荣菊．母语教育的人文性与三个向度［J］．温州职业技术学院学报，2008（03）．

[2] 邵瑞珍．教育心理学［M］．上海：上海教育出版社，1999.

作者简介

林琳：北京理工大学附属中学高中语文教师，中教一级。获第13、14届全国青少年“春蕾杯”征文比赛征文园丁奖；论文《“教育”的存在》《高三5班班主任工作总结》分获海淀区2011年高三新课程教育教学优秀成果评比一、二等奖；论文《在“困境学生”身上寻找教育的价值》获北京市第三届“智慧教师”教育教学研究成果三等奖；论文《纠正“高考体”从落实“阅读工程”开始》获中国教育学会“语文教育资源开发和运用”论文评选三等奖；论文《提升“语文素养”才是语文教育的本质》《有一种语文学习叫“一见钟情”》获北京市第六届“京研杯”教育教学研究成果二等奖。

小谈课堂中的智慧发问

◇杨　眉

精彩的课堂应该有恰当的、设计精巧的问题。随着自己教学经验的丰富，我越来越意识到问题设计对于一节课能否完成既定教学目标，能否最大限度地调动学生的主观能动性有着至关重要的作用。因此，对于课程中问题的设计，我认为好的发问具有以下一些方面的特点：

一、 问——主次有序

一节好的语文课和散文的特点应该有着类似之处：形散而神不散。可能你的追问有很多，即兴生成的问题、争论也有很多，但是这些问题应该都是围绕本节课最主要的问题（服务于核心的教学目标）。前后两次教授苏教版八年级下莫怀戚的《散步》一文，前后两次对于问题的设计是不一样的。

原来的设计有四个问题：

①文中讲了一件什么事？

②分歧取舍中可以看出这是一个什么样的家庭？

③“我”和妻子在散步前、散步时有哪些感受、思考和做法？

④你有哪些感受和共鸣，请写在书上做批注。

虽然这些问题也是一个整体，也能把这篇文章主要讲述的内容理清楚，但是教授完之后，自己感觉还是有些流于琐碎，缺少一个内在统一设计。而且，文章内容虽然感人，但是这样设计问题，还是就文教文多一些。没有共鸣的学习，是僵化呆板的。所以经过反思，再次教授本课时，结合以上思考，我就将原来的问题调整如下：

关键问题：这是一个怎样的家庭？给了我们怎样的感受和思考？

从属问题一：结合情节，“我”与妻子在散步时有哪些不同感受和做法？

为什么会这样？

从属问题二：你的家庭和这个家庭有没有相似之处？（联系已知）结合文中具体情节，你有哪些感受和思考？

对比前后问题的设置，后来的设计既扣住了本课关于家庭的思考，也更多地激发了学生自我的认识，谈出了自己的感受。因此，修改后的问题就激发出学生有感触的多种多样的回答，试举出两例：

在这个家庭中，爱老护幼体现得淋漓尽致。现在的我们也已逐渐长大，不应是只为自己谋幸福，而应努力为长辈提供心灵的慰藉。他们累了，需要一把椅子坐坐；他们渴了，需要一杯清茶润喉；他们的心疲倦了，需要一颗真诚的感恩之心去安慰。（王英琦）

作者背上是母亲，妻子背上是儿子。儿子小时，母亲背儿子；儿子长大了，儿子背母亲。可以看出来爱是相互的，责任也是相互的。这正是一个幸福家庭一生的缩影。要维护这个家庭，就要将生命、爱与责任不断地传承。这就是生命的道理和意义。（李宁洲）

自我感觉后来上课更有效。问题设计有主有次，次要问题服务于主要问题，主要问题贯穿全课，会让课堂浑然一体，主题突出明确。

二、 问——清晰易懂

就一节课而言，尤其在上课伊始，明确这节课的主要内容即要达成的教学目标是十分重要的。而且特别需要注意的是，教师准备的教学目标在传达给学生时要转换成学生易于理解的内容。

比如苏教版七年级下册《月迹》一文，教案中我所定的教学目标主要有三个：

①把握寻月过程中孩子的心理变化的轨迹；

②挖掘“寻月”的主题内涵；

③对散文的语言特点有初步的鉴赏。

而作为开篇向学生这样明确教学任务，学生肯定不明所以。在这个时候就有一个将书面语变成口语的过程，而且还要结合学生认识变成更通俗易懂的语言。所以，明确教学目标的时候，我就这样来表述这节课的主要任务：

①我们一起找找看在寻月的过程中，文中那些可爱的孩子们的心理发生了哪些变化？边读边在文中画出来这些变化。

②《月迹》一文难道讲的仅仅就是一个寻找月亮的故事吗？它还有没有更深层次的内涵呢？难道文中的孩子们仅仅找到了月亮吗？可能还找到了

什么？

这样转化的目的就是使学生能够对授课内容有一个较为清楚的认识。站在学生的角度去审视自己的教学目标，不仅仅考虑的是学习内容本身，还应包括教学语言的传达和使用。

三、 问——循序渐进

再有，我认为智慧发问一定是循序渐进的，是学生通过已知逐渐走向未知的过程。所谓“温故”才能更好地“知新”。在讲到苏教版八年级下册《我的叔叔于勒》一文时，关于学习小说线索的问题，我们是这样设计的：

八年级我们学习泰戈特的《窗》，“窗”是小说的线索，我们刚刚学习的课文《故乡》，则以“我”回乡迁居的见闻感受为线索。

《我的叔叔于勒》这篇小说的线索是什么？为什么？

从学生熟悉的角度切入，小说线索单一、以明线为线索是之前学习小说内容已经了解过的。《我的叔叔于勒》一文的线索是双线，且一明一暗，这是新知识。提及前面学习过的小说线索，一方面是对线索有一个温习，另一方面也是为了引出学生对于本文线索与前文不同的思考。

四、 问——形式多样

问题发问不一定都是设问式的，形式可以多种多样。可以对比，可以假设，可以追问，可以反问。同样的问题，换个方式，可能就使我们的教学内容焕发出生机。比如，在讲《我的叔叔于勒》的巧妙构思中，关于叙事视角设定的巧妙，我们是这样设计发问的：

作者为什么要让“我”作为小说的叙事者？可不可以让文中的其他人物来讲述这个故事？（给学生以提示，比如说：菲利普夫妇、于勒、女婿等人来叙述故事。）

其实，这个问题就是要问小说的叙事者是谁的问题。如果这样发问，问题设计单一且思考的内容也过于浅显。通过假设其他人物来叙述故事的追问，让学生就叙事视角的内容在比较中深入理解，最终得出“只有以‘我’的视角才最能够揭示深刻的主题”的结论。所以，同样的教学目标选取怎样的发问方式是值得研究探讨的。

五、 问——疾缓有度

课堂的发问是应激式的，语文学习仅仅靠课堂是远远不够的，更广阔的空间在课下学生的阅读和思考之中。所以，语文学习的发问不仅应有课堂上速问速答，还应该通过发问来留白，给学生思考的角度和时间。苏教版七下《三峡》一课的教学目标有“通过学习，学生体会文言文‘字唯其少，意唯其多’‘言简意丰’的特点”。于是，我在学完本课之后，布置了这样一项选择性作业：

试着运用《三峡》中的语句写一首小诗来提炼概括三峡风景的特点。

我给了充裕的时间来完成，后来收上来的作品总体不错。其中这首作品最让大家称赞：

三　峡

武昊阳

连山七百无阙处，
重岩叠嶂隐天路。
素湍绿潭醉春途，
悬泉飞瀑其间漱。
乘奔御风千百里，
高猿长啸哀不住。

有的时候，课时的紧张使得我们过于注重了课堂上的问答效果，而忽略课下的自主阅读和学习对于语文学习的重要作用。因此，注意通过课堂发问，给出充裕的时间让学生去阅读、思考，我们可能会收获意想不到的惊喜。

总之，智慧课堂一定少不了智慧的发问，智慧的发问少不了很有智慧的思考和设计。问题内容、问题梯度、发问方式、回答时间等等都是值得琢磨思考的。爱因斯坦说：“提出一个问题往往比解决一个问题更重要。”有时候，提出一个好的问题使得我们课堂能起到一层石激起千层浪的效果，会使我们的课堂充满生机和活力。

作者简介

杨眉：北京理工大学附属中学语文青年教师，近三年，做国家、市、区级的公开课《夏洛的网》《草房子》《孔乙己》等；2013 年获海淀区教师基本功一等奖；担任备课组长，所在备课组获 2012—2013 年校“春天杯”优秀备课组。

“激发学习热情”的语文课堂教学导入设计尝试

◇袁　聪

课堂导入是课堂教学环节中的重要一环，是课堂教学的前奏，如同一出戏的“序幕”。好的导入能引起学生的注意，犹如一把开启学生兴趣大门的金钥匙。

一、紧扣课文，创设情境

新的课标突出了语文课程注重审美、应用、探究的基本理念，强调了文学作品的审美意识、审美情趣、审美感受和审美创造等。经典美文名句是浓缩的精华，它们内在的美是令人咀嚼不尽的，设计导语时，恰到好处地运用一些诗文名句，不但能够很快地渲染一种诗情画意的典雅气氛，而且能创设“先声夺人”的审美情境，让课堂教学充满诗情画意，体现出鲜明的抒情格调，让学生接受美的熏陶，这种熏陶不仅有利于语文学习本身，而且还有利于学生心灵与人格的健康发育。例如在讲授南朝梁代吴均的散文名篇《与朱元思书》时，笔者上来就说“风烟俱净，天山共色。从流漂荡，任意东西。”这是课堂上的一个“逗”，学生有的不知所云，有的瞠目结舌，有的则深感景象浩大……在此基础上，顺势板书课题，然后下发翻印的课文，同时提出核心问题——作者为什么觉得“风烟俱净，天山共色。从流漂荡，任意东西”？这样同学们就被带进了文章所描绘的情境中，并渴望弄明白其中到底有什么奥妙。

二、生活热点，欲擒故纵

杜威说：“成年人只有通过对儿童的兴趣不断地予以同情的观察，才能够进入儿童的生活里面，才能知道他要做什么。”课堂导语可先用学生喜欢的一种形式，如从聊身边的事开始，这样能很快地把课堂导入到和谐有序的气氛，使师生之间的知识传递融入和谐的情感交流之中，同时又能使课内和课外紧密结合，激发学生的阅读兴趣，收到“一石二鸟”之效。例如学习《中国石拱桥》，那天是星期二，正好中午“校园电视台”传授了“约翰速读记忆法”。下午第一节课前我进入一班教室，多数同学还在交流那种方法。一看这种情况我就想要按照预设的析题法导入新课，一上来就说有关“桥”的事同学们肯定会觉得突然，不会很快进入应有的状态。于是，我灵机一动故意问道：“这种速读记忆法管用吗？”同学们纷纷说管用。我接着说：“对于浅显的文章或基础知识可能管用，但对一些由智慧的结晶凝聚而成的文章就不一定管用了。”很多同学都质疑：“是吗？”我顺势说：“不信，咱就用今天要学习的这篇文章来试试。”接着就下发了翻印的《中国石拱桥》一文，要求他们默读概括主要内容、理清写作思路。结果读完一遍后无人回答问题，我说：“怎么办？”同学们异口同声道：“再读一遍！”就这样直到读完三遍后才有部分同学起来提问、答问。大家参与学习的热情很高。

三、承前启后，串联导入

语文教学是个系统工程。它首先应具有科学的序列，然后才能有序有效地传授知识、进行训练。教师对每个学期教学工作的安排，既要全局在胸，又要明确每堂课、每个单元、每个阶段的教学目标与教学任务。教师在导入时，也应该具有开阔的视野，可由文体相同的课文导入，可由作者相同的课文导入，也可由主题相同的课文导入，写作方法相同的课文导入。初中学生语文素养正处于形成发展的过程之中，这就使得语文课的整体性和综合性的特点更为明显，利用学生已学过的课文内容进行导入，不但能使课堂一开始就使课堂目标和重点、难点更加突出，而且能让学生在比较中学会学习的一些方法。这样，每一课都能逐渐成为“语文学习网”的组成部分，应用时自然能“牵一发而动全身”，游刃有余，手到擒来。比如在学习沈括的《活板》时，笔者就结合刚学过的《中国石拱桥》和《死海不死》进行导入：同学们，我们刚刚领略了我国现代桥梁专家茅以升、作家周而复严密清晰的逻辑思维之美，这节课我们来体验一下我国古代科学家的智慧。请大家思考，本文与已学过的两篇文章在写作目的和说明角度上有何异同点？学生立刻反复阅读课文，认真细致地比较异同。

四、背景介绍，以情激情

“形象大于思想”，是文学作品的特征，这就决定了我们不能以现成的答案来规范作品的解读，所以在导入时，恰到好处地为学生提供一些文本中没有传达出来的信息，例如文章中涉及的一些相关内容，或是作者的身世背景等，这样能帮助学生更深层次地理解文章的内容和主题。而向学生提供背景等材料，绝不是让学生“戴着镣铐跳舞”，而是启迪学生的思维，为学生提供了一种解读文章的方式。如在讲授宋濂的《送东阳马生序》时，笔者设计了这样的导语：

快到期中考试了，学习苦不苦、累不累？多数同学拖着长声回答：“苦……累……”老师接着说：“苦。好哇！累。也好哇！”多数同学茫然，有人嘀咕“苦好，累好。傻啊！”老师接着说“一点都不傻！儒家亚圣孟子说：‘天将降大任于斯人也，必先苦其心志，劳其筋骨，饿其体肤，空乏其身，行拂乱其所为。’这说明了苦难并非全是坏事，只要我们善于化苦难为动力，那么苦难就会变为成功的垫脚石。今天学习‘明朝第一文臣’——宋濂的一篇文章——《送东阳马生序》，我们看看他到底送给马生些什么？我们又能从中会学到些什么？”

五、联系实际，内外结合

世事洞明皆学问，生活处处是语文。随着信息技术的不断发展，电视、电脑普及率的提高，以及家庭教育的重视与完善，这些渠道所传输的信息量非常的大，且丰富多样，价值观念千差万别，在每个学生那里呈现出不同的形态，它的教育效果不容忽视。作为语文老师，一定要有敏锐的视角和开阔的视野，留心学生关注的焦点话题，并能信手拈来，认真提炼。这样的开场白，能迅速抓住学生的注意力，并能顺理成章地从课内向课外拓展。从而使语文课真正地和课外联系在一起。例如学习《送东阳马生序》时，先点评班内当天美术课上发生的违纪事件（部分同学先完成雕版印花后随意交谈影响老师和其他同学正常完成学习任务），然后引入《送东阳马生序》，看宋濂是怎样学习的，与我们现在有什么区别，我们应该怎样做。随即在语文课堂教学中有意渗透了德育。因为结合实际进行导入，促成了学生对课文的理解和实际问题的改进。再如讲授《核舟记》时，笔者用 PPT 这样进行了导入：同学们，如果有人告诉你，在一根头发上可以雕刻下唐诗三百首的全部诗句，你一定觉得很惊奇吧？这就是我国最令人叹为观止的微雕艺术。先请同学们欣赏几件现代的微雕作品：

作品上10只3毫米左右的螃蟹落在白色的沙粒上

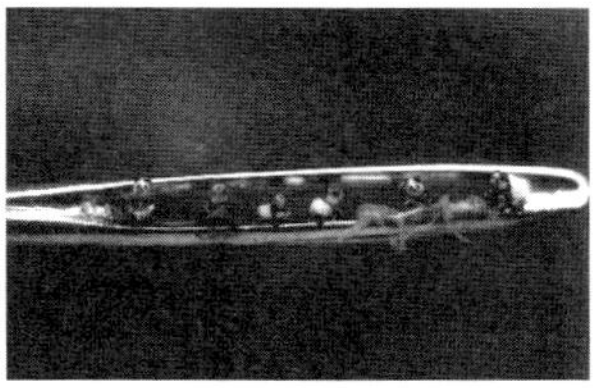

作品上6只平均0.7毫米的熊猫放在绣花针针孔里

石刻微雕作品《红楼梦》的第一回，在这块高15~18厘米、宽约10厘米的印石上刻有5 400个字

观赏时唏嘘赞叹之声此起彼伏。笔者顺势导入新课：“今天，我们要学习的《核舟记》，就是远在几百年前我国民间艺术中精湛绝伦的微雕技艺的精彩展示。”

学生反馈：学习《核舟记》时，老师介绍了一些关于微雕的资料，勾起了同学们对它的兴趣，之后再去学习《核舟记》时，大家的学习积极性提高了，学习效果也好，所以这样导入对学习很有帮助。

六、设置悬念，激发兴趣

判断一堂语文课的成功与否，主要看课堂上学生思维的深度和广度。充满悬念的导语，能给学生思维、选择和尝试的机会，有利于他们个性发展和创造能力的培养。所以在设计课堂导语时，先用一些问题激发学生的探究兴趣，搭设学生思维向更宽广的境界飞跃的平台，设置悬念，能唤起学生的注意力，拓展学生思维跨度，使学生处在心求通、口欲言的“愤”“悱”之中。这样学生的思维从一开始便处于一种跃跃欲试的状态。如在学习高尔基的《海燕》时，笔者设计了这样的导语：“课文的题目是海燕，读过课文的同学都知道，课文的主要内容也是在描写海燕的姿态。那‘海燕’只是海燕吗？文中除了描写海燕外还写到了什么？为什么要写到这些事物？（板书课题）。读懂了《海燕》一文，我相信大家会对文中的事物有更正确、更深刻的认识。”

七、剖析标题，触及重点

苏联教育家赞科夫说过：“对课文的第一次阅读或者客体的第一次知觉，对于记忆保持的牢固性具有特别的重要意义。”在导语里触及课文重点，这符合记忆规律。在课文的题目中，有的题目表示文体；有的题目带有象征、抒情意味；有的题目富于文学色彩。文题的形式，集中概括反映了文章内容，还反映了写作知识、文学常识等侧面。如在学习《白杨礼赞》时，笔者首先让同学们看课题，而不看课文，接着针对课题提出一系列问题。如：礼赞白杨的什么？为什么要礼赞白杨？怎样礼赞白杨的？作者的目的只是礼赞白杨吗？……最后选定前三个问题来集体探究，并且先要求学生自己读书并且根据问题进行深入思考，然后互相讨论，解决问题，最后集体梳理小结。再如学习《死海不死》时，笔者上课就在黑板上写了一个大大的“海”字，然后问同学们见过海吗？大家回答：“见过……”老师接着问：“你能用一句话概括海的特点吗?”学生们回答：广阔无边、风平浪静、波涛汹涌、自由自在、一望无际；还可以游泳，在海面上随着波浪起伏……听到这里老师赶紧追问：“在海里漂浮需要什么条件?”有学生回答：得会游泳，在浅滩用手托着海底也可以……老师接着：“有没有不会游泳也不用手托海底也可以使人漂浮起来的海?”很多同学大声回答“死海”。笔者顺势在黑板上的“海”字前板书了“死”，学生自发地齐读“死海”。老师接着问：“不会游泳的人不用特殊的支撑在死海里也可以漂浮起来是为什么?”有学生答：“海水咸度高。”近一半同学附和。老师追问：“死海海水为什么咸度高呢?”很快就有同学回答：“因为海水里盐分多。”老师又问：“为什么死海海水里盐分多?”全班同学鸦雀无声，一片茫然。此时笔者觉得铺垫得差不多了，趁机对大家说：“因为死海的海水盐分多、咸度高，不会游泳的人在里边都不用担心被淹死。‘真是死海不死啊'！那么这到底是怎么回事呢？让我们一起去今天要学的这篇文章中探究答案吧。”这时我自然地在黑板上“死海”二字的后面写出了“不死”，然后下发翻印的课文《死海不死》。同学们拿到材料后都马上开始认真阅读。

作为课堂的第一环节，导入可以是多姿多彩的，在课前偶然听到的一句话，或者上一节课的一个亮点，或者班级中发生的一件事情，都可以作为课堂的精彩导入，但是无论如何设计，导入都应该切合学生实际。学生的实际包括知识基础、生活阅历、心理特征、思维特点、认知水平等。结合这些因素的课堂导入，可以调动起学生的积极性和主动性，加强师生间的双边互动，切实地提高课堂教学的有效性。

作者简介

袁聪：北京理工大学附属中学语文一级教师，海淀区骨干教师。《以情培情以心育心——一封真情书信，唤醒孩子的生命主体意识》《巧用美文真情唤醒孩子的生命主体意识》分别发表在《海淀教育》并获北京市教育学会优秀论文评比二等奖；《“激发学习热情”的语文课堂教学导入设计尝试》在全国中语会主办的“黄厚江本色语文教学研讨会”论文评比中获一等奖；《调控愤怒师生双赢》《巧用传统励志经典，唤醒孩子的自觉意识》等多篇论文在市区获奖。

让语文作业焕发青春

◇樊丽英

一、 语文作业的现状

作业的设计、评改可以说是长期困扰我们语文教师的一大难题。在各种学习训练中，语文作业恐怕是最不受师生欢迎的。究其原因，还在于无论是教师批改作业，还是学生做作业，都特别耗时费力。

语文的基础性作业，像抄、写、背等，学生觉得机械又费时，不屑于做；训练思维的作业，像阅读理解、作文等，数量少但思维量大，学生又怕做。所以，调查下来，语文作业往往是放在最后做的。而教师的大部分时间也都花费在批改作业上，哪里还有时间去钻研教育教学，哪里还有时间去钻研语言文字之美。这是语文老师的无奈，更是学生的悲哀！

怎样让传统的语文作业走出泥沼，焕发青春，让学生真正爱上语文作业、爱上语文课、爱上语文，在课堂之外为语文赢得“一席之地”？我在实践中深刻地感受到，只有尊重孩子的心理需要，拓展学生作业的空间，变革作业的形式，才能调动学生学习的积极性，促进其综合素养的提高，达到事半功倍的理想境界。苏霍姆林斯基说过：“在每一个年轻的心灵里，存放着求知好学、渴望知识的‘火药’，就看你能不能点燃这‘火药’。”新课程理念亟待我们建立起与之相适应的作业观，引导学生积极地学，灵活地学，这是变革语文学习方式的重要内容所在。

二、 新课程理念下的作业设计变革

1. 树立新型作业观，让作业设计走向学生本位

课堂作业的“设计”无疑是为学生的“学”服务的，因此作为作业

的设计者要站在学生的角度思考：学生喜欢这项作业吗，会带着怎样的情感去做？学生能完成这项作业吗，他们的作业起点是什么？学生有必要去做这项作业吗，作业背后对学生的语文学习有什么意义？所有的一切都指向学生的发展，通过以学生为本位的课堂作业帮助学生自主建构，学好语文。

2. 作业设计要从单一走向多样

变革作业的形式，就要构建多元性作业。如从单一的书面作业到兼顾听、说、读、写；兼顾语文教学的五大板块。“硬作业”“软作业”并举并重。在作业的设计中，我的具体方式如下：

（1）变抄写为收集

如，由单一被动的抄写变为收集整理易错音、易错字，增强了学生的自主学习意识，提高了积累作业的效率。

（2）变写为讲

如，在预习新课时，对于文章背景、作者简介等知识我要求学生把查阅了解到的有关知识课上讲给大家。因为要讲，学生更要看得认真，记得牢固，同时也锻炼了学生的口头表达能力。

（3）变写为读

如：朗读作业的设计

目前学生中往往会出现重视笔头作业，轻视口头作业的现象，主动自觉将出声朗读课文视为预习作业、复习作业的学生并不多。而朗读对学生语感培养、文本理解无疑是非常重要的。

如在学习诗歌散文等适合朗读的课文时，我要求学生在家声情并茂地朗读课文并录音，作为预习作业。第二天交老师检测、打分（抽查），质量高的，授新课时作为范读，以资鼓励。为了读好课文，学生需要反复地练习，读准字音，读熟语句，读好情感，在一遍遍的朗读中，预习质量得到提高，朗读能力得到了锻炼。

（4）变写为演

在平时的语文教学中，适于表演的课文很多，在课内外让学生亲身实践表演，更容易激起学生的学习兴趣，启发学生的思维，活跃课堂，可以取得事半功倍的教学效果。用表演去模拟当时的情境，让孩子入其境而晓其意，这是最受学生欢迎的训练方式之一，特别是进行文学作品的教学的时候，这样的情境体验尤为重要。如学习《范进中举》《变色龙》甚至《三国演义》片段，我们都采取了演的形式，深受学生欢迎。

（5）变写为画

如学习《社戏》，在课上我们一起欣赏了优美的景物描写，课后我布置了这样的作业：尽情发挥你的想象，将文中小伙伴们船头看戏图或月夜归航图用画笔描绘出来。第二天我惊喜地看到交上来的是一张张富有诗情画意的画作，这是在领悟了文字之美的基础上对文本的再创作，对培养学生的想象力，文字感悟能力无疑是有着积极作用的。

（6）变写为做

例 1：图片类单元主题作业如，七年级下童年趣事、建筑艺术；八年级上江山多娇单元等，我都采取了这种方式。

具体做法是：围绕主题，选择照片，或观察生活，或寻访人文、自然风景，捕捉最美的、最打动你的瞬间，用相机记录下来。然后根据照片内容，写一段经历，或描述当时的情景。要求将照片附在文后。这种形式图文并茂、直观美观，激发了学生的写作兴趣。个别学生甚至将此种方式运用到随笔中。它对于引导学生关注生活，拓展学生写作素材，使学生真正做到“我以我手写我心”起到了重要的推动作用。最后，把学生的习作装订成册，挂于教室，课间分享彼此成果，又提高了审美情趣，成为班级文化的一道风景线。

例 2：小报类单元主题作业

具体做法是：围绕单元主题，收集有关知识，编辑小报。如学完宋词，结合所学宋词知识，课外查阅相关书籍或利用网络资源每人完成一份宋词小报，内容要求：紧密围绕宋词主题，可介绍名家名作，可赏析名篇名段，可摘录词人的地位成就，可记载名作的多家解读，多元构建，雅俗共赏。特别要求：除摘录之外还必须有一首自己创作的词作，并附以自评或创作由来的说明。具体制作上要求：色彩明快，背景、文字、插图搭配得当；视觉舒适，图文并茂，图片的使用有目的性，有助于说明主题。可手写手绘，也可打印成品。

从效果来看，它既巩固了学生对古典诗词的积累，提高了学生鉴赏能力和审美品位，而且从形式上来讲，通过制作小报在实践中培养学生的观察感受能力、搜集信息能力、组织策划能力、综合表达能力和创新思维能力。除此以外，我们在七年级第一单元编辑了“走进文学”的主题手抄报，学完《论语》八则编辑了“寻根之旅”手抄报等。

例 3：利用长假编辑个人文集

具体做法：

要求：整理本学期的作文和随笔，完成个人作文集。

①设计一份独具特色的封面，写一篇个人感悟式的序，可以就作文写作的收获，也可以为语文学习的总结；可以自己写，也可以由父母、朋友来写。

②打印并装订成册：包括封面、序、目录、正文五篇以上（可以收入片段练习、小诗、读书心得、随笔、作文等原创作品）、封底。

同学们非常珍爱他们自己的作品集，把它视为初中时代的珍藏。不仅设计了精美的装帧，诗意的名字，感人的序言，每篇文章更是经过认真修改，力求完美。

开学后同学间互相交流作品集，给学生营造了充分展示自我的机会和平台，学生可以从中学习和借鉴同学作品的优点，也可以得到大家对自己作品的肯定，从而增强学生学习的主动性和积极性，充分调动他们创作的兴趣。

（7）变做为赛

为了有效地调动学生学习的主动积极性，在进行语文积累训练时，我采取竞赛的方式，开展语文知识竞赛、赛诗会，学习主动积极性得以充分地调动，积累的效果不言而喻。

（8）变做题为出题

学生做题是一种训练途径，同样出题也是一种训练途径。在实践中我们发现学生往往不怎么愿意做题，但是却十分乐意出题。学生要想出好一道题也需要查阅许多资料，更需要弄清题的答案。为此，在实践中，我试着让同学来为同学出题。由于是学生自己出的题，学生完成的兴趣当然就十分浓厚，极大地调动了学生学习的兴趣，同时也拓展了学生学习的空间，加强了师生之间的互动。

当然，还可以通过丰富多彩的语文活动，如演讲会、辩论会、读书心得交流会、综合性专题活动等，来实施作业意图；可以营造班级语文学习的文化氛围，使学生享受语文作业的乐趣。

3. 作业布置变统一为自选，变划一为分层

学生的发展是参差不齐的，我们的教学也应尊重学生的个性差异，认可学生的自主精神。为了促进不同层次的学生都得到发展，充分调动学生学习的自主性和积极性，依据学生的个性差异来设计自主选择的作业，适度把握作业的质和量，对不同的学生有不同的要求，这就避免了作业使优生吃不饱、

后进生吃不消的现象，满足了学生的个性需要，调动了不同层次的学生学习积极性，使不同层次的学生都得到发展。

如：在基础知识作业中，我采取自愿自主整理的方式，每课或每单元的字词是否整理，整理多少，如何整理都由学生自己决定，通过第二天的检测予以加分。对于检测未通过的同学我决不会采取惩罚措施，改错遍数自主决定，只要牢牢记住即可。总而言之，我始终在给学生灌输一个理念，那就是作业是写给自己的，要对自己负责。实践证明，这样民主的做法非但没有让某些学生“钻空子”，反而更激发了同学们自主学习的动力。学生的基础知识掌握得更加扎实有效。

4. 作业范围从本本走向生活

为了使作业设计更有效，让学生在更广阔的天空学语文、用语文，我们应大力拓展学生作业的空间。生活有多广，语文就有多广，作业也应如此。引导学生在生活中学习、做作业，可以结合节日、时令、时事热点、地方风俗等，增强作业的情味性，引导学生关注身边的人和事。

（1）变做为用

作业是反馈、调控教学过程的实践活动，也是由学生独立运用和亲自体验知识、技能的教育过程。

现代教育理论指出：学生应在学中用，用中学，通过大量的实践与练习，习得知识、形成能力。赞可夫说：“教学法一旦触及学生的情绪和意志领域，触及学生的精神需要，便能发挥高度有效的作用。”教育心理学的研究表明：当学习材料与学生已有的知识和经验相联系时，才能激发学生学习和解决问题的兴趣。教师要结合鲜活的生活素材，将原本单一、乏味、冷漠的训练题目放置在生动、有趣的情境中，使那些“僵硬的知识”“死的知识”变成“活的知识”“有生命力的知识”，让学生感到训练不是板着面孔出现的，而是与生活密切相关的充满乐趣的事。

因此在教学中，我尽可能地挖掘可用语文的机会，将其变成学生自己的需要，变做为用，千方百计地为学生开辟运用语文的机会，刺激学生运用语文的需要，在运用中巩固知识，在运用中学习新的知识，在运用中刺激学生的内需，充分调动学生学习语文的积极性。正所谓“书到用时方恨少”，当学习成为自己的真正需要时，学习便会有无穷的动力。

如，来自生活的语文作业：

①给自家大门题一副对联。

②节日里给老师发祝福短信。

③编写各类产品及公益广告。

④给班级文集起名。

⑤编辑“班级日报”。学号轮流，每日出版；固定版面，内容自选；大家阅读，互找毛病；展示风采，乐在其中。

（2）变书面为实践

有人说语文的外延等于生活的外延。语文教材只是一个载体，语文学习不拘泥于课堂内，语文作业也不完全是对课堂的检测，学生的学最终要应用于实践。现代教育要求：学习与社会实践紧密相连，为此我注重让学生去完成一些实践性的作业。如：参观、走访、采风……这样为学生们开辟另一个更为广阔的学用空间和平台，并引导学生再思考，再感悟，再拓展，再延伸，再创造。

如，初二暑期实践性活动作业：

走出校园，呼吸广阔天地的新鲜空气，我们可以学到课堂上学不到的知识，了解社会各行各业的生活状态，学习他们的感人事迹，提升自己应对各种环境的能力。在这个空间里有失败的苦恼，有成功的喜悦；在这过程中，你成长了，收获了，相信对你的一生将会带来有益的影响。

活动内容选做：（以下社会实践活动至少选一项）

①参与社区服务，或到高校、企业等参观寻访。考察体验，拓展素质，体验生活，锤炼意志，丰富知识，增长才干。

②关爱弱势群体。走进福利院、敬老院等公益场所，与他们交往，提供力所能及的帮助，在与人群的交往中了解社会，感知社会生活，学会关爱。

③民间“采风”。在家长的陪伴下，去有特色的人文景点旅游。可以收集所去地的各种民间传说、历史事迹等，了解它的精神文化底蕴。

④“红色之旅”。结合“庆祝建党 90 周年”主题活动，可以在家长陪同下到爱国主义教育基地等，记录珍贵的历史瞬间或就某事件做深入的探究。

⑤采访名人。锻炼自己的口头表达能力、敏锐的洞察力等。

以上暑假实践活动，选取你参加的最有意义的一项，写出所思、所感、所悟，自拟题目，写一篇不少于 600 字的文章；或以自己的视角写出对当今社会生活的独特感受，形成研究性学习报告等，一并附在个人作品集最后。

再如，寒假主题活动之一：“沟通，让生活更美好”

平日里，我们总是来去匆匆，顾不上唠家常，来不及叙友情。寒假中，我们该好好补上这一课。

“做一日家长”，为家庭尽一分责任、为父母做一顿饭，帮助父母洗碗，洗衣服，收拾房间，打一天工为父母买一份新年礼物，给父母写一份新年规划书；与同学一起参与实践活动等。将你的真实感受写下来。

寒假主题活动之二：“我以我心看世界”

寒假，既是我们放松身心生活的时候，也是我们进行社会实践，向社会这本“无字之书”倾心学习的机会，当倍加珍惜之。“纸上得来终觉浅，绝知此事要躬行。”生活缤纷多彩，就让我们利用这段时间走进自然，走进社区，走进乡村，走进庙会……投入生活的怀抱中，去读读“无字之书”吧！

寒假主题活动之三：“继承传统文化，体味节日氛围”

传统文化，是民族精神和情感的重要载体，也是民族凝聚的文化之根和精神之源。在春节的浓浓氛围里用文化的眼光审视传统节日，用文化的意蕴感受传统节日，相信对传统文化会有更深入的理解。

以上主题活动要求各写一篇作文，题目自拟，写出真情实感。

5. 作业设计要围绕文本目标

训练有目标、有重点是减轻学生课业负担、提高课堂教学效率的重要一环。这就要求我们对各阶段的要求、对课文所承担的训练重点有明确的认识，设计作业时不要面面俱到，要围绕目标，根据课文特点、重难点进行设计，力求突出重点，促进教学目标的达成。如，九年级上第六单元的单元主题是“读书动笔”，尽管我们一直要求学生养成读书动笔的习惯，但真正作为一项教学目标还是前所未有，怎样真正达成这项目标，使它不流于形式，使学生真正提升阅读鉴赏能力。我在实践中，采取了课上由《绿》示范引路，结合《囚绿记》自行圈点批注，然后选取同学们批注中的典型问题，引导大家进一步思考完善。课下布置同学们继续读课文，完成圈点批注。第二天，上交课本。我看到每个人的书上都批注得密密麻麻，而且批注的质量有了较大提升。在这样的作业中，教学目标得到了很好的落实。

语文作业，尤其是语文课的长期作业，应该要注意：一要务实，形式可以搞花头、噱头，但内容要实实在在；二要规范，包括格式的规范、运作的规范；三要坚持，教师和学生都要持之以恒，“三天打鱼，两天晒网”是出不了效果的，积土成山，积水成渊。

贝斯特在《教育的荒地》一书中也说：“真正的教育就是智慧的训练。……经过训练的智慧乃是力量的源泉。”将那些传统意义上的作业加以改造，让学生兴味盎然地去完成作业，并更大程度上保证作业的实效性，提升学生的综合素养的形成，何乐而不为？当然，作业的“多变”应该依附于新课标要求，依托于教学内容，作用于教师引导。只要做到三者合一，万变不离其“本”，就可以提高作业的“趣味”性，吸引学生去积极完成。愿我们设计的作业多一些情趣，少一些枯燥，让语文作业真正焕发青春吧！

作者简介

樊丽英：北京理工大学附属中学语文一级教师，海淀区骨干教师。《优化语文作业设计的实践与思考》获北京市教科研论文评比三等奖；教学论文《优化课堂提问，营造高效课堂》一文获北京市基础教育科学研究优秀论文二等奖；论文《让语文作业焕发青春》一文获海淀区“减负增效”主题征文一等奖；教学论文《回归文学作品的原点——〈我的叔叔于勒〉的行动研究》获北京市教育学会论文评比二等奖。获校“十一五”期间教育科研先进个人三等奖。

数学学科

数学课堂教学中的“情感体验”研究

◇何拓程

1. 什么是数学课堂教学中的“情感体验”

情感是人们对外界事物的主观态度和内心体验。它主要由道德感、理智感和美感构成的。数学课堂教学中的情感体验主要体现在理智感上，其表现形式为：人们对未知领域的好奇心和求知欲；在解决疑难问题时而产生的疑虑、惊讶、焦虑；在疑难问题解决后而产生的愉悦和满足感等。心理学研究表明：情感因素是影响教学质量的一个重要因素。积极丰富的情感能促进认识过程、意志过程，使个性品质得到全面发展。由于学生是学习的主体，学生的情感必然成为影响学生学习的一个极为重要的因素。

现代教学论认为，学生的数学学习过程是一个以学生已有知识和经验为基础的主动建构过程。只有学生主动参与到学习活动中，才是有效的教学。现代认知科学，尤其是建构主义学习理论强调“知识是不能被传递的，教师在课堂上传递的只是信息，知识必须通过学生主动建构才能获得”。而获取丰富、多元的个性化体验是数学学习的核心，是学生知识建构的基础。传统的教学方式严重地压抑了学生个性的发展，学生迫切需要一种展现自我、发展个性的体验式教学。因此，数学课堂教学要让学生体验乐趣，体验生活，体验自主，进而培养学生的数学情感，获得积极的情感体验，最大限度促进自身持续、和谐发展。

2. 数学课堂教学中“情感体验”的心理学依据

现代认知心理学认为：认知的目的不仅是让学生知晓知识是什么，更重要的是将知识内化到主体自身的认知结构和情感体系之中，这才是主体拥有的真正知识。情感体验的价值不仅对学习过程有重要的启动、激励、维持和调控作用，而且与学习态度的形成、个性的完善息息相关。缺乏情感的教学是不完整的教学。新课程标准把知识、能力与情感作为课堂教学的三维教育目标，“将知识学习、能力培养与情感体验三个目标有机地结合在一起，反映在主题和内容的编排中，以使学生从这一主题出发，既获得知识，又在能力方面得到提高，情感方面得到体验”。

苏联著名教育家和心理学家赞科夫指出：“教学法一旦触及学生的情操和意志领域，触及学生的精神需要，这种教学法就能发挥其高度的有效作用。”众所周知，学生的学习过程并不是单纯的认知过程。作为学习主体的学生，在学习过程中通过智力因素对信息进行加工和内化，即对接受的信息进行感知、识记、保持、应用。而非智力因素在学习活动中，担负着对信息进行选择的任务，通过情感体验对有价值的信息进行筛选分类，加以吸收。因此，有效的数学学习来自于对数学活动的参与，而参与的程度却与学生学习时产生的情感体验密切相关。在数学课堂教学中，教师不仅要关注学生学习过程中的认知因素，更要关注学生学习过程中的情感体验，这样才能使知识通过情感这个媒介更好地为学生接纳和内化。

3. 目前数学课堂教学中“情感体验”的现状

知识与技能、过程与方法、情感态度与价值观是新课程提出的教学目标，然而在实施过程中，这个三维目标所处的地位却不相同，大量的事实证明：情感态度与价值观的目标实现基本上还停留在纸上，也就是说情感体验还是一句空话。因此，学生对数学学习难以形成愉快的体验。也正是由于对情感体验这一重要教学目标的忽视，数学课堂教学才出现种种弊端，如：教学过程残缺、授课内容随意、教学方法简单等。因此，重新把情感体验作为重要的教学目标提出来，有其重要的现实意义。

3.1　传统文化教育中“情感体验”的缺失

一方面，中国传统文化中经典的“学海无涯苦作舟”，诠释了学习的艰辛，却没有考虑到学习者的情感体验，而价值观则是“吃得苦中苦，方为人上人”，这更有其历史的局限性。另一方面，现实中，快速多变成为主旋律，这使得人们很少有时间去思考意义与价值等精神层面上的问题。正是这种人类内在的精神资源的缺失，引起人们对学习目的的困惑与迷茫。肤浅的、急功近利的文化氛围，使学生在数学学习时难以形成优良的、稳定的情感体验。

正是上述原因，“温驯而有用”的人成为社会的主要需求，这种需求促使教学活动把一个个鲜活的个体培育成固定类型的人，学生因此失却自我、缺少个性。另外，“园丁”情结也是一个重要因素，课堂上，学什么、怎么学都被“园丁”所控制，师生双方的人格、情感都被遮蔽与抑制，生动的学习被束缚在知识技能的规范授受之中。教学活动越来越模式化、程序化，课程所蕴含的最有灵性的东西被忽略了，同时也忽略了教师本身对教学的价值追求。在当今崇尚人性完善与尊重生命价值的时代，“园丁”显得那么不合时宜。

3.2　教师的强势地位与学生的“被情感体验”

目前，数学课堂教学中“情感体验”，多数是点缀式的，而这很难形成稳定的情感态度与价值观。由于我们并没有真正地关心学生是如何思考问题，更没有关心他们是不是有自己的问题。因此，教师对教与学的安排似乎变得理所当然。当我们为行云流水般的课堂表演而自鸣得意时，谁会想到学生们却“被情感体验”了。因此，数学课堂教学中教师过于强势的表演，正是数学课中体现“情感体验”的一个明显的误区。下面用两个案例透视问题症结所在。

【案例 1】《三角函数的值域与最值》一课的教学片段

课件出示例 1：若 $-\frac{\pi}{2}<\alpha<\frac{\pi}{2}$，求函数 $f(\alpha)=\frac{\cos\alpha}{2}+\frac{2}{\cos\alpha}$ 的最小值。

师：请同学们思考一下，本题如何求解？

生 1：可以用基本不等式求解。

生 2：可以用函数的单调性求解。

生 3：可以用一元二次方程的判别式求解。

生 4：可以依据方程的实根分布求解。

生 5：可以用数形结合的方法求解。

接下来教师详细地按照学生回答的五种不同的方法讲解了本例。

解法 1（利用基本不等式求解）

$\because f(\alpha)=\frac{\cos\alpha}{2}+\frac{2}{\cos\alpha}=f(\alpha)=\frac{\cos\alpha}{2}+\frac{1}{2\cos\alpha}+\frac{3}{2\cos\alpha}$，令 $f_1(\alpha)=\frac{\cos\alpha}{2}+\frac{1}{2\cos\alpha}$，$f_2(\alpha)=\frac{3}{2\cos\alpha}$，由 $-\frac{\pi}{2}<\alpha<\frac{\pi}{2}$，得 $0<\cos\alpha\leqslant 1$。易知 $f_1(\alpha)=\frac{\cos\alpha}{2}+\frac{1}{2\cos\alpha}\geqslant 1$，当且仅当 $\cos\alpha=1$ 时取等号。又 $f_2(\alpha)=\frac{3}{2\cos\alpha}\geqslant\frac{3}{2}$，当且仅当 $\cos\alpha=1$ 时取等号。

$\therefore$ 当 $\cos\alpha=1$ 即 $\alpha=0$ 时，$f(\alpha)$ 取得最小值 $1+\frac{3}{2}=\frac{5}{2}$。

教师强调：有同学根据 $\cos\alpha>0$，直接用基本不等式得 $f(\alpha)=\frac{\cos\alpha}{2}+$

$\frac{2}{\cos\alpha} \geqslant 2\sqrt{\frac{\cos\alpha}{2} \cdot \frac{2}{\cos\alpha}} = 2$，即 $[f(\alpha)]_{\min} = 2$，这显然是错误的。事实上，由 $\frac{\cos\alpha}{2} = \frac{2}{\cos\alpha}$，得 $\cos^2\alpha = 4$，这样的 α 不存在，因而无法取到等号。

解法 2（利用函数的单调性求解）……

上述案例中，教师十分重视知识与技能目标，开门见山地给出一道要求很高的题目，让学生探讨解法，一方面复习知识，另一方面训练技能。表面上，学生参与了整个教学活动，也算得上节奏快，效率“高”。但是，从学生的角度来分析，为什么要研究这道题，学生自己有什么样的思考？有没有产生疲倦感？学生学习的兴趣何在？其“情感、态度、价值观”能发生多大的变化？教学内容上，教师完全是“强权政治”，在这种安排下，学生只能感受到数学冰冷的美丽，而没有体验到数学火热的思考。因此，学生实际上是“被情感体验”了。

【案例 2】《两角和与差的余弦公式》一课的教学片段

师：前面我们曾经学习过三角函数线，今天，我们要利用三角函数线来探究两角和与差的余弦公式。

师：先请同学们思考，$\cos(\alpha-\beta)$ 到与 α、β 的三角函数之间有什么关系呢？怎样用三角函数线得出它们的关系呢？

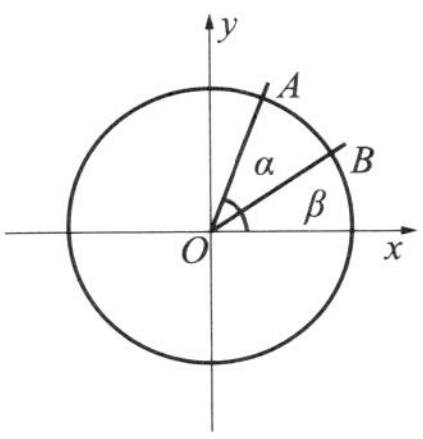

图 1

生 1：先画出单位圆，如图 1，以 x 轴为始边，作较大的角 α，再以 x 轴为始边，作较小的角 β，终边分别与单位圆交于 A、B 两点，则角 $\alpha-\beta$ 就是图中的 $\angle AOB$，下面该怎么做，我想不出来了。

师：刚才生 1 说以 x 轴为始边作角 β 陷入了困境，其实是角 β 作得有问题，如果以角 α 的终边作为角 β 的始边作角 β，如图 2，请大家继续探究。

生 2：设单位圆与 x 轴交于 C，过 C 作 $CD \perp OB$，垂足为 D，则 $\cos\alpha = \frac{OD}{OC} = OD$，如图 3……

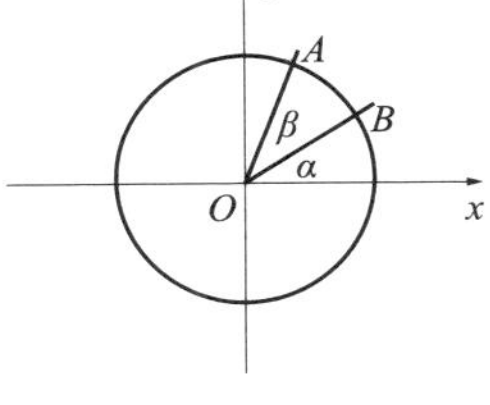

图 2

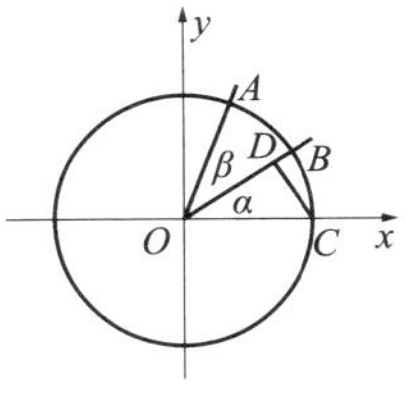

图 3

师：请等一下，过点 C 作 $CD \perp OB$，行吗？这样能与三角函数线联系起来吗？

生 2：……

师：其实这样是不行的，请同学们思考一下，是否有其他的做法？

生：……

面对学生启而不发的尴尬局面，教师只好按照自己的想法将公式的推导过程演示一遍。

新教材中，两角差的余弦公式是运用向量方法推导的，本案例中，教师想运用三角函数线来推导，这种处理无可厚非。问题是，当学生的思路与教师的思路发生偏差时，教师没有能利用学生的知识平台，给以恰当的指导，而是强行将学生的思维纳入自己的轨道，从而使学生感到很失败。其实，从学生的角度来看，生 1 与生 2 的思路都是很自然的，只要稍加引导，同样可以获得成功。因此，教学过程中教师的强势地位留给学生更多的是无奈。

4. 数学课堂教学“情感体验”中的几个关系

4.1　情感与认知——并重、交融、互促

数学教学是一种特殊的情知相伴的双向互动过程。列宁曾经说过：“没有人的情感，就从来没有也不可能有人对于真理的追求。”特级教师李吉林指出：“一旦认知活动能伴随情感，那么他们对客观世界的认识会更为丰富、更为深刻、也更为主动。”可见，情感因素会促进或阻碍认知的进行。因此，数学课堂教学中，让不自觉的情感体验成为有意识的心理感受，能使低级情感向高级情操升华。

4.2　教师情感与学生情感———和谐、自然、统一

数学教学需要有情意目标，师生之间应有充分的情感交流，课堂才能充满生气和活力，学生才能在愉快的氛围和心态中获取新的知识、开拓新的思维。一个关爱的眼神，一个会心的微笑，一句积极肯定的话语，都能唤起情感的共鸣。因此，师生有目的的情感撞击，能激发出和谐、自然的光芒。

4.3　情感与人格——内化、价值化、人格化

布鲁纳将情感目标设定为：接受（注意）—反应—价值判断—价值体系化—价值个性（或人格化）等层级。朱小蔓教授提出“情动、感受—体验、理解—价值体系化、人格化”几个相互关联并逐步过渡的情感教育过程。特级教师李吉林将情感过程概括为“关注—激起—移入—加深—弥散”。尽管他们的设定不完全相同，但是都认定教育情境中的情感过程是一个不断内化、价值化和人格化（个性化）的过程。

5. 数学课堂教学中获得“情感体验”的基本途径

5.1 渲染中蕴情

数学语言虽然简洁与严谨，却并不等于枯燥。生动有趣的数学课堂语言是连接教与学双边活动的纽带，能打动学生的心灵，激发学生的情感，并使之产生浓厚的学习兴趣。同时，教师通过数学内容向学生揭示数学美，以传情达意使学生获得情感体验。使数学课始终具有独特的感情色彩，把数学所表达的真善美映入学生的心田，让数学具有净化心灵、陶冶情操、启迪智慧的功能。

教学的艺术不在于传授，而在于激励、唤醒和鼓舞，这是教学的本质所在。一个人只有对学习产生了浓厚的兴趣，他就会把学习知识当成自己的内需。正确的动机、浓厚的兴趣是智力发展的动力、催化剂，是成功的秘诀。而学习动机、兴趣是由学习过程本身引起的，所以我们要努力挖掘数学内在的情感因素，根据学生的认知特点，力求寻找创设学生最近发展区，使教学内容、教学方法与学生的认知水平接近，将板着面孔的学习内容变得丰富多彩，以趣味化、生活化、活动化的方式显现在孩子们的面前，努力为孩子们创设一个乐学情境，使其多种感官处于亢奋状态，点燃学生积极学习的热情火焰，从而主动地去学习，愉快地去思考，忘我地去实践，体验到数学学习是一种快乐。

5.2 体验中悟情

美国教育家杜威先生说过：“教学决不仅仅是一种简单的告诉，教学应该是一种经历，一种体验，一种感悟。”感悟体验是学生自主参与数学学习的主要方式，同时也是连接数学和学生之间的重要桥梁。高效的数学课堂并不局限于45分钟，而是要让学生有课虽尽而意无穷的感觉，在感悟体验不断深化中让情感得到巩固与升华。

体验是一种心智活动，也是一切心理活动的前提和基础。成功的体验会令人萌发兴趣，增强自信心，激起学生的内在动力，大大增强求知效果。苏霍姆林斯基指出：“给儿童以劳动的快乐，取得学习成绩的快乐，唤醒隐藏在他们内心的自豪感、自尊感，这是教育工作的一条金科玉律。”相反，焦虑、忧愁、挫折感、失败感等消极感情会使学生失去信心，而处于心理抑制状态中，这样会导致其越学越没兴趣。

教师要注意控制自己的情绪，不迁怒，不急躁，切忌使用训斥、惩罚等违反心理规律、伤害学生自尊心的方法和手段，要以鼓励和表扬为主，尤其对后进生不仅不能歧视，而且给他们获得成功的机会，以便鼓起他们的自信心和学习热情。对学生在学习中所犯的错误，不能见错就纠，不能讽刺挖苦，采取急躁情绪，要尽量避免受挫、失败等消极情感。

5.3　评价中增情

"在人的心灵深处，都有一种根深蒂固的需要，就是希望自己是一个发现者、研究者、探索者，而在儿童的精神世界中，这种需要特别强烈。"教师不仅要激发学生心灵深处那种强烈的探究欲望，而且要让学生在探究活动中获得成功的情感体验。成功能让学生保持足够的探究热情，产生强大的内部动力以争取更大的成功。从这种意义上讲，成功是发展之母。

适时准确地对学生进行评价可以增强学生的情感体验，引起数学情感与学生情感的共鸣，实现了情感的内化，缩短了教师和学生的感情距离，也拉近了数学与学生的思维距离，因此丰富、贴切的评价语言可以给学生莫大的鼓舞，成为学生不断走向成功的动力。

总之，数学教育肩负着育人的任务，对学生来说，数学精神的灌注、熏陶是影响终身的。因此，学生在不断升华的情感体验中产生对未知事物的好奇心，由此焕发出坚强不屈的意志力，永不停息的探索精神，并能使自己的健康人格在个性愉悦中得到全面发展。这正是每一个数学教育工作者所期待的。

作者简介

何拓程：北京理工大学附属中学中学数学高级教师，数学学科主任，高中数学特级教师。2011 年、2012 年 10 月先后在核心期刊《中学数学教学参考》上发表《也谈数学教学的"教化"与"训话"》《数学课堂教学中的"情感体验"研究》，该文于 2013 年 1 月被人大复印中心全文转录。因工作突出，先后被评为"全国优秀教师"，"江苏省十佳文明职工"，并被授予"江苏省五一劳动奖章"。曾经被记过二等功和三等功各一次。

谈新课标下高三文科数学复习教学的有效性

——一节复习课的选题与设计

◇刘　红

学生在数学学习中所得到的任何发展都取决于他所学到的数学知识的数量和质量。而学习的过程又是一个思维过程，在这个过程中处处渗透了数学的思想和方法。教师在课堂教学中既注重把握好数学的本质，保证知识的科学性，又强调对学生进行在数学形式下的思考和推理能力的训练，提高他们的数学思维能力，使他们形成用数学的思想和方法来思考和处理问题的习惯。

以探索“如何有效地进行新课标下的高三文科数学的复习教学”为目的，我设计了一节复习课《指数函数、对数函数的图像与性质复习》，教学也取得了很好的效果。在这里梳理我的设计与反思，以提高认识，总结经验教训。

一、 选好课题

高三的复习课要精讲，内容很重要，因此，选一个有价值的课题，可以从四个方面来考虑。

1. 从新课标的教育理念来看：新课标提到数学教育的目标之一是使学生学会用数学的思考方式解决问题，认识世界，强调学生自主建构知识体系，在学习方式上倡导积极主动、勇于探索的学习方法。函数是数学中最重要的概念，如何抓住函数的本质特征，让学生通过学习函数来体会数学的学科特点和研究方法。

具体到指数、对数函数，课标中的要求是：理解指（对）数函数的概念和意义，借助计算机画出具体指（对）数函数的图像，探索并理解指数函数的单调性与特殊点，感受数形结合的数学思想。我觉得不管用何种工具画出图像，掌握函数的性质并能够数形结合解决问题才是核心。

2. 从新教材编写的特点来看：新教材内容安排采用螺旋式编写体系，在深浅上注意坡度的设计，相关内容适当集中，注意知识间的纵向逻辑结构，加强了知识间的横向联系，螺旋上升地呈现重要的概念和思想。这些特点更符合高中学生的年龄特征和认知规律，更适合学生的自主学习，有利于培养学生的自主学习能力。

作为高三一轮复习，这里是第三次呈现指（对）数函数的图像性质等知识，本节课的目的就是从新的角度来认识知识：通过强化计算、作图、数形结合、分类讨论等基本技能和思想方法的训练，将知识的交汇点展现出来，便于学生建构知识网络。

3. 从学生的实际情况来看：学生学过基本初等函数的图像和性质；复习了一元二次方程的根和相应二次函数图像与 x 轴的联系；初步有了“数”与“形”相结合及转化的意识。学生的问题主要有基础知识、基本方法的遗忘；死记知识，拿到问题不会入手；当会入手时不能透彻解决问题；生搬硬套，看问题的角度比较死板，不会选择恰当的方法，变换角度、整体认识把握有困难。

4. 从考试说明和高考题来看：指（对）数函数是常考内容。“幂函数、指数函数、对数函数”总的要求是降低了，但对函数的图像、函数的应用、函数的建模、函数与方程的关系等的要求提高了。函数的零点问题应该是理论性很强的也是应用性很强的问题，现在由于信息技术的广泛应用，它的要求也提高了。

基于以上原因，我选择了复习指数、对数函数的图像和性质作为研究课的内容。

二、 有质量地进行教学设计

高三年级的老师，每节课都会精心设计，但是关注了这三个方面就会取得很好的效果。

1. 目标达成要有层次

本节课的教学目标：（1）掌握指数、对数函数的图像与性质，会用其图像、性质解决简单的问题。（2）在利用指数、对数图像、性质解决问题的过程中，掌握解决问题（识图、比较大小、函数与方程的联系与转化、数与形的转化等）的基本方法，培养用图像解决问题的意识，体会解决与函数有关问题的方法的选择。

本节课按照作图—识图—用图的教学流程，在各个教学过程中逐步达成目标。

首先作图过程，在这个过程中，通过学生动手画函数 $y=a^x(a>0, a\neq 1)$ 和 $y=\log_a x(a>0, a\neq 1)$ 的图像，说图像特点、函数性质，达到复习并掌握指数、对数函数的图像和性质的目的。

在识图过程中通过例题 1 及练习完成识图过程，通过给出图像识别底数的大小，来归纳观察图像的方法，通过关注底数变化对图像的影响，来总结指数函数图像的规律。

在用图过程中，通过大量例子，从不同角度提升学生能力，培养了化归与转化的意识，学生掌握了如何用图像解决问题的技能，整体提升学生的数学素质，特别以图形为主的数形转化能力的培养。比如：例 2 是比较大小，意图是考查问题的落实同时归纳比较大小的类型及方法；练习 2 的目的是强化用图像解决问题的意识和方法；例 3 通过三道小题，形成梯度，意图是体会函数与不等式的联系；例 4 函数零点问题，意图是体会函数、方程间的联系与转化。练习中又进一步安排学生讨论的问题，这不仅是知识上的螺旋上升而且是方法上的能力上的提升，即求函数零点与方程的根之间的联系与转化，及方程的根与函数图像的交点横坐标的联系与转化。

2. 重点突出要有主线

本节课的重点是：复习指数、对数函数的图像、性质，主要是用图像解决问题。

在整个教学过程，通过学生作图→观察→概括→运用，使学生在动手操作、动眼观察、动脑思考中达到对知识的整合，同时渗透了分类讨论、数形结合的思想，提高了学生的数学学习能力，养成了良好的学习习惯。课堂练习前后呼应，各有侧重，不但突出了重点内容，把知识加固、挖深，使教学目标得以实现，而且注重知识的延续性，为以后的学习奠定了基础。我觉得学生真思考，才可能真正引领他们走上自主构建知识意义的发展路径。

3. 例题的选取和练习的配备都要围绕达成目标、突出重点来设计

我认为数学课的核心价值是通过例题为载体实现的。因此，选题至关重要。本节课的主题就是培养用图像解决问题的意识，体会解决与函数有关问题的方法的选择，所选例题都要围绕这一主题，有层次有梯度的展现。

如**例 1**：已知 $a, b, c, d\in\left\{\frac{1}{5}, \frac{1}{2}, 2, 5\right\}$，若函数 $y_1=a^x$，$y_2=b^x$，$y_3=c^x$，$y_4=d^x$ 在同一坐标系中的图像如图所示，则 $a=$________，$b=$________，$c=$________，$d=$________。

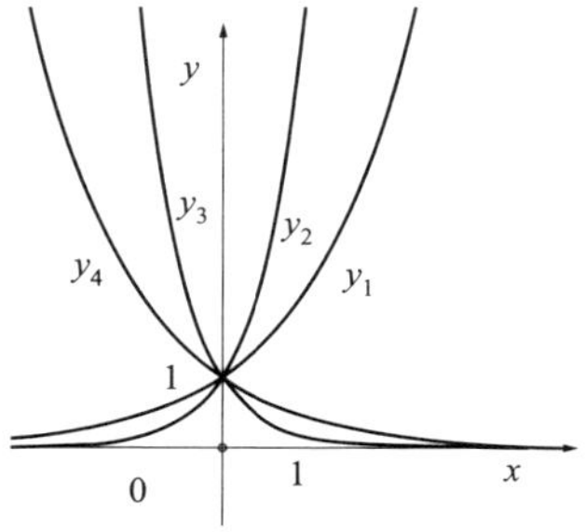

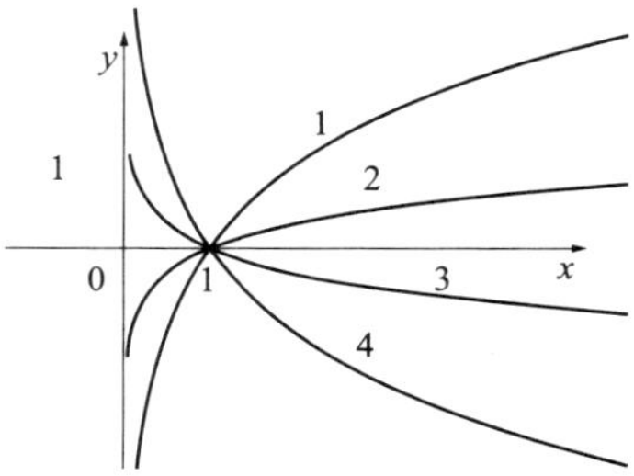

练习：

已知 a，b，c，$d\in\left\{\frac{1}{10},\ \frac{1}{2},\ 2,\ 10\right\}$，若函数 $y=\log_a x$，$y=\log_b x$，$y=\log_c x$，$y=\log_d x$ 的图像分别是图中的①、②、③、④，则 $a=$________，$b=$________，$c=$________，$d=$________。

意图是：复习并掌握指数、对数函数的图像和性质；归纳观察图像的方法，关注底数变化对图像的影响。

例 2：分别比较各组中几个数的大小：

①$\left(\frac{1}{3}\right)^{\frac{2}{3}}$，$\left(\frac{1}{3}\right)^{-2}$；②$2^{2.5}$，$2.5^0$，$\left(\frac{1}{2}\right)^{2.5}$；

③$3^{0.3}$，$0.3^{0.2}$，$\log_3 0.3$；④$2^{0.3}$，$3^{0.3}$；⑤$\log_2 3$，$\lg 3$。

练习：

1. 按从大到小排序：$a=\log_{\frac{1}{3}}2$，$b=\log_2 3$，$c=\left(\frac{1}{2}\right)^{0.3}$，则正确的关系为________。

2. 设 a，b，c 为正数，且满足关系 $2^a=\log_{\frac{1}{2}}a$，$\left(\frac{1}{2}\right)^b=\log_{\frac{1}{2}}b$，$\left(\frac{1}{2}\right)^c=\log_2 c$，则 a，b，c 的大小关系是________。

A. $a<b<c$　　B. $c<b<a$　　C. $c<a<b$　　D. $b<a<c$

意图是：归纳——比较大小的类型和方法；考查问题的落实。

例 3：①已知 $2^x>8$，则 x 的取值范围是________。

②若 $\log_3 x<3$，则 x 的取值范围是________。

③已知函数 $f(x)=\begin{cases}\left(\frac{1}{2}\right)^x, & x\leq 1\\ \log_2 x, & x>1\end{cases}$，则满足 $f(x)>2$ 时的 x 的集合是________。

意图是：体会函数与不等式的联系；培养用图像解决问题的意识，渗透化归、转化的思想方法。

例 4： 函数 $f(x)=|x-2|-\ln x$ 在定义域内零点的个数为（　　）。

A. 0　　B. 1　　C. 2　　D. 3

练习：

若函数 $f(x)=a^x-x-a(a>0, a\neq 1)$ 有两个零点，则实数 a 的取值范围是________。

意图是：体会函数、方程间的联系与转化；注意 $y=a^x$ 的图像需要对 a 分类讨论。

值得高兴的是学生完成了各个例题，达到了一种水到渠成的效果。

三、 重视课堂学生生成的问题

一节有效的复习课，还不能忽略学生在课堂上生成的问题，特别是在文科班的数学课。学生因为各种原因来到文科班，在数学学习上有很大差异，在学生基础和数学学习能力上都参差不齐，造成了很大的教学难度。当然，在课堂上就会出现意想不到的各种问题，因此，就需要老师及时抓住各种突发状况，解决学生的困惑。例如，本节课在学生讨论零点个数时，在做函数 $y=\ln x$ 图像时没有考虑定义域，像这样的易错点，应该及时抓住，强调。

总之，学生在数学学习中所得到的任何发展都取决于他所学到的数学知识的数量和质量。而学习的过程又是一个思维过程，在这个过程中处处渗透了数学的思想和方法。教师在课堂教学中既注重把握好数学的本质，保证知识的科学性，又强调对学生进行在数学形式下的思考和推理能力的训练，提高他们的数学思维能力，使他们形成用数学的思想和方法来思考和处理问题的习惯。如何有效地进行新课标下的高三文科数学的复习教学？我认为要先选好一个课题，再做有质量的设计，要以点带面。

作者简介

刘红： 北京理工大学附属中学高中数学教师，中教一级。2012 年区学科带头人。2011 年 11 月论文《浅谈新课标下高三文科数学复习教学的有效性》《班级日志》在海淀区 2011 年高三新课程教育教学优秀成果评比中分别获二、三等奖。2013 年 5 月论文《语言的力量——读〈课堂行为的有效管理策略〉有感》获海淀区阅读工程二等奖。

课堂教学的主旋律

——有效对话

◇汪德华

一、 问题提出的背景

新课改至今，“课堂教学是学生、文本、教师之间的对话过程”的理念已深入人心。但是，只要我们静下心来细细审视、反思课堂教学中的一些对话行为，就会发现其中存在着诸多值得研究的现象与问题：

假对话：过于关注对话过程本身，忽视了对话是为教学目标服务的根本目的。表面上热热闹闹，实质上对话常常游离于主题之外，成为无观点碰撞、无实质内容、无人喝彩的“假对话”，即使学生有收获也是肤浅的。

轻文本：文本的地位与作用被减弱，常为了留有对话的充分时间或体现对话的“民主与平等”而冷落文本，或对文本进行狭隘处理甚至任意解读。

重学生：曲解教师的“话语霸权”，认为对话教学的师生平等就是让学生控制话语，放弃教师的引领作用，出现“学生喜欢说什么就说什么”“学生说什么都有道理”的现象。这些行为看似体现了学生的主体性，实际上只能使他们的认知在原有的水平上徘徊，最终导致对话的低效或无效。

窄互动：“学生、文本、教师”三者间的对话时间不一，呈现窄向化。师生对话占据着大量时间，其次是学生与文本间的对话，而生生之间的对话却显得很少。这种“窄互动”直接影响着学生知识的完整建构，最终还是教师的思想观念主导着学生。

可见，我们课堂教学中的对话行为不论在理念上还是在技能上，与新课改要求都还有一定的距离。假期我拜读了《课堂行为的有效管理策略》一书，译者序里有一段话："其实，问题并不可怕，可怕的是教师没有洞见课堂行为的本质，没有真正理解有效教学与课堂行为等问题之间的关系。"这段话似乎让我豁然开朗，深受启发。我认为，以上这些对话行为上出现的问题症结在于：对话是否有效。因此，我们很有必要来探讨一下课堂教学中的有效对话。

二、 概念的界定

教学：教学是指教师引起、维持或促进学生学习的所有行为，它的逻辑必要条件主要有三个方面：一是引起学生学习的意向；二是指明学生所要达到的目标和所学的内容；三是采用学生易于理解的方式。

课堂教学：课堂教学是对课程改革有实质意义的重要环节，课堂是课程的生成之地，问题在课堂里聚集、碰撞，理念、课程目标在这里整合，最终得以实现。

对话：对话是指人们彼此之间借助言语以达到交流思想、促进理解的一种行为方式，简单地说，对话是一种有意义的交流。

对话行为：主要的课堂教学行为，直接指向教学目标或需要处理的内容，它是师生间互动的信息交流方式，是对话得以实现的途径，这样的方式有多种，如"问答"（发问、候答、理答）、"讨论"等。

有效教学：主要是指通过教师在一段时间的教学之后，学生所获得的具体的进步或发展。也就是说，学生有无进步或发展是教学有没有效益的唯一指标。教学有没有效益，并不是指教师有没有教完内容或教得认真不认真，而是指学生有没有学到什么或学生学得好不好。如果学生不想学或者学了没有收获，即使教师教得再辛苦也是无效教学。同样，如果学生学得很辛苦，但没有得到应有的发展，也是无效或低效教学。

有效对话：简单地说就是追求人性化和创造性的对话教学。有效对话必须遵循"平等性、适时性、启发性、互动性和评价反思的对话原则"。

生命课堂：简单地说就是让课堂充满生命力。

三、 有效对话的方式

1. 生本对话式

学生与文本之间的对话过程。例如在我听过的语文阅读课中，教师有意识地激活学生与课文的对话，让学生充分地参与到阅读中来，在阅读中形成自己的感受、体验和理解，用"你看见了什么？""你听到了什么？""你有什么感受？""你体会到了什么？"等话题进行提问，唤起学生各种感官参与阅读，观其形、听其音、闻其香、尝其味。让学生凭借个人的生活经验和相关经验积累，以自己的方式解读文本，参加文本的意义建构。这种阅读不再是教师强加的分析，真正实现“一千个读者就有一千个哈姆雷特”。

2. 师生对话式

师生对话式是对话最常见的方式。师生之间的交往互动本质就是一种对话关系。例如：在语文教学中，师生在对话中相互碰撞、相互回应、相互融合、相互创设，双方互相倾听和言说，彼此敞开自己的精神世界，在理解和对话中获得精神的交流和意义的分享。

3. 生生对话式

信息论告诉我们：学生的知识有很大一部分来源于同伴。正如萧伯纳所言：“你有一个苹果，我有一个苹果，相互交换，每个人还是一个苹果；但如果你有一种思想，我也有一种思想，相互交换后，每个人则都有两种思想。”因此，我们要积极搭建学生之间的对话载体，使多方面的信息得以沟通，经验得以交流，知识得以互补。在对话教学中，鼓励学生彼此对话、相互交流。在对话的氛围中，学生可以不受框框的束缚，充分自由地表达各自的意见，从而打破自己的封闭状态，走出自己的小圈子，进入更加广阔的领域。通过学生个体之间思维的碰撞和交融，来共享知识、共享经验、共享智慧、共享情感。

4. 自我对话式

自我反思对整个学习过程来说都是非常必要的。自我对话是完全开放的，是在与文本、与他人对话的基础上的自我反思性理解。在课堂教学中，学生作为学习主体，总是在不断感受着、思考着、反省着、生成着。我们力求让学生的自我对话自觉化、习惯化、理性化，为了让这种对话得以外显，可让学生进行大量的练笔活动，如总结、周记、随笔、作文、小论文等。

四、 有效对话的策略

1. 让问题情境激发学生参与对话

有效对话的前提是设置有效话题，只有恰当的话题才能打开学生的“话匣子”，而打开学生“话匣子”的有效方法之一，就是教师要创设问题情境，让学生在已有的知识结构上自然而然地产生知识的冲突，借时激发学生积极思维、参与交流的欲望。有效话题的设置一般有这样几个特点：启发性、挑战性、联系性、冲突性和可操作性。例如在我的数学教学中：

教学案例 1：《等差数列》概念的延伸与拓展

老师：能把等差数列定义中的“差”字改成“和”字吗？（创设具有挑

战性的话题）

学生：能！

老师：怎么改？

学生1：类比等差数列定义可得：如果一个数列从第2项起，每一项与它的前一项之和等于同一个常数，那么这个数列暂且叫它为等和数列，这个常数可以称为公和吧。

老师：很棒！能否用数学符号表示呢？

学生2：当$n \geq 2$时，$a_n + a_{n-1} = d$（d为常数）或$a_{n+1} + a_n = d$（d为常数）。

老师：很好！若设这个等和数列的首项为$a_1 = a$，公和为d，则它的通项公式怎样表示呢？

学生3：易推得它的通项公式：$a_n = \begin{cases} a（n为奇数） \\ d - a（n为偶数） \end{cases}$（$d$为常数）

老师：等和数列的实质是什么？

学生4：事实上，等和数列是一种特殊的摆动数列，特殊在每一项与它的前一项之和等于同一个常数。

巧设富有挑战性话题，创设问题情境，开启学生思维。通过类比探究与启发式对话，学生对等差数列定义进行了延伸与拓展，得到了等和数列。

2. 让教学活动激活学生积极对话

在学习新知时，教师要创设一些与实际生活问题紧密联系的实验活动情境，让学生及时将所学应用到实际生活中，激发学生积极对话的欲望。例如在我的数学教学中：

教学案例2：直线与平面垂直的判定

老师：如果要在地面上竖一根旗杆，那么，我们怎样才能知道旗杆一定与地面垂直？

学生1：旗杆与地面上的所有直线都垂直。

老师：你能一一验证吗？

学生2：不能。

老师：我们有必要寻求一种简便可行的方法来判定直线与平面垂直。自然就想到减少直线的条数，减少到一条行吗？即“如果一条直线与一个平面内的一条直线垂直，那么这条直线就与这个平面垂直”。

学生3：用两根笔在课桌上摆放了一下，不行。

学生4：再增加一条呢？

学生3：根据平行公理，两条平行线所起到的作用与一条一样，也不行。

学生4：凭直觉猜想只要直线与平面内两条相交直线都垂直即可。

老师：很棒！下面请同学们通过折纸试验来验证学生4的猜想。

让学生在对话、猜想、实验、推理等数学活动中，体验思维的交互作用，然后引导学生概括出直线与平面垂直的判定定理。

3. 让问题探究引领学生深层对话

创设问题探究情境，让学生在对话中产生思维碰撞，在反思中达成共识。从而使学生在对话中，完成对知识的领悟、建构，感悟思想和方法。例如在我的数学教学中：

教学案例3：“同角三角函数基本关系”概念的生成过程设计

在探究“同角三角函数基本关系”时，不是直接把平方和关系、商数关系和倒数关系抛给学生，而是引导学生进行如下活动：

（1）数学实验：当$\alpha=30°$、$45°$、$60°$、$120°$等学生已熟悉的特殊角时，求值：

$\sin^2\alpha+\cos^2\alpha=$______，$\tan\alpha=$______，$\dfrac{\sin\alpha}{\cos\alpha}=$______，$\cot\alpha=$______。

（2）通过对话、交流猜想：同角三角函数基本关系。

（3）引导学生利用三角函数的定义证明其猜想。这样不仅能促使学生学会如何归纳、猜想、探究，而且能促进学生进行深层对话。

4. 让“生命课堂”促进师生有感对话

对话贯穿于课堂教学的始终，但充满生命力的生命课堂，对话一定是有感而发的。听了初一英语 *Colours* 一课的区级研究课，我的心被触动了。

（1）感悟中对话——让课堂焕发生命

课堂实录片段一：

老师：我们学了表示颜色的九个单词：red，orange，yellow，green，blue，purple，brown，black，white，同学们能快速用英语说出下列物品的颜色吗？如：我国国旗的颜色、中国人头发的颜色、紫罗兰的颜色、橘子汁的颜色、大海的颜色、黑板的颜色……

学生：……

老师：世界缤纷多彩，那么同学们思考一下，我们生活中哪些东西是红色的，哪些东西是蓝色的？……

学生A：Red（红色）的有：the sun（太阳），the flag（红旗），the blood（血液），The strawberry（草莓）……

学生B：Blue（蓝色）的有：the sky（天空），the sea（大海），sapphire（蓝宝石）……

学生 C：Green（绿色）的有：the grass（草地），the trees（树），the military uniform（军装），tea（茶叶）……

学生 D：我觉得草和树在春天是绿色的，而在冬天是黄色的。

学生 E：我有不同意见，草和树的颜色不能一概而论，比如冬天的柏树、松树仍是绿色的。

老师：Very good！观察得很仔细。确实，自然界是多姿多彩的，我们的生活也因此而五彩缤纷，让我们尽情享受自然界、生活带给我们的五颜六色吧！

这是一个经历过程的教学设计，让学生以自身已有的生活经验为基础，在分类、比较、概括、排异和实际运用中建立概念与认识，感悟概念的各种特征。这既符合学生的认知规律，也让学生在过程化的学习中，感受知识的生成与生命课堂的快乐。

（2）体验中对话——让学生个性飞扬

老师：同学们能用两种颜色配制出一种新颜色吗？下面拿出颜料，让我们动动手，亲自实践一下吧！看谁首先配制出一种新颜色。大家在动手之前不妨先来个猜想，看谁的直觉最好。

学生：OK！

学生 A：我在红颜料中搅拌一点黄颜料可以得到橘色，因此：red + yellow = orange

学生 B：我发现：yellow + blue = green

学生 C：我知道：pink + blue = purple

学生 D：我的新颜色是：white + red = pink

学生 E：……

老师：同学们真能干，都成了小发明家！还有其他的发现吗？

学生 F：我还发现三种颜色混合也可以配制成一种新颜色，如混合红、黄和蓝可以得到灰色。

学生 G：我也发现……

老师：太棒了！同学们用自己的双手创造了新颜色，还用自己的眼睛发现了美，Congratulations！（祝贺你们！）

这一教学片段将激发兴趣、探求知识、研究方法与培养能力有机结合，体会了关注学生生命全面和谐发展的理念。让学生动眼观察、动脑思考、动手操作、动口表述等，充分发展学生能力的全面性。马斯洛的需要层次论中的高级层次是精神享受，新课堂应该让学生享受高级生命的幸福感，那就是拥有“丰富多彩的、引人入胜的智力生活”，同时获得审美化的体验，感受情趣的升华。在具体操作上，不囿于本学科，英语、美术、自然等多学科融合，形成整合效应，促使学生生命发展的整体性生成。

（3）生成中对话——让课堂充满活力

课堂实录片段三：

老师：英美国家的人用颜色创造了许多日常用语，如：有人感觉不适，我们可以说："He looks green." 形容一个人冷可以说："He is blue with cold." 同学们还知道其他类似的用法吗？

学生A：可以用"He is red in the face"描述一个人的窘迫不安。

学生B："a business in the black"表示一个盈利的企业，而"a company in the red"表示一个亏损的企业。

学生C：人们常常把事事不如意的一天称为 a black day。

学生D：美元也叫"绿背钞票（green backs）"，因为美元纸币的背面呈绿色。

……

老师：同学们的知识实在丰富，老师也学到了不少，谢谢大家！时间关系，来不及说的同学把你知道的包含颜色的日常用语贴到班级墙报上，让我们共同分享！

学生：Good idea！

老师：我最喜欢红色。因为它代表热烈、激情和对美好生活的向往。你们最喜欢什么颜色，能告诉大家吗？

学生E：我最喜欢绿色，因为我最喜欢足球，足球都是在绿茵场上踢的。

学生F：蓝色是我的最爱，因为我喜欢大海，我的梦想就是当一名海员。

……

老师：我们每个人都有自己最喜欢的颜色，有自己的审美观。今天我们要完成一项课外作业：请根据自己的喜好，设计一套你认为最美的中学生校服。可以自己独立设计，也可以小组合作完成。明天请同学们把作品带到课堂上来，我们将举行一次校服设计大赛。下面我们首先讨论一下设计和评奖标准。

学生G：校服必须符合中学生特点，要简洁、活泼、富有青春活力。

学生H：色彩要搭配合理，设计要大胆新颖。

……

老师：Excellent！明天老师等着你们的成果，让我们再一起欣赏色彩之美、创造之美和生活之美！

这一教学片段力图真切、生动地展现出以交往对话为特征的应用型新课堂形态。教师不再是以传授和问答的方式进行教学，而是组织学生以教材为载体，展开以讨论、体验和分享为具体形式的学习对话。彼此之间是心与心的敞开与接纳，体悟在这里共享，思想在这里碰撞，生命的勃勃生机在这里展现。教师参与到学生学习活动中，与学生结为“学习共同体”，成为学生的伙伴，学习上的指导者和顾问。

五、 结束语

总之，在新课程教学理念的指导下，构建以有效对话为框架的课堂才是自然、有效的课堂。在“有效对话”中，分享彼此的思想、经验和知识，交流彼此的情感、体验与感悟，丰富教学内容，求得新的发现，从而达到共识、共享、共进，实现教学相长和共同发展。教学过程不仅是一种人与人之间平等的精神交流过程，它为学生主体性的凸显、个性的弘扬、创造性的解放提供了自由广阔的空间。只有在这样的课堂上，师生才会全身心投入，知识才会变得鲜活，学生才会在快乐中学习，课堂才会真正焕发出生命的活力。让我们共同来奏响这曲课堂教学的主旋律——有效对话。

参考文献

［1］黄玲娟．浅谈初中数学课堂教学中的有效对话［J］．中学数学研究，2011（4）.

［2］Bill Rogeers. 课堂教学行为的有效管理策略［M］．北京：中国轻工业出版社，2011.

作者简介

汪德华：北京理工大学附属中学数学中教高级教师。2013 年 4 月《课堂教学的主旋律——有效对话》获北京市基础教育科研一等奖；2013 年 9 月《尊重个体差异促进教学相长》和《中学数学概念教学策略——三步曲》均获北京市“京研杯”二等奖；2012 年 3 月《提高有效教学的认识克服无效低效的教学》获北京市基础教育科研二等奖；2012 年 9 月《“非智力型数学学困生”转化个案》获北京市“智慧教师”三等奖；2011 年 3 月《数列中的函数“情结”》获北京市基础教育科研三等奖；2013 年 11 月《当导师，“我让学生好为人师”》获海淀区网络心理征文二等奖。

浅谈初中数学概念教学

——概念教学的反思

◇相慧芬

所谓数学概念，就是事物在数量关系和空间形式方面的本质属性，是人们通过实践，从数学所研究的对象的许多属性中，抽出其本质属性概括而形成的。数学概念是进行数学推理、判断的依据，是建立数学定理、法则、公式的基础，也是形成数学思想方法的出发点。因此数学概念教学是数学教学的一个重要组成部分。

一般来说，围绕一个数学概念教学，首先要揭示概念的本质属性。这个概念讨论的对象是什么，有何背景？此概念中有哪些规定和条件，它们与过去学过的知识有什么联系？这些规定和条件的确切含义又是什么？在此基础上，给出概念的定义、名称和符号等。“认识”是一个特殊的心理过程，由于每个学生之间存在一些差异，那么完成这个过程所需的时间也不一定相同。但是无论怎样，就认识过程而言，却不能跳跃或是省略。这自然也是认识“数学概念”的必有环节。

【片段一】创设情境，引入“平移”概念

问题 1：请计算长方形中草地的面积。

设计意图：利用平移图形解决问题，引出利用平移解决问题的必要性。

问题 2：怎样描述这种运动？

设计意图：让学生体会一个移动过程需要从移动方向和移动距离两个方面进行刻画。

问题3：……

【片段二】创设情境，引入“平移”概念

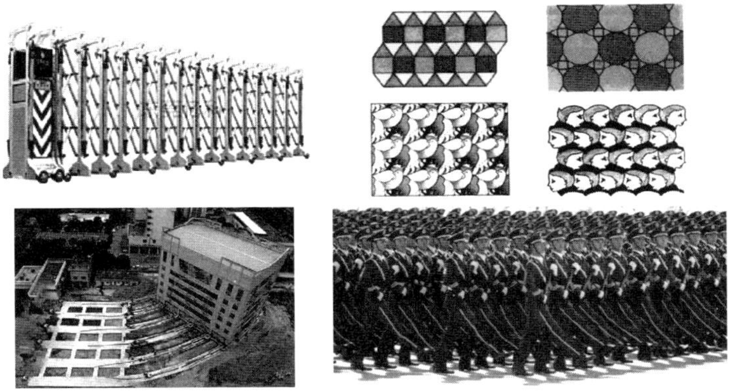

教师首先展示图片，然后学生举例。

【片段一】从知识的必要性上引入概念，所达到的目的就是要学生清楚学有所用。然后教师就进入抽象的高度精练的数学语言的概念教学环节。实际课堂后续的环节不顺畅，感觉学生在老师的讲解下对原本熟悉的平移更加陌生了，有些简单问题复杂化的感觉。

【片段二】借助学生已有认知层次和生活常识，让学生先直观形象地观察来自生活的大量图片，从中感知共性，再让学生举例。学生自己举例的过程却是学生在大脑中搜索、筛选、甄别的过程，也就是学生理解“平移”概念的过程，为后续引导学生揭示概念的本质以及总结实现平移要素等问题做了很好的铺垫。在感性认识的基础上对概念做辩证的分析，用不同的方式进一步提示不同概念的本质属性。后续概念的教学不过是教师引导帮助学生把自己生活中的原有感知，用数学语言准确化、清晰化、概括化，这样就有一种水到渠成的自然感觉，同时学生也不会觉得生活和数学两层皮。

很显然，两种导入方式，两种教学效果。建构主义学习理论认为：学习者不是被动接受知识，而是对信息进行主动的选择和加工。学习是在他人的协助下，形成的一种独特信息的加工过程，以建构出更符合意义的东西。概念的形成过程充满矛盾冲突，这是激发学生学习兴趣与热情的内在条件。概念抽象需要典型实例。谁来找例子？教师自作自画，自己举例、概括，自己给定义，就可能枯燥乏味。学生被动听，没有参与机会，不仅枯燥乏味，而且会使学生理解不透。如果让学生举例子，要求尽量举不同的例子，就会迫使他们开动脑子，就有可能举出不同的、有趣的例子，就会百花齐放。这样，生动活泼的场面自然形成，而且在举例过程中，有独立思考、合作交流，甚至有争辩，这就形成了促进概念理解的机制。让学生举例子可以促进学生思维的深度参与，因为好例子需要以理解概念的本质属性为基础。实际上，概念教学中的“参与”，其关键是参与从典型实例中概括概念本质特征的活动。在这个过程中，全体同学热情参与，自我教育、互帮互学，想让课堂不生动活泼都难。

因此，面对感性认识占主导地位的初中生，更应该在概念教学中，充分了解教学对象的认知水准，对概念的必要性、概念的实际背景环节浓墨重彩。让学生在大量的感性认识的基础上，去试着和教师共同地提炼和理解概念，领悟概念的内涵和外延，达到掌握概念的本质属性的最终目的，使感性认识升华为理性认识！但是老师们常会有这样的困惑：让学生经历概念的发生发展过程——这样能完成教学任务吗？于是就给学生吃压缩饼干，于是概念教学常常采用“一个定义，几项注意”的方式，在概念的背景引入上着墨不够，没有给学生提供充分的概括本质特征的机会，认为让学生多做几道题目更实惠。事实恰恰相反，对概念理解不透，反馈在做题上就会漏洞百出，老师再次投入时间去反复纠正，让学生在知识的外围重复训练，耗费学生大量时间、精力却达不到对知识的深入理解。这样就会事倍功半。例如老师在进行“利用求根公式解一元二次方程”的教学时，多数教师不重视求根公式的推导过程，基本上是教师代劳。结果导致学生在运用公式时就会出现诸多问题。其实仔细想来，病因就在于公式推导的过程。求根公式是初中阶段最美的公式，将初中代数的核心知识集于一身，蕴含着数学的核心思想方法，例如代数的恒等变形能力、分类讨论思想、主元思想、数学的求序、求简、求严、求美等都在公式的推导过程中很好地体现了。而且从公式的推导中学生会对新旧知识融会贯通，例如为什么 b^2-4ac 就是一元二次方程的根的判别式的问题有更深刻的理解。因此推导求根公式的教学是提升学生能力的绝好载体和契机！教师必须肯花时间去研究、去备课，还给学生探究、实践的权利，课堂上为他们搭建平台。

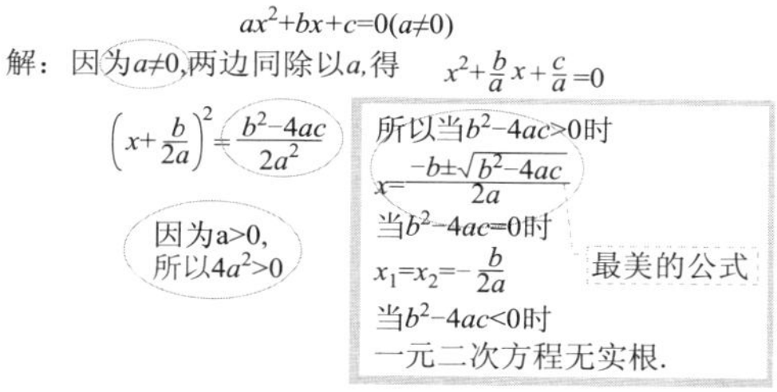

事实上，由于数学概念的高度抽象性，对任何一个貌似简单的概念，学生往往都要费很大周折才能理解。许多教师对此不能保持高度警觉，常常认为自己感觉容易的学生亦然，没有意识到自己的“容易”是经历了千辛万苦、

长期积累才得到的。这种心理导致了师生交流的许多障碍，是造成教师不从学生的角度出发，不能针对学生的理解困难展开教学的主要原因。因此，教师要努力从学生的认知水平出发，保证学生参与概念本质特征的概括活动，确保学生有自己想明白的机会和时间，这是非常要紧的。

所以，我在进行这个知识点的教学时要问自己如下问题：

①一元二次方程公式的推导是否可以依据学情来决定是学生独立推导还是师生共推？

②一元二次方程公式的推导环节怎样设计？

③一元二次方程公式的推导过程难点出在哪里？学生为什么会有这样的难点？

④如何突破难点？

⑤在公式推导的过程中学生要体会哪些代数的核心方法和思想呢？

结合我自己的教学经验谈几点反思：

①理解教材是当好数学教师的前提，而“理解教材”的第一要义是“理解数学”：了解数学概念的背景，把握概念的逻辑意义，理解内容所反映的思想方法，挖掘知识所蕴含的科学方法、理性思维过程。

②没有过程 = 没有思想。数学是思维的科学。数学思想方法孕育于知识的发生发展过程中。“思想”是概念的灵魂，是“数学素养”的源泉，是从技能到能力的桥梁；“过程”是“思想”的载体，是领悟概念本质的平台，是思维训练的通道，是培养数学能力的土壤。让学生参与概念本质特征的概括活动是使概念课生动活泼、优质高效的关键。这就要求我们一方面充分利用新旧知识蕴含的矛盾，激发认知冲突，把学生卷入其中；另一方面要让学生有参与的时间与机会，特别是有思维的实质性参与。

③“数学概念、数学方法与数学思想的起源与发展都是自然的。如果有人感到某个概念不自然，是强加于人的，那么只要想一下它的背景，它的形成过程，它的应用，以及它与其他概念的联系，你就会发现它实际上是水到渠成、浑然天成的产物，不仅合情合理，甚至很有人情味。”我们认为，这应该成为概念教学的基本指导思想。概念课就应该使概念出得自然、水到渠成，否则就不叫作“教数学”“学数学”，从课堂教学的要求看，概念教学的自然和水到渠成应包括两方面：一是知识的逻辑顺序自然；二是学生心理逻辑的自然，主要是思维过程的自然。“自然的概念教学过程”是上述两方面的融合。在引导学生展开概念的学习过程中，主要强调了“让学生参与到定义概念的活动中来”，不轻易打断学生的思维和活动，适时适地“以问题引导学

习”，在“追问（质疑）——反思”的过程中深化概念的理解，使“概念的理解”成为学生自己主动思维的结果。

总之，数学概念凝结着数学家的思维，是数学家智慧的结晶，蕴含了最丰富的创新教育素材。概念教学的核心——概括：将凝结在数学概念中的数学家的思维打开，以典型丰富的实例为载体，引导学生展开观察、分析各事例的属性、抽象概括共同属性，归纳得出数学概念。数学是玩概念的，数学是用概念思维的，在概念学习中养成的思维方式、方法迁移能力也最强。所以数学概念教学的意义不仅在于使学生掌握“书本知识”，更重要的是让他们从中体验数学家概括数学概念的心路历程，领悟数学家用数学的观点看待和认识世界的思想真谛，学会用概念思维，进而发展智力和培养能力。

作者简介

相慧芬：北京理工大学附属中学数学高级教师，2013—2014 学年度海淀区初中工作专家指导组成员。其论文《“数学学科教师校本培训手册”学习心得》荣获优秀论文二等奖，《浅谈初中数学概念教学》荣获北京市第六届“京研杯”教育教学研究成果二等奖，《浅谈初中数学概念教学》《老师，您也能当我的老师妈妈吗?》分获校级优秀论文一、三等奖。北京市《初中生整体知识构建》课题成员、北京市《中国古代数学思想的教育价值及实施途径研究》课题成员。

关于“新函数”教学的思考与实践

◇郗玲玲

一、“新函数”教学的思考

所谓“新函数”，即为学生在以往的学习中所没有接触过的、或者不能转化为已知函数来研究的、或者不能完全用类比的方法来研究的函数模型。在高中阶段的新函数主要是“指数函数”和“三角函数”。

指数函数是学生在高中阶段刚学过函数概念之后接触的第一个新函数，通过本节课的学习希望学生能够初步形成函数研究内容的基本框架。而三角函数是在学生已经学习过指数函数、对数函数和幂函数之后遇到的一个新函数。因为三角函数与指数函数、对数函数和幂函数有很大的不同，它有很多独特的性质。三角函数是周期函数，它有几何意义——三角函数线，它有很多运算公式，它是非常好的数形几何的载体，这是学生以往的学习中所没有遇到过的。三角函数的教学对于学生固化研究函数的一般方法以及探索函数新性质有很好的借鉴作用。

新函数教学对学生建立函数思想、用函数的观点研究问题、解决问题具有独特的意义。新函数的教学，为学生提供了一个研究新函数的思路，可以使学生感受并掌握研究函数的一般方法，当学生再面对陌生的函数就不会感到束手无策，而是根据已掌握的方法探索新函数的更多性质，给学生更多展示创造性思维的空间。教师一定要充分抓住这样一个教育契机，使学生能够通过新函数的学习掌握函数思想和研究函数的一般方法。

如何设计“新函数”教学才能满足学生需求，使我们的课堂有更大的效益？为此，本人进行了一些尝试。

二、 教学实践案例

1. “新函数”的引入

在授课之前教师要思考：研究新函数的价值是什么，不研究这个函数可不可以？因为这个问题涉及学生是否有研究新函数的欲望，若学生对一个问题没有研究的渴望，老师讲得再精彩学生可能不接受，或者他接受的很少，课堂效益大打折扣。所以教师在新课引入时，要想清楚引入新函数的必要性。

案例 1：指数函数的引入——折纸中的函数

师：不断地沿着同一方向对折一张边长为 1 的正方形的纸。你注意到这里有哪些变量了吗，这些变量间有何关系？（为了简化问题，设纸的初始厚度为 1。）

学生直接得到的解析式，都写在黑板上：可以看到，这里有反比例函数，是学生已经学习过的函数，还有新的函数，本节课就来研究这些新的函数。

生：折叠次数为 a，宽度为 w，面积为 S，层数为 b，厚度为 h

生：体积为 1，$h=b$，$wh=1$，$b=2^a$，$w=\left(\frac{1}{2}\right)^a$

师：这些函数都是什么类型的函数？

生：有一次函数，反比例函数。

师：$b=2^a$，$w=\left(\frac{1}{2}\right)^a$，底数为常数，指数为变量的函数是我们以前没有接触过的函数，今天我们就来研究这样的函数。

（教师板书标题指数函数。）

案例 2：三角函数的引入——摩天轮

在必修 4《基本初等函数Ⅱ》的新课引入时，设计了一个问题情境：

大家都见过游乐场里的摩天轮——大观览车，设观览车转轮半径是 R，观览车按逆时针旋转，旋转的角速度为 ω，点 P 在初始时刻的位置与地面的距离为 h_0，经过时间 t 后点 P 的位置与地面的距离为 h，假如摩天轮不停地按照逆时针的方向旋转，那在这个过程中，存在哪些变量，变量之间存在怎样的数量关系？

学生讨论得到：点 P 旋转过的角 θ 与时间 t 的关系：$\theta=\omega t$；

点 P 与地面的距离 h 与点 P 旋转过的角 θ 的关系：$h=h_0+R(1-\cos\theta)$，学生补充说要对 θ 的不同取值进行讨论。同学们对 θ 的不同取值范围得到几种函数关系。

教师进行总结：在这个函数中，我们有以下几个问题需要解决：

①自变量 θ 的取值范围问题。由于摩天轮可以不停地旋转，θ 的绝对旋转量远不止我们初中所学过的范围 $0^\circ \sim 360^\circ$，而且从不同的角度来看 θ 的旋转方向也是不同，有必要对角的概念扩充。

②我们以前所学习的函数的自变量与函数值都是实数，都是十进制的实数，而在这个函数中自变量是角，它的单位是度、分、秒，角度制的单位十进制与六十进制的混用单位。我们有必要引进新的十进制的度量角的制度。

③如果自变量 θ 的范围扩大到更大范围，那么余弦函数能否对除了我们初中学习过的锐角之外的角作用呢？

我们这一章就要解决这些问题的。

教师精心设计问题，学生通过问题的解决能够亲身感受到："新函数"是身边活生生存在的例子，自然就有想学习想研究的迫切的愿望，使学生的情感和思维的需求的到尊重。

2. 理性作图

所谓的理性作图是指在作图之前，先从解析式或函数的定义中分析函数所具有的性质，然后推断图像所具有的几何特征，再根据这些特征描点作图。也就是"推理作图"。推理是数学的基本思维方式，也是人们学习和生活中经常使用的思维方式。整个数学都是培养推理的载体，也是培养逻辑推理的载体。

如果对陌生的函数直接描点作图，那么在描好的点中，点与点之间图像可能会有怎样的变化，有时被忽略，直接连线造成图像的不准确。让理性作图成为一个培养学生推理能力的素材。

案例 3：指数函数的图像

师：现在我们抛开这一情境，只看这一解析式，你们认为其定义域可以是怎样的，函数图像又是怎样的，单调性又如何？

生：定义域可以是 R。

师：它的图像发生怎样的变化，你打算怎样作图？

生：描点法。

师：在我们面对一个陌生的函数时，直接描点作图可靠吗？

一部分学生摇头表示直接作图不可靠。

师：为了让我们作图更加准确，所以在作图之前要做一些分析。我们能从解析式 $y=2^x$ 的结构特点可以得到关于图像的哪些信息？

设计意图：引导学生理性作图，能从解析式的特点出发，分析性质，根据已掌握的性质描点作图，再根据图像研究新的性质，即从数到形，再从形到数，体会数形结合的数学思想。另外在教学过程中充分应用表格表示函数的方法。

生1：定义域是R，说明图像左右可以无限延伸。

生2：函数值恒大于零，说明图像横在x轴的上方。

生3：函数$y=2^x$是非奇非偶函数，图像既不关于原点对称也不关于y轴对称。

生4：由表可知，$y=2^x$是一个增函数，当x无限接近负无穷时，y无限接近于零。当x无限接近正无穷时，y无限接近正无穷。

师：说明x轴是它的渐近线。

师：根据同学们的分析，我们通过列表描点来画一下$y=2^x$定义域为R时的图像。

教师利用投影，首先在前面的表格中增加一些点，然后在画在原来的图像中，再结合同学们的分析结果，用平滑的曲线连线，得到了$y=2^x$定义域为R时完整的图像。

设计意图：让学生养成理性作图的习惯。当学生掌握了画函数$y=2^x$，那么对于其他的指数函数就可以用类比的方法容易得到了。

案例4：正弦函数的图像

首先复习正弦函数的定义及几何表示——正弦线，并且板书。接下来说明本节课的任务是研究正弦函数的图像与性质。

师：我们怎样画正弦函数的图像？

生：单位圆。

师：单位圆所起的作用是什么？

生：描点。

师：直接描点是否可靠？

有的学生摇头，表示不太可靠，马上又有学生补充。

生：先分析性质。

师：到目前为止，你已经了解了正弦函数的哪些性质？

生：定义域、值域、奇偶性、周期性、单调性。

师：既然大家已经了解了正弦函数的最小正周期是2π，那么我们就可以在一个周期内画出正弦函数的图像，其他部分的图像可由这个周期内的图像平移得到。

接下来让学生画一个周期内的图像。

有的学生选择了 $[-\pi, \pi]$ 作图，他考虑到正弦函数的奇偶性，这样画图工作量可以减半，大部分同学还是选择 $[0, 2\pi]$，因为在 $[0, 2\pi]$ 的角比较熟悉。

生：我们知道了正弦函数的单调性，可是我们不知道它的凸凹性。

师：你的问题提得非常有价值！请同学们想一想，这个问题该怎样解决？

生：多描一些点。

师：好。下面我们就一起尽可能多的取一些点来作图。

教师随时查看学生的作图情况，找到比较典型的学生“作品”进行展示。大部分学生利用特殊角三角函数值找到5到8个点，然后描点连线。

师：如果除了大家找的这些特殊点外，还想再描一些点，怎么办？比如：点 $\left(\frac{\pi}{8}, \sin\frac{\pi}{8}\right)$。

生：可以画单位圆，找到 $\frac{\pi}{8}$ 的正弦线，再平移到坐标系中。

几何法作图引入得恰到好处。

师：非常好！三角函数线是三角函数所特有的几何表示形式，这是其他函数所没有的，我们要很好地利用它帮助我们研究正弦函数。

师生共同绘制完成正弦函数图像。

学生掌握了这种理性作图的方法之后，再面对陌生的函数也不会盲目作图，使作图更加准确，相应地学生的推理能力得到提高。

3. 性质再发现

数形结合是非常重要的数学思想方法，尤其是研究函数问题，当遇到陌生函数时，需要先从数的角度分析性质，理性作图，但是这种分析还是有限的，有些性质不是很容易被发现，但是一旦得到了它的图像，观察图像还可以得到更多的性质，在这个过程中就可以培养学生的创新意识和能力。

案例5：指数函数的一般性质

当学生已经得到了一般的指数函数图像之后，教师又引导学生根据图像归纳概括指数函数的一般性质。

除了在作 $y=2^x$ 图像前分析过的性质之外，学生根据图像还能分析出：对于一般的指数函数 $y = a^x (a > 0, 且 a \neq 1)$：

①当 $x=0$ 时，$y=1$；

②当 $a>1$ 时，y 随着 x 的增大变化越来越快，当 $0<a<1$ 时，y 随着 x 的减小变化越来越快。

教师还可以继续引导学生研究图像，探索当底数在变化时，图像之间的关系。而这些性质只看解析式是不太容易被发现的。

案例6：正弦函数的对称性

师：现在我们已经得到了正弦函数的图像——正弦曲线，请同学们观察图像，想一想正弦函数还有哪些性质？

生：对称性，它有对称轴和对称中心。

师：它的对称轴对称中心在哪儿，它们的方程是什么？对称中心在哪儿和坐标是什么？

生：经过图像最高点和最低点且和 x 轴垂直的直线，方程是 $x=k\pi+\frac{\pi}{2}$（$k\in\mathbf{Z}$）。

生：图像与 x 轴的交点就是它的对称中心，坐标是（$k\pi$，0）（$k\in\mathbf{Z}$）。

4. 函数的应用

教师应精心设计问题，放手让学生自主探索解决问题，不用做过多过细的铺垫，因为这样的铺垫有时会限制学生的思维。在学生遇到难以解决的问题时，教师再加以引导，教师的作用是推动学生的发展，而不是带着学生发展。

案例7：指数函数图像与性质的应用

师：我们现在又有了一类新的函数——指数函数，知道了它的图像、性质的相关知识，请大家想一想这些知识能够帮助我们解决哪些问题，图像知识能够有什么用，单调性知识有什么用？试着编制几道题目解释一下。

生：已知 $f(x)=2^x$，$g(x)=\left(\frac{1}{2}\right)^x$。若 $f(x)>g(x)$，求 x 的取值范围。

师：你是怎样解的？

生：可以画图像，根据图像就可以得到 $x>0$。

师：由于时间关系，我们在这里不能一一展示大家编写的题目，希望大家下课后充分利用这节课我们总结的指数函数的图像与性质解决一些实际问题。

案例8：正弦函数的图像与性质的应用

师：现在大家已经掌握了正弦函数的图像和它的性质，大家想一想正弦函数的图像与性质可以帮助我们解决哪些问题，你能否试着编一些题目来说明？

生1：可以画函数 $f(x)=1-\sin x$ 的图像。

生 2：如果直线 $y=kx$ 与 $y=\sin x$ 图像有三个交点，则 k 的取值范围是什么？

这些开放问题对学生的要求要比教师事先准备好的问题对学生的要求更高一些，因为学生首先要思考所学过的函数性质的作用是什么，它具体可以解决哪些问题。当学生能够编出一些题目并解决，说明此时学生对性质已经掌握并会应用了。

三、反思

本人的“新函数”教学注重知识的形成过程，能够根据学生的需求出发，不回避学生提出的问题，引导学生思考，从而形成概念。

经过“新函数”教学实践之后，我深刻感受到，若要将知识与方法落实下来，关注学生的需要、处理好教材、设计好问题是关键。

教师在处理教材时，往往需要重新整合。由于教材呈现知识是按照公理化体系的顺序，而掩去了数学家发现知识的思维过程。而教师面对的是学生，他们是发展中的人，教师要遵循学生的认知规律，教师需要将所教知识尽可能地按照知识形成的思维过程呈现。

教师在进行教学设计时，要多设一些开放性的问题，放手让学生交流讨论，教师在学生遇到困难时应给予必要的指导。学生在讨论过程中，会碰撞出思维的火花，也许讨论出来的结果会比老师预先准备的要丰富得多。那么课上收到的效益会更大，教师要充分信任学生的智慧。比如案例 3 中问题“现在我们抛开这一情境，只看这一解析式，你们认为其定义域可以是怎样的，函数图像又是怎样的，单调性又是怎样的？”还可以再放得开一些，直接放手请学生分小组交流讨论。

以上的几点思考，也许不仅仅是“新函数”教学需要关注的点，这些对于平时的常规教学都有可借鉴的作用。

作者简介

郗玲玲：北京理工大学附属中学高中数学教师，中学一级教师。论文《突出思想提升能力——〈函数应用 1〉教学设计》被评为 2013 年人教 *B* 版全国高中数学课程论文比赛三等奖。论文《课堂有效提问需注意的几个问题及案例分析》获海淀区 2012 年教师阅读工程“做智慧型教师”主题征文三等奖。

高中数学教学与创新思维能力培养

——读《数学教学与科学思维能力培养》一书有感

◇朱新谦

教育家赞可夫曾指出："只懂得传授知识，不懂得发展学生思维能力的教师是不完全的教师。"读完高保民老师撰写的《数学教学与科学思维能力培养》一书，我深深体会到，数学教师在教学中应启迪学生科学思维，引导学生积极主动地获取数学知识，培养数学思维能力。

科学思维能力的最本质的特点，就在于它的高度的创造性。创造性即是思维的创新性、独创性。它表现为在思维活动中创造出前所未有的新的"东西"，而这新的"东西"具有新的结构、新的外形和新的特性。创造性是人类思维所追求的最高境界。创造性要求思维者具备合理的认知结构、良好的心理条件、敏锐的观察力、强烈的好奇心、高昂的情绪、积极的思维状态和坚强的意志等。

怎样才能使学生的思维更具创造性呢？笔者在多年的教学实践中，从课堂教学的各个环节入手，注重创设思维的情境，培养创新意识，取得了良好的效果。

1. 在新课的引入环节，通过巧设问题唤起学生的创造动机

例如，上立体几何的引言课，很容易使学生感到平淡无味，于是我让学生思考：你能用3支铅笔摆出几个直角，给你6支铅笔能摆出几个正三角形？这两个问题在平面中是无法得到最佳答案的，学生和老师共同演示，由二维空间到三维空间，学生的思维豁然开朗。

这种布设疑阵、引起悬念的方法，能较大限度地激发学生的学习兴趣和求知欲。使学生思维迅速定向，并积极主动地投入到科学思维能力的形成过

程中去。独立自主地获取知识和能力，独立自主地建构新的认知体系，独立自主地加工信息而获得信息思维组块，要比“听”来的或者“看”来的要牢固许多倍，生动、鲜活许多倍。

2. 课堂上重视探究性学习的指导，促进学生创新思维能力的发展

《普通高中数学课程标准（实验）》强调：高中课程应力求通过各种不同形式的自主学习、探究活动，让学生体验数学发现和创造的历程，发展他们的创新意识。在教学中要用好用活现行教材，着眼于创新素质的培养，把陈述性知识转变为探究性的素材。由“传道、授业、解惑”型的老师向“迷惑、激励、求知”型转换。教师的作用不仅仅是为学生“解惑”，有时甚至需要“迷惑”学生，把学生引入“歧途”，然后让他们自己去寻找出路，培养创新思维能力。

例如，在探究直线与平面垂直的判定定理时，可以创设如下师生活动情境来探究判定定理：请同学们拿出一块三角形纸片，过三角形的顶点 A 翻折纸片，得到折痕 AD，将翻折后的纸片竖起放置在桌面上（BD、DC 与桌面接触）。

（1）AD 与桌面垂直吗？

（2）如何翻折才能使折痕 AD 与桌面所在的平面垂直？

（3）如果不经过 A 点能否得到折痕 DE 与桌面所在的平面垂直？

（4）如果我们把折痕抽象为直线，把 BD、CD 抽象为直线，把桌面抽象为平面，那么你认为保证直线与平面垂直的条件是什么？

（5）将纸片绕直线 AD（点 D 始终在桌面内）转动，使得直线 CD、BD 不在桌面所在平面内。问：直线 AD 现在还垂直于桌面所在平面吗？

（6）根据试验，请你给出直线与平面垂直的判定方法。

在课堂教学中，学生始终处于主动探索、主动思考、主动建构意义的认知主体位置，但又离不开教师事先精心设计的教学程序和在探究学习过程中画龙点睛的引导。教师在整个教学过程中讲授得很少，但是对学生建构学习的帮助却很大，充分体现了教师指导作用与学生主体作用的结合。

3. 在练习环节，通过一题多解、一题多变，培养学生的创新思维能力

在新课改的大环境下，在练习环节中更能充分培养学生的创新意识。在教学中可通过一题多解、多题一解、一题多变等方式培养学生灵活的思维，鼓励学生提出自己的独到见解，超越预设的学习目标，发展学生的创新思维能力。

例1：过抛物线 $y^2=2px$（$p>0$）的焦点的一条直线与这条抛物线相交于 A、B 两点，求证：这两个交点到 x 轴的距离的乘积是常数。（新课标高中数

学人教B版教材选修2-1第72页练习A第3题)

设两个交点A、B的纵坐标分别是y_1，y_2，此题即证$y_1y_2=-p^2$。在学生完成多种解法后，引导学生进行比较，发现下列解法更简洁、实用：

证明：因为直线过抛物线的焦点$\left(\frac{p}{2},0\right)$，故可设直线的方程为$x=my+\frac{p}{2}$。代入$y^2=2px$中，有$y^2-2pmy-p^2=0$。

由于y_1，y_2是该方程的两实根，故由根系关系可得，$y_1y_2=-p^2$。

这种解法抓住直线过抛物线的焦点，因而必与x轴相交的事实，巧妙地设出直线方程，回避了利用点斜式直线方程对直线斜率是否存在进行分类讨论，优化了解题过程。

进而引导其对此题进行反思探究，引申拓展：

反思1：逆命题成立吗？

即一条直线与抛物线$y^2=2px(p>0)$相交，两个交点的纵坐标分别是y_1，y_2，若$y_1y_2=-p^2$，那么直线过抛物线的焦点吗？

反思2：将题目条件加以推广，能得到类似结论吗？

即过定点（c，0）的直线与抛物线$y^2=2px(p>0)$交于两点，两交点的纵坐标是y_1，y_2，那么y_1y_2是定值吗？

反思3：一条直线与抛物线$y^2=2px$（$p>0$）相交，两个交点的纵坐标分别是y_1，y_2，若$y_1y_2=m$（定值），那么该直线过定点吗？

反思4：直线与抛物线$y^2=2px(p>0)$交于A、B两点，设直线OA、OB的倾斜角分别为α和β，如果$\alpha+\beta=\frac{\pi}{2}$，那么直线$AB$过定点吗？

反思5：直线与抛物线$y^2=2px(p>0)$交于A、B两点，设直线OA、OB的倾斜角分别为α和β，且$\alpha+\beta$为定值$\theta(0<\theta<\pi)$，那么直线AB过定点吗？

通过对已经解决的例、习题的深层挖掘，引申拓展，引导学生多角度、多层次、全方位地进行反思，能使问题的条件与结论的依存关系更加严谨、和谐、明确，达到由此及彼，触类旁通的境界。这样的反思体现出自主学习的能动性、独立性和愉悦性，使掌握知识的层次更具广度和深度，也迸发敢疑善问勇于创新的思维火花。

4. 充分利用课外活动，开展研究性学习，培养学生创新意识

根据现行教材的有关知识点或习题，赋予一些富有时代气息的背景，将数学问题设计成学生身边可解决的实际问题，注意知识前后联系，合理整合利用，引导学生开展研究性学习活动，使其以探究的方式主动地获取知识、

应用知识、解决实际问题，是培养创新意识的有效举措。

例如，新课标高中数学人教 B 版教材必修 5 第 40 页例 3 涉及“教育储蓄”的问题。由于教育储蓄问题的特殊性，可以用这个问题来学习或复习等差数列的通项、求和等知识。我们安排学生课外调查有关“教育储蓄”的资料，重点确认以下信息：①教育储蓄的适用对象；②储蓄类型；③最低起存金额；④每户存款本金的最高限额；⑤支取方式；⑥银行现行的各类、各档存款利率；⑦零存整取、整存整取的本息计算方法等。

在学生完成调查，清楚有关概念和术语之后，进一步设置如下问题，要求寻找适用的数学工具，建立相应的数学模型解决问题：

（1）依教育储蓄的方式，每月存 50 元，连续存 3 年，到期（3 年）或 6 年时一次可支取本息共多少钱？

（2）依教育储蓄的方式，每月存 a 元，连续存 3 年，到期（3 年）或 6 年时一次可支取本息共多少钱？

（3）依教育储蓄的方式，每月存 50 元，连续存 3 年，到期（3 年）时一次可支取本息比同档次的“零存整取”多收益多少钱？

（4）欲在 3 年后一次支取教育储蓄本息合计 1 万元，每月应存入多少钱？

（5）欲在 3 年后一次支取教育储蓄本息合计 a 万元，每月应存入多少钱？

（6）依教育储蓄的方式，原打算每月存 100 元，连续存 6 年，可是到 4 年时，学生需要提前支取全部本息，一次可支取本息共多少钱？

（7）依教育储蓄的方式，原打算每月存 a 元，连续存 6 年，可是到 b 年时，学生需要提前支取全部本息，一次可支取本息共多少钱？

（8）不用教育储蓄的方式，而用其他的储蓄形式，以每月可存 100 元，6 年后使用为例，探讨以现行的利率标准可能的最大收益，将得到的结果与教育储蓄比较。

这些问题情景的创设，使学生体验数学建模解决教育储蓄问题的完整过程，特别是数据采集，问题设计，一般化的讨论等环节学生的参与和探究，培养了学生勤思、善想、好问、深钻的良好习惯，学生在理解的基础上熟悉相应的数学模式，在对已有信息的分析、加工、拓展、深化的过程中，激发了学习兴趣，增强了思维能力，不仅体验了数学世界的无穷魅力，也实实在在地提升了自己的创新意识与和实践能力。

5. 结束语

在教学中，培养学生的科学思维能力，加强学生创新意识教育，培养学生良好的创新意识，不仅成为科技发展的需要，也是培养新世纪合格人才的需要。

正如高老师书中提到的：只有在教学活动中，真正做到了尊重学生的主体地位，也才能真正做到以科学而有激励作用的方法吸引学生全员参与教学活动，以有趣味又有挑战性的问题激发学生的求知欲望和探究热情；也才能真正放开手脚，引导学生最大限度地通过独立思考、自主操作或者相互研讨、展开争辩等方式自主地获取知识与技能，得到相关的科学思想与方法。

只有在教学活动中，真正做到了以学生为主体设计教学活动程序，把以学生为主体作为一条主线贯穿教学活动全过程，才能真正调动每个学生的思维积极性，主动进取，取得训练和提高学生科学思维能力的最好效果。

参考文献：

[1] 高保民．数学教学与科学思维能力培养．[M]．北京：北京教育出版社．

[2] 林婷．培养学生反思能力提高课堂教学有效性．[J]．数学通报，2009 (2).

作者简介

朱新谦： 北京理工大学附属中学数学高级教师，海淀区学科带头人。曾获北京市青年数学教师优秀课评比一等奖，发表、获奖论文多篇；2013 年 1 月《给思维以空间，让过程更精彩》在海淀区再获一等奖。

讲授猜测词义

——阅读策略有效性的行动研究

◇何 岚

阅读是现代社会中人们生存和发展所必备的一项文化技能，同时也是一项重要的学习技能。阅读教学是中学英语教学中的重要组成部分，是训练学生语言运用能力及表达能力的重要途径。通过英语阅读教学，可培养学生良好的阅读习惯，指导学生养成正确的阅读方法，提高学生的阅读能力。阅读理解试题在中、高考英语试卷中占很大比重，这就要求我们教师对自己的教学进行重新认识和思考，以提高教学质量。《英语课程标准》分级语言目标第五级中关于阅读技能的具体描述为：能结合上下文和构词法判断、理解生词的含义；能理解段落中句子之间的逻辑关系；能找出文章的主题，理解文章的细节，理解故事的情节，预测故事情节的发展和可能的结局。在阅读过程中，如何在有生词干扰的情况下，获得文章的主要信息，提高学生的阅读能力是值得我们研究的问题。

一、 问题发现

本人2012—2013学年担任初三两个班的英语教学工作，初三（1）班46人，初三（2）班45人。随着课标对阅读能力要求的不断提高，学生阅读材料中生词的数量不断增多，有些学生面对生词出现为难情绪，有的同学更是因为生词多而产生放弃学习英语的念头。如何指导学生学习，树立学生信心，让学生爱上英语阅读是一个重要的课题。

二、 理论依据

《英语课程标准》指出："语言技能包括听、说、读、写四个方面的技能以及这四种技能的综合运用能力。这四种技能在语言学习和交际中相辅相成、相互促进。学生应通过大量的专项和综合性语言实践活动，形成综合语言运用能力，为真实语言交际打基础。”阅读是语言学习的一个重要技能，阅读在英语学习中起着不可替代的重要作用。从语言心理学的角度来看，听、说、读、写、译是相互联系而又彼此独立的心理过程。其中读是中间环节，抓住这个中间环节，从“读”入手是英语学习的良好途径。

提高学生的阅读能力，应将策略培养纳入课堂教学。教学策略用来指教学活动的顺序安排和师生间连续的实质性交流，指为实现预期效果所采取的一系列有用的教学行为。（熊川武，1997：38）阅读策略是有效阅读的保证。不能正确运用阅读策略就很难在规定的时间内完成阅读任务。学生阅读能力的提高依赖于阅读教学的开展，阅读教学的开展对学生的阅读能力的提高起着至关重要的作用。

三、 实施过程

（一）开展问卷调查

我对所教的初三两个班采取抽样访谈方式，了解学生关于在阅读过程中如何处理生词的问题。很多学生反映看到生词就害怕，不想继续读下去。部分学生说遇到生词就想跳读过去，没有猜题意识。也有同学表示，自己能够根据上下文猜出大概意思，少数人表示了解一些猜词规律。

（二）制订训练计划

本行动研究计划利用一个月完成策略训练计划。重点是学生根据技能与策略猜测生词含义的能力。

节次	重点训练的技能与策略
1	通过上下文关系猜测词义
2	通过构词法猜词
3	通过定义、定语（从句）来猜测词义
4	通过同义词和反义词关系猜测词义
5	通过描述或文中的举例猜测词义
6	通过句法功能猜测词义

（三）制定研究方案

为了解决上述问题，制定了培养学生阅读策略——猜测词义的行动方案。行动方案的主要内容为：针对学生的切实需求和现有水平，通过有计划的、循序渐进的英语阅读训练，培养学生良好的英语阅读意识，最终达到提升学生阅读能力的目的。本研究实施共分为四个阶段：

第一阶段：观察学生并采取抽样访谈方式，了解学生问题。

第二阶段：教师根据学生水平，准备材料。

第三阶段：指导学生阅读，培养学生阅读策略——猜测词义的能力。

第四阶段：阅读测试，检查行动方案的效果，为今后的改进获得一手材料。

（四）课堂教学方案：

教师分发给学生一些阅读练习，练习的文段中含有很多生词，让学生首先自己阅读，推断词义，然后进行小组合作学习，分析每段内容，推测词义，归纳总结，小组间进行竞赛。

第一种类型：通过上下文猜测词义。

1）He is one of the most <u>loquacious</u> men I know. His mother, however, doesn't like talking much.

A. silent　　B. easy-going　　C. talkative

2）She is usually <u>punctual</u> for all her classes, but today she arrived.

A. late　　B. on time　　C. quick

3）What are your choices? Let's see, Choice1—You can live with your parents, <u>leech on</u> to them, and basically do nothing.

A. deal with　　B. care for　　C. quarrel with　　D. depend on

学生通过小组合作学习需完成以下任务：找出答案、发现特点、提升认识，总结、找出规律。教师通过与学生共同体会词的上下文关系，并启发学生思考词的上下文关系对于学习词汇的启示。教师先举例示范，接着学生实践。设计意图在于充分利用文本内出现的带有上下意义关系词汇的词，训练学生善于观察、善于发现的能力，找出生词与上下文之间的逻辑关系，然后进行词义猜测。

第二种类型：通过构词法猜词。

在阅读文章时，我们总会遇到一些新词汇，甚至会令我们感到很难，其实仔细观察，你会发现它是由一些词加上一些词根、前缀、后缀组成的。两个单词组成的新词，可根据两个词的意思，猜测新词的含义。所以掌握一些语法知识，对于猜测词义也大有好处。如：restlessness，lawyer，encouragement，development，preference，等等。

4）We don't want to make friends with dishonest persons.

A. not　　B. not true　　C. not lovely

5）They traveled eastwards，and finally stopped in Shanghai.

A. to the east　　B. to the right　　C. to the left

6）The guidebook is necessary for you to have a vacation there.

A. a book with pictures　　B. a book with traveling information

C. a book with advice

第三种类型：通过定语、定语（从句）来确定词义。

通过定义、定语（从句）来确定词义。这种同义或释义关系常由 is，or，that is，in other words，namely（即，就是），be called，破折号或定语从句等来表示。

7）Some people think that music is sometimes a common language. I think that music is the key to a lot of fields. On the one hand，a composer who cannot speak a single word of our own language，but he can create the music that makes us feel happy or sad，excited or quiet.

What does the underlined word "composer" mean?

A. 执行总裁　　B. 建筑师

C. 作曲家　　D. 雕塑家

8）Shopkeepers always hate shoplifters，Who always take things from shops without paying for them.

A. a man taking the lift in a shop　　B. a shop owner

C. a thief in a shop

9）The glass will be very hard but very brittle —that is，it will break easily.

A. very gentle　　B. quite bright

C. easily broken or damaged

10）One of the ways that Chinese show modesty is through self-denial；that is，having been praised by others，most Chinese tend to show disagreement by responding（回应）verbally that they do not deserve to be complimented（夸赞）for what they have done. However，when Chinese still use their self-denial among self-praising Americans，their modest responses to Americans' compliments may turn out to be embarrassing to some Americans.

A. what is said about myself is true

B. what is said about myself is not true

C. a big strength in myself

D. a big weakness in myself

第四种类型：通过同义词和反义词关系猜测词义。

1. 通过同义词猜词，一是要看由 and 或 or 连接的同义词或同义词词组，如：happy and gay，即使我们不认识 gay 这个词，也可以知道它是愉快的意思。

11) The new school rules will <u>supersede</u>, or replace, the old ones we had last year.

A. become better　　B. go on with

C. take the place of

12) The fishermen made their <u>canoes</u> from trees. And they went from island to island in these small boats.

A. a long light boat　　B. a small house

C. a fishing pole

13) Cleaning up waterways is an <u>enormous</u> task. The job is so that the government should spend a long time saving the polluted rivers.

A. extremely large　B. very important　C. quite useful

2. 通过反义词猜词，一是看表转折关系的连词或副词，如：while，but，however，on the contrary，not...but，on the other hand，rather than，although，while，yet，instead of 等；二是看与 not 搭配的或表示否定意义的词语，如：he is so <u>homely</u>，not at all as handsome as his brother. 根据 not at all...handsome 我们不难推测出 homely 的意思是"不健康，不英俊"。

14) People in many countries think <u>raw</u> meat delicious, but Chinese people hardly eat any meat that is uncooked.

A. not cooked　　B. not fresh

C. not washed

15) Do exercise as much as possible to make yourself healthy and full of energy. So you can be <u>vigorous</u> and won't feel tired easily.

A. unhealthy　　B. energetic

C. excited

第五种类型：通过文中的描述或举例猜测词义。

常用的词有：1) such as 2) for example/for instance 3) for instance

16) The shop sells <u>stationers</u>, such as pens, pencils, paper, rulers and so on.

A. things which are cheap　　B. things you'll use while studying

C. things you need

17) The herdsman is very tired. For example, he always has to get up early to take care of the sheep.

A. a man who sells sheep　　B. a man who likes sheep

C. a man who looks after sheep

18) She must be very affluent. For instance she wears expensive clothes and jewelry, and drives a Rolls-Royce.

A. poor, unhealthy　　B. rich, wealthy

C. hard-working

第六种类型：通过句法功能功能猜测词义

通过句法功能来推测词义：例如：Bananas, oranges, pineapples, coconuts and some other kind of fruit grow in warm areas。如果我们不认识 coconuts，但我们通过这个词在剧中的位置以及其他同类词的意思便知道它是一种热带水果。

教师通过给学生一些文段，让学生对推测生词进行方法归类。教师希望学生通过对六种不同猜词类型的学习，掌握猜词的基本技巧，理解概念之间的上下意义关系并能利用该关系，猜测生词大意，通过不断地体会、理解、感悟，运用，从而提高学生学习英语的乐趣。

四、 数据与分析

为了检查讲授的效果，我在两个班做了一些对比，其中一班 46 人，二班 45 人。我计划在二班进行讲授，而将一班作为我的参照班级。在没有进行教授之前，我在两个班分别以书面练习的方式，进行了 8 道关于猜测词义方面试题的测试，其中每个小题分值为 2 分，满分为 16 分，两个班级的得分情况为：

第一个数据（授课前）

	第一题	第二题	第三题	第四题	第五题	第六题	第七题	第八题	平均总得分
一班	0.65	0.86	0.57	1.38	0.96	1.23	1.53	1.46	8.64
二班	0.71	0.56	0.57	1.58	0.74	1.05	1.68	1.52	8.40

从上面数据可以看出，两个班级学生所得分数相差 0.03 分，一班略高。说明学生猜词的能力基本相同。

在二班讲授完猜测词义后，再次在两个班分别以书面练习的方式，进行了8道关于猜测词义方面试题的测试，试题的难度与第一次基本相同，其中每个小题分值为2分，满分为16分，每道试题的全班平均分见下表：

第二个数据（一班无授课，二班授课后）

	第一题	第二题	第三题	第四题	第五题	第六题	第七题	第八题	平均总得分
一班	0.86	0.48	1.38	1.18	1.06	1.43	1.68	1.56	9.6
二班	1.72	0.69	1.90	1.62	1.44	1.95	2	1.86	13.12

从上面的数据可以看出，二班授课后，显然学生每道题的分数都有了较大的提升，通过对比，可以明显看出教师讲授的必要性。

五、 初步成果与反思

本课题经过了一个多月的准备实践研究，充分利用课堂，精心设计，及时反思，积累资料，不断改进，已经获得了一定成效。

（一）积极开展小组合作学习，逐步培养了学生的合作意识。

同学们通过合作学习，不仅理解了文段，而且在讨论中发现了规律，并互相补充，提炼总结，达到了生生之间互帮互学的教学效果，比教师讲，学生记笔记的传统教学方法更容易让学生接受，学生记忆更加深刻。

（二）学生学习兴趣增强。

过去学生面对含有很多生词的篇章便感到畏惧。通过学生们小组合作探究学习，学生不再害怕遇到单词，而且对推测词义非常有兴趣。

（三）学生初步掌握了六种阅读中推测词义的方法，提高了阅读效率。

在接下来的阅读测试中，同学们的平均分比过去长了30个百分点。学生们普遍感到遇到生词不再发怵，有信心深入进去读文章。用学生的话说就是遇到单词不再害怕了；遇到生词知道往哪里想了；做题有思路了；也有同学说现在有兴趣去了解一些生词了；猜词的准确度提高了；阅读速度也加快了。

（四）创新教学方法，提高指导学生阅读能力

通过这一专题的研究，教师改变了传统的教学方式，打破原有课堂中教师“满堂讲”的定式，实施引导学生探索、交流、创新的教学策略，提高了课堂教学效率。英语教师只有勤于注重英语阅读教学反思，才能不断提高英语阅读教学与研究的质量。

"在教学活动中，就学生而言是学习的主体。离开了学生学习的特点、学生的主动性和积极性，教师教的作用就无从发挥"（叶澜，1991）。学生是教学过程中的主体，以学生为主题的讲授方式能够提升学生的认知水平，以生为本的师生关系能够激发学生的学习热情，以学定教的活动设计能够优化课堂教学效果。

参考文献：

[1] 教育部．九年义务教育课程标准　英语课程标准［M］．北京：北京师范大学出版社，2011.

[2] 刘丹丹．中国英语学习者的阅读策略研究［J］．外语界，2002（6）.

[3] 苏霍姆林斯基．给老师的建议［M］．杜殿坤，编译．北京：教育科学出版社，2004.

作者简介

何岚： 北京理工大学附属中学英语高级教师，海淀区骨干教师。曾荣获校级"春天杯"优秀教学奖，理工附中"三八"红旗手，"2012 首都学生外语展示系列活动"优秀辅导教师奖，优秀备课组长，学校"青蓝工程"指导教师。

在合作与挑战行动中探究语篇意义，提升阅读理解力

◇马成霞

一、 研究背景

（一）阅读的重要性

阅读既是人们获得信息的主要来源也是一项重要的学习技能，是学生形成综合运用语言能力和进行真实语言交际的重要输入手段。阅读是现代社会中人们生存和发展所必备的一项社会文化技能。近年来，在英语教学中阅读教学的地位日渐突出。作为语言学习的媒介，阅读是学生获得语言信息、语言知识和培养语感的主要途径。为此，英语的阅读是语言学习的过程，更是信息交流的过程。

（二）语篇的意义

心理学家 Nutgall 提出，外语阅读是“对语篇的积极询问”。阅读不是读者单方向的被动吸收，而是读者与作者积极交流的双向互动，是由语法分析到语篇分析，由表层理解到深层理解，从而激活已有知识与作者双向交流的复杂的心理语言活动过程。阅读者掌握各类英语语篇的结构特征、衔接体现，有利于他们归纳主题，进行逻辑推理，提高阅读效率和阅读能力。可见，加强学生对语篇的理解训练有利于阅读理解力的提高。

（三）衔接的意义

衔接是语篇谋篇机制中一个重要组成部分，把握正确的衔接理解，可以避免语篇段落和句子的孤立使用，衔接是语域或语篇类型等因素密切相关的有效理解，衔接不仅使文本各部分有机结合，推进语篇发展，而且还

具有一定的修辞作用，能够增加功效，体现作者意图。衔接现象出现在高于句子的层级之上，阅读中应给予足够的重视，不能只谋句不谋篇。尊重和顺应阅读中语篇衔接规范，真正把握源于语篇的深层语义关系和正确传达出来的深层语义。

（四）《课标》对阅读的要求

《英语课程标准》要求学生具备的综合阅读能力包括语篇的领悟能力和语言解码能力；强调多学科知识的贯通；注重培养学生的语篇分析能力、判断能力以及根据语义进行逻辑推理的能力；提高其阅读速度、增加其阅读量和扩大其词汇量等。《英语课程标准》在英语课程分级目标中，如“能根据上下文猜测生词的意思”（四级）；“能找出文章的主题，理解故事的情节，预测故事情节的发展和可能的结局”（五级）；要求学生要做到“能读懂相应水平的读物和报刊、杂志，克服生词障碍，理解大意；能根据阅读目的运用适当的阅读策略”。

（五）合作与挑战行动的意义

合作与挑战行动是指有计划有步骤地对课堂教学实践中产生的问题由教师或研究人员共同合作边研究边行动以解决实际问题为目的的一种科学研究方法。合作与挑战行动是一种主题明确、思路清晰的解决问题的方法。

合作与挑战行动过程是一个不断循环和螺旋上升的过程。这个过程包括计划、行动、观察和反思等步骤。其发展过程可能会出现反复、暂时的间断或偏离主题的情况，但始终是为了改进实践而做出努力，因而是一个不断向前发展的过程。合作与挑战行动的过程立足于解决实际问题，是每个教师能够掌握和运用的。综合以上论述，合作与挑战行动的过程是基于英语学习的实际需求提高学生理解语篇意义的能力，提升阅读理解力。笔者就高中起始年级学生为研究对象，从聚焦问题与思考合作与挑战训练的研究方向为出发点，制定总体规划和实施阅读规划过程，开展探究语篇意义，提升阅读理解力的训练研究。

二、 研究过程

（一）聚焦问题与思考，明确行动研究方向

在教学过程中，通过课堂训练观察与学生的交流，笔者发现学生普遍感觉阅读时遇到理解方面的困难，阅读内容难懂，读过却不知所云。许多学生在阅读过程中在词汇方面遇到困难。他们认为有限的词汇量阻碍了对文章内容的理解，也制约了阅读速度的提高。也有许多学生反映尽管认识大多数单词可还是读不懂，或者陷入部分情节反而影响对全文的理解。

针对上述问题，笔者初步进行如下思考：

1. 如何在帮助学生理解意义的同时发展语言能力？

2. 如何帮助学生阅读发展深层理解和思维的能力？

3. 如何把握语篇、强化语块或文段来克服阅读障碍？

4. 如何让学生提升对篇章整体的逻辑分析和理解能力？

为了验证以上思考，笔者对学生的英语阅读状况进行了问卷调查。调查结果表明（如图 1）学生尤其期待自己的阅读成绩提高，对探究语篇意义、掌握阅读方法提高阅读能力有极大愿望。对于阅读兴趣的调查（如图 2）笔者发现了与学生阅读成绩满意度调查的实际情况与期待值之间的差距。结论是学生大都具有阅读意识，认识到了阅读在英语学习中的重要地位，无论是对阅读的直接兴趣，还是对阅读分值的间接兴趣，学生表示愿意多阅读，因为阅读题型占的分值很高，笔者认为这都是培养学生阅读能力的良好契机。

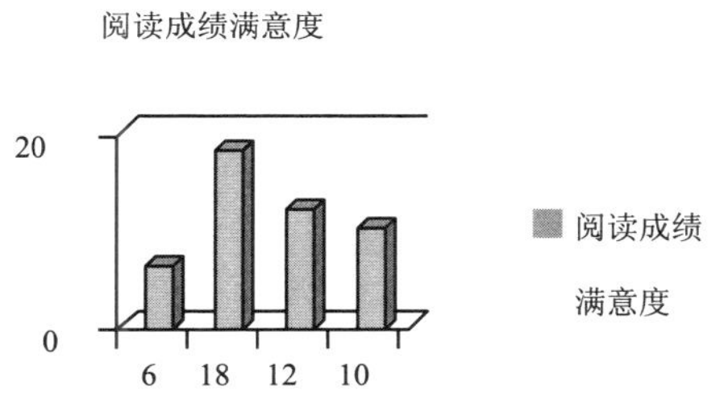

图 1

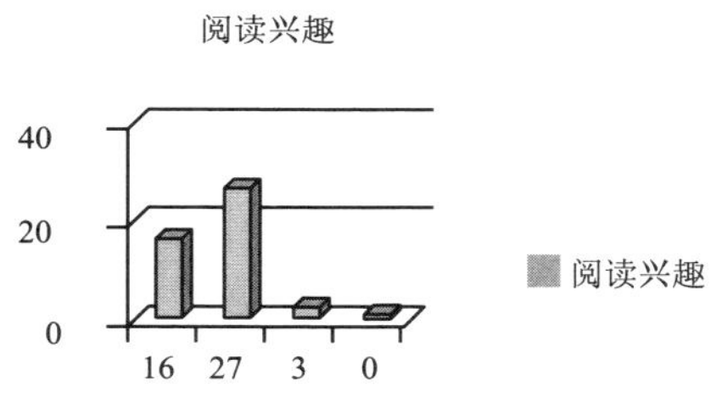

图 2

另外，在针对语篇阅读的问卷中反映出了许多学生在阅读中的问题（如图 3），其中亟待解决的是问题依次是词汇、文段、语篇的理解。词汇量小是被调查学生在阅读过程中存在的普遍问题，这也是许多学生抱怨读不懂文章的主要原因。文段方面学生反映尽管大多数词都认识，但是还是读不懂整个句子。语篇方面学生反映难以对阅读内容进行层次分析从而抓住其要点，结果在阅读时经常产生理解偏差。

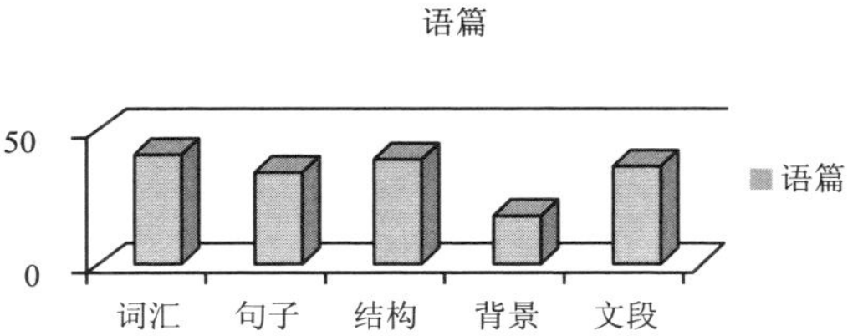

图 3

（二）制订总体规划，把握合作与挑战训练的关键

1. 确立目标

1）巧用学生阅读愿望，培养探究语篇意义的习惯。

2）规划语篇训练过程，发展语言能力和深层理解和思维的能力。

3）通过语篇训练内容，帮助学生把握准确阅读信息和句、段、文衔接。

4）强化整体把握语篇，提升学生对阅读背景知识的理解力。

2. 实施规划

1）合作与挑战行动原则

（1）以激发学生的阅读兴趣为出发点。保护学生的阅读兴趣，首先阅读材料的选择要在内容和难易程度上有利于激发学生的阅读兴趣，要让学生有初步的成就感和兴趣。

（2）训练以小组评价形式展示结果和个体测试赶超自己选定的竞争对手交互进行，学习和检测相辅相成。层进突破，小结评价结果过程和竞争测试成果，加大阅读愿望和持续发展的动力。

（3）分阶段落实目标，行动策略循序渐进，推进目标进程系列化，系统设计，螺旋式推动。

2）具体规划

时间与内容安排	训练内容与策略	提升目标
阶段一	问卷调查，把握起点	形成阅读训练的有效基础，确立研究课题
阶段二	语篇词法训练，小组评价形式展示结果	加大词汇理解和记忆反馈，重视阅读中词汇的效能
阶段三	语篇句法训练，标兵引领促进整体推进	加大课堂观察和反馈，树立学生下一步的目标
阶段四	语篇段落训练，小组互助明确连词的有效作用和句子关系	明确段落思维，把握句子的准确信息和段落的有效衔接
阶段五	语义逻辑训练，学生比赛绘制思维导图	强化首尾段呼应整体把握语篇能力
阶段六	形成阅读共识，展示优胜小组和优秀挑战者优异的学习方法	帮助学生树立阅读的重要性，重视阅读的必要性，进一步提升阅读理解力，促进竞争意义

（三）实施阅读规划过程，提升合作与挑战训练的内涵

学生积极阅读愿望是培养阅读语篇，把握语篇意义，逐步形成良好阅读的契机，语篇训练的策略不仅有利于教师在学生阅读的过程中进行正面引导，而且也是一种高效的专项语篇阅读形式。通过语篇意义探究的阅读教学方式，让学生感知由词（word）到句（sentence），再由句子到语篇（discourse）循序渐进，螺旋上升的语言学习过程和教学模式，从而提升对文本信息的理解与吸收。笔者从语篇的四要素词汇关联（Lexical connection）、句法功用（Grammar function）、连词引导（Signal conjunction）、逻辑走向（Logical direction）和阅读共识（Reading agreement）这五个方面进行训练和测试，提升学生的阅读理解力。

1. 通过词汇关联训练，在语篇中帮词汇找到“家”

词的学习与运用主要是有关词的记忆、提取和识别，而这种记忆、提取与识别的速度与准确性主要取决于可利用线索的数量与质量（马丁·韦德尔，刘润清，1995）。离开了语篇的词汇，就像离开了水的鱼而失去生命活力。语篇中的词汇关联，就如渔网可以把附近的词汇一网打尽。因此，词汇的学习、理解和记忆要在语篇中进行。

具体规划 1——语篇词法训练：

例 1：请阅读文段，根据所给的三个词语，按照四角对应的原理选择恰当的选项填入空白处。

The meat of a plump young bear is said to be quite tender and tasty; but even a hunting dog will refuse the meat of an old bear, for it is ________.

a. raw meat.

b. fresh meat, youngtender

c. also excellent

d. very tough, old

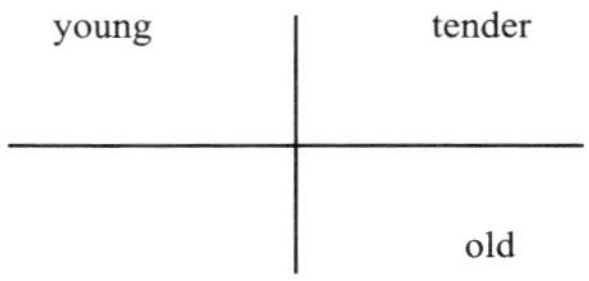

例 1 训练原理是在保证掌握一定词汇量的前提下，更要提高词汇学习的质量，更多掌握一词多义、一词多性和一词多缀多义的用法和不同意义。要养成根据上下文，结合词组、搭配和句子归纳以便更多掌握一词多义、一词多性和一词多缀多义以及表达作者态度价值观不同形容词的意义和用法的好习惯。坚持不懈抓课外阅读，确保所学词汇的再现频率，加深印象。英语教学专家 Thornberry（2002：18）曾经说过：“Acquiring a vocabulary requires not only labeling but categorizing skills...This involves a process of network building—constructing a complex web of words, so that items like black and white, or fingers and toes or family and brother are interconnected. Network building serves to link all the labels and packages, and lays the ground work for a process that continues for as long as we are exposed to new words (and new meanings for old words) —that is, for the rest of our lives."

2. 通过句法功用训练，提示语篇阅读的理解“信号”

阅读中，有许多学生表达了这样的困惑，即在阅读的过程中，大多数词汇都认识，知道中文意思，但就是不知道整体的意思。作为语篇的第一要素词语在语篇中是以一定的句法（语法）规则组成的。如果没有语篇的联系，单词就会被生硬地割裂开，成为没有意义的符号。例如 he，it，they，them，that 等可以通过它们的句法手段表示词义之间的关系，起到提示语篇理解信号的作用，可以提示前后句、上下文的联系，帮助学生整体理解语篇的意义。心理学家格式塔指出：“部分相加不等于整体，整体比部分的总和大，整体优于部分并决定部分的性质和意义。”只有理解了前后句、上下文之间的关系，学生才能准确理解阅读内容。

具体规划 2——语篇句汇训练：

例 2：请选择 A 或 B 替换 that：

She wrote many books, and though other people have written books about her, her own books are the ones that best explain how it feels to be deaf, dumb and blind. Her best book is "The Story of My Life".

A. the people　　　B. the books

例 3：请选择最佳词语填空：

A couple of years ago, I went to a lady's house to buy some medicine. Upon entering the ________, I noticed that there was a piano in the living room beside the wall. Being a piano music lover and player, I asked if the woman played.

A. house　　　B. room

例 1 中的 that 是定语从句的关系代词，代替先行词 the ones，而 the ones 则指代 the books，如果不能理解此处的关系学生就会对 Her own books are the ones that best explain how it feels to be deaf, dumb and blind. 这个句子出现理解障碍。例 2 则是依据冠词的语法规则不定冠词 a 用于第一次提到的 house 前表示泛指，而定冠词 the 则用于第二次提到的 house 前表示特指。

3. 通过连词引导训练，建构语篇中的语义衔接“链条”

在语篇中语言成分之间是存在一定语义关联的，词与词之间、句与句之间因语义需要加入连词来进行衔接，连词是语篇分析的主要内容，是语篇中语言成分之间的语义联系。衔接是构造语篇非常重要的一种手段。这种词汇衔接就像串起整个语篇的“链条”使语篇具有连贯性和连续性。掌握了这个“链条”也就是掌握了语篇的命脉，即掌握了理解语篇的方法。

具体规划3——语篇段落训练：

例4：请阅读文段，根据文段含义选择恰当的句子填入空白处。

There was a boy who was sent to a boarding school. He used to be the brightest student in his class. He was at the top in every competition. But things changed after that. ________. He hated being in a group. He was lonely all the time. He felt that no one loved him.

A. I care about you and I care about your happiness

B. His grades started dropping.

C. Because he knows that he is very happy

D. He knew there was someone on this Earth who cared for him deeply

例5：请阅读文段，选择恰当的词语填入空白处。

Helen Keller was a __1__ child at birth in 1880, but she became very ill at the age of nineteen months. Medical knowledge was not as great then as it is now. She did not __2__ but lost her sight and hearing.

1. A. sick B. normal C. smart D. happy

2. A. wake B. return C. die D. appear

从以上两个例题可以看出虽然要求填入的内容分别是句子和词语，但填写的关键都在于衔接这两段语篇的“链条”but，学生需要通过but的转折含义来选择相应的内容，以使文段前后连贯对应。

4. 通过逻辑走向训练，剖析语篇发展“线索”

Harris认为：“语言并不是一些杂乱无章的词句，而是以连贯的篇章形式表现出来的。”连贯指的是语篇中语义的关联，通过逻辑推理来达到语义的连接。如果阅读中不能够良好把握上下文和语篇的逻辑走向，就很难确定文段的含义，无法全面完整地理解整个语篇。所以，抓住语篇的逻辑走向，就是抓住了语篇的“线索”，这样才不会偏离方向，造成理解偏差。

具体规划4——语义逻辑训练：

例6：请根据文段，选择恰当的句子填入空白处。

Last Sunday Li Lei did his lessons almost the whole day. He wanted to relax himself and he went downtown. He walked on and on along the streets. He was pleased to see that people were very happy. When he was enjoying himself, he was stopped by a foreigner.

"______________________?"

"Yes, but I..." Li Lei was very nervous, and his face turned red.

A. what did he say　　B. Did he go home

C. Excuse me, can you speak English　　D. Is he listening to him carefully

例 7：请阅读文段，选择恰当的词语填入文中。

With their worries and wishes to get better and go home, they always offer me a __1__ smile. I feel all the tiredness has gone after spending a day with them because I realize that there is much more to __2__ than money. It is much more important to love and to be loved.

1. A. sick　　B. bright　　C. sad　　D. pitiful

2. A. life　　B. work　　C. love　　D. family

以上两个例子的文段中，学生很难找到明显的提示词语来帮助判断应填入的内容，这就需要学生通过所阅读文段的逻辑走向来剖析应填入的内容。例 7 横线要依据上文中 a foreigner 与 "Yes, but I ..." Li Lei was very nervous, and his face turned red. 之间的逻辑关系才选出 C；例 8 第 1 题要依据 I feel all the tiredness has gone after spending a day with them 句义逻辑选出 B，第 2 题要看出 Last Sunday Li Lei did his lessons almost the whole day 得出答案 A。

5. 通过合作与挑战训练，拓展阅读教材和文本信息"纵横"

在问卷调查中，最突出的问题是文本背景知识，这一问题影响学生极大，即使明白文本信息，但忽略背景知识的实际意义，学生做出的判断明显是错误的；同时通过合作与挑战训练，拓展阅读教材和文本信息"纵横"发展能力。

具体规划 5——阅读共识训练：

例 8：请阅读文段，选择恰当的词语填入文中：

I was at the post office early that morning, hoping to be in and out in a short while. Yet, I __36__ myself standing in a queue that went all the way into the hallway. I had never seen so many people there on a weekday. It seemed someone might have made an announcement, welcoming customers to carry was many __37__ as they could and bring them in when I needed to have my own package __38__.

36. A. found　　B. helped　　C. troubled　　D. enjoyed

37. A. things　　B. packages　　C. chances　　D. dollars

38. A. lifted　　B. cashed　　C. weighed　　D. carried

该文本是 2013 年西城一模英语试卷中完形填空第一段开头部分第 36 到 38 小题选题，学生在阅读中如果不了解文本信息中提到的邮局及其背景知识，这两个答案 37. B. packages 和 38. C. weighed 就很难选出，因为现在学生所知道的邮递方式是快件递送方式，许多同学谈到从出生至今没去过邮局。

在探究本文时，笔者首先分组讨论：What is the post office? What does post offices do? 这样，在英语教学中改变课堂教学中单一注重应试能力提高，从而实现课程的工具性和人文性统一的必要性。进一步关注阅读文本特征和语言特点引导学生理解文本形式在生活实际中的意义，体会语言的表意功能更是具有非凡意义。

例 9：在学习高中英语北师大教材 *The Changing World* 时，讲述的主要内容是北京胡同的历史由来及发展变化。

结果一形成辩论，许多高中学生对北京胡同只有耳闻，具体情况十分陌生，为此安排两个小组查阅，开展辩论活动，使学生在足够查阅中了解背景知识；在小组辩论中共同认识中国传统文化——北京胡同。

结果二在题目选材时有的同学只知道查题目，而没看课本，竟然给课堂送上了优秀文章，并送上了问题促进理解（附后），所设计问题 4 后对整篇文章的理解也就一目了然。

结果三明白老师意图的同学提前预习了文章，在小组内提出了这样一个问题“This lesson is mainly about ________ of Beijing Hutong，”由多种填词 varieties、kinds、forms 和 development 经纵横讨论最终得出答案。

结果四境界高的同学送上了图片，关注我们生活的地球 *The changing world*——呼吁同学...Heal the world—Make it a better place.

活动中，大家深深感到理解整体语篇，形成纵横思维对高效理解文本信息，提高阅读理解力，真正有效地与作者对话在阅读中的长远意义。

五、 在合作与挑战训练行动中反思

中学英语教学过程中阅读时间占据相当比重，提升学生阅读量，促进学生有兴趣、有序高效更需持之以恒。

在合作与挑战行动中探究语篇意义，提升阅读理解力，首先可以大大提高阅读效率，有效帮助学生在合作与挑战训练过程中建构篇章阅读的方法，提高学生对阅读兴趣的探究能力，同时也帮助学生找到了语篇阅读的方法和信心，提高了英语阅读教学解读文本的能力，但更重要的是训练学生解读文本基本步骤，可以培养学生深挖文本主题意义、基本意义（主题背景、主要人物）的能力，进一步把握解读文本结构与深层意义理解能力；不可忽视的是关注文本体裁，能开阔学生分析文本结构特征、语言特征以及意义的综合能力，进一步理解文本深层含义，通过文本信息引导学生与作者对话，正确理解作者的态度、观点和价值观取向、人文素养，最终达到通过总结和归纳文本结构、语言特点和写作手法（比喻、举例、定义、引用），促进阅读能力向写作能力的迁移能力。

最重要的是通过合作与挑战训练行动，展示了优胜小组和优秀挑战者优异的学习方法，帮助学生树立了坚持阅读的重要性、重视阅读的必要性，对进一步提升阅读理解力，促进竞争有深远意义。

参考文献：

［1］［美］Arhar，Joanne M.．教师行动研究［M］．北京：中国轻工出版社，2002.

［2］［英］Thornbury，Scott. How to teach vocabulary［M］. Pearson Education Limited，2002.

［3］王蔷．英语教师行动研究［M］．北京：外语教学与研究出版社，2002.

［4］教育部．高中英语课程标准（实验稿）［M］．北京：人民教育出版社，2011.

作者简介

马成霞：北京理工大学附属中学英语高级教师。2011—2014 年主编《词解英语——高中分阶写作 20 讲》《高考英语高分策略与核心考点策略丛书》，自主招生《精准射靶》；发表市级刊物《在合作与挑战行动中探究语篇意义提升阅读理解能力》《创新教学方法提升学科素养》；市级一等奖《浅谈教师专业发展之三部曲》《读书学习与教师专业一起成长》《交往促进学习动力是学生成长之灯》，市级二等奖《走在教育的路上，行程不会改变我心中那盏灯》；海淀区高级任职资格评审委员会委员、荣获英语高考阅卷优秀评卷员，全国高中创新英语大赛“一级辅导教师称号”，海淀区教育科研先进工作者；所主责的区级课题《英语互教互学策略探究》顺利结题。

小组合作在英语教学中的实践

◇卢亦玲

小组合作学习是以小组活动为主体而进行的一种教学活动。教学过程的所有环节都以小组活动为核心。采取小组合作学习法能使学生学会怎样与别人合作，同时更有利于培养学生的探索、创新精神。

一、 进行合理的分组

教师在构建合作小组时，应注意结构的合理性。分组时应注意以下几点：①小组人数要合理，一般以4~6人为宜。人数太多不利于学生间的交流和个人才能的充分展示，人数太少也不利于学生间的交流和互助。②教师应按照学生的知识基础、学习能力、性格特点的差异进行分组，让不同特质、不同层次的学生进行优化组合，使每个小组都有高、中、低三个层次的学生。这样分组不但有利于学生间的优势互补，相互促进，而且为全班各小组之间的公平竞争打下了基础。③小组成员间的角色应是动态的。小组间某些角色的互换或轮换，还可以按活动主题的需要让学生进行自由组合。这不仅使学生有新鲜感，提高合作学习的兴趣，而且还可以改变学生在小组中长期形成的地位，给每个学生提供发展的机会。

二、 建立一套有序的合作规则

教师在每个小组内合理分工，明确职责。小组内应设小组长、记录员、汇报员各一名。小组长应选有较强的组织能力和合作意识的学生担任。小组长的主要职责是对本组成员进行分工，组织全组人员有序地开展讨论交流、动手操作、探究活动。记录员的职责是将小组合作学习过程中的重要内容记录下来。汇报员的职责是将本组合作学习的情况进行归纳总结后在全班进行交流汇报。教师应根据不同活动的需要设立不同的角色，并要求小组成员既要积极承担个人责任，又要相互支持、密切配合，发挥团队精神，有效地完成小组学习任务。

三、小组合作在英语课上实施时具体策略

1. 在作文课上

判作文一直是所有的英语老师最为头疼的事，两个班，将近一百份的作文，怎么都得用三四个小时才能判出来。而且每一篇作文，你都得精心修改，挑出语法错误，找出好句子。问题是发到学生手上，学生们并不上心，看一眼，扔到了一边。该错的句型和语法点下次还是照样出错。老师耗费了大量的时间和精力，收效却很低。于是，我想我是否可以在英语教学上运用点智慧，动点小脑筋，改变一下传统的教学模式呢？我开始运用小组合作来改变作文课的讲解模式。由每个小组自己总结小组成员中的好句，并把小组成员在作文中的错词、错句挑出来，制作成幻灯片，在全班分享。

案例：

Unit1 作文

组长：张艺锐

组员：杨岚钥　周震豪　马惟晰

小组作文中出现的好句子：

1. I really want to live in Britain, and I enjoy the rain, the buildings. They all seem mysterious.

2. I have lived here since I was a thirteen-year-old boy. So I want to do something to improve the environment.

3. If I help other people, I'll feel a sense of achievement.

I love pets, but I don't have such a time to take care of them.

4. First, I'll go to NASA to learn some technology and new knowledge and bring it back to my motherland—China.

5. Half of the students agree that there will be only one country, because they hope the world will be really peaceful.

6. Two students agree that people will live to be 200 years old, but in my opinion, that is impossible and hopeless.

小组作文中出现的错误：

1. None of us agree people will live to be 200 years old.

改：None of us agrees people will live to be 200 years old.

2. I am a 13-years-old middle school student.

改：I am a 13-year-old middle school student.

3. It make me relaxed.

改：It makes me relaxed.

2. 在阅读课上

我要求每个小组每个月看一本英文的故事书，小组合作完成故事心得。分别负责插图、撰写、配乐以及演讲。每个同学都有不同的分工，大家学习英语的热情高涨。

案例：

组长：黄欣然

组员：姜涵　罗天行　江志逸

Favorite Fairy Tales and Fables

This book was a gift from my aunt in Australia in 2008. I was a child and knew little English, so it has laid on my bookshelf for five years. It caught my eyes when I looked at my bookshelf this morning.

The book contains 40 well-known fairy tales and fables all over the world. There're many familiar stories, such as the Three Little Pigs, the Tortoise and the Hare, Snow White, Hansel and Gretel, and so on. I have read all of them in Chinese when I was young, but it will be a brand-new experience to read them in English independently.

It's an amazing adventure. The text is accompanied by illustrations. While I'm reading, I feel like I'm with the cute characters, and they are just around me.

Fairy tales and fables are not just for children. No matter how old you are, you can always learn something from the stories.

For example, Hansel and Gretel has given me a deep impression. They are both very smart and brave. Hansel used the pebbles to lead the way to home. Gretel made the witch to check the oven and pushed her into it. They saved themselves with their own courage and wisdom.

Another story, the Three Little Pigs, is interesting and meaningful. The hard-working ones, like the little pig, can always have the best and the happiest life. No pains, no gains. When you work hard, you are not foolish but wise. So, whatever you do, try your best.

In my opinion, reading fairy tales and fables is a perfect opportunity to build your self-confident, because it's really easy to understand.

English used to annoy me, but now it seems really charming for me. All the practices I've done, not only let me know how to use it, but also let me learn how to appreciate the beauty of English. Try to appreciate it, you may find yourself enjoy English. It is not so boring, is it?

四、 小组合作学习的评价方法

评价是小组合作学习不可缺少的一环。一个完整的教学系统必然离不开评价，教学评价是检验教学质量并使教学不断改进和完善的重要环节。因此要对小组合作学习进行有效的评价，从而更好地达到以评促学的目的。我实行的是学生自评、学生互评和教师评价相结合。

小组合作学习评价表

班级________小组长________发言人________

个人评价				小组加分		
姓名	表现摘录	自评	小组互评	教师评价	加分	总　分

总之，采用小组合作的学习方式，使小组中的每个成员都有机会表达自己的观点与看法，也乐于倾听他人的意见，使学生感受到了学习是件愉快的事情，进而有效地提高了教学质量。

作者简介

卢亦玲：北京理工大学附属中学英语一级教师。论文《小组合作在英语教学中的作用》获北京市“京研杯”教育教学研究成果二等奖，《离异家庭的孩子如何教育》《当座位安排遇挫时》获校级论文一等奖，《小组合作在英语教学中的作用》《小组合作竞争》获校级论文二等奖。

关于在英语教学中实施新课程理念的思考

◇李海玲

课程改革是一项复杂而又艰巨的系统工程，需要教育工作者认真地学习和全身心地投入与付出。在实际的英语教学过程中，还存在着一些误区。如何在英语教学过程中贯彻新课程理念成为英语教师必须思考的问题。在教学过程中，我不断思考与总结，有许多困惑也有一些收获。

一、 现阶段英语教学中存在的一些问题

课改的新理念要求我们摆脱原有的旧教学观念，运用以学生为主体的课堂教学模式，以培养学生的“综合语言运用能力”为目标。初中新课标指出，初中阶段的英语教学的总目标是使学生在小学英语学习的基础上，进一步发展“综合运用能力”，倡导符合语用学理念的任务型教学活动等。然而在实际的操作过程中，却遇到不少的困难。

首先，按照新课程的三维目标——知识与能力、过程与方法、情感与价值观来看，我们容易将重心放在知识与能力上，而忽视了后两者。原因有两点：（1）由于受到了传统的教学模式的影响，教师习惯性地认为课堂教学就是要把知识传授给学生，尤其是以高考为纲，以答题得分为重，怎样能让学生取得好成绩就怎样组织教学，长期以来形成的应试理念还在左右着教学思维。（2）由于受到客观实际的限制，班级中往往会有相当一部分英语基础比较差的学生，这种情况相当普遍。面对这样的学生，教师与他们交流起来很困难，课堂活动也会因此难以进行，更不用说什么过程与方法了。所以，教师只能将重点转移到语言知识与能力的培养上来。

其次，新课程的理念并未彻底地深入人心，新课程与旧课程最本质的区别就在于理念的不同。旧课程认为教师是知识的传授者，是课堂的中心，学生是知识的接受者，这种观念在许多老师和学生当中是根深蒂固，老师一味地向学生灌输知识，学生孜孜不倦地接受这些现成的东西，这显然是与课改背道而驰的。

二、 教学中应如何实施新课程理念

我们要用新课程的理念来武装自己的头脑，加快改革的步伐，走出误区，真正把新课程的精神落实到英语教学当中。最关键的是要建立“以学生为主体”的英语教学方式，使英语学习既有利于学生打好基础，又有利于学生形成健全人格，更有利于学生去探索、创新。这也体现了新课程的三维目标：把学生当成主体，重视过程与方法，在教学过程中对学生进行情感教育和价值观教育。那么，如何才能做到以学生为主体呢？在平时的教学过程中，教师应鼓励学生每天轮流上台发言，发言的内容可以是一个小故事，发布一则新闻，提出社会热点供大家讨论，说一则笑话，或仅仅是找到一个漂亮的英语句子与大家一起分享……内容自选，题材不限。这样的活动不但能使学生的主观能动性得到充分的发挥，做到了以学生为主体，而且同时营造了一个和谐、民主、轻松的课堂氛围，也有助于提高课堂教学效率。

另外，“以学生为主体”还可以体现在教学方法上。课堂上，教师应多采用启发式教学，应当起到引导、启发的作用。教师应通过设计各种各样的情境、问题来引导学生发现问题、解决问题，并帮助学生自主地总结归纳。引导的特点是含而不露，指而不明，开而不达，引而不发。引导的内容不仅包括方法与思维，同时也包括做人的价值，可以表现为一种启迪。比如，在英语语法教学中，我们可以先举例让学生观察，鼓励学生积极地思考、总结，最后再由教师归纳。如此，学生在教学活动中的主体地位就得到了体现。例如，在讲授直接引语和间接引语时，课堂导入部分可以先让学生说一句话，并写在黑板上，再让另一个同学转述他的话，这样就可以很直观地告诉学生，什么叫作直接引语和间接引语了。明白了这一点，接下来的任务就是教学生如何改直接引语和间接引语。教师可以先在黑板上举出几个例子，让学生仔细观察，允许学生讨论，最后请学生起来总结，改直接引语和间接引语时，应注意哪些问题。最后，教师再对这个语法现象进行系统的归纳。这样一来，就体现了学生的主体地位与教师的主导作用。

根据新课程标准，要以提高学生综合运用能力为目标，就必须从学生的生活经验和已有的知识基础出发，给学生创设充分进行英语实践活动和交流的机会，使他们真正理解、掌握和运用英语，把教学的重点转移到语言能力的培养上。这就要求我们不仅要丰富学生的基础知识，提高学生的阅读能力，更要培养学生的听说能力，鼓励学生用英语表达自己的观点，教师要注重学生英语实践能力的培养，充分体现英语作为一种语言工具的交际功能，充分发挥学生的主观能动性和创新意识，创设开放性问题。

三、 改进英语课堂教学的措施

（一）书——让学生自己读

读，对提高学生人文素养和培养学生阅读能力起到决定性的作用，对学生的全面发展和终身发展意义非同寻常。在读前，我先提几个问题，让学生带着问题理解文章，然后小组讨论、代表陈述，再各抒己见，最后总结归纳，找出课文的语言点。整个过程我只会在旁边适当加以点拨，从而促进学生的主动发展、充分发展和全面发展，若遇到较为偏难或一些目前学生还比较陌生的文章时，我一般是在练习前利用网络资源，通过图片或相关的信息，尽可能地创设情境，加强背景知识的引导，以此来降低难度，同时增加知识性和趣味性。

（二）话——让学生自己说

学生由不敢开口到敢说，由不善说到善说，既要经历一个心理的反复冲突过程，又要经历经验不断积累的实践过程。而学生要实现这一跨越，教师必须给每一个同学创设出公平合理的机会和人人参与的机会。答问是说，交流评价是说，辨析研讨是说，体会想象是说，复述讲演是说……这些话，往往构成激活课堂思维的灵魂，构成学生主动发展和充分发展的关键。只有突破为教而说的一问一答的教学桎梏，学生的说才会走出多样化；只有将教学过程开放化，让学生想说就说，学生的说才会体现个性化；只有将交际形式多样化，面向全体，人人参与，学生的说才会落实全员化。只有多说多练，学生说的水平才能不断进步。不要怕学生说得慢，或一时说不上来；不要怕学生说错、言不达意或张冠李戴，这都是学生走向敢说、能说、会说必须经历的实践过程。学生一旦走入，其思维水平和迁移能力就会得到迅速发展和提高。

（三）问——让学生自己提

学而能问，既是学生认识的突进，也是学生思维的聚焦。教师应该积极调动学生的能动性，促进学生主动探索和深入发现，让学生全心全力调动自己原有的认知经验参与当前的讨论活动，去解决自己能懂的内容，梳理出自己不懂的问题，形成一种激情难耐的学习状态。教师则充分把握时机和空间，使他们有问能提。学生既可以集中质疑，也可以随机质疑；可先小组进行，再全班交流。教师要让学生尽情地提问。

（四）果——让学生自己摘

任何学习成果，都是思维加工的结果；任何深刻的认识，都是认知逐步建构的体现。学习的质变点，往往就在学生猛然跳起的一刹那发生。教学中，我经常指导学生通过资料查询，使学生恍然大悟。在英语教学中，我坚持让学生这样摘“果子”从而使他们达到无拘无束的说话境界，他们的思维会变得异常活跃，创造精神会大大增强。教学中还要注意面向全体学生，做到每个学生都有提高，起点、速度、训练量定在中等偏下水平学生身上，一切从他们的实际出发，让他们跳一跳就能摘到果子，而且特别注意给原来不及格的学生多一些跳一跳的机会。尖子生要从速度和分量上给他们提出更高的要求，使他们也感到摘果子并不是那么容易。另外，对于学生的点滴成绩与进步都进行积极的随机评价。

（五）学——让学生自己评

教学过程，应该是一个充满激情的实践过程，同时也应该是思维火花不断碰撞与闪射的激发过程。在这一过程中，应该把学习评价的权力还给学生。学生评什么呢？评读、评思、评说、评悟、评组成学习过程的一切具有价值的东西。这种评是全方位的，既强调互评，也强调自评，还可以评老师、评教材（品析精彩，挑剔欠缺）。通过评，能拓展学生思维的张力，促进学生认识的飞跃，激发学生探究的内力，使学生更主动驾驭并掌握学习过程，从而使学生的主体地位得到进一步体现。在这一过程中，学生会用自己的目光、经验、认识、智慧去认识美、感受美、提示美和完善美，并实现表现自我的欲望和意愿。学生的“会评”是在不断的“学评”过程中发展而得来的。让学生拥有评的权力，不仅能充分张扬学生的个性，而且通过这种个性张扬，能转化为学生更具有个性的交际能力，使学生英语综合素质得到全面的提高。

（六）情——让学生自己抒

“教材—学生”之间情感的桥梁便是老师的情感。教材蕴含的情感要靠老师去传递、去强化，让学生随着教学过程的推进，入情、动情、多情、抒情。情感的纽带就联结、沟通、牵动在“教材—学生—老师”之间。由此可见，情存在于教材，启动于老师。只有情情相激，才会使学生兴奋、激动、活跃，使整个教学过程充满生机与智慧。情是课堂教学应体现的本质特点，也是真正落实人文精神的关键。

总之，课程改革已经逐渐深入人心。对于一项改革来说，没有现成的模式可以借鉴，人人都要付出艰辛的努力。对于我来说，只有通过自身的不断充实，提高对课改的更深层次的理解和认识，才可以很快适应和成熟起来。

作者简介

李海玲：北京理工大学附属中学，中学英语一级教师。撰写的《关于在英语教学中实施新课程理念的思考》获北京市“京研杯”一等奖、获校级优秀论文一等奖；《激活英语课堂教学的实践与思考》获北京市“京研杯”二等奖；《给学生多一点微笑》获校级二等奖。多次获得全国英语竞赛优秀辅导教师和创新英语大赛优秀辅导教师称号。

初三英语读写课中的思维训练

◇王　琼

今年学校让我们再读《有效教学方法》这本书，写与教育教学智慧相关的文章。重读书中的一些内容，有了新的体会和收获。结合本书内容和初三教学经验，感觉自己在初三英语读写课中，引导学生使用思维导图来学习有一些小小的收获，所以对于这种方法的使用做了一下阐述，文章当中所有的思维导图都是我在初三的教学中，结合所教内容，自己创作或带着学生一起创作的。

一、 什么是思维导图

曾经看过这样的视频，有人在经济管理学中使用思维导图让非常复杂的问题变得简单全面而富有逻辑。我就尝试性地查了下是不是在教学中同样也可以使用这种方法来启发学生，发现一些学科采用的系统归纳图其实就是思维导图的一种，而且结果证明思维导图对知识掌握、能力提升和学习方法改进都有帮助。那么，什么是思维导图呢？思维导图（Mind Map）是英国著名学者东尼·博赞（Tony Buzan）在19世纪70年代初期创造的一种新的思维模式。它以直观形象的图示建立起各个概念之间的联系。它结合了全脑的概念，能够全面调动左脑的逻辑、顺序、条例、文字、数字以及右脑的图像、想象、颜色、空间、整体思维，使大脑潜能得到最充分的开发，从而极大地激发人们的创造性思维能力。国内外专家皆认为：思维导图为人类提供了有效思维的图形工具，能够开启人类大脑的无限潜能。思维导图可以用计算机软件制作，也可以徒手绘制，绘制时可以同时使用文字、图像、符号和多种颜色，使需要记忆或理解的材料变得立体、直观、有高度的组织性。

二、 初三英语读写教学中思维导图的运用

思维导图可以用于英语基础知识，如词汇、语法的学习，也可以用来提高英语语言听、说、读、写技能。这种学习方法可以贯穿于预习、新授和复习的全过程，既能较快速地帮助学生学习新知识，又能有效地复习和整合旧知识。学习中，学生的思维都处于比较活跃的状态，这种主动学习的过程，有助于知识的掌握和长时记忆。本文主要阐述了思维导图在初三新授读写课中的运用。

（一）思维导图在阅读中的应用

在整个初中英语教学中，阅读能力的培养是初中英语教学的一个重要组成部分，学生阅读能力的高低直接影响到学生运用英语的能力。在阅读一篇文章时，运用思维导图，可以加强对文章结构和细节的理解。通过比较认真的阅读和绘制思维导图，主动地对文本中的一些信息进行概括、梳理、加工，达到了一定程度的理解，也提高了阅读能力。通过这样的阅读过程，学生再去完成相关的习题，质量要好得多。

学生先阅读，自己绘制思维导图，老师也可以给出思维导图，让学生完成任何一个分支内容的填写。这样学生对整个文章的结构和主要内容有一个整体的了解。然后可以根据思维导图进行原文复述或进行同类话题的口头表达，或结合自身实际进行小组合作调查然后进行口头陈述。这样在提高阅读能力的同时也提高了口语水平。

例 1：新目标九年级 Unit1：SectionA 3a

How do you learn best？

This week we asked students at New Star High School about the best ways to learn more English. Many said they learnt by using English. Some students had more specific suggestions. Lillian Li, for memorizing the words of pop songs also helped a little. When we asked about studying grammar she said, "I never study grammar. It's too boring."

Wei Ming feels differently. He's been learning English for six years and really loves it. He thinks studying grammar is a great way to learn a language. He also thinks that watching English movies isn't a bad way because he can watch the actors say the words. Sometimes, however, he finds watching movies frustrating because the people speak too quickly.

Liu Chang said that joining the English club at school was the best way to improve her English. Students get lots of practice and they also have fun. She added that having conversations with friends was not helpful at all. “We get excited about something and then end up speaking in Chinese.” she said.

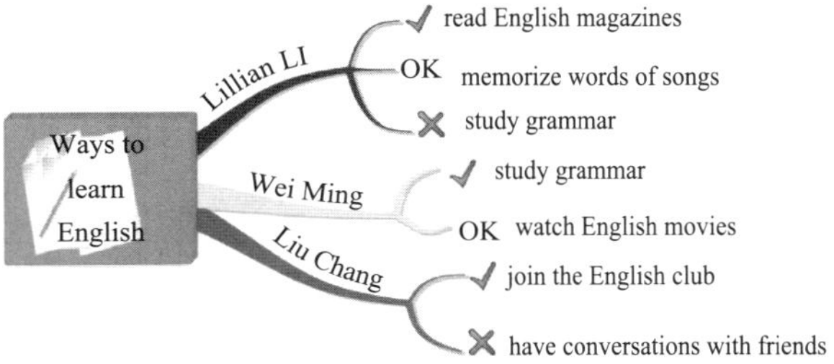

例 2：新目标九年级 Unit9：SectionA 3a

Being a volunteer is great!

Number 77 High School is home to three very special young people: Li Huiping, Lan Pei, and Zhu Ming. These three students all volunteer their time to help other people. This volunteer work takes each of them several hours a week, so it is a major commitment. Huiping loves to read, and she puts this love to good use by working in the after school care center at her local elementary school. Here, she helps young children to read. Pei loves animals, and plans to study to be a veterinarian when he leaves school. He spends every Saturday morning working in an animal hospital. Ming wants to be a professional singer. He sings for groups of people at the city hospital to cheer them up. “Volunteering is great!” says Huiping, “Not only do I feel good about helping other people, but I get to spend time doing what I love to do.” Pei says he has learned more about animals. Ming says he has met some wonderful people at the hospital. The three students plan to set up a student volunteer project at their school. “Don’t put it off,” says Huiping. “Become a volunteer today!”

（二）思维导图在读写中的应用

写作是语言输出的重要途径，能比较客观地反映学生综合运用语言的能力，属于较高层次的技能。在英语写作教学中，有的学生对英语写作望而生畏，究其原因，主要是他们思维凌乱，缺乏语言组织能力。

学生可以先预习读文，绘制阅读思维图，通过借鉴和模仿，然后根据需要写的作文题目，搜集写作素材，理清思路，绘制写作思维图，把一篇作文的框架通过思维导图立体地呈现出来。通过训练，学生的作文逐渐变得内容完整、条理清晰，有效提高了写作水平。最后再进行口头陈述，同时也提高了口语表达能力。

例3：新目标九年级 Unit7：SectionA 3a，是一篇有关旅游的文章，旅游是中考写作话题之一，学生先读文章再完成一篇有关旅游话题的写作。

Travel spotlight：Paris

For your next vacation why not consider visiting Paris? Paris is the capital of France, and is one of the liveliest cities in Europe. It doesn't have any beaches or mountains, but there are still many things to do there. For example, it has some fantastic sights, including the Eiffel Tower and Notre Dame Cathedral, one of the most famous churches in the world.

Traveling around Paris by taxi can cost a lot of money, but it's usually quite convenient to take the underground train to most places. In general, though France is quite an expensive place. One thing that is not expensive in France, however, is the wine!

Most people in France have learned English. But many people don't like to speak English, especially in Paris. So unless you speak French yourself, it's best to travel with someone who can translate things for you.

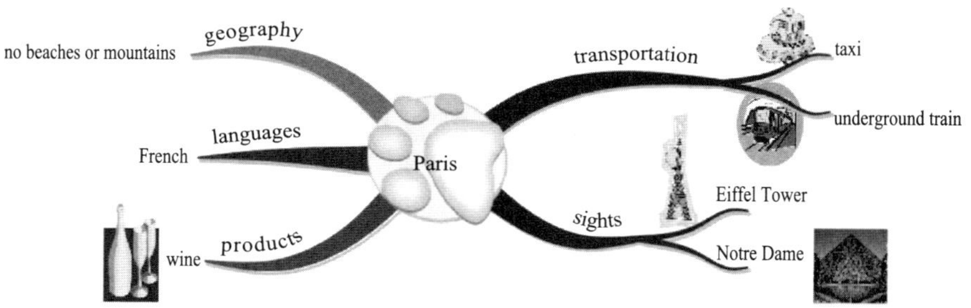

学生在写旅游话题作文时，可参考上文思路，进行内容上的补充。首先简单画出写作思维导图（如下图，任何一个分支可以再进行分支），然后再进

行写作，这样学生就有思维框架了。

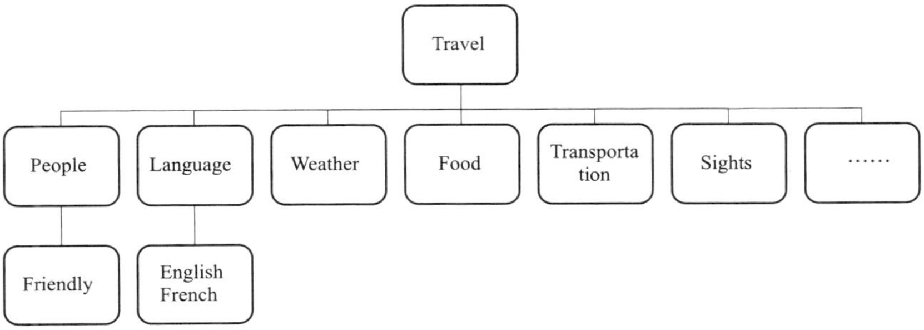

例 4：新目标九年级 Unit13：SectionA 3a，是一篇描写正反观点的议论文范文，可以通过先读此文再引导学生完成一篇此类议论文的写作。

Advertising：pros and cons

In the modern world, advertising is everywhere! Some people think that ads are great. Others hate ads, saying that they make our cities and countryside look ugly. Many ads are aimed specifically at teenagers, and some young people see more than 100 advertisements a day. It's true that some ads can be very useful. For instance, they can help you to compare two different products so that you can buy the one you really need. They can also help you save money. When prices are listed, you can go to the store with the lowest price. Ads also tell you when stores are having sales. However, some advertising can be confusing or misleading. Sometimes the words sound good but don't really tell you anything about the quality of the product. At other times, the picture in an ad looks a lot better than the real thing. And you have to be careful. At times an ad can lead you to buy something you don't need at all.

学生在写此类议论文作文时，可参考上文思路，假如作文题是从正反两个方面讨论运动，可以首先简单画出绘制思维导图（如下图），然后再进行写作。

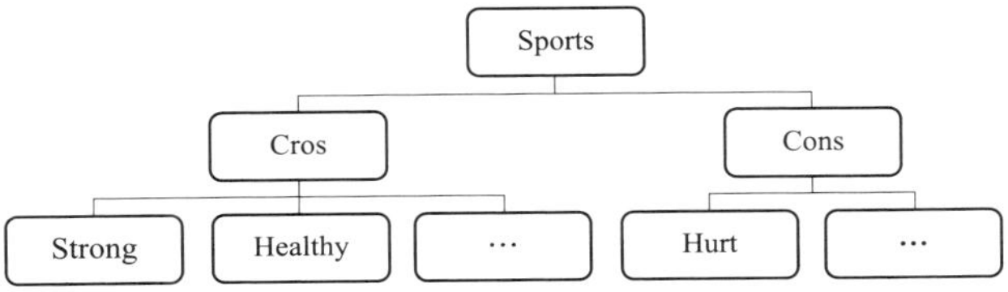

三、“思维导图”对学生习惯和后续学习的影响

学生运用“思维导图”，并把它作为一种思维习惯至关重要。学生可以用思维导图进行预习、复习并进行课堂记录，而不仅仅是对老师课堂内容的机械的、不完全的、表层面的理解或复制，相互之间没有关联、没有重点。

同时，思维导图可以用于帮助学生建构知识体系，学生通过总结、制作思维导图，使所学知识之间互相联系，让学生形成自己的知识网络，为后续的英语学习奠定良好的基础。实践证明，在初中英语读写教学中，运用思维导图来帮助学生学习英语，不仅能有效激发学生的英语学习兴趣，体验英语学习的成功与快乐，而且通过图形的一次次构建，帮助学生分解学习难度，掌握英语学习方法，逐步形成比较系统的学习和思维习惯。这种个性和智力的和谐发展将更大激发学生的潜能，从而促进他们的可持续发展。

作者简介

王琼：北京理工大学附属中学英语二级教师。获“飞扬的红领巾”少年儿童综合素质展示北京决赛优秀辅导老师，“国英杯”英语能力达人赛优秀辅导老师。“北京市中小学电脑评选作品初中组多媒体课件”三等奖。《复试分层同堂合作，提高初三英语阅读试题讲评效率》《思维导图在初三新授课读写中的应用》获全国教师优秀教育教学论文一等奖。

高中英语阅读课课堂活动设计的实践研究

——以一节阅读课的课堂活动设计为例

◇张爱英

高中英语课程标准中明确表明：高中英语课程要特别着重培养学生用英语获取信息、处理信息和传达信息的能力、分析问题和解决问题的能力以及用英语进行思维和表达的能力。北师大版高中英语教材为学生提供了内容丰富的阅读材料，不仅其话题更加贴近时代、贴近生活、贴近学生，而且所有的阅读都是经过改写的选自原汁原味的英文素材，语言鲜活地道，课文涉及的题材广泛，体裁多样，有选自报刊和杂志的文章，有改编的采访、人物传记等，具有思想性、趣味性、知识性、挑战性和时代性。如此丰富又有趣的文章，无疑为我们培养学生英语思维能力提供了高效的材料，如何充分利用从而使学生的阅读能力得以提升，是英语教师在新课程标准的指导下需要深入思考，并值得我们不断研究的问题。

在新课程标准中对学生阅读能力的培养中有如下描述：（1）能通过上下文克服生词困难，理解语篇意义；（2）能通过文章中的线索进行推理。根据多年的教学经验，在高考阅读理解题目中学生对于推断类的题目把握不准，这种题目对学生的能力要求较高，因此在教学中如何培养这方面的能力，也关系到将来高考的成绩，当然我们是希望学生能够通过平时的课堂训练在提高能力的同时收获成绩。下面介绍一下本文作者是如何在阅读课上充分挖掘教材，培养学生的推理判断能力以及用英语思维和表达能力的。

案例：Module 5 Unit 13 Lesson 5 First Impressions

Step 1：这是一篇记叙文，在教学中教师先是通过处理表格的形式使学生对本篇文章的大意有了初步的了解，文章的框架也基本掌握，包括必要的细节。

Activity 1 Brief summary

Place	Local library
Main characters	Jane & Jenny
Main plot	Jane was preparing for an important exam and Jenny was singing while reading.
	Jane was angry and took off but she left her most important textbook behind.
	Jenny found the book and returned it to Jane. They became good friends.

Step 2：在初步理解的基础上，处理学生阅读过程中遇到的难句，采用的方法为：paraphrase。

Activity 2：Discuss in groups and try to paraphrase the expressions in bold words：

1. **The last straw** was when I heard someone singing behind me.

____

2. I'm surprised **there wasn't steam coming out of my ears**!

____

3. I felt guilty, but Jenny just laughed and told me she was glad to see that I'd also **left my glare** in the library.

____

4. The fact that she looked like a sensitive, friendly girl didn't matter. **If anything**, it made me even angrier.

____

学生在讨论的基础上，会给出并不十分准确的翻译，但是他们能够理解作者在运用以上语言描述时所要表达的心情，这就足够了。

学生的理解：1. I can't stand it anymore.

2. I became very angry.

3. I wasn't angry with her anymore.

4. If there is anything different.

在这个环节中即便是学生会出一些语言上的错误也不必太急于纠正，只要他的表达基本上反映出他的理解就可以了，因为过急的纠错会使学生的信心受到打击，对于比较突出的语言错误教师可以不着痕迹地用正确的表达来代替学生的回答，这样既肯定了学生的思维，又隐性地纠正了学生的语言错误。

Step 3：运用 CCQ（Concept Checking Questions）的方式巧妙处理文中的难句语法结构。

在学生遇到未学过的复杂语法结构时，理解上可能会有困难，这时可以利用 CCQ 的方式引导学生正确理解复杂句式的含义。以下句为例：

例：If Jenny hadn't been a kind person who was willing to forgive my shortcomings, I would never have experienced such true friendship.

Q1：Was Jenny a kind person?（Yes）

Was Jenny willing to forgive my shortcomings?（Yes）

Did I experience true friendship with Jenny?（Yes）

或者：What kind of person was Jenny?

What was the relationship between Jenny and Jane? And why?

在这样的启发下，学生可能会给出如下解释：I experienced true friendship because of the fact that Jenny was a girl who was kind and willing to forgive my shortcomings. 在这个过程中学生始终是在教师的引导下用英语来思维，并努力寻找自己可用的语言来表达信息。这样的训练坚持下去，势必会使学生养成用英语思维的习惯。这个句子中含有下个单元中即将学习的虚拟语气第三条件句结构，在这里学生有了初步的接触，也为下一课语法的学习埋下了伏笔。

Step 4：运用 Reading between the lines 的方式挖掘教材背后的内涵。

在整篇文章的难句处理完之后，学生对于文章的表层意义理解已经不存在困难了，此时开始引导学生去挖掘文本背后的深层含义，于是向学生介绍下一个任务。

Task 3：List the probable facts about Jenny or Jane by reading between the lines. 当然学生对于何为 read between the lines 是不太理解的，此时可以继续以 paraphrase 的方式向学生解释：to guess someone's real feelings from something they say or write, when they do not tell you directly。简单的说就是一个词：infer，经过这样一番的解释，绝大部分学生也就明白了：老师让我们推断一些可能的事实。在指令发出之后，为了确保学生真正地理解了教师的含义，可以先给出事例：Example：

She seemed interested in what she was reading. I glanced at the book's cover. It was a book of Tennyson's poems.

Make an inference/Read between the lines：She must like poems/literature.

同时要让学生明白两个概念：

1. Read between the lines/Infer ≠Facts.

2. Read between the lines/Infer ≠Paraphrase.

学生所列的 facts 因为是推理得来的，所以是 probable facts. 这样也进一步巩固练习了上一节课所学的情态动词表推测。

注：运用 ICQ（Instruction Checking Questions）的方式确保学生正确理解教师下达任务的指令。因为这是很重要的指令，只有所有的学生都明白了指令的含义，接下来的任务才有意义，才具有可操作性。在这个环节可以采用 ICQ 的方式来确认每个学生都清楚了教师的指令。

例如：Is this a pair work or individual work?（Individual first, then pair work.）

Are you going to find some facts about Jenny?（No, probable facts.）

当然由于班上学生层次的不同，本着新课标的精神，教育要面向全体学生，教师在这里可以根据具体情况选择是否给出汉语提示：领会言外之意，探究字里行间隐含之意。

学生的阅读理解能力在这一任务的完成过程中得以充分的体现，他们所找到的文中隐含的内容远远超出了教师的想象：以下是部分节选内容

Probable facts about Jenny:

Jenny must be the sort of girl to spread sunshine through her smile.

Jenny must have a great sense of humor.

That day Jenny must have lost herself in a book of Tennyson's poems.

Jenny must be an intelligent girl.

……

Probable facts about Jane:

1. Jane must have listened to the song which Jenny sang.

2. Jane must be very impulsive.

3. Jane can't have got ready for her oral exams.

4. Jane might be sensitive about the environment.

……

在学生给出以上推测内容时，教师可以灵活应对，让学生同时给出 supporting details，通过这样的挖掘，学生的思维得到训练，教师在前期教学中为学生的语言输出搭好了台阶，语言的表达有了具体的信息支撑，为学生课堂发言培养了自信，自然他们也就敢开口说英语了。在列举学生对两个主人公

的推测信息的同时，人物性格也就昭然若揭，水到渠成了。

课后我对不同层次的学生进行了访谈，学生对 read between the lines 的活动感受是：课文读得比以前透了，文章理解得更清晰了，同时课堂回答问题时言之有物了。可见，read between the lines 和 paraphrase 的方法对于培养学生的英语思维能力，挖掘教材的内涵，深层理解文本的含义起到了良好的效果。在新课程改革的进一步推进过程中，需要我们教师能够在日常教学中勇于探索，不断实践有益于学生能力提升的教学活动，提高活动的有效性，在探索实践中将新课程的理念切切实实地贯穿于课堂教学中。

参考文献：

[1] 中华人民共和国教育部．英语课程标准［M］．北京：人民教育出版社，2003.

[2] Neil J. Anderson. 第二语言阅读探索：问题与策略［M］．北京：外语教学与研究出版社，2009.

[3] Patricia A. Duff. 应用语言学中的个案研究方法［M］．北京：外语教学与研究出版社，2011.

作者简介

张爱英：北京理工大学附属中学，中学英语高级教师，海淀区兼职教研员，海淀区名师工作站成员。2011 年被评为北京市骨干教师、海淀区教学基本功大赛一等奖。2012 年被聘为海淀区高级任职资格评审委员会委员。2013 年荣获“北京市优秀教师”、2014 年获海淀区“三八红旗手”荣誉称号。

分层作业在初三英语教学中的探索与研究

——“五、三、四”模式的初步探究

◇张宏伟

在基础教育课程改革的具体目标中，强调形成积极主动的学习态度，使获得基础知识与基本技能的过程同时成为学会学习和形成正确价值观的过程。

回顾自己教书育人的二十多年时间，不知送走了多少届的毕业生。一批一批的孩子们经过努力考入了理想的高中。尽管每一届的学生都有着各自的不同，但作为毕业班的老师，看到孩子们收获的那份喜悦是无以言表的。

然而在替他们高兴的同时，却常常伴有一丝遗憾。在我所授课的班级里，大部分的学生能够跟上老师的教学节奏，非常顺利地完成学业。但是因为我们要面对不同能力层次的学生，仍有个别接受能力差或缺乏学习动机的学生到初三阶段上课几乎听不懂你所讲授的任何内容，英语基础是一片空白。

“如何让这些孩子能够在初三这一年里学会学习英语，使他们形成积极主动的学习态度”是我这些年来一直思考并努力探究的一个问题。

苏联著名教育家霍科夫曾说：“当教师必不可少的，甚至几乎是最重要的品质就是热爱学生。”苏霍姆林斯基也曾说：“教育的全部就在于爱儿童。”我热爱我的每一位学生。不仅成绩好的孩子让我热爱，那些基础薄弱的孩子我更想方设法努力来帮助他们。

基础教育课程改革纲要中指出，我们要关注学生的学习兴趣和经验，精选终身学习必备的基础知识和技能。教师应尊重学生的人格，关注个体差异，满足不同学生的学习需要，创设能引导学生主动参与的教育环境，激发学生的学习积极性，培养学生掌握和运用知识的态度和能力，使每个学生都能得到充分的发展。

于是，针对班级里面那些学习困难的孩子，我尝试用不同的补课、辅导方法来帮助他们找到学习英语的乐趣。因为教育就要注重多样性的发展，而我们有时的教育模式过于单一，对于所有的孩子都是用一种教育模式来教育，不利于学生的成长，也不利于培养学生的可持续发展能力。可持续发展教育本身就要求用多种的教育方法去教育学生。基于二十多年的教育教学经验，我在这一届初三部分学生身上进行了系统的课改实验规划，即作业分层，针对没有英语学习基础的孩子专门设计了作业形式。

初三伊始，我将我所任课的七班和八班两个班里英语学习程度薄弱的学生，每个班挑选四名同学，找一名同学担任组长，成立了学习小组。

在《朗文英语教学实践》中曾有这样的论述：当我们知道班级是由不同的学生个体组成（并不是一个整齐划一的整体时），我们就须考虑须如何对待这些学生主体。因此，尽管我们经常面对全体学生授课。但我们也应该以不同的方式关注学生个体的不同身份。我们还要面对不同能力层次的学生。教师应对这种局面的一个办法是提供给他们不同的资料。根据学生的需求为他们量身定做学习材料。基于这样的教育理论支持，于是就有了我所称之为的本学年实施的“五、三、四”英语小组作业模式。

五指的是个数，即五个单词，五个短语和五个句子；三指项数，即单词，短语和句子这三项内容；四指的是遍数，即每项内容的每一个字词句每天抄写四遍。

下面我从讲授新课和复习课这两个阶段分别着重阐述分层作业的内涵。

一、新授课阶段

在新授课阶段，全班大部分的学生作业按照教学进度从听、说、读、写四个方面认真落实完成。但对于基础薄弱的同学，根据授课进度，我将每个单元的教学内容按照考试说明要求掌握的词汇和短语挑选出来，也就是学习英语中最基础的识字部分——词汇知识，每天分配五个。句子根据中考句式要求，将每一单元的重点句子挑出来。所有的这些内容中英文对照，打印出来。当天给的内容，第二天进行检测。每周的单元字词句测试就是从每天所给他们的字词句中挑选出进行综合测试。测试内容就是这个单元这些字词句的汇总。这里我运用了直接教学法。因为直接教学法最适合于事实、规律和动作序列的传授。它提供六个教学活动：每日的复习和检查，呈现和组织新内容，指导学生练习，反馈和纠正，独立练习，每周和每月的复习。

托马斯·卡莱尔曾经说过："人失去了目标就像船失去了舵盘。"之所以这样做是让孩子们明确具体的每天的奋斗目标或主要任务，知道从哪里入手。因为我们现在的英语书上除了书后的单词表里有中文外，其他的地方几乎没有中文解释。而我所给孩子们每天的字词句及其释义，不仅仅是他们当天的作业，也可以当作他们书上难点和重点的中文讲解。给其他孩子布置的作业他们可以参考选作，但是两个班的这八个孩子当天的十五个字词句是必须完成的，或者他们可选择只完成这些内容。

二、复习课阶段

在复习课阶段，大部分学生的作业进入了试卷的综合练习阶段。而对于小班的同学来说突然做综合题他们肯定不知道从哪里入手。于是我的"五、三、四"的概念又发生了新的变化。五指的是五个中考短语或句式、五个单选、五个完成句子。三指的是短语、单选和完成句子这三项任务。其中的单选题的筛选均为中考重点考查考点，比如代词、介词、形容词等和一般现在时、一般过去时、一般将来时、现在进行时、过去进行时等中考必考语法点以及被动语态、宾语从句等必考句式。全部按照中考说明要求，在每一道题中渗透考点。四是让小组成员们在作业本上每天每个短语和句子抄写四遍。

我们经常说每天记忆几个单词，一年下来会有多少收获，三年下来又会多少硕果。这些说起来非常容易，但具体操作起来并非易事。首先这些孩子到初三才只有这样的英语基础说明他们自身的学习习惯存在许多不足的地方。所以，这样做的目的之一就是对他们毅力的考验。我每天将所布置的五、三、四内容打印两张小条交给各班的组长，由组长传给组员，要求组员们将共计十五个的字词句抄写在笔记本上，回家复习。在开始阶段，大家感到很新鲜。热情高涨。两个班的组长非常负责任，每天认真督促组员们记好笔记。有的组员笔记记得非常漂亮，我就及时在全班表扬他们，树立他们学习英语的信心。

记在笔记本上简单，能够牢记在脑海里就是另一件事了。由于孩子们在学校的时间非常有限，所以我一般利用中午饭后的时间或放学后抽空来检测他们，快的同学就是每天十分钟的时间。因为前一天将中英文对照全部给了他们，所以第二天检测时我将英文内容删掉，只给出他们中文部分，每人一张小条，让他们自己将前一天所给的单词，短语和句子翻译出来。由于范围小，人员少。所以就采取逐个检查的方法。因为共计有 15 个字词句，所以在给分值的时候，我就按照中考得分的120分的标准来批改。每个词，短语和句子8分，及格分即72分以上算过，错的内容每个改四遍。没有达到及格分数的孩子就要再补考。直到及格以上。孩子们从来没有拿过那么高的分数，能够在自己原有水平上有所发展，孩子们开始有了成就感，自信心逐步地建立起来。于是大部分的孩子能够主动到办公室来找我，自觉学习的意识越来越浓了，对于英语学科的学习由原来的拒绝学习变得逐渐有兴趣了。

这样的坚持的确需要巨大的毅力。由于这些孩子们的意志力比较薄弱，如何让他们的兴趣变得持久，需要我不断变换一些激励的方法。这些不只是停留在口头上，有时还加以一些物质上的奖励。比如一次及格过关的时候，奖励一根棒棒糖。我给他们八个人专门制作了单独的记分册。如果一周全部每天都能够通过，我就奖励大一些的奖项。一个笔记本，一支签字笔，或者巧克力。甚至有一个孩子说喜欢吃香蕉，我就奖励香蕉。同时也给予他们班级考评加分。从多方面来激励他们的学习兴趣和积极性。再有，就是充分利用家长这一重要因素。孩子表现好时，我就打电话给家长表扬他们。当孩子停滞徘徊的时候，我就请家长共同配合我来对他们的孩子进行教育。我对孩子们充满希望，主动和他们建立积极的师生关系。我总是鼓励每一个学生，相信他们能成功，让他们看到成功的希望。作为教师，我能够用发展的眼光看待学生，关注学生的成长过程，注重肯定、赞赏学生的点滴进步，让孩子们感受到学习成功的快乐，在他们心中唤起自豪感和自尊感。

一分耕耘，一分收获。收获的季节到了。下面是这几个孩子们初三整个学年几次重大测试成绩的统计。列表如下：

七班学生	初三开学初检测成绩（满分100）	初三第一学期期末成绩（满分120）	初三一模成绩（满分120）	初三中考成绩（120分）
A7	44	66	84	88
B7	64	63	75	90
C7	54	50	75	90
D7	27	32	32	59

八班学生	初三开学初检测成绩（满分100）	初三第一学期期末成绩（满分120）	初三一模成绩（满分120）	初三中考成绩（120分）
A8	52	79	74	93

续表

八班学生	初三开学初检测成绩（满分100）	初三第一学期期末成绩（满分120）	初三一模成绩（满分120）	初三中考成绩（120分）
B8	43	47	54	76
C8	51	69	82	90
D8	56	58	72	91

一年下来，可以看出八个孩子里面有六个孩子的成绩在中考中有了较大幅度的提高。但仍有一个孩子的成绩变化不是很理想，尽管摆脱了低分，在自己原有水平上有所发展，但提升幅度不是很大，这是令我感到遗憾的地方。

送走一届毕业生，我们又会迎接新的起始年级的孩子。尽管每个孩子之间存在着不同的差异，但使每一个学生获得理想发展是我们每一位老师的奋斗目标。我始终坚信这样的信念，这也是自己坚持下来的巨大动力。尽管这样做需要付出许多自己的休息时间，但正是在帮助他们的过程中我感到了快乐。

幸福快乐来源于爱、希望和耐心。以爱心换爱心，如同给爱插上希望的翅膀，让心灵永远年轻。爱就是仁慈、宽厚，就是坦率、真诚。因为有了爱，人们才能感到光明、找到幸福，一切事情才显得十分美好。英国著名的哲学家和法学家边沁认为："一个人给予别人的幸福和快乐越多，自己得到的幸福和快乐也就越多。"

美国优秀教师布莱恩说："师爱是一种力量，一种品质，是教育成功的秘诀。如果没有爱，教师的工作也就失去了意义和价值。当然，教育之爱未必非得那样轰轰烈烈，如果教师善于在日常教育中去播种这份爱，你就会发现，最伟大的爱其实往往产生在最平凡之处，最深的感动其实就在每一个平淡而平凡的教育细节中。"

作为一名普通的中学英语教师，课改实验带来了自己观念上的变化，能够通过自己的努力使孩子们在他们的成长路上有所进步，是我的最大快乐。

附：

Unit 1. How do you study for a test?

Sep. 1st

词汇：	短语：
词汇 vocabulary	1. 通过读课文 by reading the textbook
抽认卡 flashcard	2. 通过听磁带 by listening to tapes

大声地 aloud　　3. 通过请教老师 by asking the teacher for help
发音 pronunciation　　4. 通过和朋友一起学习 by working with friends
记住 memorize　　5. 通过制作抽认卡 by making flashcards

句子：

你是怎么样为考试做准备的？How do you study for a test?

我通过听磁带学习。I study by listening to tapes.

你是如何学英语的？How do you learn English?

我是通过小组学习的。I learn by studying with a group.

我是通过制作单词表来学习的。I learn by making vocabulary lists.

Test

词汇：　　短语：

词汇________　　1. 通过读课文________________
抽认卡________　　2. 通过听磁带________________
大声地________　　3. 通过请教老师________________
发音________　　4. 通过和朋友一起学习________________
记住________　　5. 通过制作抽认卡________________

句子：

你是怎么样为考试而学习的？ ____________________________________?

我通过听磁带学习。 ____________________________________.

你是如何学英语的？ ____________________________________.

我是通过小组学习的。 ____________________________________.

我是通过制作单词表来学习的。 ____________________________________.

Sep. 2nd

词汇：　　短语：

明确的 specific　　1. 通过看英语录像 by watching English-language videos
语法 grammar　　2. 和朋友们练习对话 practice conversations with friends
不同的 different　　3. 和小组一起学习 study with a group
不同地 differently　　4. 提高我的口语技能 improve my speaking skills
使失望 frustrate　　5. 通过看英语报纸和杂志 by reading English magazines

句子：

1. 听磁带怎么样？What about listening to tapes?

2. 大声朗读练习发音怎么样？What about reading aloud to practice pronunciation?

3. 你曾经和小组一起学习过吗？Have you ever studied with a group?

4. 我用那种方法学到许多。I've learned a lot that way.

5. 太难而听不懂发音。It's too hard to understand the voices.

Test

词汇：	短语：
1. 明确的________	1. 通过看英语录像________________
2. 语法________	2. 和朋友们练习对话________________
3. 不同的________	3. 和小组一起学习________________
4. 不同地________	4. 提高我的口语技能________________
5. 使失望________	5. 通过看英语报纸和杂志________________

句子：

1. 听磁带怎么样？____?

2. 大声朗读练习发音怎么样？____________________________________?

3. 你曾经和小组一起学习过吗？__________________________________?

4. 我用那种方法学到许多。______________________________________.

5. 太难而听不懂发音。____.

作者简介

张宏伟： 北京理工大学附属中学英语一级教师。在北京市基础教育课程教材改革实验2012年度优秀论文评比中，“分层作业在初三英语教学中的探索与研究——‘五、三、四’模式的初步探究”获得二等奖。在北京教育学院举办的2013年“北京市城区英语教师专业促进培训项目”中撰写的论文《从两节同课异构课看学情分析对教学设计的影响》获优秀论文二等奖。《尝试多元化的评价方式激发学生们的学习兴趣》获北京市第六届“京研杯”教育教学研究成果三等奖。参加了《中考专项练习英语2012》和《词解英语初中完形精讲精练篇》两本书的编写工作。

新课标下初中英语词汇教学方法新探

◇邹　红

词汇是英语学习的基础，离开词汇就无法表达思想，没有足够的词汇就不能有效地进行听、说、读、写，就无法有效地进行交际。因此，词汇学习是语言学习的重要组成部分，掌握足够的词汇是提高学生英语语言运用的前提，新课标对初中英语词汇教学提出了更高的要求，因此，词汇教学是初中英语教学的重中之重。所以，在近三年的英语教学中，我一直在探讨词汇教学的有效方法。

一、在课堂上，利用联想法扩大学生的词汇量

在教授初一 U2 Is this your pencil? 针对 pencil 这一中心词，我让学生把他们所知道的有关教学用具的单词写在黑板上，加以归纳总结，并让学生用联想到的词汇操练本单元的句型。同样，在教初一 U6 Do you like bananas？针对 banana 让学生联想到有关水果的单词。在教初一下 U3 Why do you like koalas？和 U4 I want to be an actor 这两单元时，把有关动物和职业这两类的单词归纳总结，通过一点，带起一面，大大地扩大了学生的词汇量。

二、在“游戏”中学词汇

游戏集智力、活动和竞争于一身，课堂上做游戏可帮助学生在轻松有趣的活动中运用并掌握词汇。例如，初二 U4 单元，我要求学生掌握描述人物性格特征的形容词，我就采用 Add-on 游戏。首先，展示出一张年级主任

张老师的照片，一看到照片，学生们就很兴奋，接着我就问他们 What do you think of him？学生 1：He is hardworking（努力的）；学生 2：He is hardworking and strict（严格的）；学生 3：He is hardworking，strict and energetic（精力充沛的）；学生 4：…… 由此接龙下去，操练词汇的同时又训练他们的记忆力。

又如，在学习了电影种类的单词后，让学生把自己喜欢的电影种类写在一张纸上，让一学生到讲台前问班上学生：What kind of movies do I like? Guess！班上学生反过来问：Do you like thrillers /comedies /action movies/…? 猜对了回答“Yes，I do.”没猜对回答“No，I don't”，则继续让其他学生猜。又如在教了 12 个月份的单词，教师可设计一个幸运转盘，把 12 个月份的单词写在转盘上，在转转盘前，教师只要学生猜会转到哪个月，学生们先分别说出一个月份的单词，教师转动转盘，转盘停在哪个月，回答这个月的学生获胜；教师还可以模仿幸运 52、你演我猜等游戏来巩固单词。采用游戏巩固单词，可以把枯燥的词汇教学变得生动有趣，课堂气氛变得异常活跃，学生在游戏中不知不觉地记住了单词。

三、利用《21 世纪中学生英文报》，扩大学生的词汇量

词汇要嵌在上、下文里头才有生命，才容易记住，才知道用法，由此可见，阅读一些报刊文章，可使学生通过语境更加深刻地理解单词的用法和多种意义，从而对单词的记忆更加牢固。

《21 世纪中学生英文报》初中版，文字浅显，内容丰富，特别适合初中学生。实验班的学生可选用高一个年级的版本，如初一时阅读初二年级版本，初二时阅读初三年级版本，以此类推。学生把阅读时遇到的生词，积累到单词本上，利用零散的时间，反复记忆，加强印象。“Help”中列出的单词多为高频词，所以为必背单词，定期进行听写，这样在阅读过程中巩固记忆了旧单词，同时又学习了新单词。单词就如滚雪球般，不知不觉地就扩大了，在阅读积累词汇的同时，鼓励学生记忆文章中优美的句子，并运用到写作中，由此提高写作水平，真可谓一举多得。

四、变做题为出题，鼓励学生积极参与《全国英语单词大赛》创意命题设计大赛，扩大学生的汇量

初二时，在马老师的带领下，我们参与了《全国英语单词大赛》创意命

题设计大赛《假如我是中学生英语词汇竞赛命题人》的活动，学生根据《词解中考英语分阶 1 800 词 18 天速记》一书中的词汇，三人一小组，全员参与设计创新词汇题型，进行参赛。此项活动真正让学生由被动学习变为主动学习，正如学生所说，原来拼命背单词过眼就忘了，而现在没有刻意去背，反而记住了，也会用了。下面是学生们参赛后的感受。

宋思琦：其实在刚开始得知要出题的时候，我是不知所措的。从来没有干过这种事情，每次都是人家出题考我们，而这次，是我们出题考大家。而且平时的学业负担也开始加重了，觉得出题会耽误不少时间。所以在刚知道要出题时，是有些许的不情愿的。因为没有经验，在最初，根本就没有思路，不知道怎么出，出什么，于是开始上网查。也就是在上网查询的过程中，收获颇丰。因为总会遇到自己不认识的，陌生的词、词组，于是开始记忆。在出题时，不但大大丰富了我们的词汇量，也让我们自己见识到了更多的以前没怎么接触过的题型，真可谓一举两得，一点也没有耽误时间，反而让我们在不经意间学到了更多。

董佳蕙：这次出题，我最大的感受是“出题”比“做题”难得多。作为出题人，你所具备的知识要更加扎实、全面和系统。俗话说，要想给别人一杯水，首先自己得有一桶水。通过出题，我发现自己的基础知识——词汇还很不扎实，很多次都是查字典之后才知道该词的准确含义和用法，也使我增大了词汇量。

尹千博：这次出英语题的任务对我来说是一个锻炼，更是一个挑战。我在此之前从未做过，这次的任务不仅让我接触了很多题型，更锻炼了我的能力、提高了我的词汇量，我在查字典的过程中也对掌握的词有了更深刻的理解。我非常感谢能有这次让我锻炼自我、提升能力的机会。

在创新词汇大赛中，我所教的两个班有多名学生获得最佳出题人大奖。

五、 通过 English Show， 扩大学生的词汇量

从初一开始，每节英语课的前 5 分钟，为 show time，由一名学生来展示自己准备的 English Show，Show 的内容，根据每个学生的兴趣，爱好，自主决定。学生们制作 PPT、音频、视频……展示他们的英文水平。Show 者在准备 show 的过程中积累了词汇，观看 show 者在欣赏 show 的同时，也积累了词汇。

王孟仪同学的“谈谈我们的English show”道出了孩子们对每节英语课前的5分钟show的喜爱。

王孟仪：我们一起分享优美的英文歌曲、幽默的英文小故事、各种有意思的英语趣闻，这五分钟的show time是同学们最为期待的。还记得，有一次，轮到我展示时，我挖空心思想为大家准备一个新颖而有趣的show——Chinglish。为此，我早早地着手准备。于是我便成了“拍客”，开始留心观察生活中所用的英文提示语，经常用手机拍下来。我的背包里也装着一个小本以便随时记录新的发现。我还借来一些有关的英文书，为找到合适的题材，我挤出所有课余时间，详细地阅读了每一本书。但看书时碰到生词是最为痛苦的，因为我总要一个一个地查字典找出词义才能理解其内容。然而，书中有的词见得多了我便马上能说出它的用法，真是有种“一见如故”的感觉！当然，我也是在这个过程中，渐渐地提高了阅读的速度，并且我发现我的词汇量也一下子增加了不少，我还对学习有了新的认识——英语学习可马虎不得，别小看一个字母，有时候会给意思带来天翻地覆的变化。这也是我们每一位同学需要注意的地方。

其实，不仅在自己准备的过程中会有许多收获，在听别人的展示时，我们也能从中得到乐趣和知识。比如，在欣赏徐祎阳同学带来的歌曲时，我们能在听美妙的音乐时记住歌曲中不停重复的几个单词；在观看王婷萱同学播放的变形金刚时，我们不仅对国外原版电影产生兴趣，还会不知不觉地记住电影的经典台词；还有黄晓组织的猜词游戏，让我们在转动脑筋的同时巩固了单元学习的重点内容。这又一次改变了我最初对show的认识——这些丰富多彩的展示怎么会毫无意义呢？我们的English Show凝集了每名同学的精心设计和用心制作，这些短暂而精彩的内容给我们的英语学习增添了新的乐趣！

结束语：

“源于课本，超越课本”，是我们每个外语教师希望能达到的一种境界。在学好课堂教师所教词汇的基础上，鼓励学生课外通过电视、广播、阅读等方式学习词汇，使学生主动、积极地进行自主学习。在英语教学中要重视词汇教学，注意词汇教学的趣味性和多样化。要让学生善于思考，我们教师首先要勤于思考，勇于创新。要不断改进教学方法，激发学生的学习兴趣和积极性，更新教学观念，注意培养学生的观察、记忆、思维、想象和创造能力，培养学生独立解析、扩展词汇的能力，使学生在初中阶段为今后的英语学习打下坚实的基础。

作者简介

邹红：北京理工大学附属中学英语一级教师，多年担任海淀区英语兼职教研员。《高中新课程有效实施的探讨与实践》在北京市教育学会外语教学研究会教学科研论文评选中荣获三等奖，《万事开头难——谈高中英语教学的导入》荣获校第九届论文优秀论文一等奖，《新课标下初中英语词汇教学方法新探》在第九届全国外语实验学校校长高峰论坛暨外语教学观摩研讨会中，荣获学术论文类二等奖。获得校级“十一”五期间教育科研先进个人。组织学生参加2013—2014年度《全国实用英语超级联赛》，所教学生有三名获得一等奖，本人获得北京赛区决赛辅导老师特等奖。

初中物理教学中搭建可视化思维支架初探

◇黄华伟

1. 问题的提出

偶尔一次听了一〇一中学老师关于密度的特殊测量专题公开课，让我对使用图表教学产生了浓厚的兴趣。一节课下来该老师在黑板上只留下八道题的图示，而学生们通过看图就能把表达式写出来，这样直观、高效的课堂教学让我惊讶不已。教学中我也喜欢画图给学生分析问题，因为有图示作为媒介，师生之间的交流更方便，但该老师这么大量地使用图示且有很好的效果，看来其中一定有奥秘。

为什么使用图表的教学如此高效呢？带着这个问题我做了如下研究。

首先，我统计了2004—2011年中考题中图表的使用情况（如下表）：

年份	图表总数	示意图	数据图	表格	情境图	图片
2004	32	5	7	1	10	9
2005	26	3	7	3	12	1
2006	41	1	6	2	10	23
2007	33	1	9	2	9	12
2008	40	2	6	5	15	12
2009	36	1	7	3	13	12
2010	47	1	9	3	14	20
2011	41	1	10	2	12	16

通过统计2004—2011年北京中考试卷中所使用图片的数量可以初步看出：（1）图片的使用量在不断增加，主要通过图片交代物理情境，引起思考；（2）通过图像给出相关数据的题目逐年上升，尤其是数据图像与综合题相结合更是近几年的考查重点。

接下来，通过查找文献我找到了相关理论依据，一个是知识可视化，一个是支架式教学。教学中适时适量地使用图表会促进学生的有意义学习，提高课堂效率，奥秘应该就在这里。

1.1　知识的可视化

王朝云、刘玉龙的《知识可视化的理论与应用》中提到“可视化”一词，即visualization，来源于英文的visual，原意是“视觉的，形象的”。事实上，将任何抽象的事务、过程变成图形图像的表示都可以称为可视化。知识可视化是指Epple，M. J. &Burkard. R. A. 2004年所给出的定义：知识可视化是应用视觉表征手段，促进群体知识的传播和创新，研究视觉表征在提高群体之间知识传播和创新的作用，目标在于传输见解（insights）、经验（experiences）、态度（attitudes）、价值观（values）、期望（expectations）、观点（perspectives）、意见（opinions）、预测（predictions）等，并帮助他人正确地重构、记忆和应用这些知识。

用上面的定义衡量一下物理教学，教授物理的过程就是传输见解、经验的过程，帮助学生构建、记忆和应用这些知识的过程。知识可视化作为认知工具在物理教学和学习中一直在应用着。比如物理教学中已经在用的各种示意图、受力分析图、电路图等，在解决复杂问题时，通过画动态图的办法，提供用于思考的支架，提升学生对问题的理解程度。

知识可视化的意义：

实验心理学家赤瑞特拉（Treicher）通过大量的实验证明，人类接受的信息中，通过视觉获得的占83%，听觉占11%，嗅觉占3.5%，触觉占1.5%，味觉占1%，这说明视觉是人们接受信息的主要通道。利用可视化技术可以将抽象的事物或过程变成利于被人们接受和认知的图形图像，大大有利于知识的理解和传播。知识可视化应用视觉表征手段，把知识以图解的手段表示出来，将内隐知识外显化，将外显知识生动化，有效地达到了抽象知识具体化的目的。同时目前的多媒体等教学手段的应用使得知识的可视化更易操作。

1.2　支架式教学

知识可视化对学生理解和记忆知识有好处，但也要掌握使用的时机。因此，可视化的图表何时画，图解问题到何种程度就显得尤为重要。这又涉及把可视化的图像作为一种支架教学的模式，“支架式”教学模式（Scaffolde dInstruction）是建构主义的一种教学模式，这种教学模式的理论依据是著名心理学家维果斯基（Vygotsky）提出的“最近发展区理论”。该理论认为：学生的学习状态有两种水平，一种是目前已达到的水平，一种是潜在可能达到的水平。这两种水平之间的距离就是最近发展区（如图 1 所示）。教学中，教师要介入学生的发展，就必须找到最适宜的介入点，最近发展区为教师的介入提供了一个理想的空间。从教学支架的观点出发将可视化的图像作为认知工具使用时要找到恰当的切入点，首先教师要了解学生现有的知识和能力及学生可能达到的知识和能力，制定教学目标，再用可视化的图形图像搭建思维支架，由于可视化能够大大提高学生思维效果，会使他们的认知水平提升到一个新的层面上，从而解决各种更加复杂的问题。

图 1

从一些相关研究成果上看，知识可视化作为认知工具已经得到认可，目前，我所教的初中学生对知识可视化又有怎样的认识呢？为此我做了关于《知识可视化在初中物理中的应用情况》的问卷调查（调查问卷具体内容见附件一），调查结果如下：

2. 问卷调查结果分析

（1）受调查者的基本情况

接受调查的 86 名初三学生，年龄在 15～16 岁，其中男生有 36 名，占总人数的 41.9%，女生有 50 名，占总人数的 58.1%。

（2）观念意识状况

1）对于利用图表帮助学习感兴趣的人数统计情况

在对于利用图表帮助学习感兴趣的调查中，有 36 名学生回答有很大兴趣，占总人数的 41.9%；表示兴趣一般的有 43 人，占了总人数的 50%；有 5 人回答不感兴趣，占总人数的 5.8%；有 2 人回答有厌恶感，占总人数的 2.3%，具体情况如图 2 所示。

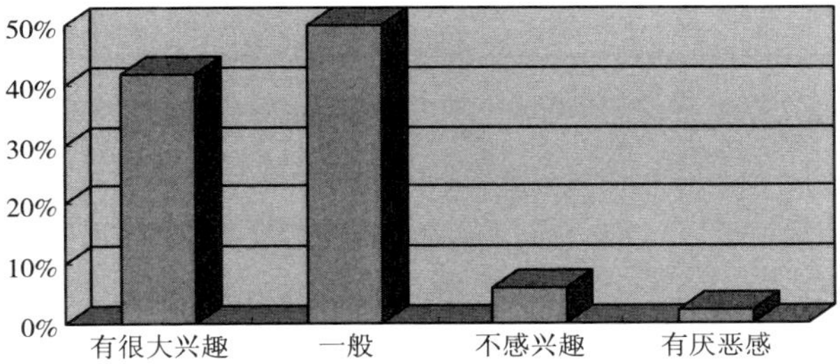

图 2

有 92% 的学生对知识可视化帮助学习感兴趣，这说明在教学中绝大多数的学生能够接受和喜欢可视化作为学习工具。

2）对于解答问题时使用画图分析

认为画图能够提供问题情境占 19.8%；集中了数据及信息占 32.6%；提供思维的支架占 40.7%；可有可无占 7%。

从统计结果看：解答问题时的画图分析是必需的，画图分析能够把题设中零散的数据集中，同时提供可视化的思维支架。

3）在学习中使用图表的原因

在这项调查中有 70.9% 的学生使用图表是为了适应学习需要，12.8% 的学生出于自己的兴趣使用，有 15.1% 的学生表示出于教师要求，只有 1.2% 的学生看到别人都用，自己也就跟着用。从统计数据上看：知识可视化是适应学习需要的，同时随着学生电脑水平的提高，出于个人兴趣而使用图表的人会越来越多。

4）请在您熟悉的图表形式后画钩（可多选）：

<table>
<tr>
<td>示意图
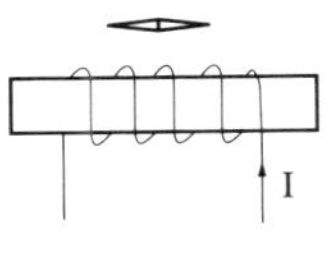</td>
<td>96.5%</td>
<td>树形图
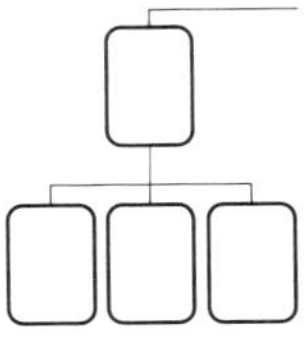</td>
<td>30.2%</td>
<td>流程图
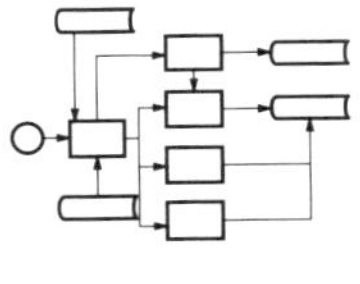</td>
<td>32.6%</td>
</tr>
<tr>
<td>数据图
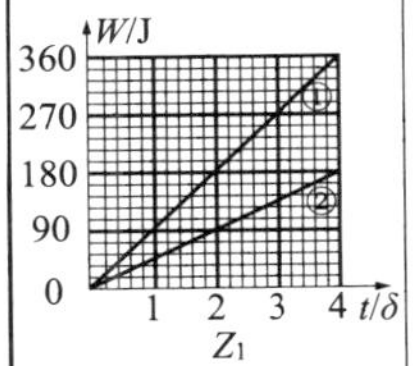</td>
<td>76.7%</td>
<td>表格
<table>
<tr><td colspan="4">一些物质的密度/kg · m⁻³</td></tr>
<tr><td>水</td><td>1.0×10^3</td><td>水银</td><td>13.6×10^3</td></tr>
<tr><td>冰</td><td>0.9×10^3</td><td>干松木</td><td>0.5×10^3</td></tr>
<tr><td>煤油</td><td>0.8×10^3</td><td>铜</td><td>8.9×10^3</td></tr>
</table></td>
<td>76.7%</td>
<td>情境图
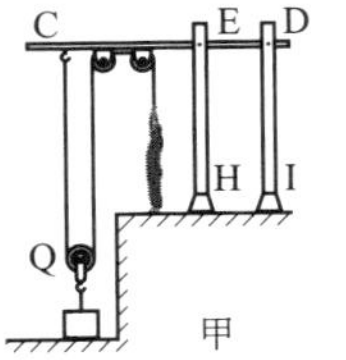</td>
<td>90.7%</td>
</tr>
</table>

续表

图画 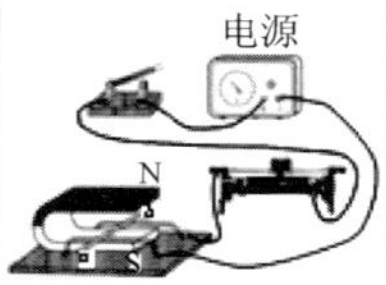	83.7%	思维导图（心智图） 	19.8%	其他（请简要说明）	两位学生提到电路图

从统计结果看：物理教学中经常使用的示意图、情境图、图画、数据图和表格学生们都很熟悉，思维导图、流程图、树形图一般都在总结中用到，用得不多。说明学生对知识可视化形式的使用还停留在传统的图形形式，新型的可视化形式，因为涉及复杂的思维过程或者绘制不方便而少有人用。

5）对支持有效学习的意识

在回答使用图表是否有助于有效学习时，有 34.9% 的人认为对整个学习过程有效，57% 的人认为对学习特定内容有效。说明大部分的学生意识到了知识可视化能支持有效学习。

综合上述调查结果表明：在观念意识上大部分学生支持知识可视化，平时解题经常画图分析，对于常用的图表很熟悉，绝大多数学生认为图表有助于有效学习。

（3）学习风格

1）总结时使用的图表类型

从统计结果看：画大括号分层次总结占 45.3%；用文字逐条总结概念规律占 27.9%；思维导图占 22.1%；树状图占 4.7%，表明有 50% 的学生善于画结构图，有 1/5 的学生喜欢用思维导图（心智图）总结知识之间错综复杂的关系。

2）记笔记的方式

以文字为主，图表为辅的人占到 77.9%，说明图表已经成为学生平时记忆理解知识的一部分。

3）解答综合题目时图表的使用

必须画图的占 44.2%，经常画图占 36%，说明在解决复杂问题时，画图可以促进思维和理解。

4）教学中画图讲解的必要性

如图 3 大部分学生听讲时，画图分析更容易跟上老师的思路。

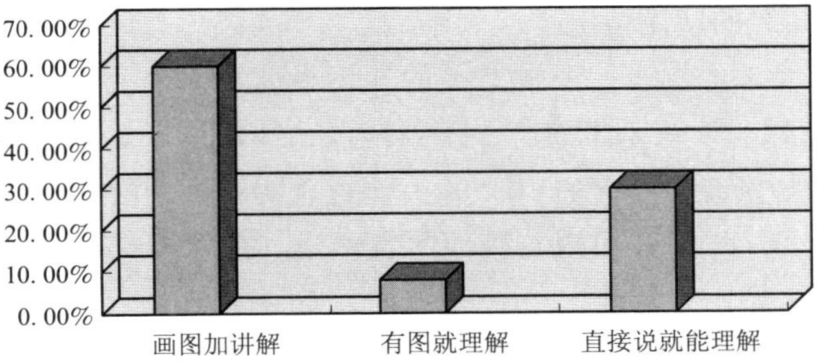

图 3

5）在学习时您最常用图表来做哪些事情（限四项以内）

A. 记笔记	64%	B. 复习、总结所学内容	64%	C. 讨论或交流	33.7%
D. 构思解题方案	70.9%	E. 反思学习	29.1%	F. 其他	

综合以上调查看初中学生学习物理的风格：在听讲、做笔记、分析问题和总结等各个学习环节，图表都起着非常重要的作用。因而，结合先进的可视化技术，优化图表对实施有效教学，促进学生能力提升有很重要的意义。

（4）应用能力

1）用图表描述某一知识点

学生们认为可以帮助记忆的占 40.7%；联想到“旧知识”占 31.8%；理解知识点占 12.8%；产生新观点、新想法占 15.1%。

调查表明图表可以帮助记忆及建立新旧知识间的联系。同时也有促进创新的功能，只不过学生年龄小很少意识到。

2）一个物理问题（比如：探究影响动能大小的因素）初学时是用做实验加画图的方法帮助理解的，当你学习过一段时间后，再次遇到这个问题，如图 4 所示，46.5% 的学生首先想到仍然是实验时的影像，相比之下画图描绘的图像在记忆时不占优势。此项调查结果提示我们教学中没有哪种方法比做实验更能让学生记忆深刻。因此，能做的实验的一定要做。

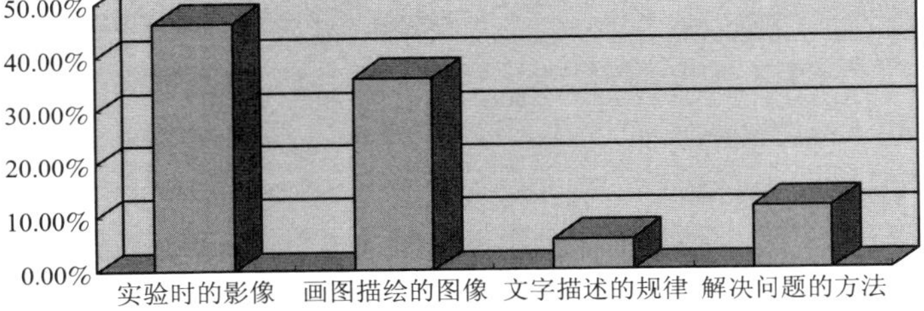

图 4

3）绘制图表的使用情况

对于已经完成的图表，回顾有关的知识点时再翻看占66.3%；将它与其他图表整合占12.8%；基本遗忘，不再翻阅占10.5%；学习了新内容后，对相关的图表进行修改、补充占10.5%。调查表明：绘制的图表使知识系统化、结构化利于复习。同时还可以与其他图表整合，完善知识结构。

4）绘制图表中的困难

不知道选择何种图表形式表达特定的知识占33.7%；不知道怎么画图占15.1%；图表不够简洁占20.9%；图表上核心问题不突出占29.1%。

调查表明：制定图表表达的基本规则是很有必要的，同时制定相应的评价工具，让学生绘制图表时有抓手，便于交流，学生们更加关注所绘制图表的实效性。

5）图表的交流情况

常与他人交流占22.1%；自己认为满意的才让人看占47.7%；不与他人交流占29.1%。

调查表明：学生间的交流还不够畅通，与同学交的愿望不够迫切；教学中应适当提供交流的平台。

6）学习中使用图表的频率。

经常用32.6%；偶尔用61.6%；从不使用4.7%。

调查表明：使用图表的学生占大多数，有较好的使用基础。

7）知识可视化在帮助学习方面的优点排序

请学生对“帮助表达、交流”“完善思维”“促进创新”“管理个人知识”“促进理解”“帮助记忆”“增强分析、评价能力”七项优点由重要至次要进行排序。统计时，计算各选项在各位置（第1、2、3、4、5、6、7位置）出现的频数，分别对七个位置由前至后赋值7、6、5、4、3、2、1，对频数也相应赋值，统计各选项的最后得分，结果如表1所示。

表1　学生对知识可视化在帮助学习方面的优点排序

优点	得分
完善思维	427
促进理解	390
管理个人知识	365
帮助记忆	332
增强分析、评价能力	310

续表

优点	得分
促进创新	308
帮助表达、交流	276

从上表我们可以看出，知识可视化对完善思维和促进理解功能已经得到认可，但由于学生的学习经历不足，因而对促进创新功能、帮助交流的功能还没有太多的认识。

综合以上调查结果表明：初中学生能够根据学习需要使用图表；图表可以帮助知识点的记忆和建立与旧知识的联系；画图环节学生还存在不少困难，学生间交流的也比较少。因而，要加强把文字和情境转换为可视图的教学，逐步使学生快速准确地完成这一过程，建立可供学生交流的平台。

调查问卷表明，知识的可视化作为学习工具是被学生认可的，图表在学生学习的各个环节都在使用，尤其在促进复杂问题的思维和理解上图表起着不可替代的作用。

通过调查和分析，在初中物理教学中适时地为学生搭建可视化的思维支架是可行而且是必要的，因此笔者在这方面做了一些有益的尝试。下面呈现的是特殊方法测密度的支架教学设计。

3. 案例呈现

案例：实验桌上备有器材：托盘天平、砝码盒、盛有适量水的烧杯 A、盛有适量盐水的烧杯 B、细绳、石块各一个。小刚想测量烧杯 B 中盐水的密度，请你帮他将实验步骤补充完整：

①用调好的天平测量烧杯 A 和水的总质量 m_1，将数据记录在表格中；

②用细线拴住石块，手提细线将石块________，天平平衡时读出天平的示数 m_2，将数据记录在表格中；

③用天平测量烧杯 B 和被测盐水的总质量 m_3，将数据记录在表格中；

④将石块擦干后，手提细线将石块仿照步骤 2 操作，天平平衡时读出天平示数 m_4，将数据记录在表格中；

⑤根据 $\rho=\frac{m}{V}$ 及测量数据，计算出被测盐水的密度 $\rho_{盐水}=$________，将计算结果记录在表格中。

3.1　教学目标分析

（1）学生原有水平及学习能力分析

通过前面的学习，学生已经掌握了测密度的基本方法及阿基米德原理。天平、溢水杯等器材都会使用。

（2）学生要达到的教学目标

掌握只有天平一种测量工具的情况下测量物块的密度，深化阿基米德原理的应用。

3.2　在学生困惑不解之处合理搭建支架

此题学生困惑之处是当石块浸没在液体中且不碰容器时，所测的烧杯总质量增加部分竟然与石块的重力无关；求液体密度用阿基米德原理计算也属于非常规思路。因此，在这几个关键点搭建了支架。

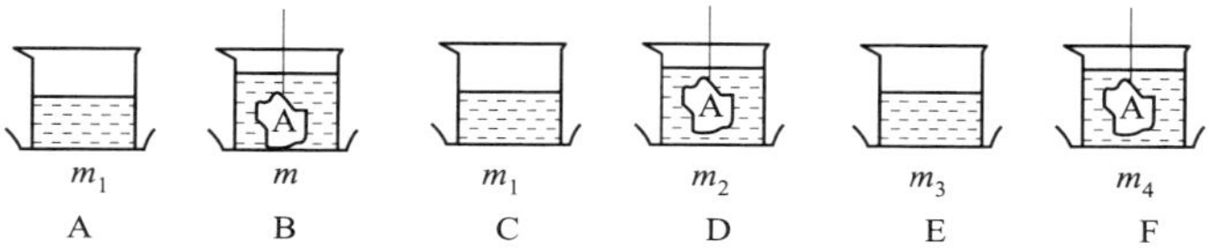

图 5

支架 1：由于此题完全用文字表述，思考起来有难度，先根据题意画出实验步骤 1－2 的示意图如图 5 A、B 所示，考虑到有部分学生会把石块直接放入水中，就直接讨论 $m-m_1$ 是物体排开液体的质量吗？通过图 6 图解分析得出 $m-m_1$ 的差值是石头的质量。

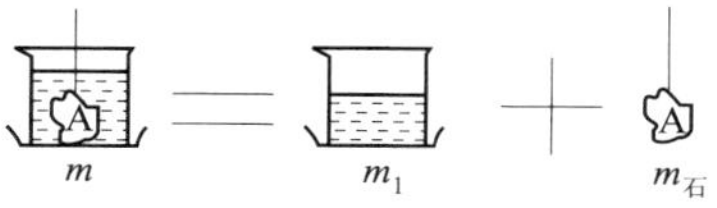

图 6

支架 2：石块静止在水面下，不碰容器底和壁，石块排开的水的质量就是 m_2-m_1，为了便于学生的理解可以先用溢水杯做实验进行铺垫，同时也因为调查问卷中学生对于实验影像记忆更为深刻，所以可以展示实验的操作步骤而不必真的测量。如图 7 所示，演示石块浸没时测量的溢水杯总质量与溢出水填回溢水杯后的总质量相等。

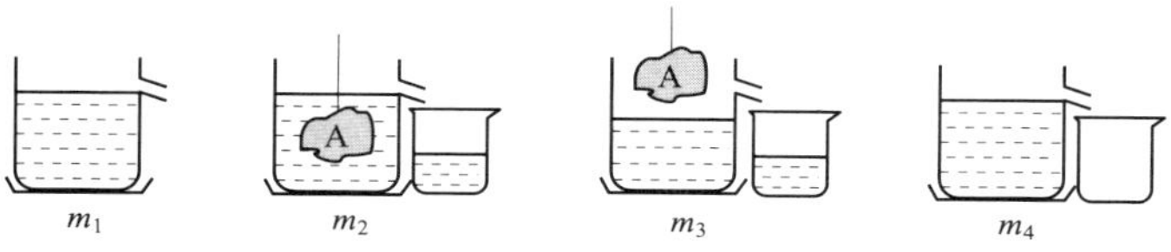

图 7

通过图解让学生明确石块静止在水面下，不碰容器底和壁，就相当于把石块所占的体积全都填满水，增加的高度为 Δh 的水的质量 $m_2 - m_1$，就是石块排开水的质量。如图 8 所示。

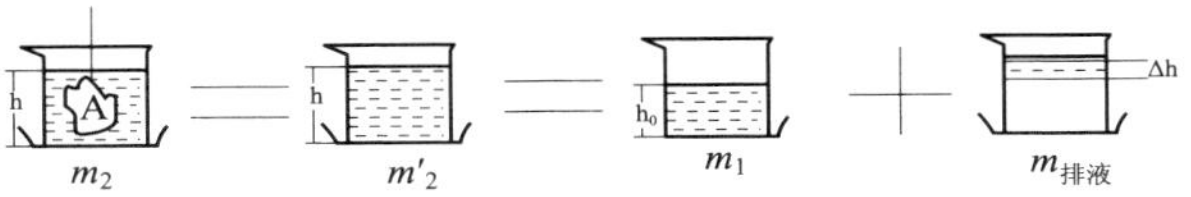

图 8

支架 3：根据上述分析石块体积可求，在仿照步骤 1、2 把步骤 3、4 对应的图画出。

如图 5E、F 所示。对比前两个图得 $m_{排水} = m_2 - m_1$，对比后两个图得 $m_{排液} = m_4 - m_3$，从图中可以看出石块两次浸没体积相同，所以密度比为质量比，得解。

学生分析问题时，可以把图像缩减为图中的 C、D、E、F，突出物体 A 不碰容器和两次进入液体的体积相等，这样就使复杂的思维简化了。利用此方法还可以解决类似的问题，如液面变化问题，压强浮力综合题，等等。教学中引导学生搭建支架的同时也给学生提供了解决这类问题的模式，在学生达到高一级能力水平后，会逐步独立解决一些复杂问题。

4. *反思和结语*

知识可视化是应用视觉表征手段，促进群体知识的传播和创新，物理教学中的可视化图解能够帮助学生思考复杂的动态的问题，同时应用支架式教学，进一步缩短原有水平与学习目标的距离，最终完成对所学知识的意义上的建构。教学中发现：在搭建可视化思维支架的应用中还有一些需要解决的问题：

（1）个性化的图像制作缺少相关的规则，同一部分的图像互相交流、借鉴时受到各种不规范的限制，使得教师们都在各自忙碌着同一件事，却又不能借用别人的成果。

（2）在初中物理学科的考查中，是否可以适当地以可视化的形式考查学生的思维过程，避免物理考试中过多的文字书写和数学计算，真正体现物理思维。

（3）可视化作为认知工具，要遵循知识可视化的使用原则，当用则用，不必画蛇添足。

参考文献：

[1] 王朝云，刘玉龙．知识可视化的理论与应用［J］．现代教育技术，2007（6）．

[2] 何克抗．建构主义的教学模式、教学方法与教学设计［J］．北京师范大学学报：社会科学版，1997（5）．

[3] 邱婷．知识可视化作为学习工具的应用研究［D］．南昌：江西师范大学，2006.

作者简介

黄华伟： 北京理工大学附属中学物理高级教师，初中物理学科主任。论文《把爱装进学生心里》获北京市第三届“智慧教师”教育教学研究成果三等奖，《重视学生的秩序意识》获海淀区教师阅读工程“智慧教师”征文一等奖，《初中物理教学中搭建可视化思维支架初探》获北京市基础教育课程教材实验一等奖，《物理中考复习阶段知识建构尝试》获北京市第六届“京研杯”教育教学研究成果一等奖，《物理中考阶段小结课》获海淀区初三专题教学活动案例类一等奖，《初二物理序言课教学的思考、操作的感想》获北京市教育学会论文评比二等奖。

“飞机为什么能上天”教学设计

◇耿　红

一、 教学设计思想

本节课是在学生学习了关于静止液体和气体中的压强知识后，学习流动的液体和气体的压强规律，是对本章知识的补充和提升，对提高学生的学习兴趣，提高学生的动手能力、分析问题、归纳概括能力及应用所学知识解释实际问题的能力都有极大的促进作用；但由于中考在此处的考查仅限于了解层面，故理论的讲解不多，重在对现象的分析和解释。本节课包括两部分内容：一是流体的压强和流速的关系，这是本节课的重点；二是机翼的升力是怎样产生的，这是对流体压强与流速规律的应用，是难点。渗透物理学的研究方法——转化法，是难点。

此教学设计针对的教学对象是我校能力较高的学生，他们基础好，学习兴趣浓，有一定的分析归纳概括能力，部分学生动手能力较强，故把一些有趣的演示实验以分组的形式展开，不仅体现“从生活走向物理，从物理走向社会”的理念，而且突出重点、突破难点，课堂气氛活跃，激发了学生对物理道理的探究欲望。

教学设计首先以两个活动：小魔术“吹燃的蜡烛”和观看视频“飞机起飞”开始，这两个现象之间有相同之处吗？激起学生对此问题的思考。而后教师指出他们都需要在一个相同的环境下——流动的空气中发生，然后进入本节的重点问题“探究流体的压强与流速的关系”。为突出这一重点，教学中先让学生观看教师事先录制好的实验过程，在观看中思考做实验的方法和现象的产生原因，而后根据教师提供的实验器材和教材中的一些提示分组实验进行验证。学生实验中教师巡视，对实验操作进行适当指导，以确保部分学生看到实验的真正现象。接着师生共同分析，辨别现象的真伪，从各种想象中分析概括得出流体压强与流速的规律。那么我们在实验室中又是怎样研究这一问题的呢？通过对教师自制喷雾器结构的分析进入本节课的难点：“怎样改变流体的流速？用什么体现流体压强的变化?” 渗透物理学的研究方法——转化法。经过这一环节的演示之后，教师总结：横截面积大的地方，流速小，压强大，这样 U 形管两面的液面高度差就会增大。通过改变物体的形状来改变物体周围的流速，从而出现压强的变化。这在实际中有什么应用呢？自然过渡到下一环节对飞机升力的研究。为突破这一难点，在此设计学生动手制作飞机翼模型活动，并进行对比，得出只有这种上下不对称的形状才能使物体运动时产生压力差，从而展开对飞机机翼、水翼船水翼和汽车气流偏导器的了解。师生小结后进入知识提升环节——神奇的香蕉球的解释。

教学流程：

引入新课 →→→ 小魔术——“吹燃的蜡烛”
视频——四川农民自制土飞机上天了

↓

板书课题 →→→ 第七节　飞机为什么能上天

↓

新课教学 →→→ 重点——实验探究
学生分组实验——辨别真伪：
（1）“吹”开的两张纸
（2）“吹”硬币乒乓球
（3）“支”开的两只船
（4）吸管“喷”礼花
分析论证：　　应用解释
（1）“吹”开的两张纸———“吹燃蜡烛”
（2）“吹”硬币乒乓球———“卷我屋上三重茅”
（3）“支”开的两只船———“海难” “黄色安全线”
（4）吸管“喷”礼花———“喷雾器”
难点——教师演示
飞机升力原理——渗透物理学研究方法：“转化法”
归纳结论：
流体在流动时，流速大的位置，压强小；流速小的位置，压强大

↓

师生小结

↓

巩固练习

教学过程：

<table>
<tr><td>课题</td><td colspan="5">第七节　飞机为什么能上天</td></tr>
<tr><td>授课时间</td><td>05.28</td><td>授课地点</td><td>物理实验室</td><td>授课教师</td><td>耿红</td></tr>
<tr><td>教学目标</td><td colspan="5">了解流体的压强与流速的关系
了解飞机的升力是怎样产生的
通过观察、实验和分析探究流体的压强与流速的关系，培养分析概括能力，训练动手能力，激发学习物理的兴趣
通过分析飞机和水翼船的升力是怎样产生的，培养运用知识的能力，体验科学、技术、社会的紧密联系，培养学生乐意探索物理道理的兴趣</td></tr>
<tr><td>教学重点</td><td colspan="5">通过观察、实验和分析探究流体的压强与流速的关系，培养分析概括能力，训练动手能力，激发学生学习物理的兴趣</td></tr>
<tr><td>教学难点</td><td colspan="5">飞机升力产生的原因</td></tr>
<tr><td>教学用具</td><td colspan="5">吸管、蜡烛、火柴、气源、瓶盖、水槽、纸、注射器、大屏幕</td></tr>
<tr><td>教学方法</td><td colspan="5">学生分组实验、启发分析、精讲多练</td></tr>
</table>

<table>
<tr><td colspan="4">教学过程</td></tr>
<tr><td>教学环节</td><td>教师活动</td><td>学生活动</td><td>设计意图</td></tr>
<tr><td>导入新课
板书课题</td><td>小魔术：“吹燃的蜡烛”教师用火柴点燃一根蜡烛，然后问大家：“能否用吸管引燃另一根蜡烛？”请一名同学到前面来吹

老师“吹燃”了蜡烛，这是为什么呢
观看飞机起飞的过程
刚刚的两个活动即“吹燃的蜡烛”和“飞机的升空”，他们都可以用一个规律来解释，这就是我们今天要学习的有关流体的规律
第七节　飞机为什么能上天</td><td>很有兴致，都说可以用吹方法

观看
这名学生一吹，蜡烛灭了
惊喜；思考

观看

学生笔记</td><td>利用小活动来激发学生的学习兴趣

利用“四川农民自制的土飞机上天”的视频来引入课题</td></tr>
</table>

续表

教学环节	教师活动	学生活动	设计意图
流体的流速与压强的关系 板书	（一）介绍流体： 1. 水和空气这样的能流动的物体叫流体 流体在流动时有什么规律呢？请学生首先分析一下刚刚做的“吹燃了蜡烛”的实验，火苗飘动的方向与什么有关呢 火苗的飘动方向为什么会改变呢 在流体这个问题上，我们用压强可以更准确的描述它的规律 （二）流体压强与流速规律 流体在流动时，流速大的地方压强小；流速小的地方压强大 观看教师事先录好的实验视频，猜猜看，哪个是真？哪个是假 吹开的两张纸 硬币乒乓球 支开的两只船 吸管喷礼花 请同学按照视频的实验方法进行实验，教师适当指导 对硬币上方附近的空气吹气，注射器的下方安一个直角玻璃管，针管竖直拿着，水就会水平流出 经过一段实验后，教师与学生一起分析哪个实验现象是真的	笔记 吹蜡烛的右侧，右侧流速大，火苗向右飘，吹蜡烛的左侧，左侧流速大，火苗向左飘，火苗受到的力不平衡了 v 左 $<v$ 右，p 左 $>p$ 右 记忆，思考，笔记 积极观看思考，跃跃欲试 分组实验， 思考： 怎样的实验方法才能使自己的实验成功 学生思考回答 “吹开的两张纸”这个实验是假的，因为当用力向两张纸的中间吹气时，中间的流速增大，压强减小，所以两张纸向中间靠拢 “硬币乒乓球”这个实验是真的。因为当我们向硬币的上方吹气时，硬币上方的流速大于硬币下方的流速，上方的压强小于下方的压强，所以硬币向上飞起来	利用引课的实验进行解释，趁热打铁，分别吹蜡烛的左右两侧，进行对比，得出实验规律 利用猜猜看来进入下一环节，通过视频对学生将要做的实验进行适当指导，引发学生思考，从而找到使自己的实验成功的方法。激发乐于探索道理的兴趣 完成教学目标 1

续表

教学环节	教师活动	学生活动	设计意图
板书	这些实验现象在实际生活中有什么应用呢 （1）请学生解释杜甫的两句诗：“八月秋高风怒号，卷我屋上三重茅。”茅屋上开的天窗有什么用吗 （2）奥林匹克号与巡洋舰相撞的原因 （3）地铁站上的“黄色安全线” （4）喷雾器的原理 演示教师用的喷雾器，为什么这个喷雾器好用呢 教师出示喷雾器的简图 这个小孔会怎么样呢 这是通过什么方法改变的流速呢 实验室中对流体压强与流速关系的验证 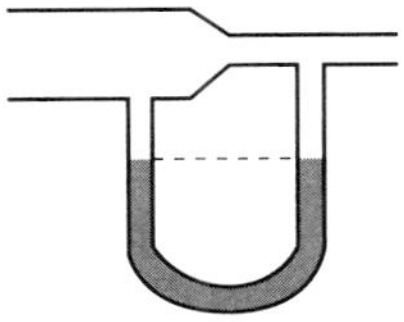 教师总结：横截面积大的地方，流速小，压强大，这样U形管两面的液面高度差就会增大 通过改变物体的形状来改变物体周围的流速，从而出现压强的变化。这在实际中有什么应用呢	运用流体的压强与流速关系进行解释 观看，思考，解释 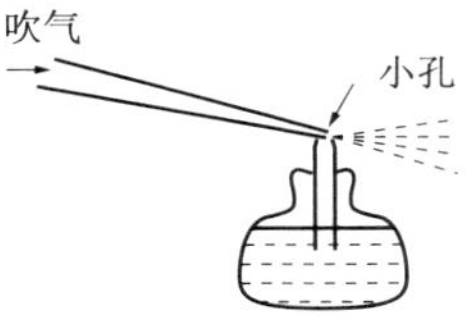 老师的喷雾器的吸管粗细不均匀顶端有一个很小的孔 流速增大 想一会儿，应该是横截面积 观察仪器的结构，思考流速的改变方法和压强的体现方式 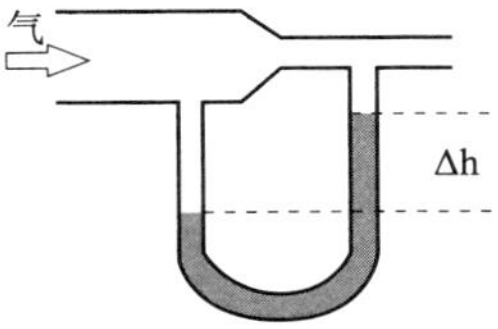 	进入本节课的难点问题，改变流速的方法，压强变化的体现方式，渗透物理学的研究方法——转换法 通过改变物体的形状来改变物体周围的流速，从而出现压强的变化。这在实际中有什么应用呢？自然过渡到飞机机翼形状的讨论上，所谓教育无痕，衔接紧密 完成教学目标1和3

续表

教学环节	教师活动	学生活动	设计意图
飞机的升力产生的原因 板书	回忆刚刚播放的飞机起飞时的情景，飞机起飞前的第一个主要动作是要在跑道上滑行，这是为什么呢 飞机的机翼形状是什么样的？请你形容一下 这样的形状有什么好处呢 请大家看一个模拟实验： 取一张纸折成如图所示的形状 而后在它的上方附近吹气，看看有什么现象 如果是对称的形状还会有这种现象吗 教师演示两种实验进行对比 为什么会出现这种现象呢？请学生思考并观看视频	飞机在跑道上滑行，相对而言空气向后流动，滑行的越快，空气的流速就越大 机翼的形状不对称，上凸下平 学生自己制作飞机机翼模型 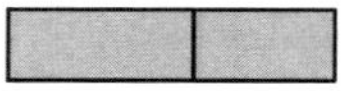 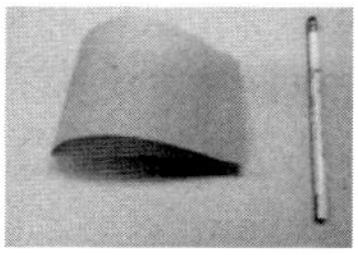 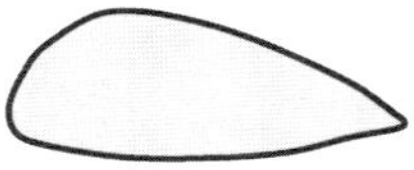  机翼模型的后面翘起来了 飞机升力产生的原因：飞机机翼上下形状不对称，导致飞机在飞行时，空气相对流速不同，在相同的时间内，上方空气流过的路程比下方流过的路程长，上方空气流速比下方大，上方空气压强比下方小，形成对机翼上下的压力差，这就是飞机的升力	利用学生活动，突破难点，培养学生的动手能力 完成教学目标 2 和 4

续表

教学环节	教师活动	学生活动	设计意图
板书	机翼的这种形状在其他地方有应用吗？请学生看书 若机翼的形状倒过来会怎样 生活中有这样的应用吗	有，水翼船能够高速行驶就是在它的船身下面前后各装一个与机翼相似的水翼，上面弯曲程度比下面大，导致上面流速比下面大，上方压强比下方小，出现向上的举力，使水翼船高速行驶 这种形状的物体运动起来会受到向下的压力差 生活中的汽车尾部安装的气流偏导器就是这样的	
师生小结	请你总结一下这节课学习了关于流体的什么规律 怎样改变流体的流速	流体流动时，流速大的地方压强小，流速小的地方压强大 吹注水 利用相对运动 改变流体流过时的横截面积 改变物体形状……	规律的记忆很简单，中考对此部分的考查也很简单，但根据所教学生的能力相对较高，故在此有意渗透物理的研究方法，与前面所学的知识联系起来，建立知识网络框架，使学生的认识水平得到提升
知识升华	怎样体现流体压强的变化 神奇的香蕉球： 你一定见过足球比赛的罚前场直接任意球。通常是防守方五六个球员在球门前组成一道“人墙”，挡住进球路线。进攻方的主罚队员，起脚一记劲射，球绕过了“人墙”，眼看要偏离球门飞出，却又沿	物体运动状态的改变 水柱上升的高度 U 形管两边液面高度差…… 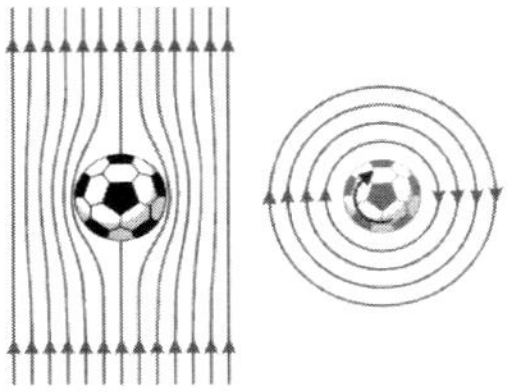	对本节课知识点的提升，为能力较高层次学生准备

续表

<table>
<tr><th>教学环节</th><th>教师活动</th><th>学生活动</th><th>设计意图</th></tr>
<tr><td></td><td>弧线拐过弯来直入球门，让守门员措手不及，眼睁睁地看着球进了大门。这就是颇为神奇的“香蕉球”。请你解释它的原因</td><td>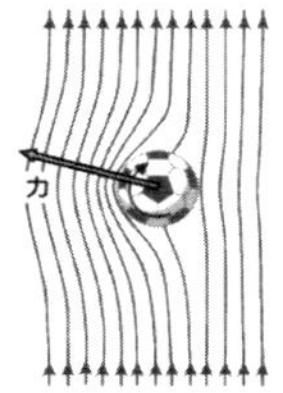
</td><td></td></tr>
<tr><td>巩固练习</td><td colspan="3">练习 1. 用水平风吹如图所示的四个模型中，表示空气对模型下表面的压强小于上表面的压强的是（　　）
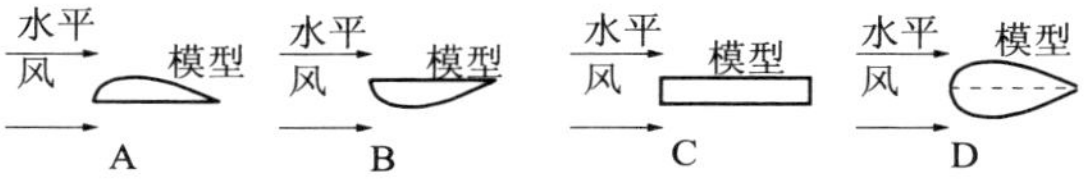

练习 2. 飞机行驶时，机翼下方的空气流速比上方________，压强________，所以产生向上的压力差，这个合力叫作升力。

练习 3. 小华探究气体压强与流速关系的实验装置如图甲所示，其中两端开口的 U 形管中有适量的水，U 形管的左端通过橡皮管与玻璃管侧壁管口相连通。小华用电吹风机向玻璃管中吹风，玻璃管内 C 点的气体压强为 p_1，U 形管内液面高度差如图乙所示；改变风速后，玻璃管内 C 点的气体压强为 p_2，U 形管内液面高度差如图丙所示。请你根据上述实验现象比较 p_1 与 p_2 的大小，则 p_1 ________ p_2。（选填“大于”“等于”或“小于”）
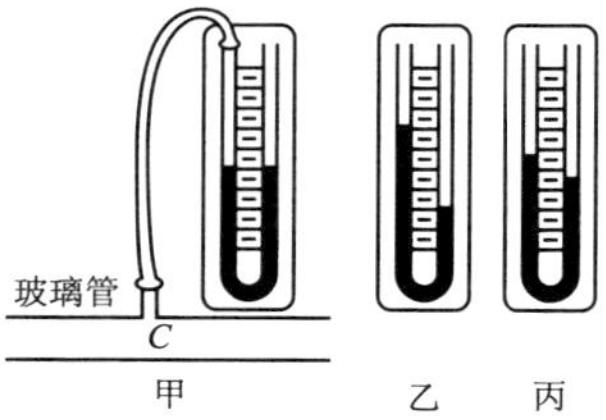
</td></tr>
<tr><td>板书设计</td><td colspan="3">第七节飞机为什么能上天
一、流体流动时，流速大的地方压强小，流速小的地方压强大。　　二、飞机机翼—升力
相对运动
吹
注水
相对运动 } V 左 < V 右；　p 左 > p 右 { 运动状态改变
水柱升高
上下形状不对称

横截面积　　U 形管两边高度差
形状不对称</td></tr>
</table>

续表

课题	第七节　飞机为什么能上天
教学反思	教学内容设计丰富，但容量过大； 学生分组活动设计很好，但安排有些考虑不周，动手能力强弱的学生搭配不合理，导致一些小组实验成功率不高，学习兴趣减弱； 有些环节教师过渡突然，台阶搭建较高； 敢于在众多素材面前进行取舍，挑选最有说服力的材料是一种能力； 板书设计很好，但实施还是很随意； 精心准备，但效果一般，可恼

教学设计评价：本节内容很好地体现了课程标准“从生活走向物理，从物理走向社会”的理念，通过学生分组实验，不仅培养了学生动手能力，而且根据切身体验激起对物理学习的兴趣，培养分析能力，概括归纳总结的能力，体现探究教学的特点。对本节课的教学内容在本单元的作用和功能分析全面、准确，根据学生的具体情况和认知水平确定教学目标和教学重难点，制定准确，分析具体符合实际情况，由于所教学生层次较高，基础知识比较牢固，教学内容深度广度适宜，符合教学目标。教学环节和流程条理清晰，层层深入，由实验归纳总结规律，根据规律解释生活实例，分析飞机为什么能上天，符合学生的认知发展规律；教学活动的安排方式适宜，有利于发挥学生的主体作用，促进学生的思维发展，设计意图描述准确，与目标和过程一致，情景素材选择有些过多，应注意删改。对学生的评价方式恰当，知识升华和巩固练习题的内容与教学目标一致，有利于学生的发展。

本节课设计的几个亮点：(1) 小魔术引入新课；(2) 对实验现象的真假辨析；(3) 对自制喷雾器的研究；(4) 学生自制飞机模型模拟飞机升力产生的原因。

指导教师：北京市和平街一中特级教师　曹成勇

作者简介

耿红：北京理工大学附属中学物理高级教师，初三备课组长，编印校本练习册，针对性强，适合本校学生，效果好。被中国教师网聘请对教师进行教学培训讲座《“分析论证”要素的分析和研究》；所授《飞机为什么能上天》全国优秀课评比二等奖；所写《复习哪有那么难》等获京研杯二等奖，《听课之后》等获校优秀论文一等奖，《转身是一种境界》北京市优秀论文二等奖。

化学九年级（上）第五单元课题三 利用化学方程式的简单计算

◇陈　博

一、 指导思想与理论依据

建构主义认为，学习不是由教师把知识简单地传递给学生，而是由学生自己建构知识的过程。学习意义的获得，是每个学习者以自己原有的知识经验为基础，对新信息重新认识和编码，构建自己的理解。

义务教育化学课程标准2011版中提到，在化学教学中应引导学生认识化学、技术、社会、环境的相互关系，并且注意从学生已有的经验出发，让他们在熟悉的生活情景和社会实践中感受化学的重要性，了解化学与日常生活的密切关系，逐步学会分析和解决与化学有关的一些简单的实际问题。

“利用化学方程式的简单计算”这一课题从课程标准上来看，学生要达到的基本要求是：能根据化学反应方程式进行简单的计算。但是在义务教育化学学科教学来看，对计算的要求并不高，因此将简单的计算和化学学科背景结合是本节课教学的意义所在。那么从学生日常生活出发，融入简单的计算既符合学生学习的规律，也符合课程标准的要求。

二、 教学背景分析

（一） 教材分析

本节课为人教版义务教育课程标准实验教科书九年级上册第五单元《化学方程式》课题三内容，本节课是学生在学习质量守恒定律以及如何正确书写化学方程式之后的一节综合应用课，以计算为载体检验学生前期学习的掌握程度，也为后续初中阶段的相关计算奠定基础。本节课需要学生从多角度认识化学方程式的相关计算，能从反应物求生成物、从反应物求反应物、从生成物求反应物、从反应物求反应物，同时能会简单的不纯量计算。

（二）学生分析

学生通过前四单元的学习已经初步掌握从宏观和微观两个方面认识物质，本单元的课题一和课题二为化学方程式的计算奠定了定性和定量的基础。但是由于初次接触化学，有大部分学生还未能掌握化学学习的正确方法，并且前期的学习主要是物质定性方面的学习，从量的角度研究物质仍存在一定的困难。本节课打破枯燥的计算讲解模式，以环境问题为线索，创设情景，通过设计适当的问题，帮助学生在解决实际问题的过程中学会利用化学方程式来进行简单的计算。

理工附中初三（6）班学生是普通中学的学生，学生基础水平一般。本班学生思维活跃，善于思考，课堂上回答问题积极，但是学生在课上不是很喜欢动笔。为了在活跃课堂气氛的同时，让学生能够动笔落实，我将本课题的计算题设计在环境问题的情景之中，同时开展小组讨论，利用组内讨论分析定量关系，最后让不爱动笔的同学上黑板演示，其他组同学评价，达到互动交流的效果。

同时，从学生反馈情况看课题二如何书写化学方程式，学生掌握程度一般，因此本节课的计算不能涉及太过深奥的化学方程式，否则将会使教学重点跑偏。但又不能太过简单，要结合实际情况选择恰当的化学方程式。

（三）教学策略

根据笔者以往的经历，教师在讲到本节内容时一般都采用以教师讲授为主，辅以学生的课堂练习，通过对不同题型的充分练习，让学生掌握利用化学方程式的相关计算。大部分教师在上本课题时就像是在教授数学课一样，并且加大了计算的难度，让这样一节课失去了化学课的味道。因此大多数学生在学习本节内容时觉得极为枯燥，同时认为化学方程式的相关计算难度很大。笔者认为这样的教学设计并不合理，为了能让学生在学习计算时体会到化学的魅力，知道化学在生产生活中的作用，采用了以下教学策略。以“煤的燃烧”为线索，从中抽出与煤的燃烧的相关计算，从碳的燃烧产生二氧化碳让学生掌握最简单的纯量计算，从二氧化碳被植物吸收结合陌生方程式的书写进行深一步计算，从煤中含有硫元素引出不纯量计算，通过创设连续性问题情景，帮助学生在问题情境下，不断深入思考。

（四）技术准备

教室设备：计算机、投影仪。

三、 本课教学目标设计

（一） 知识与技能

• 学会根据化学方程式进行有关反应物、生成物质量的计算。

• 初步掌握计算的步骤以及书写格式。

• 理解化学方程式计算的理论依据质量守恒定律。

（二） 过程与方法

• 在不断纠正错误的过程中，学会分析、归纳、总结的方法。

• 提高获取信息的能力。

（三） 情感态度与价值观

• 通过解决实际生活中的计算问题，体会到学习化学对于普通百姓的意义。

（四） 教学重点：利用化学方程式计算的格式与步骤

（五） 教学难点：准确找到计算题中已知量与所求量之间的比例关系

四、 教学过程与教学资源设计

（一） 教学思路

笔者在设计本节课时穿插了两条教学路线，从明线上看是从煤的燃烧与环境出发的一系列环境问题的解决，从暗线上其实每一个环境问题都暗藏了一种类型的相关计算。从这两条教学路线上其实也反应出本课时设计的连续问题情境内容所要达到的目的，详见下图：

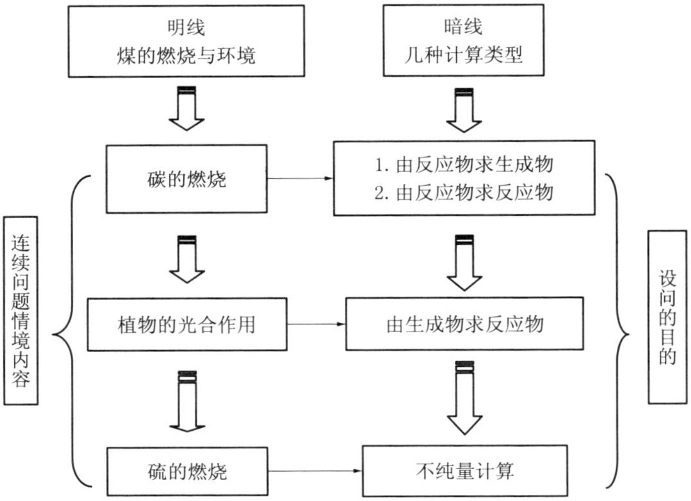

（二）教学过程

引课：煤的燃烧		
教师活动	学生活动	设计意图
【创设情景】 每年的11月15日是北京市统一供暖的日子，北京市供暖主要采用烧煤的形式。煤作为燃料不仅能够供暖，还能够烧煤发电。虽然煤的燃烧给我们的生活带来了很多帮助，但是煤的燃烧也给我们的环境造成了很大的危害。煤的主要成分是碳，碳的燃烧会产生大量二氧化碳，是温室效应的罪魁祸首 【提问】煤的燃烧对空气会产生多大的污染你知道吗 【过渡】要根据什么来算呢？不妨我们先来回忆我们之前学习的知识 【提问】请一位同学把碳在氧气中燃烧的化学反应方程式写在黑板上，其他同学写在你们的笔记本上 【追问】你能说一说化学反应方程式的含义吗？前后桌同学讨论下，然后请一位同学来说一说 【过渡】现在我们知道方程式中能体现出物质间的质量关系，那就让我们一起尝试利用化学方程式中的质量关系来算算煤燃烧造成的污染	听讲 积极参与思考，进入到所创设情境中思考 $C + O_2 \xlongequal{点燃} CO_2$ 碳和氧气在点燃的条件下生成二氧化碳 每12份质量的碳与32份质量的氧气反应生成44份质量的二氧化碳	创设情境，将枯燥的计算融入生活中来，激发学生的兴趣 复习已有知识，巩固学生对化学反应方程式体现的量的关系的认识
温室效应的罪魁祸首——二氧化碳		
教师活动	学生活动	设计意图
【情境1】某小区为解决供暖问题，先期购入一批含碳12吨的煤，请问完全燃烧后会产生多少吨二氧化碳 【提问】首先我们来看，我们知道每12份质量的碳与32份质量的氧气反应生成44份质量的二氧化碳，现在我们已知有12吨的煤，假设完全燃烧后产生的二氧化碳的质量为x	学生独立在笔记本上进行相关计算	承上启下，直接将生活中常遇见的问题转化为相关计算题，体会化学学习的价值

续表

<table>
<tr><th colspan="3">温室效应的罪魁祸首——二氧化碳</th></tr>
<tr><th>教师活动</th><th>学生活动</th><th>设计意图</th></tr>
<tr><td>你能接着把下面解题过程完成吗？请写在你的笔记本上，我再请一位同学上黑板写一写
【板书】
设：完全燃烧后产生的二氧化碳的质量为 x
$C + O_2 \xlongequal{点燃} CO_2$
质量比　12：32：44
12 吨　x
【点评】我们来分析同学们写的。首先不管是黑板上的同学或者是在笔记本上写的同学都能很好地把44吨算出来，但是在计算的格式上却还存在着一些问题，那请同学们再与书上的规范格式对比，你认为怎么做更规范，用红笔进行更改
打开书阅读教材第100页例题1

【总结】通过同学们的修改，现在我们能看到完整的解题过程。请问你能总结一下在利用化学方程式量的关系进行计算时需要有哪些步骤
【板书】

【分析】这里我们特别要注意的是在设 x 的时候我们是不带单位的，但是在写已知量的时候却要将单位带上，这是格式中关键的一点。
【追问】这个反应中会消耗多少吨氧气
【讲解】同学们都说得很好，这个氧气的求解可以有两种方法，根据质量守恒定律可以直接得出是32吨，或者根据方程式计算均可</td><td>【回答】1. 没有
2. 带单位了
【修改】红笔更改，展示完整的解题格式
$C + O_2 \xlongequal{点燃} CO_2$
质量比　12：32：44
12 吨　x
$\frac{12}{12\text{ 吨}} = \frac{44}{x}$
$x = \frac{44 \times 12\text{ 吨}}{12} = 44\text{ 吨}$
【回答】
一设、二列、三摆、四列、五解、六答

预计两种方法
根据质量守恒相减得到
根据方程式进行计算</td><td>通过学生自己进行相关修改，自主构建规范的解题过程

让学生自己进行分析总结，提示归纳分析的能力

一题双解，可以在同一题上解决两种计算类型</td></tr>
</table>

续表

二氧化碳的杀手——植物的光合作用		
教师活动	学生活动	设计意图
【过渡】我们知道二氧化碳是造成温室效应的最主要的原因，现在含碳量12吨的煤就会产生44吨的二氧化碳，可见煤的燃烧会促使温室效应的加剧。那么如何能消耗已产生的二氧化碳，并将其变废为宝呢？人类或许做不到，但地球上的另一种生物能做到，那就是绿色植物 【情境2】已知植物能够进行光合作用，即植物能在光照条件下，将二氧化碳和水转化为有机物（主要 $C_6H_{12}O_6$）和氧气，已知一百平方厘米叶面的天竺葵每日能产生64克氧气，请问一百平方厘米叶面天竺葵一天能消耗多少克二氧化碳 【提问】你能根据刚才规范的解题过程来进行相关计算吗	【思考】如何进行计算 独立解题或小组讨论 【板书】计算过程	紧接上一题，采用问题解决模式，将上一题的结果直接转化为下一题的问题情境，使课堂更为连贯
【分析】刚才看到很多同学在列方程式的时候，只是列出了反应方程式的反应物、生产物和反应条件，没有进行相关的配平，从而直接导致了计算过程的错误。那这一题的正确方程式应该是这样的： $6H_2O+6CO_2 \xlongequal{光照} C_6H_{12}O_6+6O_2$ 有了正确的方程式之后，我们才能得出准确的质量比 【追问】根据刚才同学刚才所犯的错误，我们在总结在进行化学计算时需要注意哪些问题呢 【讲述】估计我们刚才的计算得到的是88克，但我们再来算一笔账。我们北京的供暖周期为11月15日至来年3月15日，共120天，一万平方米的小区需要消耗1200吨的煤，一个冬天会产生4 400吨的二氧化碳，如果想利用非供暖期消耗这些二氧化碳，则需要20 400万平方厘米的天竺葵。由此可见植物对于环境的保护作用非常大	【纠错】 【总结】 （1）写出方程式一定要注意配平 （2）注意用相对分子质量乘以化学式前面的系数	进一步规范学生的书写步骤，强调化学计算中需注意的问题 在解题过程中同时融入环境保护的概念，达到本节课设计的教学目标

续表

有毒气体——二氧化硫		
教师活动	学生活动	设计意图
【过渡】刚才我们看到煤的燃烧产生的二氧化碳已经对环境造成相当大的危害，但事实上煤中含有的另外一种元素，燃烧时产生的另外一种物质可能对环境会产生更大的危害，这种有害物质就是二氧化硫 【情境3】该供暖单位购入的煤含硫量为1.6%，如果他们一天需要烧10吨煤，请问一天将会排放多少吨的二氧化硫 【讲解】此题关键在于所给物质中含有杂质，在化学计算时必须使用纯量进行计算	【思考】已知是什么？求什么？怎样列比例？独立解题或小组讨论 【板书】计算过程	让学生体会化学方程式及质量守恒定律的意义，认识到在实际计算中需用纯量进行计算
总结提升		
【总结】 通过这三道题的解答，我们可以总结根据化学方程式计算时的要求： 化学方程式要配平、需将纯量代方程、关系式对关系量 计算单位不能忘、关系量间成比例、解设比答要牢记 【总结】让我们一起减少煤炭燃烧，保护北京环境		通过总结巩固本节课内容

五、 学习效果评价设计

笔者为本节课特别设计了观察量表，每位观察者观察两位学生，通过对不同学生课堂的表现进行细微观察，对学生进行了过程性的评价。

表一：观察量表

观察方式：一名老师随机观察一组学生（共2人），分别记录每个学生的状况。

观察对象：学生，请将学生固定为甲、乙，写清学生位置，如靠窗第1、2组第2人。

记录方式：学生个人情况在完成的对应项目后打“√”，小组交流情况用“优、良、中、差”。

简略记录，特殊情况另行注明。

<table>
<tr><th rowspan="3"></th><th rowspan="3" colspan="2">问题情境</th><th rowspan="3">关注要点</th><th colspan="3">观察记录</th></tr>
<tr><th colspan="2">学生个人情况</th><th rowspan="2">小组交流情况（可记录特殊情况）</th></tr>
<tr><th>甲</th><th>乙</th></tr>
<tr><td rowspan="3">活动一</td><td rowspan="3" colspan="2">碳燃烧的反应原理及化学方程式表示的量的含义</td><td>A. 能准确说出质量关系</td><td></td><td></td><td rowspan="3">甲：
乙：</td></tr>
<tr><td>B. 能准确说出个数关系</td><td></td><td></td></tr>
<tr><td>C. 能说出质的含义</td><td></td><td></td></tr>
<tr><td rowspan="6">活动二</td><td rowspan="6">【情境 1】某电厂购入含碳 12 吨的煤，完全燃烧后会产生多少吨二氧化碳</td><td rowspan="2">第一阶段</td><td>A. 能关注“已知、求解”</td><td></td><td></td><td rowspan="2">甲：
乙：</td></tr>
<tr><td>B. 想到用化学方程式计算</td><td></td><td></td></tr>
<tr><td rowspan="3">第二阶段</td><td>C. 能找到比例关系</td><td></td><td></td><td rowspan="3">甲：
乙：</td></tr>
<tr><td>D. 能列出比例式</td><td></td><td></td></tr>
<tr><td>E. 能正确得出最终结果</td><td></td><td></td></tr>
<tr><td>第三阶段</td><td>F. 能用红笔标注错误地方（如未改正，请在右侧标注未改正点）</td><td></td><td></td><td>甲：
乙：</td></tr>
<tr><td rowspan="5">活动三</td><td rowspan="5" colspan="2">【情境 2】已知植物能够进行光合作用，即植物能在光照条件下，将二氧化碳和水转化为有机物（主要 $C_6H_{12}O_6$）和氧气，一盆植物一天能释放 64 克的氧气，请问一盆植物一天能消耗多少二氧化碳</td><td>A. 能写出呼吸作用方程式</td><td></td><td></td><td rowspan="5">甲：
乙：</td></tr>
<tr><td>B. 能准确找到已知量</td><td></td><td></td></tr>
<tr><td>C. 能准确列出比例式</td><td></td><td></td></tr>
<tr><td>D. 能得出准确的结果</td><td></td><td></td></tr>
<tr><td>E. 能关注规范格式</td><td></td><td></td></tr>
</table>

续表

	问题情境	关注要点	观察记录		
			学生个人情况		小组交流情况（可记录特殊情况）
			甲	乙	
活动四	【情境3】某电厂燃烧含硫量为1.6%的煤，一天共消耗10吨煤，请问该电厂一天排放多少吨的二氧化硫	A. 能准确找到已知量			甲： 乙：
		B. 能准确列出比例式			
		C. 关注规范格式			
		D. 能得出准确的结果			

同时本节课还采用学生互评，将学生分成4人一个小组，通过阅读课表内容讨论书写相关计算过程，然后由一组同学将讨论结果书写在黑板上，通过不同组之间存在的差异，组间进行相关评价。

在本节课结束后还将利用课后反馈与访谈了解学生的课题学习效果，进而评价教师的教学效果。

六、 教学反思

本节课的设计从根本上打破了教师对于计算课的枯燥的教学方法，设计了一系列的问题情境，在问题中融入计算的相关知识，引发学生进行完整的深入的思维活动。将碳燃烧的化学方程式的相关计算、光合作用化学方程式的相关计算、硫燃烧的化学方程式的相关计算，通过煤燃烧与环境问题这一大的背景，完成了从反应物求生成物、从反应物求反应物、从生成物求反应物，以及不纯量计算的相关教学。每一个问题情境的设置都有着其特有的目的，并逐步提升了学生的认识发展。

从教学实际来看，本课时设计的三个化学方程式对于本班的同学来说，难度还是比较适中，学生书写方程式方面没有遇到太大的困难，因此本节课的教学重点“化学方程式计算的格式与步骤”把握得还是比较好的。但是在陌生方程式的书写上仍然有一部分同学存在困难。另外，笔者在设计本课教学时，所采用的数据均是成比例的，方便计算，但是在课堂后测所用题目中数字非成比例，因此很多同学在数学计算中出现了问题。因此在后续的教学中还需要对学生计算方面的内容进行加强。

通过其他教师反馈，发现本班同学在书写规范格式方法方面巩固不到位，可能是本节课在教学时间上的设计还不是很完善，因此课题上的巩固落实时间不够，需要笔者进一步思考。

附录：

1. 课堂前测

根据碳燃烧的化学方程式 $C + O_2 \xlongequal{点燃} CO_2$

你能说一说化学方程式的含义吗？

统计结果：

A. 能准确说出质量关系	65%
B. 能准确说出个数关系	75%
C. 能说出质的含义	30%

2. 课堂后测

某电厂一天共消耗 10 吨煤，已知本批煤含碳量为 90%，请问该电厂一天排放多少吨的二氧化碳？需要消耗多少吨的氧气？这么多的二氧化碳被植物用作光合作用能产生多少吨的葡萄糖？

统计结果：

A. 三问全对	35 人
B. 前两问答对	12 人
C. 只答对 1 问	4 人

3. 访谈问题

（1）你觉得化学方程式的计算难吗？

70% 的学生认为计算并不难，25% 的学生认为有点难，5% 的学生认为很难。

（2）你对于煤的燃烧有怎样的认识？

多数同学认为以前知道煤的燃烧会对环境产生破坏，但是没有太大的感觉，但是经过本节课的学习，通过数字的计算发现，单位质量煤燃烧后产生的气体这么多，对环境破坏很大。

（3）本节课哪个环节最吸引你？谈谈你的感受。

很多学生提到看到那个关于植物光合作用的数据时感觉很惊讶，原来植物作用真的很大。

4. 观察量表以及统计结果

课题 3　利用化学方程式的简单计算观察量表

时间　　　　学校　　　　班级　　　　观察人

学生甲位置　　　　学生乙位置

观察方式：一名老师随机观察一组学生（共2人），分别记录每个学生的状况。

观察对象：学生，请将学生固定为甲、乙，写清学生位置，如靠窗第1、2组第2人。

记录方式：学生个人情况在完成的对应项目后打“√”，小组交流情况用“优、良、中、差”。

简略记录，特殊情况另行注明。

<table>
<tr><td rowspan="3"></td><td rowspan="3" colspan="2">问题情境</td><td rowspan="3">关注要点</td><td colspan="3">观察记录</td></tr>
<tr><td colspan="2">学生个人情况</td><td rowspan="2">小组交流情况（可记录特殊情况）</td></tr>
<tr><td>甲</td><td>乙</td></tr>
<tr><td rowspan="3">活动一</td><td rowspan="3" colspan="2">碳燃烧的反应原理及化学方程式表示的量的含义</td><td>A. 能准确说出质量关系</td><td></td><td></td><td rowspan="3">甲：
乙：</td></tr>
<tr><td>B. 能准确说出个数关系</td><td></td><td></td></tr>
<tr><td>C. 能说出质的含义</td><td></td><td></td></tr>
<tr><td rowspan="6">活动二</td><td rowspan="6">【情境1】某电厂购入含碳12吨的煤，完全燃烧后会产生多少吨二氧化碳</td><td rowspan="2">第一阶段</td><td>A. 能关注“已知、求解”</td><td rowspan="2"></td><td rowspan="2"></td><td rowspan="2">甲：
乙：</td></tr>
<tr><td>B. 想到用化学方程式计算</td></tr>
<tr><td rowspan="3">第二阶段</td><td>C. 能找到比例关系</td><td rowspan="3"></td><td rowspan="3"></td><td rowspan="3">甲：
乙：</td></tr>
<tr><td>D. 能列出比例式</td></tr>
<tr><td>E. 能正确得出最终结果</td></tr>
<tr><td>第三阶段</td><td>F. 能用红笔标注错误地方（如未改正，请在右侧标注未改正点）</td><td></td><td>甲：
乙：</td><td>甲：
乙：</td></tr>
</table>

续表

<table>
<tr><th rowspan="3"></th><th rowspan="3">问题情境</th><th rowspan="3">关注要点</th><th colspan="3">观察记录</th></tr>
<tr><th colspan="2">学生个人情况</th><th rowspan="2">小组交流情况（可记录特殊情况）</th></tr>
<tr><th>甲</th><th>乙</th></tr>
<tr><td rowspan="5">活动三</td><td rowspan="5">【情境 2】已知植物能够进行光合作用，即植物能在光照条件下，将二氧化碳和水转化为有机物（主要 $C_6H_{12}O_6$）和氧气，一盆植物一天能释放 64 克的氧气，请问一盆植物一天能消耗多少二氧化碳</td><td>A. 能写出呼吸作用方程式</td><td></td><td></td><td rowspan="5">甲：
乙：</td></tr>
<tr><td>B. 能准确找到已知量</td><td></td><td></td></tr>
<tr><td>C. 能准确列出比例式</td><td></td><td></td></tr>
<tr><td>D. 能得出准确的结果</td><td></td><td></td></tr>
<tr><td>E. 能关注规范格式</td><td></td><td></td></tr>
<tr><td rowspan="4">活动四</td><td rowspan="4">【情境 3】某电厂燃烧含硫量为 1.6% 的煤，一天共消耗 10 吨煤，请问该电厂一天排放多少吨的二氧化硫</td><td>A. 能准确找到已知量</td><td></td><td></td><td rowspan="4">甲：
乙：</td></tr>
<tr><td>B. 能准确列出比例式</td><td></td><td></td></tr>
<tr><td>C. 关注规范格式</td><td></td><td></td></tr>
<tr><td>D. 能得出准确的结果</td><td></td><td></td></tr>
</table>

本观察量表共发放了 8 份，8 位教师观察了教室内的 16 位同学，通过对这些记录表的分析得出以下数据：

<table>
<tr><th></th><th colspan="2">问题情境</th><th>关注要点</th><th>数据统计/人</th></tr>
<tr><td rowspan="3">活动一</td><td colspan="2" rowspan="3">碳燃烧的反应原理及化学方程式表示的量的含义</td><td>A. 能准确说出质量关系</td><td>9</td></tr>
<tr><td>B. 能准确说出个数关系</td><td>12</td></tr>
<tr><td>C. 能说出质的含义</td><td>5</td></tr>
<tr><td rowspan="6">活动二</td><td rowspan="6">【情境 1】某电厂购入含碳 12 吨的煤，完全燃烧后会产生多少吨二氧化碳</td><td rowspan="2">第一阶段</td><td>A. 能关注“已知、求解”</td><td>14</td></tr>
<tr><td>B. 想到用化学方程式计算</td><td>16</td></tr>
<tr><td rowspan="3">第二阶段</td><td>C. 能找到比例关系</td><td>10</td></tr>
<tr><td>D. 能列出比例式</td><td>8</td></tr>
<tr><td>E. 能正确得出最终结果</td><td>8</td></tr>
<tr><td>第三阶段</td><td>F. 能用红笔标注错误地方</td><td>10</td></tr>
</table>

续表

	问题情境	关注要点	数据统计/人
活动三	【情境 2】已知植物能够进行光合作用，即植物能在光照条件下，将二氧化碳和水转化为有机物（主要 $C_6H_{12}O_6$）和氧气，一盆植物一天能释放 64 克的氧气，请问一盆植物一天能消耗多少二氧化碳	A. 能写出呼吸作用方程式	10
		B. 能准确找到已知量	10
		C. 能准确列出比例式	10
		D. 能得出准确的结果	10
		E. 能关注规范格式	7
活动四	【情境 3】某电厂燃烧含硫量为 1.6% 的煤，一天共消耗 10 吨煤，请问该电厂一天排放多少吨的二氧化硫	A. 能准确找到已知量	12
		B. 能准确列出比例式	12
		C. 关注规范格式	8
		D. 能得出准确的结果	10

作者简介

陈博：北京理工大学附属中学化学青年教师。获 2012 年海淀区初三年级新授课专题研究活动二等奖，北京市初中化学优秀教学设计评选一等奖。2013 年北师大促进学生认识发展教学创新设计比赛一等奖。2014 年全国基础教育化学新课程实施成果教学案例类评选活动一等奖，北京高中化学奥林匹克预选赛优秀教师。指导学生获得 2014 年全国明天小小科学家评选活动全国前 100 名。

第五单元“化学方程式”单元检测试卷讲评

◇房　华

（一）指导思想与理论依据

教师创设“连续性问题情境”，其目的是引导学生的思维不断地深入。促进学生深入思维的连续性问题情境的课堂教学模式是指：在课堂教学中，教师依据学习内容的内在逻辑关系，依据学生的认识发展线路，依据学生已有的知识经验和学习能力水平，为学生设计若干个有思维容量的、有内在逻辑关系的、连续的问题情境，每个问题情境都能引发学生进行完整、深刻的思维活动的教学模式。

（二）教学背景分析

这是一节评讲课，第五单元“化学方程式”进行了测验后必须对试卷进行评析。怎样使学生通过这节课的学习分析，能清楚地知道自己在测试中存在不足的地方，从而在今后的学习中有针对性地学得更好。在试题的设计上，根据本单元的知识要点：质量守恒定律、正确书写化学方程式、利用化学方程式的简单计算等从不同的角度考查学生的知识能力。

其中针对试卷中正确书写化学方程式这一重点内容进行展开。化学方程的书写是中学化学基础知识的重要组成部分，是化学计算的基础；是学习化学的重要工具，也是初中学生学习化学遇到的难点、分化点，是学好化学的关键；同时，它还是发展学生抽象思维能力的重要形式之一，是化学思想的直接体现。化学方程式教学内容又跟其他化学用语密切相关。

通过对学生选择题的分析，选择题 4、5、7、8、9、14 和填空题 16（1）题的错误率较高，反映出学生对化学用语的理解和应用上还有一些问题，对

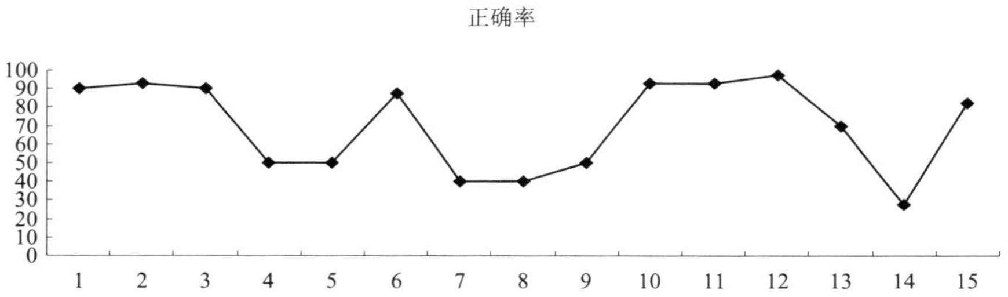

微观概念的认识还不彻底，还需要加强。同为书写方程式的填空题16（2）与17题比较，16（2）课本中方程式书写和17（2）陌生方程式的书写的错误率高于17（1）题单纯对化学方程式配平的考察，体现出学生在方程式书写中对配平这一环节的掌握情况较好，而对于化学式的书写及含义、化学方程式含义等方面是学生在本次检测中体现的主要问题。本节课将抓住元素符号、化学式、化学方程式这一化学用语主线，通过图像、比较、归纳等方法对学生试卷中出现的问题进行复习、总结、方法提炼。

（三）本课教学目标设计

知识与技能：

1. 区别原子、分子、离子、化合价的化学表示方法，懂得化学符号中数字的意义；熟练掌握常用的元素符号、化学式、化学方程式、原子结构示意图等化学用语。

2. 理解元素符号、化学式、化学方程式表示的意义。

3. 正确书写重要化学用语，提高应用化学用语进行思维和综合演绎的能力。

过程和方法：

1. 通过有关相对原子质量及元素质量比、原子个数比、元素质量分数等关系的复习，指导学生应用化学的知识进行数学运算，建立数学与化学的关系。

2. 让学生在已有知识经验的基础上复习各种量的关系，学习从具体到抽象、从个体到一般的归纳方法，提高应用化学用语进行思维和综合演绎的能力。

情感、态度与价值观：

1. 培养学生对微观世界学习的兴趣；唤起学生对科学的好奇与向往。

2. 感受化学用语的重要作用；培养学生严谨的科学态度。

教学内容：第五单元“化学方程式”测验题试卷进行讲评。

（四）教学过程与教学资源设计

<table>
<tr><td colspan="3">教学过程设计</td></tr>
<tr><td>教师活动</td><td>学生活动</td><td>设计意图</td></tr>
<tr><td colspan="3">活动一　元素符号、化学式、离子符号、化合价的复习与归纳</td></tr>
<tr><td>【引入】通过我们第五单元的检测所反映的问题，今天我们来进行分析与解决，以便在今后的学习中避免同样的错误的发生
【投影】：填空题第 16 题

【问题提出】：
1. 这道题涉及了哪些化学符号
2. 它们之间有哪些不同与联系
3. 元素符号周围的数字的含义
4. 这些符号哪些具有微观含义，用图形如何表示
【板书】：
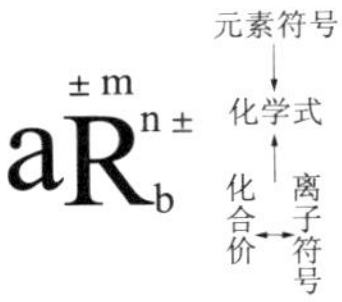
</td><td>【讨论、交流】
第 16 题错误答案
错误 1：2 个铁分子；2 个铁元素
错误 2：$3O$、$3O_2$、O_3 的不同。
【交流】从定性定量角度构建宏观物质、微观粒子以及化学符号三者之间的联系
【交流】元素符号周围数字的含义</td><td>让学生逐步建立宏观物质、微观粒子以及化学式之间的联系
用图示表示化学符号的微观含义
对元素符号、化学式、离子符号的含义进行总结和对比，从而加强对以元素符号为中心的各种符号的联系</td></tr>
<tr><td colspan="3">活动二、化学方程式宏观、微观两方面含义的理解</td></tr>
<tr><td>【反馈与过渡】我们不但要会用图示表示化学符号，相反通过微观图也要能写出化学符号。
【设问】请同学将选择题 5 的微观图表示成化学符号</td><td>【书写，交流、展示】练习巩固微观粒子的化学表示方式</td><td>复习化学方程式的意义和联系以及利用化学方程式含义的计算</td></tr>
</table>

续表

<table>
<tr><th colspan="3">活动二、化学方程式宏观、微观两方面含义的理解</th></tr>
<tr>
<td>【投影】
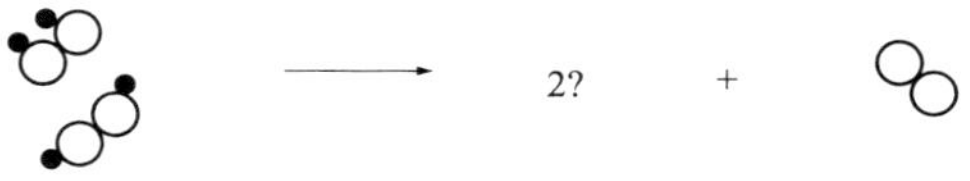
甲　　乙　　丙
● 表示X原子　　○ 表示Y原子
化学变化的微观过程
【问题提出】
化学变化中有哪些微粒没变
化学方程式的配平系数的含义是什么
【板书】
化学方程式 { 含义 { 1. 定性　$2X_2Y_2 = 2X_2Y + Y_2$
2. 定量 { 微粒个数比　2∶2∶1
各物质质量比
【总结问题】
化学方程式中为什么原子不变
原子的不变能有哪些宏观体现
2. 选择题 4，在化学反应 A + B→C 中，8 克 A 和 20 克 B 充分反应，生成 C 的质量，其中 C 的取值范围
3. 说出选择题 14　2A + 5B = 2C + 4D 的含义
4. 比较各物质质量比、相对分子质量比之间的关系
【反馈提问】选择题 8 有关化学方程式 $2H_2 + O_2 \xrightarrow{点燃} 2H_2O$ 的下列说法中，不正确的是
A. 每两个氢分子与 1 个氧分子化合生成 2 个水分子
B. 每一份质量的氢气与 8 份质量的氧气点燃化合生成 9 份质量的水
C. 氢气和氧气在点燃的条件下生成水
D. 反应物和生成物各物质的质量比为 2∶1∶2</td>
<td>【讨论，交流】

【思考、讨论、回答】

【讨论，交流】
化学方程式含义

【讨论，交流，总结】
各物质质量比 = 相对分子质量 × 微粒个数

【讨论，交流】</td>
<td>让学生感受物质组成的多种表示方法，化学用语是人为规定的国际化专有符号</td>
</tr>
</table>

续表

活动三、化学方程式的正确书写		
【引言】要准确说出化学方程式的含义首先要正确写出化学方程式 【问题】根据学生的答案总结化学方程式书写时常出现的错误 【投影】 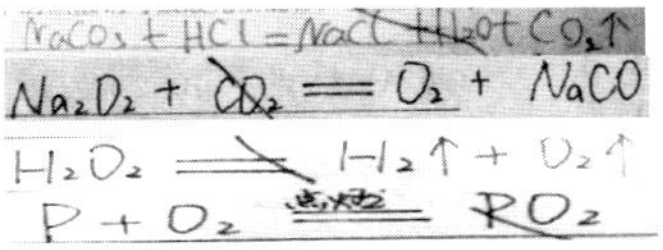 选择题 D. $Mg+O_2 \xlongequal{点燃} MgO_2$ 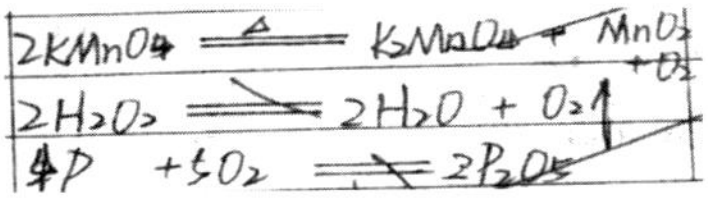 选择题9 A. $2H_2O == H_2 + O_2$ 配平下列方程式并总结方法 $Fe_2O_3 + CO — Fe + CO_2$ $Fe_3O_4 + CO — Fe + CO_2$ $Fe_xO_y + CO — Fe + CO_2$ $C_xH_V + O_2 — H_2O + CO_2$	【思考、回答】 化学式正确 2. 反应条件与气体沉淀符号 3. 配平 总结方法并加以扩展规律	巩固化学方程式的书写步骤，以及书写原则
四、综合练习检查		
某脱氧保鲜剂主要成分为活性铁粉，利用铁与氧气、水反应生成氢氧化铁的性质来吸收包装袋内氧气，从而延长食品的保质期。已知该脱氧保鲜剂中活性铁粉的质量为1.4克，计算该脱氧保鲜剂最多能够吸收氧气的质量	【书写，交流、展示、评价】	综合练习检查有关化学方程式书写、利用含义计算等多方面知识点

（五）学习效果评价设计

本节课以学生化学用语的复习为主线，针对学生的问题进行分析与方法指导，最后的综合练习包含了化学式的书写、化学方程式的书写、利用化学方程式计算多方面的综合，学生的完成情况可作为学生学习效果以及教师自身教学效果的评价分析。

(六) 教学反思

试卷讲评课相比习题讲评课和课堂练习讲评课有着更能吸引学生兴趣的优势。因为通过测试后学生还是非常关心自己的分数的，在关心分数的同时也会相应关心为什么扣分的问题。借此契机，教师趁热打铁很容易将学生兴趣延续到课堂讲评课中加以运用。通过讲评课，学生往往能在讲评中补齐自己知识的缺憾，达到查漏补缺的目的。通过检测，会发现学生的知识缺陷五花八门，对教师讲课的需求也存在很大的差异，感到讲评课上起来困难重重。在确定本节课的内容方面我做了较大的取舍，从学生的检测暴露出的主要问题入手，同时为了后续教学的顺利，以化学方程式的书写、含义、应用为目标，将化学用语包括元素符号、化学式、离子符号、化合价进行整合，确立了以化学用语小结为主体的教学内容。在教学内容安排上没有外加题目的引入，通过本张试卷学生的普遍问题形成线索进行解析，利用上一个问题的答案解决学生的下一个问题，使学生体会到知识的连续性和发展性，同时使整节课进行得较为流畅。

(本文为2012年全国初中化学教学研讨会(华北区)推荐教学设计)

参考文献:

任宝华．化学学科促进学生深入思维的连续性问题情境的课堂教学模式研究．北京市教育科学规划课题开题报告．

附录1

初三化学第五单元检测题

可能用到的相对原子质量：C－12　H－1　O－16　Na－23　Ca－40　Cl－35.5

一、选择题（每小题只有一个正确答案，请将正确答案的序号填写在题号的前面，注意对应好题号。每小题2分，共30分）

1. 下列叙述完全符合质量守恒定律的是（　　）。

A. 水结成冰前后，质量保持不变

B. 50mL水和50mL乙醇混合后总体积小于100mL

C. 在100g过氧化氢溶液中，含有30g过氧化氢和70g水

D. 1.2g碳与3.2g氧气反应可生成4.4g二氧化碳

2. 在化学反应前后，下列各项中，肯定没有变化的是（　　）。

①原子的数目 ②分子的数目③元素的种类 ④物质的总质量 ⑤物质的种

类 ⑥原子的种类 ⑦原子的质量

A. ①②③④⑤⑥⑦　　B. ①③④⑥⑦

C. ①③⑤⑥⑦　　D. ①②⑥⑦

3. 根据质量守恒定律，电解 NaCl 的水溶液，不可能得到的生成物是(　　)。

A. KNO_3　　B. $C1_2$　　C. H_2　　D. NaOH

4. 在化学反应，A + B→C 中，8 克 A 和 20 克 B 充分反应，生成 C 的质量不可能是（　　）。

A. 28 克　　B. 20 克　　C. 12 克　　D. 8 克

5. 如下图所示，二分子甲生成二分子乙和一分子丙，已知甲、乙、丙三者为不同的纯净物，则乙物质的化学式为（　　）。

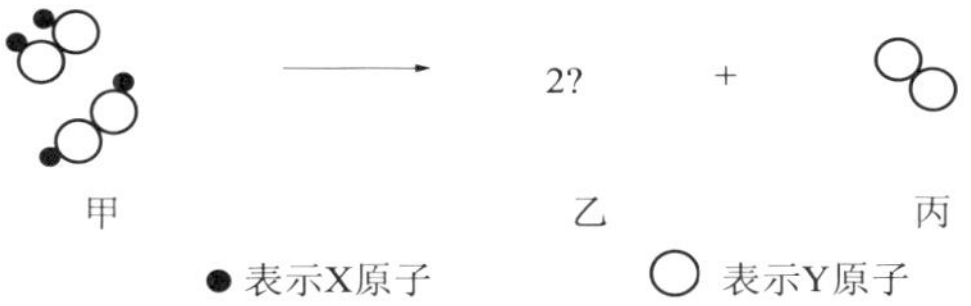

A. XY_2　　B. X_2Y　　C. X_2　　D. X_4Y_2

6. 五氧化二碘（化学式 I_2O_5）常用来测定空气中一氧化碳的含量，I_2O_5 中碘元素化合价为（　　）。

A. －5　　B. ＋5　　C. ＋3　　D. ＋2

7. 下列试剂瓶的标签上，化学式书写正确的是（　　）。

A.　　B.　　C.　　D.

8. 有关化学方程式 $2H_2 + O_2 \xrightarrow{点燃} 2H_2O$ 的下列说法中，不正确的是(　　)。

A. 每两个氢分子与 1 个氧分子化合生成 2 个水分子

B. 每一份质量的氢气与 8 份质量的氧气点燃化合生成 9 份质量的水

C. 氢气和氧气在点燃的条件下生成水

D. 反应物和生成物各物质的质量比为 2：1：2

9. 下列化学方程式中，书写正确的是（　　）。

A. $2H_2O \rightarrow 2H_2 + O_2$　　B. $2HgO \xrightarrow{\Delta} 2Hg + O_2\uparrow$

C. $Mg + HCl \rightarrow MgCl_2 + H_2$　　D. $Mg + O_2 \xrightarrow{点燃} MgO_2$

10. 下图是某个反应过程的微观示意图。该反应的化学方程式为(　　)。

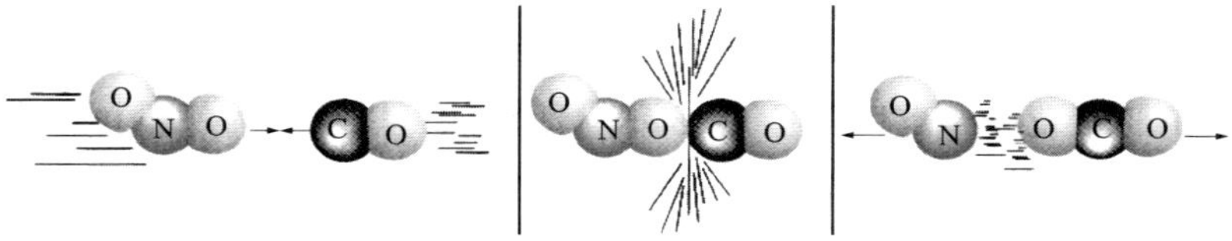

A. $NO + CO \xlongequal{} N + CO_2$　　B. $NO + CO_2 \xlongequal{} NO_2 + CO$

C. $NO_2 + CO_2 \xlongequal{} NO + CO$　　D. $NO_2 + CO \xlongequal{} NO + CO_2$

11. 柑橘中含有对人体有益的柠檬烯。若用 R 表示柠檬烯，其完全燃烧的化学方程式为 $R + 14O_2 \xlongequal{点燃} 10CO_2 + 8H_2O$，则柠檬烯的化学式为（　　）。

A. C_5H_{10}　　B. $C_{10}H_{10}$　　C. $C_{10}H_{16}$　　D. $C_{10}H_{18}$

12. 下图表示物质间发生化学变化的模型示意图，图中“●、○”分别表示两种不同元素的原子。下列说法正确的是（　　）。

A. 此反应有单质生成

B. 该反应属于分解反应

C. 可表示 $2H_2 + O_2 \xlongequal{点燃} 2H_2O$ 的反应

D. 可表示 $CO_2 + C \xlongequal{高温} 2CO$ 的反应

13. 一个密闭容器中加入甲、乙、丙、丁四种物质，在一定条件下发生化学反应，测得数据见下表。下列说法中正确的是（　　）。

物质质量	甲	乙	丙	丁
反应前	25g	x	5g	5g
反应后	8g	23g	5g	8g

A. x = 9g

B. 该反应是化合反应

C. 在该反应中，丙物质一定做催化剂

D. 在该反应的化学方程式中，丙、丁的化学计量数比为 1∶1

14. 在反应 2A + 5B = 2C + 4D 中，C、D 的相对分子质量之比为 9∶22。若

2.6gA 与 B 完全反应后，生成 8.8gD，则在此反应中 B 与 D 的质量比为(　　)。

A. 4：9　　　　B. 8：11

C. 10：11　　　　D. 31：44

15. 将 39.5 克含高锰酸钾质量分数为 80% 的固体加热（杂质不发生化学反应也不含钾元素），加热一段时间后，冷却，测得剩余固体中钾元素的质量分数为 20.58%，则生成二氧化锰的质量约为（　　）。

A. 2.9 克　　B. 4.35 克　　C. 8.7 克　　D. 10.9 克

二、填空题

化学用语是化学学科特定的语言，代表化学学科特定的思维方式。熟练掌握化学用语是我们学好化学的关键。

16. （1）填写化学符号或化学符号表示的意义（5 分）

化学符号	2Fe		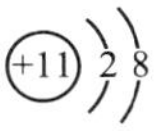		Mg^{2+}
表示意义		三个氧分子	核内有________个质子	+3 价的铝元素	

（2）完成下列化学反应方程式，并简答有关问题：（12 分）

化学反应	化学反应方程式	简答
硫在氧气中燃烧		火焰颜色为________色
用高锰酸钾制氧气		高锰酸钾的颜色
用过氧化氢制氧气		反应类型
磷在氧气中燃烧		主要现象

17. 配平下列化学反应方程式：（10 分）

1. $Na + O_2 \xrightarrow{点燃} Na_2O$
2. $Al + H_2SO_4 \longrightarrow Al_2(SO_4)_3 + H_2\uparrow$
3. $Fe_3O_4 + CO \xrightarrow{高温} Fe + CO_2$
4. $H_2S + O_2 \longrightarrow H_2O + S$
5. $C_3H_8 + O_2 \xrightarrow{点燃} CO_2 + H_2O$

18. 用化学方程式表示下列叙述：（6 分）

（1）化石燃料燃烧都会产生二氧化碳，它是空气中含量最多的温室气体。为减少它的排放，科学家致力于研究将过多的二氧化碳和氢气在催化剂和加热的条件下反应，转化为水和甲烷（CH_4）。该反应的化学方程式为____________。

（2）过氧化钠（Na_2O_2）是潜水艇氧气再生装置中制氧剂，它是一种淡黄色粉末，能与二氧化碳反应生成氧气，同时生成碳酸钠，写出该反应的化学方程式____________。

（3）2003 年 7 月，河北辛集市某烟花鞭炮厂发生爆炸，造成数十人死亡，这场爆炸的“元凶”是黑火药的引爆。黑色火药的成分是 KNO_3、C、S，爆炸后的产物是 K_2S、N_2、CO_2，其反应的化学方程式是：____________。

三、实验题（7 分）

19. 请根据题目要求回答下列问题。

（1）下图为托盘天平，使用托盘天平称物品的正确操作顺序为（填序号）________。

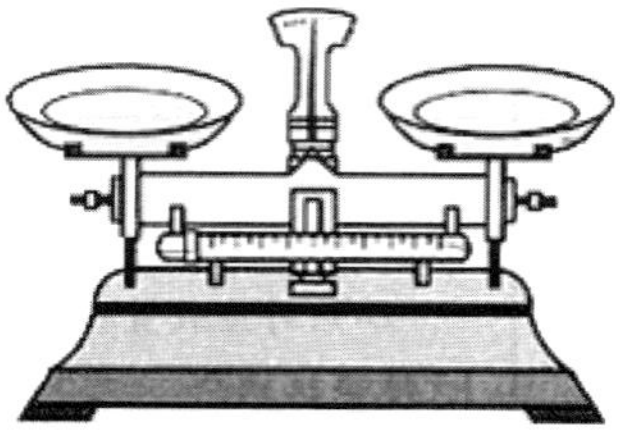

①调游码　②放称量纸　③称量物放左盘

④调零点　⑤加质量大的砝码　⑥加质量小的砝码

A. ①②③④⑤⑥

B. ④②③⑤⑥①

C. ④⑤⑥①②③

（2）在小烧杯中加入硫酸铜溶液后，加入铁钉，称量总质量为 m_1，发生反应的实验现象为____________，反应发生了一段时间后，再称量小烧杯及烧杯内物质的总质量为 m_2，则（填“=”“>”“<”）m_1 ________ m_2。

（3）如右图装置中，称量小烧杯中所有物质的质量 m_1，然后将小烧杯中的碳酸钠与盐酸完全混合，发生反应的化学方程式为____________，反应发生了一段时间后，再称量小烧杯及烧瓶内物质的总质量为 m_2，则（填“=”“>”“<”）m_1 ________ m_2，其原因为____________。

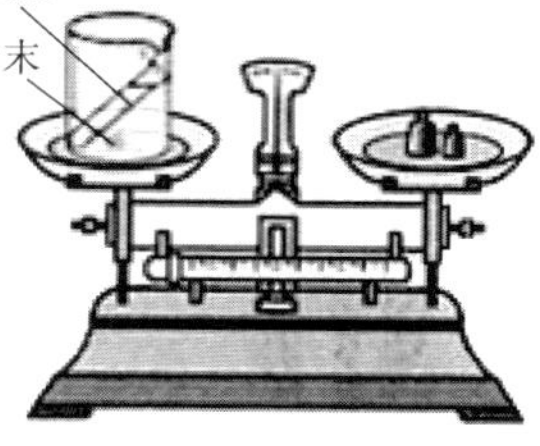

（4）由此可知，在做实验研究化学反应前后反应物与生成物之间的质量关系时，必须在________体系中进行。

四、计算

20. 24g 碳在纯氧中燃烧，生成二氧化碳多少克？（5 分）

20.	21. （2）

21. （5 分）食品保鲜可以防止食品变质，保持食品的营养和味道。食品保鲜的措施有添加防腐剂、充填某些气体、放置干燥剂和脱氧保鲜剂等。

（1）熟食制品中常加入一定量的防腐剂。丙酸钠（$C_3H_5O_2Na$）就是其中一种常用的食品防腐剂，其相对分子质量为________，碳元素的质量分数为________。

（2）某脱氧保鲜剂主要成分为活性铁粉，利用铁与氧气、水反应生成氢氧化铁的性质来吸收包装袋内氧气，从而延长食品的保质期。已知该脱氧保鲜剂中活性铁粉的质量为 1.4g，计算该脱氧保鲜剂最多能够吸收氧气的质量。

22. （5 分）右图是“×××”补钙剂商品标签图。请根据标签信息完成下列问题：

（1）主要成分碳酸钙的相对分子质量为________，每片药剂中至少含钙元素的质量为________g。

（2）小华同学为测定其碳酸钙的含量标注是否属实，他取出四片片剂，研碎后放入烧杯中，逐滴加入稀盐酸，至不再放出气体为止，共用去稀盐酸 40.0g，称量烧杯中剩余物质量为 47.8g（不含烧杯质量，假设钙片其他成分不与盐酸反应）。求：

×××儿童咀嚼片
（60片装）

[主要成分] 碳酸钙、维生素D
[功　效] 补钙
[规　格] 2.5g/片
每片中含：
碳酸钙≥1.24g
维生素D100IU
[食用方法] 嚼食

1）生成二氧化碳的质量；

2）通过计算判断钙片中碳酸钙的含量标注是否属实。

（温馨提示：$CaCO_3 + 2HCl = CaCl_2 + H_2O + CO_2\uparrow$）

附录 2　课堂观察量表及其统计结果

第五单元检测讲评观察量表

班级　　　　　学生位置　　　　　观察人

观察方式：一名老师随机观察一组学生（共 2 人），分别记录每个学生的状况。

观察对象：学生，请将学生固定为甲、乙，写清学生位置，如靠窗第 1、2 组第 2 人。

记录方式：学生个人情况在完成的对应项目后打“√”，简略记录，特殊情况另行注明。

<table>
<tr><th rowspan="3"></th><th rowspan="3">问题情境</th><th rowspan="3">关注要点</th><th colspan="3">观察记录</th></tr>
<tr><th colspan="2">学生个人情况</th><th rowspan="2">小组交流情况（记录特殊情况）</th></tr>
<tr><th>甲</th><th>乙</th></tr>
<tr><td rowspan="4">活动一</td><td rowspan="4">通过 16（1）的讲评，总结元素符号周围数字的含义
$a\overset{\pm m}{R}{}^{n\pm}_{b}$</td><td>A. m 的含义</td><td></td><td></td><td rowspan="4">甲：
乙：</td></tr>
<tr><td>B. n 的含义</td><td></td><td></td></tr>
<tr><td>C. a 的含义</td><td></td><td></td></tr>
<tr><td>D. b 的含义</td><td></td><td></td></tr>
<tr><td rowspan="3">活动二</td><td rowspan="3">在反应 2A +5B =2C +4D 中 C、D 的相对分子质量之比为 9∶22。若 2.6gA 与 B 完全反应后，生成 8.8gD，你能说出这个化学方程式的含义吗</td><td>A. 准确说出方程式的定性含义</td><td></td><td></td><td rowspan="3">甲：
乙：</td></tr>
<tr><td>B. 准确说出方程式的微观定量含义</td><td></td><td></td></tr>
<tr><td>C. 准确说出方程式的宏观定量含义</td><td></td><td></td></tr>
<tr><td rowspan="3">活动三</td><td rowspan="3">方程式的书写（配平方法的总结）</td><td>A. 没有思路不会配平</td><td></td><td></td><td rowspan="3">甲：
乙：</td></tr>
<tr><td>B. 能配平出化学方程式</td><td></td><td></td></tr>
<tr><td>C. 能通过方程式，实例的配平，总结并配出带字母的化学方程式的配平</td><td></td><td></td></tr>
</table>

续表

<table>
<tr><td rowspan="3"></td><td rowspan="3">问题情境</td><td rowspan="3">关注要点</td><td colspan="3">观察记录</td></tr>
<tr><td colspan="2">学生个人情况</td><td rowspan="2">小组交流情况
（记录特殊情况）</td></tr>
<tr><td>甲</td><td>乙</td></tr>
<tr><td rowspan="4">活动四</td><td rowspan="4">某脱氧保鲜剂主要成分为活性铁粉，利用铁与氧气、水反应生成氢氧化铁的性质来吸收包装袋内氧气，从而延长食品的保质期。已知该脱氧保鲜剂中活性铁粉的质量为1.4克，计算该脱氧保鲜剂最多能够吸收氧气的质量</td><td>A. 准确写出化学方程式</td><td></td><td></td><td rowspan="4">甲：
乙：</td></tr>
<tr><td>B. 能准确找到已知量</td><td></td><td></td></tr>
<tr><td>C. 能准确列出比例式</td><td></td><td></td></tr>
<tr><td>D. 关注规范格式</td><td></td><td></td></tr>
</table>

作者简介

房华：北京理工大学附属中学化学一级教师。2012年《对兴趣学习的思考——初三教学反思》获北京市教育科学三等奖，《第五单元化学方程式单元检测试卷讲评》获全国中学化学优质课观摩评比一等奖同时获北京市初中化学教学设计评比一等奖。2013年《课堂行为的有效管理策略读书感想》获北京市“京研杯”教育教学研究成果二等奖，《推断题小结》获海淀区教学案例成果一等奖，同时获得海淀区初中教师实验技能交流展示活动二等奖。

关于初三化学小结课的思考

◇刘　进

一、 初三化学单元小结课课型现状

单元小结课是教学的一个重要环节，不同于中考总复习的专题复习，也不是本单元新课的重复。其主要目的是帮助学生构建清晰的单元知识网络，提升学生的思维品质，培养学生对知识的整理、归纳和综合应用的能力。

作为初三化学的单元小结课，多年来一直就处在一个比较尴尬的处境，毕业年级课时紧张贯穿始终，使得单元小结课在实际教学过程中常常被习题讲解课所替代。难道，初三化学的单元小结课就真的是一种可有可无的课吗？其实从学生知识的学习获取过程性的角度看，单元小结课是学生学习过程中的一个重复知识和条理知识的重要环节，单元小结课的有效性还是值得我们不断地去探索的！

著名心理学家布鲁纳认为："获得的知识如果没有完满的结构把它联系在一起，那是一种多半会遗忘的知识。一连串不连贯的知识在记忆中仅有短得可怜的寿命。"将学生的短时记忆化为长时记忆也正是单元小结课的任务，首先强调把每一个单元看成相对独立的知识结构，在分节授课的基础上，把单元的知识系统化、结构化，使本单元知识结构纳入本学科的整个知识网络，这正是单元综合小结课要实现的目标，也正好符合短时记忆化为长时记忆的学习规律。

二、 单元小结课型的特点

单元小结课，是在对学生学过的某个板块的知识基础上，进行再认识、再学习，再提升、再梳理整理的过程。是学生学习过程中落实知识、提升能力的关键环节。具有如下特点：

1. 知识上优化再现

与初学知识不同的是，单元小结课的知识再现，不是一种简单的重复，也不再强调知识的形成过程，而是适时地将本单元的知识进行总结和归纳，以一种优化之后的新面貌出现在学生的面前。在优化的时候，在旧中出新是最为困难的，可以注意以下的问题：与前后单元之间的联系，研究角度的差别、方法的异同、相似知识点的相似比较、相异分析、理解其在整个化学学科思想中的地位和作用，等等。我们大家都有这样的感觉，不同的角度，看知识的感觉不同，单元小结课应该有一个不同于新课的站位较高的新视角。

2. 结构上归类整理

归纳整理在这里有两层含义：其一是要根据班级的知识水平，对本单元的内容进行归纳整理；其二是要在小结课弥补新课知识不全造成的结构不完整、认识不到位的不足。新授课常常以问题串为特点，而单元小结课常常将这些在新授课时的问题串一横串和纵串的形式结成块结构，来体现知识的完整性。

3. 内容上承上启下

初中化学知识较为零碎，但任何知识都不是孤立的，新授课时的零散教学，使知识点易被遗忘、容易混淆。在单元小结课时让学生从较高的站位分清知识的主次结构、把握本单元的重点知识和难点问题。根据不同类型的单元小结课，对比法、知识结构生长法、思维导图等方法均可灵活运用，将平时零散的知识进行优化整理，形成有效的知识网络，从而加强对知识的理解和记忆。早在2004年，北京教育学院何彩霞老师主持的关于整体教学设计的课题组，就提出了整体教学设计的观点，单元小结课立足处于本单元，高于本单元的特点，决定了它应该还有一个功能，就是与已有的知识建立起有机的联系，突出课时教学与整体知识之间的联系，加深学生对本单元在整个知识体系中的地位认识，加深前后知识体系的联系性认识，为最后综合复习打下基础。

4. 形式上讲练结合

只梳理知识，不进行知识的实际运用，学生运用知识的能力无法提升。每个人都会有这样的亲身体会，就是恰恰是在运用的过程中才加深了对很多知识的理解。我们也都听说过这样的一句话，“功到自然成”，功就是下功夫练习，作为文化课知识，功就是运用知识，尝试在各种情景和环境下运用知识。单元小结课上这一环节上的习题与新授课上的习题在题目的选择上需要有不同的思考和侧重。单元小结课的习题要求：经典，打破章节的限制，体现本章节学科思想特点、科学方法，覆盖面综合性要大同时能力要求较高的习题；小结课整合的习题资料可以是由教材中优质例题、习题的整合、变式和拓展而来，也可以收集学生作业中错得较多的题目，由于题目是来源于同学之中，能引起学生的重视，达到有效复习的目的。题目讲评后留下时间给学生改正和小结的时间。这是一个让学生学会反思，学会归纳的过程。往往在这里可以引申出一些通法和一般原理，将利于学生深刻理解知识和系统掌握知识。

三、 如何提高化学单元小结课课型有效性

1. 单元小结目标明确且实现得很好，体现课程标准的教学要求，教学重点突出，难点得以突破

单元小结课的复习目标也应该有我们所熟知的三个维度，即：知识目标、方法目标、情感态度目标，甚至还要有学科思想目标。初三化学，是学生学习化学的起始课，每个单元除了主要的知识目标，还有完成分步建立化学研究物质的学科思想的目标。

2. 抓住单元核心知识，课堂高效运转，注重课堂背后的化学思想和化学思维

教师的教学线索：整理所学的知识，建立有效的知识体系，使之达到提纲挈领的目的；同时要对前后的知识融会贯通，弄清来龙去脉。

3. 小结课课例题设计层层递进，符合学生的认知规律

①例题教学做到新中有旧，旧中有新，恰到好处地对同一材料采用不同的方法来处理。②例题选择的典型性，知识技能与能力训练要求适度，不做拔苗助长式的知识生长，重视学生知识结构的自然形成和生长的能力。③设计课时可遵循知识基础性、问题针对性、体系系统性、习题精选性、难点重点性、学生知识发展性等原则进行课堂设计。④在小结课注意学生为主、课本为主、课内为主、能力为主、以练为主来达到复习效果。通过动手、动脑、动笔等多元化的方式促进学生的知识落实。⑤单元小结课的准备应该贯穿于整个单元的学习，在学生的学习问题中收集小结课的问题，有机地串联，更能发挥小结课的针对性和有效性。⑥培养学生的创新意识，既有通法的指导，又不拘泥于通法，灵活运用。

4. 注重培养学生的发散性思维

小结课要帮助学生掌握一定的复习方法和技能，学会复习，同时提升解决问题的策略与方法。

5. 切合班级学生知识实际，有针对性

小结课要强化学生的弱点知识，扫除学生思维的障碍点，引导学生自己系统整理单元知识。

6. 对学生评价及时，充分调动学生学习的积极性

小结课的效果是衡量单元小结课的有效性的最有说服力的指标，学生在小结课后，应该达到概念清晰、运用知识的能力得到发展。

总之，单元小结课型是初三化学课型的一个重要的组成部分，是复习课和新课的桥梁，不同于中考前的总复习课，是提升化学课堂知识的有效课型，也是学生知识生长的有效环节。正如美国著名心理学家布鲁纳的“认知结构学说”设计的：“学生的智力乃是一种认知结构，学习过程就是认知结构不断变化的过程。有效的教学在于使学生掌握学科的原理和基本结构，学习就是新的知识与学习者已有认知结构相互作用而形成认知结构的过程。”应该是我们单元小结课力争达到的目标。

相关教学案例

课例一《化学方程式》单元小结教学设计

【教学目标】

知识与技能：

1. 通过对具体实例的分析，正确理解质量守恒定律，知道“质量守恒”的内在原因并会运用质量守恒定律知识解题。

2. 通过引导学生对具体化学反应微观图示的观察和分析，加深对化学方程式的意义的理解。

3. 通过习题的演算，定量认识化学变化。

过程与方法：

解决问题为中心的学习方法运用，使学生在解决问题的过程中，提高对化学方程式意义、书写及应用的认识。

情感态度与价值观：

学生在解决问题的过程中，树立唯物主义观点。

【教学重点】

用分子、原子知识解释质量守恒定律，应用质量守恒定律解释化学反应质量问题。

【教学难点】

1. 学生思维的不断深入。

2. 化学方程式中质量关系的应用。

3. 在宏观和微观之间建立联系，使学生形成有化学学科特色的思维。

【教学方法】讨论、讲练结合

【教学过程与教学资源设计】

<table>
<tr><th>教学环节</th><th>教师活动</th><th>学生活动</th><th>设计意图</th></tr>
<tr><td>创设情景引课</td><td>教师展示图片，甲、乙、丙表示三种物质，其微观示意图见下表，甲物质在一定条件下反应可生成乙和丙。
<table><tr><td>物质</td><td>甲</td><td>乙</td><td>丙</td></tr><tr><td>微观示意图</td><td></td><td></td><td></td></tr></table>请写出该反应的化学方程式是__________，并说出这个化学方程式的含义</td><td>学生写出化学方程式
$2H_2O_2 = O_2\uparrow + 2H_2O$
并小组交流化学方程式的几个含义
小组同学互相交流
“反应物过氧化氢，生成物是水和氧气，反应条件是在一定条件下；每68份质量的过氧化氢可分解生成32份质量的氧气和36份质量的水；每2个过氧化氢分子可分解生成1个氧分子和2个水分子。”</td><td>以微观示意图创设问题情境，感受化学变化过程实际上是原子重新排列的结果。体会化学学科的思维特色</td></tr>
<tr><td>复习本单元主干知识</td><td>【追问】为什么化学方程式能够表现出这些质和量两方面的含义呢
【再追问】什么是质量守恒定律，质量守恒定律的守恒原因或者说微观解释是什么
从这个角度看化学反应，质量守恒就成了原子守恒
回到情境引入的图片，强调过氧化氢分解生成水和氧气的反应，整个反应只有氢原子和氧原子参加反应，就是说，分解的过氧化氢中所含的氢原子和氧原子最终变成了产物氧气和水中的氢原子和氧原子。而且在这个变化过程中，原子不会无缘无故地产生，也不会无缘无故地消失。</td><td>学生思考回答：
化学方程式在书写是要尊重客观事实，还要遵守质量守恒定律
回答：化学变化前后，原子的种类、个数、质量不变
听讲</td><td>复习已有知识，构建单元知识网的基础点
复习化学方程式的书写原则，明确化学方程式是一个描述化学变化的一种工具
强调化学变化的微观过程，并与宏观物质产生联系，利于学生形成化学的学科思维</td></tr>
</table>

续表

<table>
<tr><th>教学环节</th><th>教师活动</th><th>学生活动</th><th>设计意图</th></tr>
<tr>
<td>提出问题情境，引导学生对于质量守恒定律进行深入辨析、思考</td>
<td>将含68g过氧化氢的溶液置于密闭容器中，在不同的时间记录下生成的氧气和水的质量，实验数据如下：
<table>
<tr><th>实验标号</th><th>Ⅰ</th><th>Ⅱ</th><th>Ⅲ</th></tr>
<tr><td>放入密闭容器过氧化氢的质量（g）</td><td>68</td><td>68</td><td>68</td></tr>
<tr><td>氧气的质量（g）</td><td>8</td><td>16</td><td>32</td></tr>
<tr><td>生成的水的质量（g）</td><td>9</td><td>18</td><td>36</td></tr>
</table>
这三次实验哪一次符合质量守恒定律？说明理由
分析得出第一次、第二次是因为反应物没有完全反应的原因，事实上参加反应的物质质量是17克和34克，都遵守质量守恒定律</td>
<td>学生讨论：
预测方案：
1. 第三次
2. 三次都遵守
3. 不知道
理由：</td>
<td>1. 对于重点知识的再认识，体会质量守恒定律中参加化学反应的物质中的“参加”二字的含义
2. 强调质量守恒定律是化学变化的普遍规律，任何化学变化都遵守质量守恒定律</td>
</tr>
<tr>
<td>复习有关化学方程式的计算</td>
<td>【追问】我们是怎样知道放入密闭容器中的68克过氧化氢完全反应时，可以生成32克氧气

【问题】已知，100克的过氧化氢溶液完全反应，生成氧气的质量为9.6克，求同时生成水的质量是多少？100克溶液中含过氧化氢多少克</td>
<td>学生思考，回答用化学方程式进行计算
请同学板书演示，其他同学检查他的格式是否规范
【思考】如何进行计算
独立解题或小组讨论
【板书】计算过程</td>
<td>复习化学方程式计算的格式，为下一步不纯量的计算做准备

复习不纯量计算，再次强调质量守恒定律针对的是参加反应的物质，同时用微观示意图演示溶液中的水与新生成的水在化学反应中的不同表现</td>
</tr>
</table>

续表

教学环节	教师活动	学生活动	设计意图
陌生化学方程式的书写	【转折】化学方程式包含的量含义可以帮助我们进行有关化学反应的计算，我们再回到化学方程式量的含义，可以帮助我们做什么呢？ 【板书】化学方程式的应用： 在电缆生产过程中会产生一定量的含铜废料。据报道，在通入氧气并加热的条件下，铜与稀硫酸反应转化为硫酸铜和一种常见氧化物，请完成该反应的化学方程式： 再次强调化学方程式的书写步骤	学生写化学方程式 $2Cu + 2H_2SO_4 + O_2 \xrightarrow{\Delta} 2CuSO_4 + 2H_2O$	突破陌生化学方式的书写的难点，给学生一定方法上的指导
对比定性分析和定量计算	【问题】食物中的糖类给人体提供热量，糖类在人体中发生缓慢氧化反应生成二氧化碳和水，糖类物质中含有的元素种类是________ 某糖 18g 在人体内发生的缓慢氧化反应生成 26.4g 二氧化碳和 10.8g 水，则某糖中含有的元素种类是________	小组讨论，解答，体会定性分析和定量计算的不同	质量守恒定律在化学方程式计算过程中的定性和定量的应用，加强学生对于解决此类问题的能力
迁移字母题	对于反应 A + 2B = C + 2D，若反应前加入 A 和 B 的混合物 24g，A 完全反应，B 剩余 4g，生成 9gD，则生成 C 和 D 的质量比为________ C 和 D 的相对分子质量之比为________	学生思考作答，体会物质的质量比和相对原子质量质量比的差别	进一步巩固化学方程式的应用
	化学方程式的学习价值在于我们可以通过这一化学用语工具，多角度地展示一个化学反应所经历的种种变化和变化的内涵，它具有广泛的应用价值，是我们今后学习化学的一个重要工具		明确复习的目的，提高学生对于化学方程式这一化学用语的认识和应用能力

参考文献：

[1] 孙宝树．对如何上好几何单元复习课的探讨［J］．学周刊，2011（01）．
[2] 何彩霞．浅谈初中化学单元复习教学［J］．考试研究，2010（05）．

作者简介

刘进： 北京理工大学附属中学化学高级教师，获校“十一五”期间教科研先进个人一等奖。《对于初三化学复习课“一题多变”的思考》获北京市初中化学论文三等奖，《复分解反应的应用》《化学方程式单元复习课》获市级教学设计评比二等奖。《二氧化碳的实验室制法》获（暨第九届）“全国基础教育化学新课程（含初高中）实施成果评选及交流活动”教学录像一等奖。北京市初中教师实验技能比赛获海淀区一等奖，北京市一等奖；《关于初三化学单元小结课的思考》获海淀区小结课专题研究教学论文类一等奖，并收录于海淀教委出版的《研究教学规律，提升教学质量》一书。

难溶电解质的溶解平衡

◇张　桐

教学基本信息	
课题	第三章　水溶液中的离子平衡　第四节　难溶电解质的溶解平衡
教材	书名：《化学反应原理》　出版社：人民教育出版社　出版日期：2007 年 2 月
指导思想与理论依据	
溶液中的离子平衡是重要的化学原理，它具有较严密的逻辑性，是适用于几乎所有在溶液中进行的化学反应的普遍规律。这些原理需要由特殊到一般、由具体到抽象、由现象到本质的教学过程，才能使学生正确认识、掌握并灵活运用。为实现学与教的活动更加科学，更富有实效，精心设计课堂讨论、组织实践与应用活动、支持学生参与学习等教学策略，启发教师在设计、组织教学活动时关注教学效果	
教材分析及学习者分析	
1. 本节教学内容的功能和作用 本节内容是第三章《水溶液中的离子平衡》的最后一部分，包括难溶电解质的溶解平衡及应用两部分。本节应用第二章化学平衡的理论，探讨溶液中的离子平衡问题，是化学平衡学习的延深和拓展，是对中学化学平衡理论体系的完善和丰富，是中学化学理论基础的重要部分。通过本章学习，学生可以感受理论分析的作用，体会相关知识在生产、生活中的作用，进一步拓展和巩固前一章所学的知识，更为透彻地理解在溶液中发生离子反应的原理 2. 学生的认识发展分析 学生具有一定的溶解平衡对象意识，即气液混合物、易溶电解质的悬浊液中的溶解平衡关系，学生运用具体原理分析身边的平衡实例的意识不够，而对于难溶电解质（包括微溶电解质）实例更知之甚少。因此“难溶电解质溶解平衡的建立”在学生的学习过程中是重点，而作为化学平衡实例之一的溶解平衡的特征，学生学习起来并不困难	

续表

教学目标
1. 知识与技能 （1）能应用化学平衡理论描述溶解平衡，知道沉淀转化的本质 （2）根据溶解度和化学平衡的理论，掌握影响溶解平衡的因素 （3）知道沉淀溶解平衡在生产、生活中的应用（沉淀的生成和分步沉淀、沉淀的溶解和转化） 2. 过程与方法 通过对沉淀的溶解、转化等问题的讨论，让学生经历认识事物由特殊到一般、由具体到抽象、由现象到本质的过程，培养学生归纳、演绎能力及辩证看待问题的思想 3. 情感态度与价值观目标 通过对知识的学习和应用，体会化学平衡的理论在解决实际问题中的应用，进一步认识化学知识与人类生活的密切关系 通过对本节的学习，培养学生运用化学平衡的理论解决实际问题的能力
教学重点和难点
教学重点：难溶电解质溶解平衡的建立、难溶电解质的溶解平衡应用 教学难点：难溶电解质溶解平衡的建立，如何理解沉淀的生成、沉淀的转化以及沉淀的溶解均为沉淀溶解平衡移动的问题，建立从沉淀溶解平衡角度分析此类离子反应的意识
教学流程示意
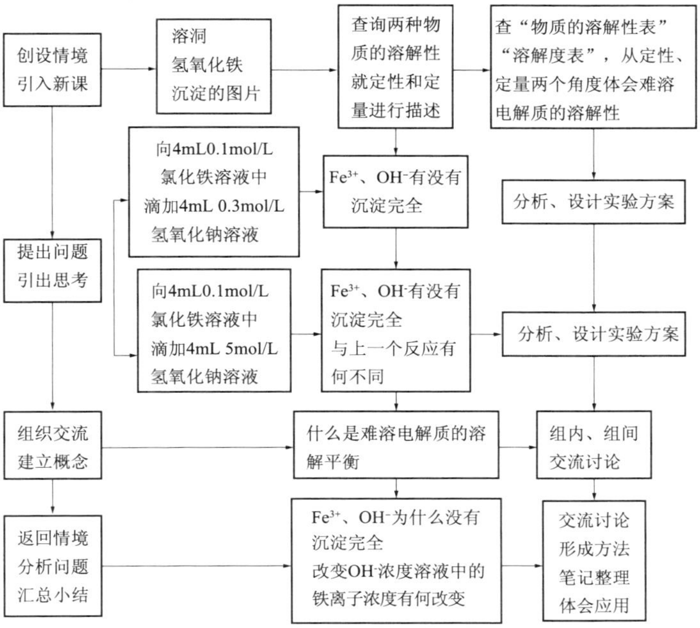

续表

教学过程（第 1 课时）			
教学环节	教师活动	学生活动	设计意图
创设情境 引入新课	1. 创设情境：投影溶洞、氢氧化铁沉淀的图片 2. 从数据表中查询两种物质的溶解性，就定性和定量性质进行描述	1. 学生听、看、思考 2. 学生活动：查阅“物质的溶解性表”“溶解度表”，从定性、定量两个角度体会难溶电解质的溶解性	帮助学生进一步从定性学习化学向定量学习化学转化
实验体验 分析讨论	3. 演示实验：向 4mL 0.1mol/L 氯化铁溶液中滴加 4mL 0.3mol/L 氢氧化钠溶液 提问：Fe^{3+}、OH^- 有没有沉淀完全？如何设计实验验证 4. 演示实验：向 4mL 0.1mol/L 氯化铁溶液中滴加 4mL 5mol/L 氢氧化钠溶液 提问：Fe^{3+} 有没有沉淀完全？溶液中 Fe^{3+} 浓度有何改变？如何设计实验验证	学生活动：分析、设计实验方案证明 Fe^{3+}、OH^- 没有沉淀完全 思考、讨论，实验验证	强化实验验证这种学习手段 学生不仅了解沉淀在溶液中溶解，而且离子浓度对沉淀溶解有影响
组间交流 形成概念	师生共同建立难溶电解质溶解平衡的概念	学生讨论，难溶电解质溶解平衡的特点	整理形成概念，固化表示方法
返回情境 整理要点 汇总小结	师生共同小结	学生活动：返回情境，分析问题 铁离子与氢氧根离子为什么没有沉淀完全 2. 溶液中铁离子与氢氧根离子是如何相互影响	前后内容的呼应 对具体鲜活的问题情境用所学内容完整解释。使学生能够灵活应用本节课的基本概念解释相关问题，形成完整概念体系

续表

教学过程（第2课时）			
	提问：能否通过改变条件，使难溶电解质的溶解平衡发生移动？使沉淀生成、溶解或转化	倾听、思考	温故知新
承前启后，引入新课	工业废水含银离子，如何除去银离子 粗盐提纯中，氯化钠溶液含硫酸根离子是选择钙离子还是钡离子去除	倾听、思考、讨论 总结如何去除离子的方法	运用已学理论体会化学知识的社会价值
情境1	水垢成分有氢氧化镁如何除去？提供试剂，设计方案，实验验证	分组讨论，设计方案，实验论证	从生活实际出发培养学生理论联系实际的能力。培养学生运用平衡移动原理解释现象建立沉淀转化理论
情境2	水垢成分含有硫酸钙，如何除去	阅读教材交流汇报	
情境3			
分析汇总，小结升华	引导归纳沉淀溶解平衡及其应用 引导归纳离子反应发生的条件	学生发言、相互补充，进一步归纳沉淀溶解平衡应用的对象及其特点，强化应用分析问题的模式	了解沉淀转化在生产生活中的应用 梳理知识和方法，提高本章内容对化学反应认识的指导意义。归纳、固化知识，以方便应用

续表

板书设计
第四节　难溶电解质的溶解平衡 一、难溶电解质的溶解平衡 1. 实质：难溶电解质（s）$\underset{沉淀}{\overset{溶解}{\rightleftharpoons}}$溶质离子（aq） 2. 特点：等、动、定、变 二、沉淀溶解平衡的应用 1. 沉淀的生成和溶解 2. 沉淀的生成和溶解 3. 沉淀的转化
教学反思
本节的重难点是难溶电解质溶解平衡的建立、难溶电解质的溶解平衡应用。理论性强，抽象，光凭老师的讲解，学生不易理解、记忆。基于“电离平衡”“水的电离和溶液的pH”“盐类的水解”概念教学的基础，找出共性是“都在讨论平衡”，差异是“溶解的量太少”。本节课创设情境，提出问题能够给予学生足够的时间展开讨论，表述意见，尽可能使得方法小结、知识结论都从学生的发言中获得而非教师生硬给出；能够采用适当的评价方法，通过延迟判断、语言激励和手势身体眼神以及表情等肢体语言给予中肯评价，鼓励学生大胆表述自己的意见 但是对于某些点，如沉淀的生成反应中定量数据使用时的分析、逐步引导要细化，板书要跟上，目的意义交代要更清晰一些

作者简介

张桐：北京理工大学附属中学化学一级教师，海淀区师德之星，海淀区区级学科带头人，海淀区兼职教研员。所写论文曾获得北京市基础教育教学研究优秀论文三等奖，“2012 年北京市高中化学优秀教学设计评选”二等奖，北京市第三届“智慧教师”教育教学研究三等奖，北京市第六届“京研杯”教育教学研究成果二等奖，“全国基础教育化学新课程实施成果”教学案例类一等奖。

将情感注入课堂，创造和谐的课堂气氛

◇叶 斐

学习中的情感与学习的认知活动是紧密联系的。皮亚杰说："没有一个行为模式（即使是理智的），不含有情感因素作为动机。"在教学过程中，学生作为学习的主体，其情感直接影响学习的效果与质量。教师充分挖掘刺激学生心理的情感源泉，通过恰当的途径和方法，激起学生健康、积极的情绪体验，以优良的情感去波及和感染学生，促使学生自觉接受教育，这是每一位教师应该探讨的课题。

将情感教育溶入课堂，根据学生的生理、心理和认识特征，遵循优良情感发展的一般规律，从化学这门学科的特点出发，发挥学科优势，在教学中我不断探索、研究，从"以境育情""以知育情""以理育情""以情育情"四个方面如何将情感教育溶于课堂，创造温馨的课堂气氛，从教学过程和结果来看，收到了良好的效果。

一、以境育情

情感总是在一定的情境中产生的，情境中的各种因素往往对情感的产生起综合的作用，此即"情感的情境触发规律"。根据这一规律，在化学教学中，可根据教学内容创设相应的情境，让学生身临其境，有直观的形象可以把握，有浓烈的氛围可以感受，有愉快的活动可以参与，触"境"生情，引发学生的积极情感体验，促使学生生动、活泼地学习。

案例1：在有关 SO_2 的漂白性教学时，笔者设计了以下几个探究性问题，要求学生通过实验来进行解释。

问题一：二氧化硫与次氯酸、过氧化钠的漂白原理相同吗？若不同，有何区别？

设计实验1：

a. 将 SO_2 气体通入品红溶液中，再加热。

现象：品红溶液先褪色，加热后恢复原来的红色。

b. 将 Cl_2 气体通入品红溶液中，再加热。

现象：品红溶液先褪色，加热后无变化，溶液仍为无色。

结论1：次氯酸、过氧化钠的漂白作用是一种氧化性漂白，是永久性的、不可逆；而二氧化硫则是与有机色素结合成不稳定的无色化合物，加热后又会分解。

问题二：二氧化硫和氯气都能使含有酚酞的氢氧化钠溶液褪色，其反应原理相同吗？

分析：含有酚酞的氢氧化钠溶液褪色的原因有两种可能：①溶液中的 H^+ 中和 OH^- 使溶液褪色（酚酞等指示剂在酸碱中和反应中是一个可逆的过程）；②试剂的漂白性在起作用。

设计实验2：

a. 在含有酚酞的氢氧化钠溶液中逐滴加入盐酸至过量，再反滴加氢氧化钠溶液（对比实验）。

现象：溶液先褪色后又显红色。

b. 在含有酚酞的氢氧化钠溶液中通入 SO_2 至过量，再反滴加氢氧化钠溶液。

现象：溶液先褪色后又显红色。

c. 在含有酚酞的氢氧化钠溶液中通入 Cl_2 至过量，再反滴加氢氧化钠溶液。

现象：溶液变为无色。

结论2：二氧化硫和氯气都能使含有酚酞的氢氧化钠溶液褪色，但反应原理不同，前者是其酸性在起作用，后者是氯气溶于水后形成的次氯酸的漂白性在起主要作用。

问题三：二氧化硫可使溴水褪色，是什么原因造成的？

分析：二氧化硫具有还原性，而溴水具有强的氧化性，两者可能发生氧化还原反应从而造成溴水褪色。若发生氧化还原反应，在溶液中应该存在 SO_4^{2-}。

设计实验3：

在二氧化硫和溴水反应后的溶液中滴加盐酸和氯化钡溶液。

现象：出现白色沉淀。

结论3：二氧化硫使溴水褪色是其具有的还原性在起作用，与二氧化硫使品红、含有酚酞的氢氧化钠溶液褪色的原理不同。

应用：1. 二氧化硫和氯气均可以用于漂白，若将它们混合使用效果如何？

$SO_2 + Cl_2 + 2H_2O \xlongequal{} H_2SO_4 + 2HCl$ 漂白效果减弱甚至消失。

2. 现在市场上经常有不法厂家用工业级连二亚硫酸钠产生的SO_2对食品进行漂白，如银耳、桂圆等，请问使用什么方法可以方便、快捷地加以鉴别？

将食品置于阳光下晾晒几日，看其颜色是否发生变化。

通过实验将二氧化硫的漂白性和还原性进行了分析，并且将二氧化硫的漂白性与氯水，过氧化钠的漂白性进行了对比，揭示了二者原理上的差异，加深了对知识的理解，同时又培养了学生进行科学类比推理，合理发散的方法性思维能力。学生在这种课堂情境中主动探究，积极通过实验解决问题，课堂气氛活跃，学生在合作讨论的和谐气氛中对知识有了深入的认识。

二、 以知育情

情感与认识存在着相互制约、相互促进的规律。一方面，认识是情感产生和发展的理性基础。认识越深刻，情感也越深刻；认识越浅薄，情感也越浅薄；认识不正确，就会产生错误的情感。另一方面，情感又反作用于认识。情绪心理学研究表明，个体的情感对认识活动有动力、强化等功能。动力功能指情感对认识活动的增力或减力的效能，即健康积极的情感对认识活动起积极的发动和促进作用；反之，起阻碍抑制作用。强化功能指情感对主体认识活动的巩固或改变的效能。积极情感体验对认识起巩固、强化作用；反之，起改变作用，即负强化作用。根据这一规律，在化学教学中，我努力做到以知育情，提高学生的认识水平，端正和加强其情感的倾向性、深刻性和稳定性，让理智支配情感。反过来，以情促知。针对学生苦学、厌学现象，要发挥情感的动力功能，增强教育内容和方法的情趣，提高教学艺术，引发学生积极的情感体验，使“苦学”“厌学”转化为“乐学”“好学”。

在化学教学中，对许多知识难点的分化，运用恰当的方法，做到深入浅出，让学生易学、易记。使学生在认知过程中，非但不感到艰涩、困苦，而且还能够饱尝成功学习的欢乐。

在化学教学中培养学生的独立学习能力对于提高学生的学习兴趣是非常重要的。我们必须善于探索，积极改进教学方法，做到寓学法训练于教学之中。

案例2：在学习铁及其化合物的性质后，在复习课上老师拿出一盒常见的补血药品——速力非，先用资料和图片告诉同学们市场上的补血药品很多都含铁元素，然后引出问题——在速力非中铁以什么价态存在？请同学讨论如何设计实验验证速力非中的铁的存在价态。组织小组合作的方式设计实验方案，进行实验操作，观察，分析，得出结论。在这节课上学生因为以身边的事物为探究点，又和刚学过的铁的知识相关，学生的研究意识得到了很大调动，讨论气氛浓烈。在讨论和实验后学生自主研究得出了结论，而且学生的思维得到了很好的锻炼。

三、 以理育情

在化学教学中，注意挖掘和利用教材中的德育因素，对学生进行政治思想和科学素质教育，培养学生的爱国、爱科学的情感，是化学教学的一项重要任务。在这一点上，化学较其他学科有着许多独特的优势。但必须采取适合学生年龄特征的方式、方法，做到有理，有据，以理育情。

教学过程中，要深入进行教学研究，准确把握教材中蕴含的德育要点，精心设计渗透方法，才能达到自然恰当、水乳交融的和谐效果。否则就会造成油水分离、牵强附会的效果。

案例3：在课堂上渗透辩证唯物主义观——在讨论 $Fe^{2+} \rightarrow Fe^{3+}$、$S_2 \rightarrow S \rightarrow S^{4+} \rightarrow S^{6+}$ 等转换关系；F_2、Cl_2、Br_2、I_2 单质的性质等一类同族元素的性质变化；铁、生铁、钢含碳量的变化引起它的性质的变化；元素周期表的变化时渗透辩证唯物主义观点之量变、质变规律。在讨论氧化—还原（化合价的升降、电子的得失）、化合、分解、离子化合物的形成等时渗透辩证唯物主义观点之对立统一规律。

案例4：在教学总渗透爱国主义思想——在序言课上用图片和视频展示我国的“四大发明”、冶金、瓷器、酿酒等化学工艺超前于欧美，为造福人类做出巨大贡献，中华民族自古以来就是勤劳、智慧、具有悠久而光辉灿烂文明的伟大民族，培养和激发学生的民族自尊心、自信心和自豪感。在讲元素化合物性质时图片展示我国的矿产丰富，铁、锌、钨、锑、稀土、铝等金属储量均居世界前列，为我国现代化建设奠定了丰厚的物质基础，激励学生保护、开发和利用资源，努力学习，树立为祖国建功立业和振兴中华的使命感。

四、 以情育情

情感活动具有泛化扩散的规律。在一定时间和范围内，情感可以感染到一些人，移情到与此相关的一些物上，此即情感的感染和迁移功能。苏霍姆林斯基曾说过：“教师肩负的重大责任，对他的精神世界——他的道德情操、智力素质、意志品质提出了许多要求。其中一个最重要、最主要的品质就是：深深地热爱孩子。”

教师要努力构建一种开放、和谐、愉快的学习环境。在平等、和谐的气氛中让学生的思维得到自由发挥，课堂上唤起学生的学习动机，激起学生的学习欲望，从而让学生能在课堂上不断地生成促进课堂发展的教学资源。在课堂上让学生建立起自信，得到尊重，从而产生进一步学习的乐趣。教师要以饱满的精神、高涨的情绪感染学生，用幽默风趣的语言调动学生，用真诚的心感动学生，用信任的目光关注学生。

总之，教师有了一颗爱学生的心，与学生平等的观念，就能站在学生的立场上考虑问题，为了学生的发展营造和谐快乐的课堂，就能让学生学得开心，教师教得幸福。

参考文献：

夏光明．让课堂焕发出生命活力［J］．化学教育，2009（3）：34.

作者简介

叶斐： 北京理工大学附属中学化学二级教师。2012 年获得北京市高中化学优秀教学论文评选二等奖和北京市高中化学优秀教学设计评选二等奖。2013 年获得北京市基础教育优秀课堂教学设计评选二等奖和北京市“京研杯”教育教学研究成果二等奖。

历史学科

例说历史信息说明题的类型和解法

◇刘建新

高考历史试卷的第 41 小题是教育部考试中心命制的全国新课标文综卷中彰显能力立意和课改成果的创新题，对中学历史教学有着不可低估的引领作用。不出所料，2013 年高考该题再次“变脸”，由先前师生已基本熟悉的“学术观点评述题”变为“历史信息说明题（即Ⅰ卷的‘汉唐地方行政区划’题和Ⅱ卷中的‘太和殿、白金汉宫、唐宁街 10 号建筑’题，以下分别简写为‘Ⅰ卷 41 题’‘Ⅱ卷 41 题’）”，下面笔者就此试题做些点滴思考，冀望有助于 2014 年的复习备考。

同传统的材料解析题相比，历史信息说明题的最大变化就是命题者提供了多元化、多样化的试题信息情景，这些新情境包括地图、图片（漫画、文物、照片）、表格（统计表、结构图）和文字。一般来说，历史信息主要通过图表材料和文字材料两种途径呈现出来，旨在考查学生的识图能力、图史迁移能力和信息提取能力。

从情景材料的类型看，历史信息说明题可分为地图说明题、图片说明题、表格说明题和文字说明题。历史地图往往涉及行政区划、山川河流和地理区域等内容，要求学生储备较为扎实的地理知识，比如，学生必须掌握长江流域、黄河流域、淮河流域、珠江流域、河西走廊、山东半岛、辽东半岛、江南地区、岭南地区、东南沿海地区、天山南北等的地理方位，还要了解关中、关东、关内、关外、长城以北、塞北等古代地理概念等，只有这样才能准确识图、提取并合理准确阐释历史信息。历史图片包括照片、示意图（结构图）、漫画等，涵盖内容非常广泛。历史表格或统计表所呈现的往往是与数字变迁相关的内容，需要对数字间的关系和变化进行分析。而文字材料则要注意段落之间的关系，阅读提炼出关键词语和主要观点。

从设问的角度看，历史信息说明题又可分为阐释信息型试题（Ⅰ卷41题）和比较信息型试题（Ⅱ卷41题）。阐释信息型试题就是要求对所提取的有效信息进行因果方面的说明或阐释。比较信息型试题往往提供比点（即题目限定的角度），要求考生就所提供的比点进行类比或对比式的概括说明。

历史信息说明题通常设置两个问题，一是从材料中提取有效信息，二是对所提取出来的信息进行正确解读。解题方法如下：

一、 地图和图片说明题

1. 准确提取有效信息

（1）认真审题，关注设问限定词

地图或图片中的信息非常丰富，有时题目设问中对所提取的信息有限定要求（限定词），学生审题时必须关注此限定词，因为只有符合设问限定词要求的信息才是“有效信息”。如Ⅰ卷41题设问“比较图9、图10，提取两项有关汉唐间历史变迁的信息”中的限定词是“汉唐间历史变迁”，即学生从两幅地图中提取出“汉唐间历史变迁”的信息才是有效信息，否则都是无效信息。Ⅱ卷41题设问“提取材料中的信息，结合所学知识，从建筑和政治关系的角度进行中英比较”中的比点（建筑和政治关系）就是提取有效信息的限定词。

（2）立足材料，关注材料间差异

通常情况下命题者提供两张或两张以上的地图或图片材料，学生须通过图名、图例标志等信息提示，对所有地图或图片进行比较，找出其差异（变化），而这些差异往往就是有效信息。如Ⅰ卷41题，对比“图9东汉十四州示意图”和“图10唐开元十五道示意图”，可以找出两图间至少有六点差异，即①汉代州名与唐代道名有很大不同。②汉代长江流域各州范围较大，唐代长江流域各道范围较小。③与汉代相比，唐代南方地区行政区划明显增加。④汉代的州集中于黄河中下游地区，而唐代的道南北分布大体平衡。⑤从汉代的交州到唐代的岭南道，所辖范围变化不大。⑥吐蕃、南诏和流求出现在唐朝的版图上。再如Ⅱ卷41题，通过对“太和殿，清朝皇帝治国理政的场所”和“白金汉宫和唐宁街10号，自18世纪中期至今分别为英国王宫和首相官邸”的对比，发现建筑和政治关系方面的两点差异：

①太和殿高大雄伟，殿前台阶层次分明，错落有致，中央御道笔直宽阔（建筑信息），象征皇权至上，皇帝独尊，等级森严（政治信息）。英国王宫白金汉宫工整高大威严（建筑信息），体现英王地位尊贵（政治信息）；首相官邸唐宁街10号外形犹如西方普通民宅，平实朴素（建筑信息），体现近代

民主政治风格（政治信息）。

②太和殿是故宫中最高大的建筑，在三层汉白玉石修成的基台上，错落有致，等级明显，殿前设有广场，可容纳上万人朝拜庆贺（建筑信息），给人以君临天下的威严感（政治信息）。整个宫殿气势恢宏，面阔、进深（建筑信息），体现出封建皇权至高无上的色彩（政治信息）。白金汉宫是一座四层正方体灰色建筑，规模庞大，气氛庄严肃穆，方正、宽阔，悬挂着王室徽章的庄严的正门（建筑信息），是英王权力的中心地，象征着国王拥有着尊贵威严的地位（政治信息）。唐宁街10号（首相官邸）设计朴实，简单低调（建筑信息），体现出英国实行君主立宪制（政治信息）。

毫无疑问，以上这些对比出来的差异就是从所给地图或图片材料中提取出来的有效信息，也是该题第一问的答案。

考生在提取有效信息时，常犯的错误是忽视设问限定词，对所给材料熟视无睹，抛诸脑后，仅凭自己的感觉和理解去阐述。如学生答卷1中“文成公主入藏，唐吐战争，经济重心南移”等信息显然在Ⅰ卷41题两幅地图中无法看到。学生答卷2中所提取的信息没有“太和殿、白金汉宫和唐宁街10号”建筑方面的信息。

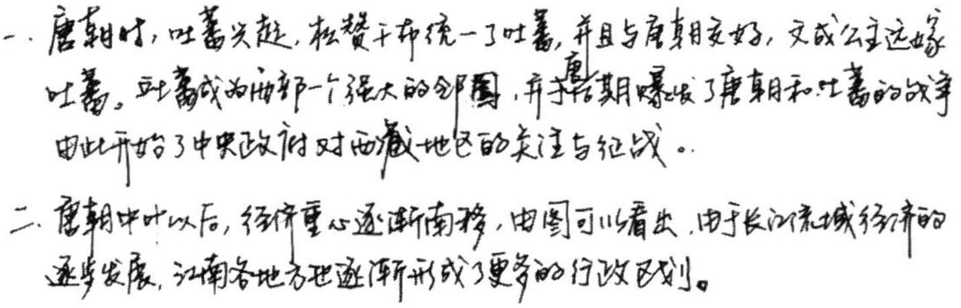
一、唐朝时，吐蕃兴起，松赞干布统一了吐蕃，并且与唐朝交好，文成公主远嫁吐蕃。吐蕃成为西部一个强大的部国，并于唐后期爆发了唐朝和吐蕃的战争，由此开始了中央政府对西藏地区的关注与征战。

二、唐朝中叶以后，经济重心逐渐南移，由图可以看出，由于长江流域经济的逐步发展，江南各地方也逐渐形成了更多的行政区划。

学生答卷1

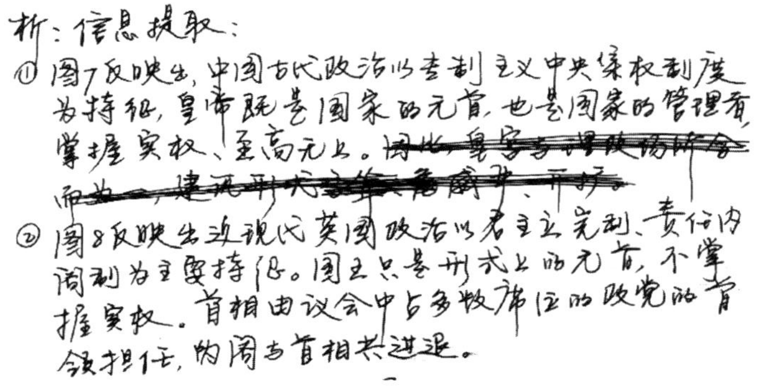
析：信息提取：

① 图7反映出，中国古代政治以专制主义中央集权制度为特征，皇帝既是国家的元首，也是国家的管理者，掌握实权、至高无上。~~因此，皇宫与理政场所合而为一，建筑形式宏伟、开阔。~~

② 图8反映出近现代英国政治以君主立宪制、责任内阁制为主要特征。国王只是形式上的元首，不掌握实权。首相由议会中占多数席位的政党的首领担任，内阁与首相共进退。

学生答卷2

2. 正确解读所提信息

(1) 对所提取出来的信息进行因果解读

学生须对所提取出的信息（历史现象）逐一进行因果方面的阐释，即思考两个问题："为什么会产生上述信息（历史现象）？""这项信息（历史现象）反映（说明或表明）了什么？"通常学生要关注图名和图例，联系教材相关章节知识，从政治、经济、思想文化三个方面去思考该信息产生的原因和导致的结果（影响）。

如Ⅰ卷41题信息①汉代州名与唐代道名有很大不同。学生可从政治角度思考两个问题：一是为什么"州"变"道"（因）？即州道划分的标准有何不同？从图9中的"豫州、幽州"等州名可知汉代州名大多沿用地方古称，有些还是古代封国名称，体现了某种血缘传统。观察图10中各道名称（河北道、河南道、河东道的"河"指黄河，江南西道和江南东道中的"江"指长江）可以看出唐代的"道"大多是按山川地势来划分，说明唐代"道"的划分更注重山川地理形势。二是州变道表明了什么（果）？联系教材必修一第一单元相关内容可知"州"最初是监察区，东汉渐变成地方行政区；设"州"的最初目的是中央监察地方，说明汉代中央对地方的控制相对较弱，而唐代"道"的设置是用山川地势的划分标准打破地方血缘纽带，这有助于中央控制地方。因此，信息①的说明可表述为：唐代"道"的划分更注重山川地理形势，说明唐代较汉代中央集权得到进一步加强。

再如信息②汉代长江流域各州范围较大，唐代长江流域各道范围较小。须从政治、经济角度思考：一是为什么长江流域的地方行政区面积由大变小（因）？即"州"变成"道"后数量增加，面积由大变小？从图9中可知汉代北方州多，面积小，南方州少，面积大，联系教材必修二"隋唐时我国经济重心开始南移，到南宋时，经济重心南移完成"这一知识，汉代时经济重心仍在北方，故北方（黄河流域）地狭人稠，经济先进，开发较早；而南方（长江流域）地广人稀，经济落后，尚未开发。二是地方行政区面积由大变小表明了什么（果）？不难理解"州"面积大于"道"面积说明汉代南方人口少，地方事务少且简单；而唐代南方人口增加，地方事务繁多复杂。故信息②说明可概括为：唐代长江流域社会经济有了较大发展，地方人口增加，地方事务更加复杂繁多，中央对长江流域控制加强。

依此方法思考，信息③的说明解读为：唐代经济发达、人口增加，国力增强，中央管辖版图日益扩大，唐代行政区划更加发展。信息④的说明概括为：汉唐间南方社会经济有了很大发展，到唐朝时，南北经济基本平衡。信息⑤的说明是：岭南地区社会经济发展缓慢，相对滞后。信息⑥的说明是：从汉至唐边疆民族关系有所发展，与中原联系加强，民族进一步交流、融合。

考生在解读所提信息时，常见的错误是思考路径短路，思因不思果、思果不思因或因果思考不全。如学生答卷3中就只有对结果的思考，没有对原因的思考。

答：1. 随着政治局势的发展，东汉至唐的行政版图扩大，行政区域的划分趋于细化，体现了中央集权制度的加强。
唐朝时期，地方设道，有利于中央对地方的治理与管辖，由此也说明了政治历史发展的必然趋势。

2. 多民族统一的历史趋势
唐代将吐蕃、南诏、流求纳入版图，通过和亲等方式，建立统一多民族国家。多民族的融合是历史发展的主流。

学生答卷3

（2）对所提取出来的信息进行概括综合比较（类比或对比）

按照设问中提供的比点（不同角度），联系教材相关内容，对所提取出的信息（历史现象）进行类比或对比，概括综合说明其异（同）点。如Ⅱ卷41题，对前边所提取的①、②信息，联系教材“清代君主专制、英国君主立宪制”的相关章节内容，从建筑的历史传承、历史归宿和政治的现实影响等角度（比点）进行对比分析，概括综合说明其不同之处。表述如下：太和殿现为供普通人参观的文物古迹，反映出中国已经告别君主专制、走上民主道路。历史上白金汉宫进行过多次返修完善，唐宁街10号也多次扩展和装饰，分别折射出英王逐渐成为虚君、首相内阁权力逐渐扩大，成为权力中枢，表明近代英国民主政治进一步完善成熟，它有利于英国政局的长期稳定。

二、 表格和文字说明题

表格和文字说明题虽然还未在高考中出现，但其解题步骤与地图和图片说明题大同小异，仍然采取“准确提取有效信息”和“正确解读所提信息”两部曲，只是在“准确提取有效信息”环节时稍有不同。表格说明题要求依据所给表格材料的名称、引文出处和数据的变化，首先，提取出几项能够反映某一（方面）历史现象在某一段历史时期内增加（减少）的信息；其次，联系教材相关内容，从政治、经济、思想文化等方面思考所提取到数据变化（增减）的原因或其所反映的史实。

示例1：阅读材料，回答问题。历史数据包含了政治、经济、社会等多种信息。

中国古代部分朝代人口数据表：

公元前220年（战国末年）估计2 000万人

2年（西汉元始二年）5 959万人

220—265年（三国时期）767万人（魏、蜀、吴人口相加）

280年（晋太康元年）1 616万人

581—600年（隋开皇年间）约4 450万人

740年（唐开元二十八年）4 844万人

755年（唐玄宗天宝十四载）全国有户891.470 9万，总人口5 291.9万

764年（唐代宗广德二年）全国有户293.312 5万，总人口1 690万

13世纪初，宋、金、西夏、大理及其他少数民族人口合计已超过1.2亿

1290年（元世祖至元二十七年）5 883万人

1393年（明洪武二十六年）6 054万人

1651年（清顺治八年）1 063万人

1741年（乾隆六年）14 341万人

1790年（乾隆五十五年）30 148万人

1834年（道光十四年）40 100万人

分析《中国古代部分朝代人口数据表》，提取有关中国古代历史变迁的信息，并结合所学知识予以说明。

由上表数据变化可知，各朝代人口数据大幅度变化情况是："战国到西汉晋到隋、13世纪初和清初至鸦片战争前期"人口大幅增加；而"汉末至三国、唐朝安史之乱后、明清之际时期"人口却急剧下降。

接着联系教材相关章节知识思考：一是为什么"战国到西汉、晋到隋、13世纪初和清初至鸦片战争前期"人口大幅增加？答案是，战国至西汉、晋至隋朝都处于由分裂走向统一的时期，西汉、隋朝都是大一统的封建王朝，统一使社会稳定，经济发展、人口繁衍生息。13世纪由于宋金和议、宋夏和议，结束长期民族战争，中原宋朝与边疆地区少数民族开辟边境贸易，民族融合和民族经济文化交流有利于人口繁衍生息。清初战乱结束，统治者调整经济政策（康熙的垦荒措施，雍正的"地丁银"等），经济迅速恢复和发展，出现康乾盛世。二是为什么"汉末至三国、唐朝安史之乱后、明清之际等时期"人口急剧下降？结论是，这三个时期都是由统一逐渐走向分裂的时期，战乱频发，战乱导致经济破坏，人口逃亡或死亡，人丁大量减少。

文字说明题提取信息时则须要格外关注文字材料中的关键词语（关键句）。这些关键词语（关键句）往往可以帮助学生正确理解材料，快速提取到有效信息。

示例2：阅读材料，回答下列问题。

1793年，英国使臣马戛尔尼觐见中国乾隆皇帝，以下是期间英国的礼单和中国的回礼单：礼单一（英国）：天文仪器有天体运行仪、地球仪、望远镜、透镜、气压计等，工业设备有蒸汽机、棉纺机、梳理机和织布机，军事装备有步枪、装备有110门火炮的巨型战舰模型等。礼单二（中国）：珐琅、珍宝、玉器、漆器、花缎、画册、鼻烟壶、扇、签、普洱茶48团，茶膏9匣和各色食品等。

——据《1793年乾隆英使觐见记》材料整理

比较礼单一、二，提取两项关于18世纪末中、英社会文明进程的信息，并予以说明。

依据礼单一中的关键词“天文仪器”“工业设备”“军事装备”和礼单二中的关键句“珐琅、珍宝……食品等”，可得到的信息是：礼单物品不同。英国礼单有天文仪器、工业和军事设备等，中国礼单主要有手工业和农产品。

联系时代背景再进一步思考：为什么礼单内容会出现如此的不同？不同的礼单说明了什么？通过材料引文出处中的时间1793年，可联想到，18世纪下半期，英国已经开始工业革命，说明英国已进入工业文明阶段，目的要打开中国市场；而中国尚处于自然经济占统治地位的时代，仍是农耕文明，奉行朝贡外交。

作者简介

刘建新：北京理工大学附属中学历史学科特级教师，校历史学科主任，北京市历史教学研究会理事，北京市数字学校“名师同步课程”主讲教师。近期主持完成了海淀区“十二五”规划课题；在等国内历史核心专业刊物上发表多篇教育教学论文。

关注地理空间的高三教学实践

——以“岩石圈的运动与地表形态”专题教学为例

◇孙冠芳

普通高中《地理课程标准（实验）》中明确地提出了课程性质：地理学是研究地理环境以及人类活动与地理环境相互关系的科学。它具有两个显著的特点：综合性与地域性。同时它详细地指出：地理学不仅研究地理事物的空间分布和空间结构，而且阐明地理事物的空间差异和空间联系，并致力于揭示地理事物的空间运动、空间演变的规律。从课程性质的描述来看，空间是地理学科有别于其他学科的最大特征，空间思维，也可以称为空间能力是我们地理学科着重要培养的目标之一。

岩石圈与地表形态是自然地理环境两个最基本的组成要素之一（另一要素是大气），这部分学习内容涉及的地理事物空间规模巨大，空间运动与空间演变缓慢又深刻，概念众多，彼此之间空间联系广泛，同时又远离学生的生活，多数学生学习起来非常困难，达到融会贯通的学生更是凤毛麟角，这也是高考中拉开考生分数差距的重要因素之一。如何克服这一学习瓶颈，帮助学生建立空间能力，自如地应对高考的选拔呢？答案就在实际的教学中。

一、抓住空间视角，研究岩石圈与地表形态的课程标准

地理事物的空间分布，包括单个地理事物的地理位置、轮廓特征、空间分布规律，同类多个地理事物的空间分布格局。关于岩石圈与地表形态部分，在高中地理课标中提到的空间分布有：运用地图，说明世界主要自然灾害带的分布；运用地图，指出我国主要自然灾害的区域分布。在初中地理课标中

提到的空间分布有：知道板块构造学说，说出世界著名山系及火山、地震分布与板块运动的关系；运用地形图和地形剖面图，描述某一地区地势变化及地形分布的特点，说出地形与人类活动的关系；运用中国地形图，说出我国地形、地势的主要特征；运用地图说出区域的位置、范围，并对区域的地理位置做出简要评价；在地形图上识别区域主要的地形类型，并用自己的语言描述区域的地形特征。

所谓地理事物的空间联系，主要是指各地理要素（包括自然地理要素和人文地理要素）之间的联系，这其中必然有因果联系和相互影响。关于岩石圈与地表形态部分，在高中地理课标中提到的空间联系有：结合实例，分析造成地表形态变化的内、外力因素；举例说明地理环境各要素的相互作用，理解地理环境的整体性；举例说明地表形态对聚落及交通线路分布的影响；说明地形、气候、水文等条件与旅游安全的关系，以及应采取的安全防洪措施；简述地震、泥石流、滑坡等地质灾害的产生机制与发生过程；结合实例，说明我国自然灾害多发区的自然环境特点。在初中地理课标中提到的空间联系有：知道板块构造学说，说出世界著名山系及火山、地震分布与板块运动的关系；运用地形图说明某一地区主要河流概况，以及河流对城市分布的影响。

所谓地理事物的空间差异，实际上是指各地理要素在不同地区表现出来的不同的搭配关系（往往有不同的主导因素），也就表现出不同的区域地理特征。关于岩石圈与地表形态部分，在高中地理课标中提到的空间差异有：比较同一自然灾害造成危害程度的地域差异；在初中地理课标中提到的空间差异有：根据地图和资料，说出某一国家自然环境的基本特点，指出特有的自然地理现象和突出的自然灾害，并简单说明其形成的主要原因。运用地图指出北方地区、南方地区、西北地区、青藏地区四大地理单元的范围，比较它们的自然地理差异。根据材料，运用分析、对比的方法，归纳区域内主要的地理差异。

地理事物的空间运动和空间演变，在岩石圈与地表形态部分，在高中地理课标中提到的有：运用示意图说明地壳内部物质循环的过程；举例说明某自然地理要素在地理环境形成和演变中的作用；简述地震、泥石流、滑坡等地质灾害的产生机制与发生过程。在初中地理课标中提到的有：举例说明地球表面海陆处在不断的运动和变化之中。

地理空间思维是地理学科重要的思维方式，地理空间思维过程中地图、地理图表以及地理信息技术等是认识地理空间分布规律，培养学生地理空间思维能力的主要工具。由于如岩石圈与地表形态等地理事物的空间尺度巨大，无法直接进入课堂让学生直接观察研究，这就决定了地理学科的学习需要借助地理图像、图表，如地图、景观图、示意图、统计图、遥感图像、照片等，以及地球仪、地形模型、各种标本等地理模具来实现。关于地图能力，在初中地理课标中提到的更多，其中大部分与岩石圈地表形态有关，如：运用地图辨别方向、量算距离、估算海拔与相对高度；识别等高线地形图上的山峰、山脊、山谷等；在地形图上识别五种主要的地形类型；运用地形图和地形剖面图，描述某一地区地势变化及地形分布特点，说出地形与人类活动的关系。

二、突出空间想象，研究教学中岩石圈与地表形态的知识体系与教学策略

（一）把握概念内涵进行分类，建立概念群

岩石圈部分内容涉及的概念众多，在实际教学中可以按照概念的内涵，把它们分为以下四类：物质组成类的概念，如岩浆、岩浆岩、沉积岩、变质岩；空间结构类的概念，如岩石圈、地壳、上地幔、软流层、板块构造、板块边界类型、地质构造、褶皱（背斜、向斜）、断层（地垒、地堑）；地质作用类的概念，如地质作用、内力作用、地壳运动、火山、地震、变质作用、外力作用（风化、侵蚀、搬运、沉积、固结成岩作用）；地表形态类的概念：火山、断块山、褶皱山脉、背斜山、向斜山、背斜谷、向斜谷、沙丘、戈壁、河谷、瀑布、山前冲积扇、河口三角洲、冲积平原、河流的凸岸与凹岸、海蚀地貌、冰碛洪、峡湾、海岭、海沟、岛弧等。

（二）寻找上位概念之间的关系，建立空间联系

教师要从最高级别上梳理概念之间的关系，如：岩石圈的物质循环过程可以认为是一因三果，一因是：地球的岩石圈在多种地质作用下；三果是：完成了三类岩石与岩浆之间的物质转换，使岩石圈内部形成了多种地质构造，在地壳表层塑造了多种地表形态。如图1：

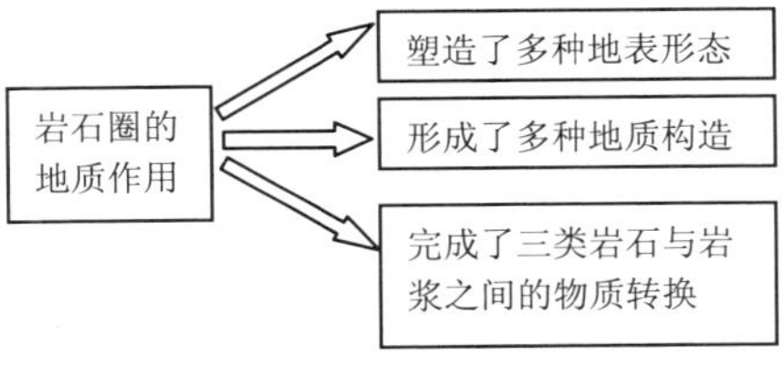

图1　岩石圈的物质循环过程产生的结果

（三）图文结合，简化概念的空间联系，固化最直接的因果联系过程

岩石圈的物质循环过程首先是地质作用这个原因，产生了岩浆与三类岩石的转换这个果。教学中教师带领学生就教材内容关于岩石圈的物质循环过程的文字与示意图对照着进行研读，让学生用地理术语准确描述这一过程。然后给出不同的结构示意图进行表达，让学生能够准确辨析岩石圈物质循环过程的不同环节与产物。如图 2：

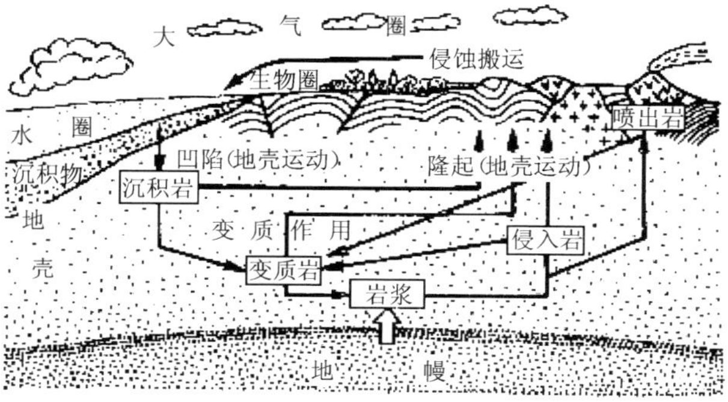

图 2　地壳物质循环简略图式

（高级中学课本　地理）

（四）充分利用图像，扩展概念的空间联系，建立空间结构、空间形态与空间运动的想象

岩石圈物质循环过程是很复杂的，地质作用的结果还会形成各种各样的地质构造与地表形态。教师在进行地质构造教学中通常会利用各种图像或动画给出褶皱与断层的形成过程，所以学生能够在具体的地质剖面图中行地质构造与地表形态的判断。板块边界的学习容易出现空间思维孤立化，学生容易割裂板块边界类型与岩石圈的物质循环过程，这就要求教师把图像进行修改，使之成为一个整体。另外板块边界的地质构造与地貌的判断与分布是学生最困难的，教师可以给出最完整的示意图表达板块边界的形成原理，如图 3，再在世界六大板块分布图（如图 4）上进行多次重复，帮助学生建立空间想象。

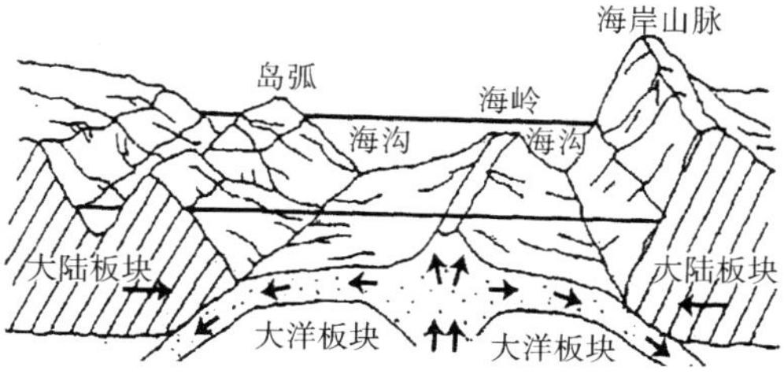

图 3　世界板块构造原理立体图

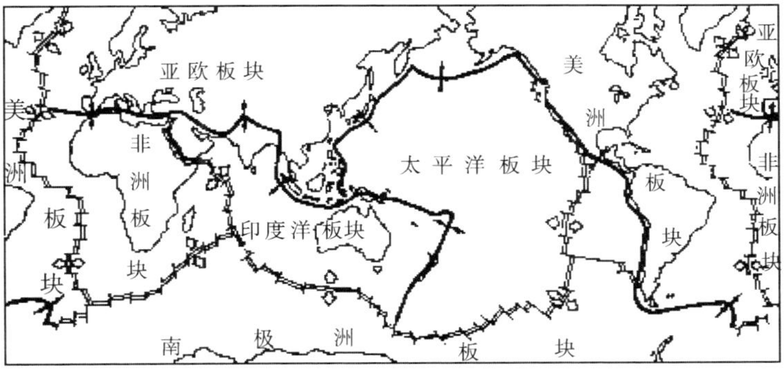

图4　六大板块示意图
（高级中学课本　地理）

还有陆地上某些外力作用为主导的微地貌，如河流地貌也是学生容易混淆的，教师应该充分利用图像进行专门的讲解与分析，带领学生进行概念的准确识别，如河流沉积地貌的区别、上中下游的河流地貌的差异、河流的凸岸与凹岸指的是“岸”等。

（五）图文转换，深刻理解空间运动与空间演变过程，建立时空演变过程的想象

岩石圈物质循环过程是地层的时空演变过程，这种空间尺度巨大、时间跨度漫长的演变对于学生来讲是很难想象的，也是教学中容易忽略的方面。岩石圈在不同时期的不同地质作用下出现了不同的结果，如某类岩石的形成，某种地质构造的形成，地表形态的变化，而这些结果是有先后顺序的。正是内容本身的难度大加上教师的忽略，导致了学生在面对恢复地质剖面图中地层的形成顺序问题时一筹莫展，他们能够孤立地进行地质构造与地表形态的判断，却不能完整地进行岩石圈的空间演变想象。而岩石圈的物质循环过程既强调空间结构、空间形态，也强调时间顺序。在平时加强这一方面的训练，如利用某区域岩石形成与相互转化示意图（如图5），让学生在理解岩石形成原理的基础上，学会在实际地层剖面图中判断具体的岩石类别。如利用某区域地质事件发生先后顺序图（如图6），让在学生理解岩石圈的时空演变原理的基础上，想象出该地区地层的演变过程。

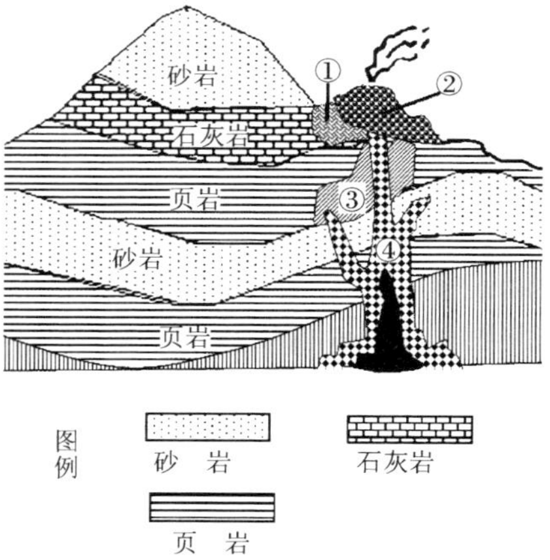

图5 某地区岩石圈物质循环过程示意图
（孙冠芳自绘）

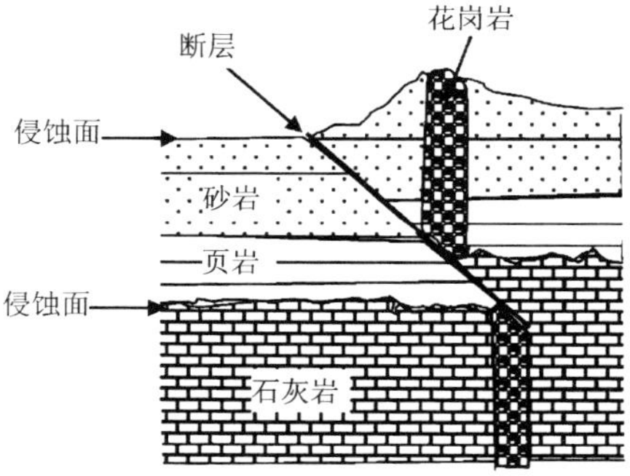

图6 某区域地质事件发生先后顺序图
（北京市朝阳区2010年期中地理试题）

（六）立足地理环境的整体性，研究更为广泛的地理联系

地表形态受到大气、水等外力作用的雕刻与影响，同时它又对于河流、气候等地理环境的组成要素产生了非常重要的影响。如地表形态与河流流向、流速、含沙量等的空间联系，迎风坡、背风坡的降水差异，阳坡、阴坡的温度差异，不同坡向的雪线高低等。

（七）立足可持续发展，正确认识人类活动与地理环境的相互关系

岩石圈的表层是人类生存的场所，它对于人类是有功也有过。

一方面岩石圈为人类做出了巨大贡献。如三大类岩石为人类生产生活提供了矿产资源；地质构造为人类找矿、找水、重大工程选址提供了参考；地表形态对聚落、交通线路分布及人类的产业如农业分布产生了很大影响。

另外一方面岩石圈也以自然环境问题与自然灾害的方式限制了人类的发展。如某些岩石中某种化学元素缺少或过多，会影响人体健康；如火山、地震、泥石流、滑坡等地质灾害会造成人类的生命财产损失等。

人类也通过自身的活动改变了岩石圈局部地区的地表形态、影响了局部地区的地质构造。如果人类活动一旦超出了岩石圈自身的运动规律，则会引发地质灾害或其他灾害，尤其在地质不稳定地区（地壳运动活跃或者地势起伏大的地区）。

三、强化图像教学，研究高考中岩石圈与地表形态的命题表达方式与考查内容

在当前的高考中，学生地理空间思维能力的考查是借助各种地图、地理

图表来实现的，命题中常见的考查方式有：无图考图——地理事实性知识的空间分布的记忆，读图分析——结合地理空间联系的规律与实际图像中的地理要素建立个性化的地理空间结构，体现空间的差异性，动手绘图——运用所学知识和方法解决实际问题，以图像的形式表达出来。

通过研究北京市近 5 年的文综高考试题不难发现，作为自然地理环境最基本的两大组成要素之一的岩石圈与地表形态内容，占了地理高考试卷很大的比重，这些考查又几乎全部以地理图像的形式来表达，并且题目的成熟度在不断提高，当然考查的难度也逐年增大。对于地理空间的考查在北京高考文综卷中已经由单纯的空间识记逐步深化：要求学生在有限的时间里面对地理图像与文字，能够准确地对地理事物进行空间定位、认清其空间结构、空间联系及其空间差异，把握其空间运动、空间演变过程。

在平时的教学过程中教师应努力钻研课程标准，对比不同版本的教材，从众多的案例中总结纳出一般性的地理原理与规律。在此基础上对学生进行空间思维的实际训练，让他们能够学会演绎推理，形成“举一反三”的能力。学生在学习过程中，只有真正理解空间结构与空间联系原理、空间运动与空间演变规律，才能真正培养起地理空间思维能力，当然也会在考场上游刃有余，取得理想的成绩。

参考资料：

［1］地理课程标准研究组．普通高中地理课程标准（实验）［M］．北京：人民教育出版社，2003.

［2］地理课程标准研究组．全日制义务教育地理课程标准（实验）［M］．北京：人民教育出版社，2003.

［3］王树声．素质教育丛书：中学地理［M］．济南：山东教育出版社，1999.

［4］王民，仲小敏．地理教学论［M］．北京：高等教育出版社，2010.

［5］张素娟．地理学科本质问题解析与中学地理教学［M］．长春：东北师范大学出版社，2009.

［6］郭正权．现代中学地理教学研究［M］．北京：华艺出版社，1998.

［7］常海东．图文转换建模及其教学过程［J］．重庆：地理教育，2010（1～2）.

作者简介

孙冠芳： 北京理工大学附属中学，中学地理高级教师，海淀区地理学科带头人。科研能力强，有10余篇论文发表或获奖，多次在校内外教育教学论坛发言：2011年3月论文《地理高考复习中学生描述能力的培养途径研究》获北京教育科学研究院基教所市级二等奖并发表在北京市基础教育课程教材改革实验工作简报2011年第3期。2012—2014辅导学生参加北京市气象知识竞赛获二、三等奖。2012年本人负责的北京市一般课题《新课程“文综”知识网络构建的实践研究》，通过了立项，并于2013年通过开题。2014年负责的海淀区课题：《在文科综合科目中关注学生心理逻辑体系构建的方法研究》顺利结题，被评为海淀区教科研种子教师。

提高高三学生地理综合解题能力的策略研究

◇徐　泓

一、 新课程改革下的高考方向

高中新课程改革的核心理念是“为了每位学生的发展”，强调学生“会学知识”，注重培养学生终身发展所必备的学习能力，关注学生的全面发展。对于地理学科来讲，课改的核心理念是“培养现代公民必备的地理素养”。主要是地理知识与技能、地理能力、地理情感等方面的有机综合与整体反映，包括掌握地理知识的素养、运用地理技能的素养、获取地理信息的素养、探索地理问题的素养等。2010 年北京高考卷的《考试说明》中考试目标的设计充分体现了基于考生“终身学习和发展”的理念。

高三阶段的教学，是在已学知识的基础上巩固性整理和升华性提炼精髓的高级学习阶段。如何提高学生基本的地理素养，提高学生的学习能力，提高学生的学习成绩?

面对新课程改革带来新高考的实施，高三地理教学在充分体现新课程改革基本理念的前提下，教学的重点应该研究教什么才能提高学生地理综合解题能力。而地理综合解题能力的提高是建立在对学科本质的理解和把握的基础之上!

二、 从期中考试一道综合题反馈出地理综合解题能力的欠缺

2009 年 11 月，海淀区通过全区统一期中考试的形式，对高三学生的复习、备考进行阶段验收，通过对我校学生期中地理考试成绩的分析，结果如

表 1 所示：

表 1

	客观题（50 分）	主观题（50 分）	总分
校平均	38. 45	27. 95	66. 38
得分率	0. 77	0. 56	0. 66

学生主观题得分率远远低于客观题的得分率，在高考中，主观性试题占 56 分，考生须踩点得分。但有不少学生虽然答了一大堆，但是只答了其中一两个点或根本答不到点上；又或者学生理解了但措辞不规范所以也不得分。因此，主观性试题更能拉开学生的差距，是学生在高考中拿高分的瓶颈。试卷中 5 道主观性试题中的 28 题得分率最低，通过对这道题学生解题答案中出现问题的深入分析，发现在教学中提高学生综合解题能力方面比较欠缺。

试卷中的 28 题如下：

读图 1、图 2，回答下列问题。(8 分)

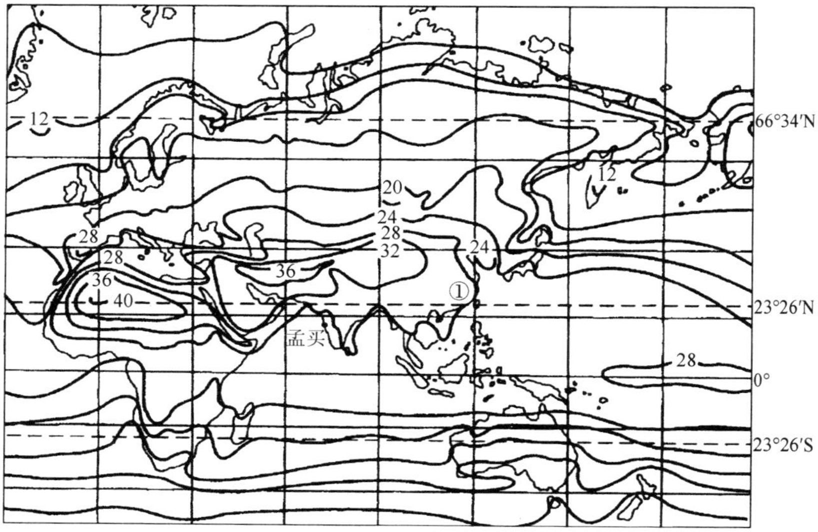

世界局部地区七月平均气温分布示意图

图 1

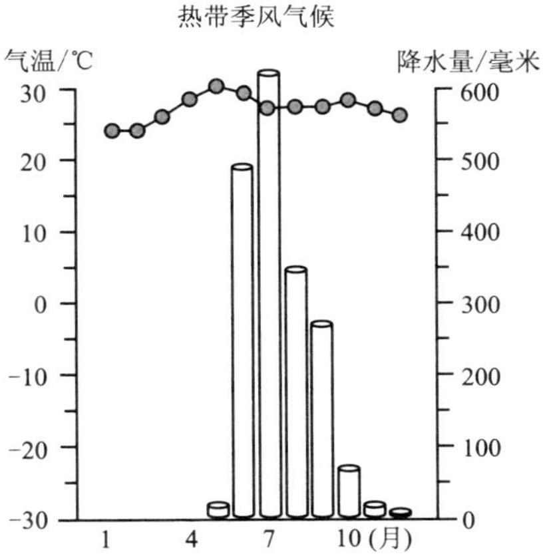

孟买年内各月气温和降水量

图 2

（1）归纳图中北半球气温的分布特点。(2 分)

（2）简述孟买 5 月平均气温比 7 月高的主要原因。(3 分)

（3）①地被称为回归荒漠带上的“绿洲”，简述其形成原因。(3 分)

第（1）问是对图中等值线所示事物分布特点的考核，由于学生忽视对空间范围的定位，没有掌握归纳分布特点的方法，学生的得分率只有 0.45。

第（2）问表面上看是对气温高低的比较，实质是考核降水多少对气温的影响。要求学生对知识间的联系，规律的形成过程进行解析，如“对少雨导致高温做出进一步的解析”。学生思维出现“短路”，学生的得分率只有 0.43。

第（3）问是对“回归荒漠带上的‘绿洲’”的形成原因的分析，是由于①地位于亚欧大陆东岸，受季风环流影响，夏季风由海洋吹向陆地，带来大量水汽，形成绿洲。学生的分析能力较差，得分率最低，只有 0.33。

从试卷上，反馈出学生在学习中出现的主要问题有：

1. 审题不仔细，没有注意到关键词或对关键术语理解不正确，审到了也不明确题目的要求。例如“归纳”等值线分布的能力要求不明确，少部分同学还只是描述数值多少的现象，不能进行有效的“分布特点”的归纳。还对“回归荒漠带上的‘绿洲’”，不理解题意。

2. 没能从图、表、文字等材料中提取出有效信息或提取不全面，特别是时、空信息的提取和确定不准确，导致思维受阻，不能解决题目的设问。如忽视“北半球”的空间定位要求，使部分学生表述为全球或低纬地区；还如“5 月”和“7 月”图中信息的提炼为“5 月比 7 月气温高，但是 5 月比 7 月降水少”，①地空间位置在回归带上的特殊性——大陆东岸，导致所受大气环流的差异——受海陆热力性质差异影响。

3. 基本概念、原理、规律不熟练，不善于联系所学原理、规律进行科学逻辑推理、归纳与综合。如不能熟练迁移“降水少、云少、大气对太阳的削弱作用弱，气温高”的基本知识，也不能将图中判读的“5 月孟买降水量大大少于 7 月”的现象与题中所问“5 月平均气温比 7 月高”之间搭建有效的解决桥梁。

4. 文字表达能力差，条理不清晰，文字不精练，用词不准确、不规范，逻辑关系不正确。

但是，在所有这些问题的背后，是学生在地理学习过程中，没有把握地理学科的本质问题，因此没有形成基本的地理观念和地理思维，因此综合解题能力欠缺。

三、 综合解题能力的提高是对学科本质的理解和把握

学生综合题的解题能力较差，在综合题中丢分较多，表面上看是审题能力欠缺，语言表述较差，描述和阐释事物的能力不足，实质上是学生在学习过程中，对体现学科本质的解决地理问题的学科思维方法的欠缺以及地理概念和原理理解和把握不够，因此没有真正地学会地理。作为高三教师，应该在复习课上教给学生或者帮助学生梳理和提炼这些上位的、统领性的学科最有价值的知识。

例如：在我们日常的教学中，通常侧重于“某地区气温高低现象”“南亚地区为热带季风气候，终年高温，一年分明显的旱雨两季”“热带季风气候的形成原因是海陆热力性质差异及气压带风带的季节移动造成的”等具体知识点的教授，这些知识如果不揭示背后的基本概念、原理和知识形成的过程，大多是事实性的知识、只需要死记硬背的知识，这样的知识容易框死学生的思维，运用时使学生陷于生拉硬拽的境地。如在解决“孟买 5 月平均气温比 7 月高的主要原因”“回归荒漠带上的‘绿洲 ’的其形成原因”等实际问题时，考查的是学生调动和运用热带季风气候的特征、季风环流现象的原因，要求学生进行灵活的，综合的思维过程，原有事实性知识的表浅了解和死记硬背，自然无法形成超越事实的抽象思维，并形成准确的“描述和阐释”能力。

那么，什么是体现地理学科本质思想的核心知识？

《地理教育国际宪章》指出：地理学是一门旨在解释地区特征以及人类和事物在地球上出现、发展和分布情况的科学，地理学所关注的是人与环境在特定地点和位置的相互作用。地理学的要旨是了解十分多样的过程和现象时“区位

要紧”，这一定程度上揭示了地理学科的一些本质内涵——区位要紧、注重空间分布、强调要素相互作用、重视人地关系。因此高中地理教师应该抓住体现地理学科本质的几个核心概念：位置和分布，地方、空间的相互作用，人与环境的关系，区域，帮助学生构建一个核心概念下的知识内容体系，注意提炼分析解决问题的地理思维路径和考虑问题的视角方法。使学生真正领悟核心概念下的地理思想方法，形成地理思维，这是切实提高学生地理素养、学习终身有用的地理的关键，也是培养学生灵活运用地理知识解决实际问题能力的突破口。

地理学科一个重要概念和核心观念是在理解各类过程和现象的“区位要紧”。以这道综合题为例，3 个问题均体现出空间定位的制约作用。第 1 问是一个大的空间——“北半球”，所以有“不同纬度地区”的差异——低纬地区温度高，高纬地区温度低，还有“同纬度地区”的差异——同纬度地区陆地温度高，海洋温度低。第 2 问的空间是同一地点——孟买，虽然考核的是气温和降水知识之间的联系，不能对孟买位于南亚地区进行空间定位，就不能理解 5 月为其旱季，西南季风还没有到来，但太阳直射点北移，太阳高度角增大，温度很高；7 月虽然太阳高度角也很大，但是与 5 月最大的差异是西南季风的到来带来大量降水，大气对太阳辐射的削弱作用增强这些基本原理。第 3 问的空间是同纬度的大陆东西岸和欧亚大陆的东岸空间定位问题，解决不了空间定位的问题，也不能从全球大气运动的角度解释季风环流的形成。

因此高中阶段学习要求学生在梳理、分析事实的基础上，把握地理学科本质特征下的核心概念和基本原理，构建由核心概念统领下的知识体系，理解基本地理原理，才能灵活运用地理原理探究地理变化机制和过程、地理成因以及地理规律等。

四、 高三复习、 备考的教学策略

我们以学生的答卷为“镜”，反观出学生综合解题能力的欠缺。面对纷杂的地理现象，众多的知识点，一味地死记硬背知识点，或以“题海战术”加大作业量，既违背了让学生“会学知识”的新课程理念，又加重了学生的课业负担，使师生均苦不堪言，这是事倍功半的做法。通过对上面试题的分析，我们认识到在教学中应该把握地理学科的本质特征，寻找科学高效的教学策略。

1. 强化核心概念

在高三的复习中，要清晰地识别和强调核心概念，概念是对规律的高度抽象、概括，字面上读懂的概念，对其包含的内在意义并不一定就清楚。因此对概念的理解应该是高水平的、综合的思维能力。所以首先要分析概念的本质属性，然后研究概念的适用范围，最后联系实际，利用概念做出判断推理。例如中学地理中重要的30个地理概念有：

位置、方向、形状、地带性（非地带性）、区域（空间）、时间、能源、自然资源、环境（可持续发展）、自然灾害、地球运动、地图、地质作用、区位（布局）、景观、地形（地貌）、气候（天气）、水文、植被、土壤（岩石）、人口、聚落、产业、农业、工业、交通、商业（贸易、金融）、旅游、文化、科技。

这些核心概念大多是地理学要素性概念，是进行地理思维的基础。其中位置、方向、时间是学生掌握较差的概念，应该重点归纳。但是，学生还需要了解这些核心概念间相互影响和相互作用的关系，即核心的地理规律和原理。物质的组成主要是基本地理概念和地理事实，物质的运动变化则是规律和原理。以地理概念、规律和原理为基础，就可以逐步建立起地理知识结构。

2. 构建由核心概念统领下的知识体系

如果建房没有规划图，就不知道每一部分应该放在什么位置。同样，要将核心概念所体现的知识点网络化、综合化，建立起各知识点之间的联系，才能够学以致用，真正提高综合解题能力。

目前，北京市高中地理教学在不同地区共有两个版本的教材，高考命题人是以考纲为依据尽量避开教材中的案例图表，而常以新图表、新材料、新案例切入，注重考查地理学科思维和方法。专家指出：地理教材是“学”的材料而不是“教”的材料；地理教材不是教学的依据，更不是考试的依据。在教学中教师应该构建由地理核心概念、规律组建的知识体系。

例如：框架结构的知识体系

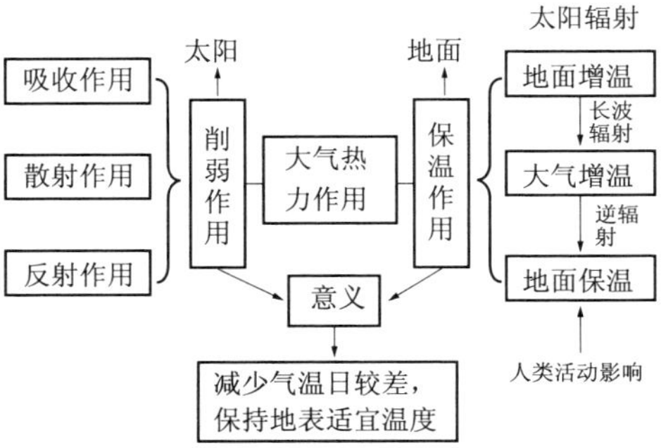

3. 重视地理思维过程与方法的总结提高

高考试题以能力立意为主导，注重考查考生的地理学习能力和学科素养，即考生对所学相关课程基础知识、基本技能的掌握程度和综合运用所学知识分析、解决问题的能力。所以，在平时的教学中，必须重视思维过程与方法的总结提高，例如通过学案的形式让学生梳理知识网络。学案主要由课程标准要求、重点知识点、典型例题示范和学习反思四部分组成。在课堂上让学生去讨论、争论学案要求，学生往往能在此过程中撞击出新的火花，在讨论、归纳、反思的过程中不断进步，从而将知识内化为能力。老师对重点疑难问题进行适度点拨，提炼分析问题的过程与方法。最后通过精讲精练，做典型题，归纳解题思路和答题术语，进一步强化梳理知识网络。为了训练学生答题的规范性和思维的严密性，课后作业就是要求在反思栏目中，把每节课的主要原理规律和分析思路表述出来。

学生解题的主要思维过程还有：审题、发现和分析有效信息；联系背景知识、设计解决问题的路径；进行推理、判断、分析、综合、比较等确定答题思路和要点；说明问题和表达结论。在本文中主要是针对教学中关于学科本质特点的主干性知识的论述，是使学生能够举一反三的“一”的强化和落实。

总之，随着新课程改革的不断深入，新课程高考将会愈加成熟，将会体现新课改的特点和素质教育的要求。这对我们高三地理教师来说是一个新的挑战。但我相信：坚持在新课程理念下的科学备考，及时反思、与时俱进，是切实推行新课改，贯彻实施素质教育的有效策略。

参考文献：

[1] 重新发现地理学委员会．重新发现地理［M］．黄润华，译．北京：学苑出版社，2002.

[2] H. Lynn Erickson. 概念为本的课程与教学［M］．北京：中国轻工业出版社，2003.

作者简介

徐泓：北京理工大学附属中学地理高级教师。2012 年被评为海淀区“十二五”中期中小学群体课题研究先进个人；2011 年《提高高三学生地理综合解题能力的策略研究》获北京市 2010—2011 学年度基础教育科学研究优秀论文一等奖；2013 年在《学地理教学参考》发表《高考地理综合解题能力的策略研究》一文；2012 年主编《区域可持续发展地图》。

政治学科

巧借“东风”善激发

——思想政治课教学中教育契机运用的分析

◇安文娟

印度著名诗人泰戈尔说：“不是锤的打击，而是水的载歌载舞才使鹅卵石日臻完美。”作为教师，我们每天都在和待雕琢的孩子们在一起，我们所从事的是研究人、培养人的事业，是一门科学，更是一门艺术。在这门科学和艺术领域内，只有善于掌握教育的时机与技巧，才能够驾驭好教育这艘大船并保持正确的航向航行。

其实，“最佳的教育时机”，并非什么神秘的东西，尤其在我们的思想政治课教学过程中。高中的思想政治课教学就是要从中学生的需要出发，把他们的需要与国家人民的需要结合起来，与思想政治课的课程标准结合起来的过程。而作为政治课教师，恰恰需要通过自己的教学手段，把这几方面的需要深入浅出地完美结合，最终完成教育与教学的目标。既然教材已经给我们提供了可靠的支持与广阔的发挥空间，那么我们更需要在教学过程中巧借东风以激发学生们学习的兴趣及潜能了。

在我的教学过程中，主要注重从以下“东风”中寻找教育时机丰富课堂教学，完成教学目标。

一、 借质疑之东风

孔子曰：“不愤不启，不悱不发。”如果一堂课学生们都不动脑筋，那么兴趣无从谈起，知识落实自然也就是一句空话了。因此在教学过程中，我提倡和鼓励学生们大胆质疑，告诉他们提出一个问题往往比解决一个问题更重要，并且排除他们的后顾之忧，让他们知道问倒老师的学生才是积极思考、认真钻研的学生，老师欢迎大家提出问题共同商讨。于是课堂上的学生们一个个都像是紧盯着猎物的小狮子，一刻也不走神。

有一次，我们在讲到高二《哲学常识》“量变引起质变”这个知识点的时候，大家举了很多的例子，比如“滴水穿石”“铁杵成针”“积少成多”“厚积薄发”，等等，总结事物量的积累能够引起事物性质的变化，即质变。这时候有同学提问，如果事物数量不增加而是减少可能会引起质变吗？课堂沸腾了，大家积极思考，展开热烈的讨论，有同学认为人身上的小毛病小缺点如果能够坚持改正，假以时日必将对个人的发展产生积极的影响，也有同学还引用化学中一氧化二氮减去一个单原子变成一氧化氮与一氧化二氮不是同一气体的例子予以说明，由此师生共同悟出量的增减都会引起质变的道理，并将其引申得出“事物在大小、速度、程度和规模等方面的变化能都引起质变的”结论。这时候我来总结，量变到一定程度引起质变是事物发展的一般规律，因此要想质变就要重视量变。你要想在学习上取得优异的成绩，将来在事业上取得大的成就，就要从现在做起，从点滴做起，进行艰苦的量的积累；如果你松懈放弃，量的减少同样也会决定你的未来，那样将于成功背道而驰！

通过质疑这样的环节，引人入胜，学生们结合自身全身心地投入到知识的思考中去，积极探索，再加上教师的适时点拨，使孩子们学有所获。

二、 巧借情境之东风

一堂课的开始是非常重要的。教师要在导入环节将学生引入情境，使学生对情境中涉及的问题产生浓厚的兴趣，在此基础上，引进新的课题之中，运用图片、视频等教学手段，使之以最佳的心理状态接受知识。即引入情境，引起兴趣，引进课题。

例如：在《政治生活》讲解“我国的根本政治制度——人民代表大会制度”之时，课前提出“政治课代表产生的方式”的讨论，对任命制、竞选制、轮流制大家各抒己见，讨论热烈。随后引入本课内容，我国人大代表的产生方式、任期、权利及义务，学生们既有学习的热情，同时也结合身边的例子，深入浅出的理解和接受了本节课这个比较枯燥的知识点；在讲授“国家机关的组织活动原则”这个知识点的时候，让学生们分组讨论，“如果我是北京市市长，我将……”，每组选派代表上台发言，将大家入情入理的讨论结果一汇总，我总结后正是本课的教学目标知识点：民主集中制、对人民负责以及依法治国三原则。

巧妙的创设情境吸引学生，在教学实践中才能够出其不意，让学习主体顺理成章地接受知识，完成我们的教学生学的目的。

三、 巧借悬念之东风

学源于思，思源于疑。在教学中教师可以“故弄玄虚”一下，设置一系列的悬念，牵引学生们跟随老师的思路，在探究中学习。

比如在讲授《经济生活》“消费者合法权益受法律保护”这一章节的时候，在课堂上我是利用一系列的问题来进行的。“你是一名消费者吗?”“作为一名消费者，你知道自己享有哪些权益吗?”“你知道如何才能买到货真价实称心如意的商品吗?”“你有过上当受骗、购买假冒伪劣商品的经历吗?”“如果你购买到假冒伪劣商品，你打算如何处理呢?”“如果你所购买的商品对你身心造成了损害，你会通过什么途径解决呢?”“你知道法律援助这一个途径吗?”等，当所有这些生动的问题一个个提出，犹如平静的湖面投入了一颗颗小石子，激起了学生们学习的热情，课程顺利进行，答案一个个浮出水面。

四、 巧借典故之东风

在教学过程中，恰当地引用典故，不仅能加深学生对知识的理解，收到事半功倍的教学效果，而且能激发学生兴趣，启迪思维，培养情感，开发非智力因素。

尤其在讲授高二《哲学生活》的时候，因为本身哲学原理很枯燥，要大量引用一些浅显易懂又适合教材的典故丰富课堂教学。比如：在讲矛盾双方在一定条件下互相依存并依据一定条件向相反方向转化时，可以选用“塞翁失马”的故事；在讲具体问题具体分析时，可以选用“量体裁衣”和“东施效颦”的成语；在讲社会存在的性质决定社会意识的性质时，可用《郭巨埋儿》的典故；在讲运动与静止的关系时，可用成语“刻舟求剑”；在讲内因和外因时，可用“近朱者赤，近墨者黑”；在讲回避矛盾掩盖矛盾时，可用成语“讳疾忌医”；在讲联系是普遍的或整体与部分的关系时，可选用典故“千里长堤，溃于蚁穴”；在讲事物在总体数量不变只是由于构成事物的成分在结构和排列次序上发生变化也能引起质变时，可用成语“田忌赛马”；在讲物质与意识的关系时，可选用俗语“巧妇难为无米之炊”……

这些成语典故的选用都是紧扣教材理论，通俗易懂，能引起学生共鸣，便于学生接受。同时，教师注意在讲典故的过程中，入情入境，扣人心弦，注意表情和语言的抑扬顿挫，开头能吸引学生，结尾能造成悬念，就把典故讲“活”，从而把知识落实了。

五、 巧借时事之东风

思想政治学科与其他学科有一个最大的不同，就是它随着社会发展而发展，是比其他学科更与时俱进的一门科学。那么教师每准备一个新的教学知识点和内容时都要先了解社会的热点，特别是学生的关注点。从而把学生求知的热点、社会重大热点问题，与所传授知识的要点结合起来，做到有的放矢。

因此很多政治教师都利用课前 5 分钟，让学生们自己选材，轮流上台给大家讲时事，这样既让学生关注时事信息，拓展了政治学科的知识面，适当的点评与分析还增强了学生理论联系实际的能力，更锻炼了学生的表达能力及搜集素材、整理素材的能力等。

如果教师在教学过程中适当地加入时事内容，能让讲授更具说服力，让学生更加兴致盎然。例如每年的三月初，正值我国“两会”召开期间，恰恰也是《政治生活》中国体与政体内容讲授之时，号召学生们与我们一同关注两会，并取各地人大代表的提案作为教材讲解的现实材料，让课堂更加地贴近生活，贴近个人本身，学生学习的热情高涨；在讲到《经济生活》财政相关内容的时候，正好美国次贷危机影响席卷全球，我国政府出台积极的财政政策刺激消费，使经济回暖。老师和学生们一起分析政府出台的各项措施，结合教材内容一一落实，达到了理论联系实际的目的，完成了教学目标。

但是，良好的教育契机并不是可以信手拈来的，这个“东风”需要教育者有一套捕捉本领方能利用。这个本领都包括什么呢？我来提出几点建议，让我们共勉吧：

第一，心中要有育人的目标。教师的心中要时时装着育人这一崇高的目标，你才能处处留心，事事过脑，随时随地挑选可以用来育人的各种素材和时机。就像那些事业心极强的教练员，无论他走到哪里，都想着了迷一样的物色、挑选“未来冠军”的好苗苗……

第二，胸中要有育人的实材。教师要深钻教材，有较强的驾驭教材的能力。政治课是一门科学，政治课的趣味性只能在其科学性中去寻找，这种科学的魅力不是外在的“方法”可以代替的。它要求政治课教师必须有深厚的马克思主义的理论根底，要不断深入钻研教材，要能把马克思主义的基本原理讲明讲透，把原理之间的联系揭示出来，把概念之间的内在逻辑关系说清。冰冻三尺，非一日之寒，政治课教师要本着终身学习的态度做好每一天的教学工作。

第三，脑中要有育人的对象。教师的心中，要装满着各个学生的情况，要了解学生的思想、兴趣、爱好、学习状况以及他们的个性特点。要深入学生内心世界，知道他们经常想些什么、喜欢什么、不喜欢什么。一句话，你对学生了解得越具体，越深刻，你所“捕捉”到的“东风”针对性就越强，发挥的作用也就越大。

第四，眼中要有育人的细致。赞科夫说得好：“对一个有观察力的教师来说，学生的乐观、兴奋、惊奇、疑惑、恐惧、害窘和其他内心的最细微的表现，都逃不过他的眼睛，一个教师如果对这表现熟视无睹，他就很难成为学生的良师益友。”捕捉“东风”的过硬本领，当然离不开教师最可宝贵的品质之一——敏锐的观察力。

总有学生会抱怨政治课枯燥，不好学也不好记。但是我想，只要我们政治课教师善用“东风”丰富教学，切实地激发学生们学习知识的好奇心与兴趣，那么别具一格的思想政治课教育方式就能显示出培育学生美好心灵的魅力。让我们都来做事业的有心人，巧借东风善激发，别让教育契机溜走了！

作者简介

安文娟：北京理工大学附属中学政治一级教师，海淀区政治学科带头人。海淀区青年先进教育工作者，海淀区师德之星。论文《腹有诗书气自华》获海淀区教师阅读工程“读书与教书”征文活动二等奖，《个别生转化案例分析》获北京市教育学会2011年度学术年会优秀论文一等奖，《巧借“东风”善激发》获北京市基础教育科学研究优秀论文一等奖，《新课改背景下的教师在反思中成长》获海淀区第二十届教育科研优秀论文评选三等奖，北京市教育学会论文评选二等奖。

运用智慧提升思想品德课程价值

◇黄　悦

如何提升初中思想品德课程的价值一直是我在教学中思考的问题。从社会大背景来看，主流价值观受到冲击，学生生活接触的社会负面问题也时常出现，这些给我们教学带来很大困难。通过阅读专业书籍、学习他人教学经验、反思自己的教学实践，我也逐渐形成自己的几点拙见。下面结合上一学期教学中的亮点进行阐述。

一、创设情境，促进学生知情统一

初中学生的思维特点之一是：思维活动具有很大的形象性，他们常常凭着具体直观的感性材料去思考问题。所以引入或创设具有一定情感色彩、以形象为主体的、生动的学习情境或情景，并通过一定的方式把学生完全带入这个情境之中，引起学生一定的情感体验，从而帮助学生理解知识，进而升华情感，促进学生知情统一。

八年级上册第三单元中有一框题内容为《做友好往来的使者》。对应的情感、态度、价值观目标是既尊重本民族文化的价值，对本民族的文化有强烈的自豪感，同时又尊重其他民族文化的价值，能够以平等的态度与其他的民族和国家的人民友好交往，拥有开放的胸怀。

随着社会的不断进步，世界日益开放，各种国际交流十分频繁，很多学生有接触外国朋友的经历，但对文化共处中出现的矛盾和问题缺乏全面而深刻的认识，这就需要教师利用不同情境帮助学生铺建学习的“跑道”。在导入环节我设计了一个交流平台，让同学说说在国外学习旅游的经历或与外国朋友接触时的感受，这个内容激发了学生的思维和热情。交流中，很多同学谈到一些国家公共设施比较完善、制度人性化，比如有专门为残疾人提供的服务、很多景区介绍有盲文标识。车辆行驶主动避让行人等。也有的同学说不完全理解外国人的一些做法和习惯等。在交流的基础上，我提出了思考问题：1. 行为方式产生差异的原因是什么？2. 我们该以怎样的态度面对文化的差异呢？当教学情境切入学生的经验体系，自然会激起学生思考与探究的需要，唤醒学生的认知介入。学生的思维在碰撞中不断拓宽，从单一的要尊重差异，体会到还要虚心学习其他文化的长处，以更宽容的态度看待不同文化。围绕学生的结论，我又提出问题，引发深入思考：这里“宽容”意味着什么呢？我出示了材料：梁思成在“二战”期间保护日本奈良古城的事情，而他的亲戚却在战场中牺牲，问题：你是否理解梁思成的做法？说说理由。学生在讨论这则材料时，出现了两种截然不同的观点，一方支持梁，而另一方坚决反对。双方分别提出观点，互不相让。这个结果也是在预料之中的，所以我又出示了另一个材料：2001 年 3 月，塔利班不顾世界舆论的强烈谴责，执意炸毁了建于公元五世纪的两座著名的巴米扬大佛。在大佛惨遭毁坏后，国际社会一直在设法努力，试图将被炸成废墟的巴米扬大佛重新修复起来。问题：世界舆论为什么要谴责塔利班的行为，国际社会为什么要干预大佛的重建，这些说明什么？这与前一个材料形成鲜明对比，比较中，学生有了更理性的思考，从不同角度分析问题。这个问题的讨论也使前一个问题的争论慢慢化解，学生对“开放的胸怀”“宽容”的态度增添了另一种理解：任何民族文化的精华都是全世界的，要尊重、珍惜和保护各个国家、民族的文化。

每一个教学情境的活动完成后，教师要及时地把学生的思维从情境之中转向情境之外，引导学生对情境中的活动以及从情境中所得的感受加以总结、提升。最后，我设计了导向性问题：今天，中国文化受到外来文化的冲击，我们该怎么正确对待？这个问题重在培养学会辩证的分析问题，全面认识问题，形成正确的认知。学生总结：不能全盘接受或否定，要有选择性，取其精华，去其糟粕，并将中国文化精髓传承下去。这也是我们的社会责任。最后我再一次给出一些视频资料，带着学生领略中国文化的博大精深及一些人在传承中国文化中做的努力。之后让大家讨论作为中学生可以做点什么？学生从遵守规则到出国的文明礼仪要求等交流了看法。通过这节课的教学，在创设的种种情境中，学生的社会责任感不断提升，达到了知情统一的教学效果。

二、巧用“活动”，内化感悟

课堂是实施素质教育的主渠道。要让学生真正参与到思品教学活动中来，就必须精心设计教学过程，选择最佳教学方法，创设丰富多彩的、富有启发性的、开放性的课堂教学环境和氛围，激发学生主动参与活动的积极性，让学生在多种活动中，通过感知和直接体验，领悟道德观点，激发道德情感，提高道德判断能力。

每节课5分钟的“今日我主播”是学生参与的最广泛而直接的活动之一。学生主播的内容主播内容为近日国内外新闻和主题演讲（如感人故事、热点问题讨论、评论等）。为了使自己主播成功，每位学生都认真准备，搜集材料，精选事例，由“被动学”转为“主动学”，拓宽了知识面，锻炼了口头表达能力、分析解决问题的能力，也培养了创新能力，也体会到创造的愉快、成功的满足和施展才能的欢乐。在演讲和新闻发布中，同学们关注社会现象，结合目前的学习、思想、生活谈自己的看法，如钓鱼岛——中国不可分割的领土；评析校园踩踏事件；从亚运会中国的奖牌第一思考如何从体育大国到体育强国……这些问题的提出也使学生开始把自己与社会联系起来，慢慢提升社会责任感。同时激发了学生的爱国热情，充分发挥了思想品德课的德育功能。这个活动也作为过程性评价的一部分，培养学生会学习的能力。

教学中为了增添学生的感性体验，我还根据教材内容设计了一些有趣的体验活动。

如教授《防范侵害　保护自己》一课时，设计了几种侵害情景，随机让学生来表演应对方法，并加以分析，使学生在体验中学会保护自己的方法。

小辩论是学生喜欢并乐于参与的活动之一。我成功地在课堂上组织过“山寨文化对社会发展推动作用大于阻碍作用”“中学生网络使用利大于弊”“父母有责任提供成年子女的大学费用”“学习改变命运”等辩论会，既可以锻炼学生的思辨能力、表达能力、应变能力，也可以提高学生学习的兴趣与主动性。

在丰富的活动教学中，我始终将课堂教学与学生生活实践联系，用学生身边的人、身边的事为案例，模拟生活，还原生活，在生活情境中明理辨行，促进学生道德知识内化为道德信念，外化为道德行为。

三、 设计探究作业， 延伸课堂价值

探究作业的布置，是对教学内容的有效延伸，提升了德育价值，也是评价学生的重要内容。

八年级上册教材第一、二单元的内容。主要解决学生在家庭及学校的交往问题。要想很好地落实教育目标，情感因素成为我突破的重点。只有真正走进父母及老师的内心，全面了解他们的生活、工作，才能真正体会、理解、信任他们，最终感恩师长。我设计了几个探究活动，让学生亲自与父母、老师沟通，重新认识他们。

探究作业1：

只有走进长辈们的心中，才会明白爱的重量……探究活动：说说我们与父母的故事。以小组合作的方式。在学生展示的过程中，大家用自己的眼睛发现父母为自己辛劳的点点滴滴，用心灵去倾听父母爱的声音，也开始反思与他们的关系，一段段来自内心的真挚的感悟，让所有同学动容。

探究作业2：

师者：亦师亦友，我知我师，我爱我师……师生关系对学生的成长发挥着重要作用。了解真实的教师工作与生活，才能产生爱师的情感。

小调查——了解老师

学生自行设计调查内容，如教师工作时间、业余爱好、备课情况等，并就调查结果进行统计、分析，形成调查报告，在班中交流。

每一个小组的调查报告都引起大家的关注与思考。比如有的小组调查老师的课余时间做什么，经过调查发现很多老师几乎没有娱乐时间，课下也做着一些工作；还有的小组调查老师们用红笔芯的频率，看到老师们几天就用掉一根红笔芯，也感叹老师工作的辛苦。这些调查结果及之后的反思在班内形成一股正能量，感染了大家，学生对老师的理解也许是送给老师最好的礼物。

探究作业3：

我爱我师——为爱师颁奖

这个探究活动将学生对教师的爱升华。也架起了与老师的心灵之桥。学生精心设计并绘制奖状，上面的颁奖词也很让人感动。当这些凝结学生心意的奖状送到老师们手里的时候，作为老师也充满了喜悦与幸福。

“不是锤的打击，而是水的载歌载舞，才使鹅卵石臻于完美。”印度诗人泰戈尔这样说过。的确，学生的学习，是一个认知的过程，也是一个

情感不断转化和升华的过程。探究作业的设计，为学生提供了一种学习思路。在这个过程中，学生分工协作，增强了小组的合作意识，同时分析、归纳问题的能力得以提高，感恩教育也润物细无声地渗透到每一个学生内心。

以上是通过反思凝结成的一点教学智慧，与大家分享。我们的路还很长，一个智慧型的教师必能不断冲破阻碍，不断前行，我相信我可以做到。

作者简介

黄悦： 北京理工大附属中学，初中思想品德老师，中教一级。2011 年获北京市教学设计比赛二等奖，2012 年获得海淀区优秀教师称号，2014 年获北京市基本功比赛一等奖，多篇论文获校内外奖项。

“基因工程的基本操作程序”的教学组织

——基于生物科学技术基本概念的教学案例

◇苏明学　刘　爽

现代生物科学技术揭示了一些新的原理、原则和规律，逐步建立了一系列新概念。笔者在听课过程中发现，对于《现代生物科技专题》的教学，存在两种教学倾向：一种是照本宣科，缺乏对教材内容再创造、再加工和再组织；另一种则是一味追求事实性知识的深和透，陷入了烦琐的技术细节而忽视基本概念的传递和重要概念的构建。高中阶段的教学不是培养学科专家，而是要全面提高学生的科学素养。如果学生没有对基本概念（不论是科学的还是技术的）的深入理解和把握，将会影响他们进一步的学习和发展。因此，教学的着力点应瞄准对学生的发展起根本作用的知识、能力和思想情感上，而那些基本的生物科学技术概念便是知识、能力和思想情感的凝结，是构建重要概念的基础，理应成为教学的重心。本文以“基因工程的基本操作程序”为教学案例，主要探讨“如何重组教学内容，凸显基本概念传递”的教学策略。

1. 教学内容分析

基因工程操作的“四部曲”依次涉及基因克隆、重组 DNA、转化、分子杂交等基本概念。每一个基本概念都蕴含着科学家深厚的知识储备、独特的思维视角和一定的价值取向。其中，价值不仅为思维指明了方向，而且还提供了激情和能量，使思维更加敏锐。正是人们按照自己的愿望，定向改造生物性状和获得所需要的生物产品，才催生了体外 DNA 重组技术和转基因技术；为了实现基因的分离和克隆，才设法建立基因文库；为了让目的基因导入受体细胞并在其中稳定存在、复制和表达，需要在体外构建表达载体；为了提高转化率，需要根据不同的受体细胞选择适宜的转化方法；“插入灭活法”的发明和运用，是为了筛选和鉴定吸纳重组 DNA 的受体细胞；以基因探针为工具，进行 DNA/DNA 或 DNA/RNA 之间的分子杂交，以及以相应的抗体为“探针”进行抗原—抗体之间的杂交，都是基于基因、mRNA、蛋白质分子特异性的技术创新，这种技术创新源于检测和鉴定目的基因在受体细胞中是否可以稳定维持和表达的需求。在教学设计中，教师应该充分挖掘蕴含于每一个基本概念的知识、方法和价值，使之成为一个有机整体传递给学生。让他们在此基础上主动构建“基于中心法则之上的，定向、安全、理性地改造生物”的重要概念。这样，学生的学习重心就能从记忆事实转移到对可迁移的重要概念和更为根本的知识结构的深层理解，以培养和发展其思维能力。

2. 教学目标设定

基于上述对本节基本概念的剖析，制定三维目标如下：

知识目标：说出获取目的基因各种途径的前提、方法和适用范围；阐述构建表达载体的必要性和基本要求；解释“转化”的含义，说出常用的遗传转化的方法；说明分子杂交技术的原理和工具。

能力目标：运用基因工程的基本工具和稀释涂布平板法，设想建立基因组文库的过程；能够正确地选取组织细胞以提取 mRNA，设想合成 cDNA 的过程和条件；能够根据基因表达的过程，利用恰当的工具酶，构建表达载体；能够根据受体细胞的不同选择恰当的转化方法，并运用“插入失活法”筛选含有目的基因的受体细胞；能够运用分子杂交技术对目的基因进行鉴定和检测。

情感目标：体验分子克隆分离和纯化目的基因的基本思想；通过学习 PCR 技术扩增目的基因和利用分子杂交技术检测目的基因，领悟科学与技术之间的关系。

3. 教学设计思路

人教版教材对该部分内容的呈现特点是：图文并茂、简约形象。以图片类比的方式说明基因组文库与 cDNA 文库的不同，这种内容呈现方式固然通俗易懂，可读性强，但教学如果仅止于此，学生对两种文库的建立目的、建立过程和应用范围还是说不清，道不明，这样的知识仍然是“死的知识”，自然不会转化为能力。因此，我们需要理出一条清晰的思维主线，将获取目的基因的四条途径贯穿起来，通过设置系列问题，逐步诱导、层层递进，最终让学生明确每条途径的前提条件、基本过程和适用范围。我们经过深度备课、集思广益，确定以 1982 年 10 月最先在美国上市的重组人胰岛素（Humulin）的研制过程作为教学情景，能够达到教学预期。“重组人胰岛素”属于基因工程制药的应用范例，它是 1978 年 9 月由加州大学的 Itakuna 等人用人工合成的胰岛素基因与 pBR322 质粒载体构成重组体，转化大肠杆菌成功生产的。虽然当时是人工合成的胰岛素基因，但只要教师设置好问题层次，是可以把获取目的基因的四条途径贯穿起来的。pBR322 质粒载体上面有一个复制起始位点（ori），保证了该质粒只在大肠杆菌的细胞内行使复制功能；具有两种抗生素抗性基因：氨苄青霉素抗性基因（ampr）和四环素抗性基因（tetr）。其中，有 7 种限制酶的识别位点位于 tetr 内部，有 3 种限制酶在 ampr 内具有单一的识别位点（参见图 1 所示）。由此可见，选用这个实例的好处在于，一方面可以让学生更加直观地认识载体所具备的基本条件，另一方面便于教师设置具体问题，促使学生选择恰当的工具酶构建表达载体，加入启动子和终止子对载体加以修饰。教师还可以借此介绍转化大肠杆菌的常用方法，训练学生运用“插入失活法”鉴定和筛选含有重组 DNA 的大肠杆菌的分析和应用能力，以及鉴定胰岛素基因是否成功表达的实验设计能力。由此可见，“重组人胰岛素”这一教学情景的创设，不仅为学生学习抽象的基因操作过程提供了直观、生动的形象，而且能够将基因工程操作程序的四部曲贯穿始终，组成一个引人入胜，且符合学生认识发展特点的完整探究过程。这样，以重组人胰岛素的研制过程为主线，学习基因工程的基本操作程序，继而再扩展到转基因植物和转基因动物的培育。

4. 教学过程组织

4.1 获取目的基因——基因克隆

教学伊始，向学生呈现重组人胰岛素图片，并诱发系列思考：

问题 1：怎样利用大肠杆菌生产人重组胰岛素？此问题能够调动学生运用基因工程的概念和基本工具等已有的知识，设想其大致过程。如果学生回答有困难，教师可以展示基因工程基本操作程序示意图，帮助他们初识操作程序的“四部曲”，并作简要板书（流程图），勾勒出大体框架，随着教学活动的推进，这幅框架将不断地变得丰满和完善起来。

问题 2：目的基因的成功分离是实施基因工程操作的前提。如果对目的基因及其编码的蛋白质的相关信息一概不知，那么怎样从人类基因组中分离出胰岛素基因？此问题指向基因组文库的建立，其中蕴含着基因克隆的思想。所谓基因克隆，是指用限制性内切酶将总 DNA 切开成许多小片段，把这些片段分别插入到质粒中，这些质粒载体可以转入到细菌并随着细菌的繁殖而复制的过程。如何帮助学生建立“基因克隆”的概念，领悟其中的思想，是我们设计问题时需要格外关注的。因为传递概念、领悟思想，不能靠教师的机械灌注，必须经过学生的积极思考、主动建构才能奏效，而学生的思维方向需要教师的正确引领：在提取到的总 DNA 中，目的基因片段含量很低，且掩埋在无数其他基因片段中。依靠基因的分子量及所带电荷等理化性质的差异，能否把目的基因分离出来？如何实现目的基因的扩增以增加其含量？如果先在体外将各基因片段与克隆载体重组，再导入大肠杆菌中，这样就可以实现各基因片段在受体细胞中扩增。采用什么接种技术可使大肠杆菌分开并形成单一菌落，从而使受体菌所吸纳和扩增的基因分开呢？学生自然想到稀释涂布平板法。这样所涂布的若干个平板上生长的一个个菌落，均含有一种人类基因，就好比文献资料储存在图书馆一样，称为基因组文库。如此诱导，学生最终会领悟到：基因组文库的建立，是为了实现基因的分离和克隆。

问题 3：将从基因组文库中调取的胰岛素基因导入大肠杆菌中能否表达？为什么？向学生提供原核细胞和真核细胞基因表达过程的比较图片，帮助他们寻找分析问题的突破口：原核细胞中没有剪切内含子的酶。

问题 4：能否根据 mRNA 合成没有内含子的胰岛素基因？如果能，需要具备哪些条件？向学生提供真核细胞基因转录过程的相关图片，联系逆转录的过程，促使他们独立思考，分析过程、寻找条件。

问题 5：从什么细胞中才能提取到胰岛素的 mRNA 呢？通过逆转录所生成的 cDNA 都是胰岛素基因吗？如果还有其他基因，怎样将胰岛素基因与其他基因分离并克隆呢？细胞分化的原因在于组织特异性基因的选择性表达，但那些维持细胞基本生命活动的基因同样会在分化细胞中表达。因此，该问题能够有效地调动学生运用细胞分化的原因进行分析，并借鉴建立基因组文库的方法来建立 cDNA 文库。运用旧知识，解决新问题，就是能力的培养过程，同时也揭示了知识之间的内在联系。

问题 6：为了完成体外重组 DNA，需要获取大量的目的基因。那么，怎样快速扩增胰岛素基因（cDNA）呢？此问题指向 PCR 技术，由于学生已学过《选修 1》，对 PCR 的原理和过程并不陌生，需要引导学生深入思考的是：如何合成特异性引物对？如果能够合成特异性的引物对，能否直接对所提取的总 DNA 进行 PCR 扩增和分离目的基因？

问题 7：能否根据氨基酸序列推测胰岛素基因的碱基序列？学生的疑问在

于：一个氨基酸往往有多个密码子，因而不能准确确定基因的碱基序列。这需要教师的及时指导：在简并密码子中，不同生物往往偏向于使用其中的一种，即密码子具有偏倚性。

教学实践表明：上述系列问题环环相扣，驱动学生思维活动逐步深入，最终建立起获取目的基因各种途径之间的关系。

4.2　构建表达载体——重组 DNA

已制备的目的基因，如果没有合适载体的协助，是很难进入受体细胞的，即使能进入，往往也不能进行复制和表达，这就是为什么要体外重组 DNA 分子的原因，因而也应该成为组织教学的起点。

问题 1：能否直接将胰岛素基因（cDNA 或人工合成的基因）导入大肠杆菌中？若不能，应如何导入，并让其在大肠杆菌中进行复制和表达？

问题 2：观察图 1，pBR322 质粒具备载体的基本条件吗？构建重组质粒需用哪些工具酶？用 BamH Ⅰ 对胰岛素基因和质粒切割，加入 DNA 连接酶后，得到的都是重组质粒吗？

问题 3：载体和目的基因自身环化的原因是什么？尝试提出一种避免自身环化的措施。

设置问题 1，旨在让学生明确构建表达载体的必要性和基本要求：无论是克隆载体还是表达载体，都应该具备三个基本元件：复制原点、标记基因、多克隆位点；表达载体除了上述三个基本元件外，还需要插入启动子、终止子等表达元件。问题 2 则能够激发学生的发散思维，使其认识到用同一种限制酶切割目的基因，其优势在于产生相同的黏性末端，便于形成重组 DNA 分

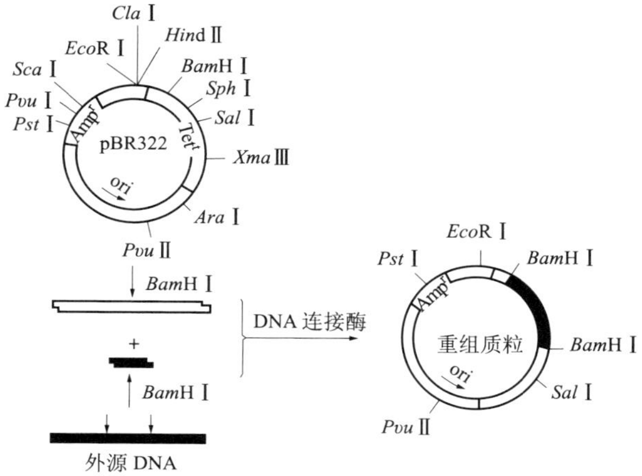

图 1　重组 DNA 分子的过程（引自吴春霞《基因工程》精品课程，2006）

子，而缺陷是易发生自身环化和不同分子间的串联。一旦学生找到了发生自身环化的原因，就可以提出解决问题的策略和方法，如“双酶切”策略，以实现目的基因的定向连接。

4.3 将目的基因导入受体细胞——转化

虽然体外构建表达载体，解决了目的基因的导入、复制和表达问题，但是为了提高转化率，需要先用 Ca^{2+} 处理大肠杆菌，使之成为感受态细胞，再将体外重组混合物分子（包含着重组质粒、质粒自身环化物、目的基因自身环化物等）溶于缓冲液中与感受态细胞混合，完成转化过程。转化原本是一种自然现象，如 S 型细菌的 DNA 片段（控制荚膜的基因）进入 R 型细菌内，使之转化为 S 型。分子生物学家正是借鉴了发生在自然界中的转化方法，完成了目的基因的导入，如感受态细胞的制备；运用农杆菌转化植物细胞等。教学时，可以先联系肺炎双球菌转化实验，让学生明确：转化是指外源基因进入受体细胞内，并且在受体细胞内维持稳定和表达的过程。然后，借助图 2，引发学生思考：

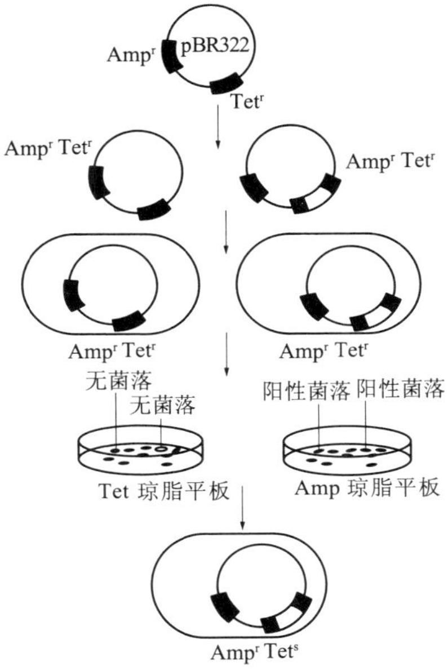

图 2 应用插入失活法筛选转化子
（引自吴乃虎《基因工程原理》，2002）

问题 1：应将体外重组反应混合物转化给哪种类型的大肠杆菌（AmpsTets/AmprTetr）?

问题 2：将 Amp 琼脂平板上的菌落原位影印在 Tet 平板上生长，对比这两个平板上的菌落生长情况，如何挑出含有重组质粒的菌落?

正确的选择实验材料，是达到实验目的的前提和保证，也是科学探究能力的重要体现。问题 1 旨在让学生能够根据两种抗生素抗性基因，选出适宜的受体细胞，学生只有选择 AmpsTets 菌株，才算是真正理解标记基因的鉴别和筛选作用，因此这一问题还具有诊断功能。问题 2 则能够有效地训练学生思维的缜密性和连贯性，从中领悟“插入失活法”的原理和巧妙之处。

4.4 目的基因的检测和鉴定——分子杂交

挑选出含有重组质粒的菌落后，接种到液体培养基中扩大培养，如何检测和鉴定胰岛素基因是否成功表达了呢？多数学生设计的方案可行性较强，先提取大肠杆菌的表达产物，然后注射入实验小鼠，对照组注射等量的生理盐水，观察小鼠是否出现低血糖症状等。需要向学生说明：这只是在个体生物学水平上进行的鉴定。虽然通过表达载体上的标记基因筛选出来转化子，但是目的基因能否在受体细胞中稳定维持和表达其遗传特性，还需要从分子水平上进行检测和鉴定，从而引入“分子杂交”概念。

问题1：如何根据基因的特异性，设法直接检测目的基因是否存在于受体细胞中？从转基因生物中提取的DNA应如何处理才能与基因探针发生分子杂交？

问题2：根据基因与mRNA之间的关系，设想利用基因探针检测目的基因成功转录成mRNA的方法。

问题3：尝试利用抗原－抗体特异性结合的原理，设想以抗体为“探针”来检测目的基因成功翻译成蛋白质的大体过程。

上述问题能够调动学生运用基因表达、DNA的变性与复性，以及基因、RNA、蛋白质分子的特异性等基础知识，思考分子杂交理论基础和基本工具，深化对“中心法则”这一重要概念的理解，并从中领悟科学与技术之间的关系。最后，通过简明的板书设计，让学生理清知识的层次。

目的基因的检测和鉴定
- 分子水平检测
  - 存在与否：DNA（核酸分子杂交）
  - 表达与否：
    - mRNA（核酸分子杂交）
    - 蛋白质：抗原-抗体杂交
- 个体水平检测：检测性状及产品活性等

参考文献：

［1］朱正威，赵占良．现代生物科技专题教师教学用书［M］．北京：人民教育出版社，2008.

［2］吴相钰，陈阅增．普通生物学（第2版）［M］．北京：高等教育出版社，2005：287－291.

［3］吴庆余．基础生命科学［M］．北京：高等教育出版社，2006：436.

作者简介

苏明学：北京理工大学附属中学高级教师，生物学教育硕士，北京市骨干教师，海淀区兼职教研员，学校生物学科主任。专业知识深厚宽广，教学设计系统调理、视角独到，注重凝聚优质课程资源，善于以教材内容为载体，拓展学生的思维空间，教学效果显著。近年来，对高中生物学教材的重、难章节进行了深入钻研和探讨，并撰写了20余篇教研论文发表在全国生物科学核心期刊《生物学通报》上。作为课题组核心成员，参与了海淀区教委教研室组织的《关于2013年北京卷高考考试说明的研究与思考》课题研究工作，对高考试题的命制及评价有着较深的体会。

刘爽：北京理工大学附属中学生物教师，区级骨干教师，海淀区生物学科见习兼职教研员。2011年获校级青年教师“新星杯”教学比赛二等奖，《“生命系统中的信息交流”的教学设计》高三新课程教育教学优秀成果评比三等奖；2013年《对核心概念的学习与思考》获北京市第六届“京研杯”教育教学研究成果二等奖，《如何在生物课堂中开展构建物理模型的活动》获北京市第六届“京研杯”教育教学研究成果三等奖；2014年获得校级“三八”红旗手。

围绕核心概念组织单元复习的案例分析

◇苏明学

单元复习课的基本任务是什么，教学设计思路与新授课到底有什么不同？如何让知识生成能力？这是高三一线教师必须面对和回答的问题。如果说新授课教学是在《课程标准》的指导下，采用“自下而上”的程序逐步建构核心概念的话，那么单元复习课则是以《考试说明》为依据，围绕核心概念“自上而下”地展开，调动学生运用已有的知识解释、论证核心概念；或者寻找支撑核心概念的一般概念和相关的生物学事实，力求对原有知识进行必要的拓展、深化，建立知识之间固有的联系，并确定知识点的应用范围，实现知识的迁移运用的过程。本文以“1－2 细胞的结构与功能”为案例，主要探讨如何围绕核心概念展开单元复习的教学策略。

1. 核心概念及其界定

核心概念是学科最核心的概念性知识，是反映学科本质的概念，它们相互组合构成了学科基本结构的骨架。核心概念具有统领一般概念和事实的作用，可以揭示一般概念之间的联系，因而具有统整学科知识的功能。对生物学核心概念的掌握程度反映了一个人的生物学素养的高低。美国课程专家埃里克森（Erickson）认为，核心概念是指居于学科中心，具有超越课堂之外的持久价值和迁移价值的关键性概念、原理或方法。这些核心概念具有广阔的解释空间，源于学科中的各种概念、理论、原理和解释体系，为领域的发展提供了深入的视角，还为学科之间提供了联系。

基于上述对核心概念的理解和认识，结合《考试说明》（北京卷）的具体要求（见表 1 所示），界定本单元的核心概念是“细胞是最基本的生命系统，各组分间既分工又协作”。

表1　考试说明（北京卷）具体要求

主题	内容		要求
分子与细胞	细胞结构与功能	1. 细胞的类型	Ⅰ
		2. 膜系统的结构与功能	Ⅱ
		3. 细胞器的结构与功能	Ⅱ

2. 任务分析与目标确定

“细胞的结构与功能”是必修1《分子与细胞》的第2个单元，学生通过新授课的学习，已习得了细胞膜、细胞质、细胞核的结构与功能，但对三个组分之间的内在联系缺乏深刻的认识，尚未真正建立起“细胞是最基本的生命系统”的核心概念；对真核细胞与原核细胞的认识大多停留在机械记忆水平上，没有用“生命演化”的学科观点来审视其异同。因此，单元复习应瞄准上述薄弱环节进行教学设计，具体教学目标为：

知识目标：阐明细胞膜、细胞质、细胞核三者之间的关系；说明真核细胞三大结构体系的功能；说出真核细胞与原核细胞在结构上的差异，概述两类细胞的统一性。

能力目标：通过分析细胞核与细胞质之间的关系，训练系统分析的方法和能力；通过对蓝藻与叶绿体、细菌与线粒体的比较，训练类比思维的能力。

情感目标：领悟“生命的系统观、层次观”，以及“生物进化”的学科观点；认同“细胞是最基本的生命系统”。

3. 教学过程分析与组织

3.1　细胞是最基本的生命系统

“细胞是最基本的生命系统”，这是生命的层次观和系统观的核心命题之一，正如美国著名细胞生物学家 E. B. Wilson 所言：“每一个生物科学问题的答案都必须在细胞中寻找。”复习时，可以先让学生重温 E. B. Wilson 的论断，并鼓励他们说出认同（或不认同）这个论断的理由，由此引出并强化“细胞是最基本的生命系统”的核心概念。既然细胞是一个生命系统，那么这个系统的基本组分有哪些？各组分的作用是什么？各组分间又有什么联系？这三个系列问题旨在向学生渗透系统分析的思想和方法。系统分析作为一种科学的思维方法，着眼于整体，从组成系统的各要素之间的关联性、结构性以及系统与环境之间的开放性，寻求解决问题的方法和途径。教学实践表明，多数学生对细胞核与细胞质之间的关系把握不住，因此需要教师因势利导、循循善诱：细胞核中储存的遗传信息通过什么途径来控制细胞代谢？细胞核中的 DNA 的复制及转录所需的原料、酶及能量由哪里来提供？这样，学生在解答问题的过程中，就容易发现并建立细胞核与细胞质之间的关系（见图 1 所示）。然后，借助图 1 设置问题串，以训练学生的综合分析能力，最终使其认同“细胞是最基本的生命系统”。

（1）细胞进行生命活动的基本要素有哪些？（具有一套基因组；具有一层质膜，以便与环境进行物质和信息交流；具有一套完整的代谢机构）

（2）病毒具备生命活动的三要素吗？病毒是怎样进行增殖等生命活动的？

（3）细胞是生命活动的基本单位，对病毒来讲这一概念是否合适？

（4）为什么说“内环境的稳态是人体进行正常生命活动的必要条件”？

问题（3）的设计意图是让学生明确，病毒虽然不是独立的生命体，但必须在细胞内才能表现出基本的生命特征（增殖与遗传）。解答问题（4），需要学生对所学概念及其相互关系进行梳理：第一，细胞是生物体基本的结构与功能单位；第二，细胞直接生存的液体环境叫作机体的内环境；第三，内环境的稳态是细胞维持正常生命活动的基础。

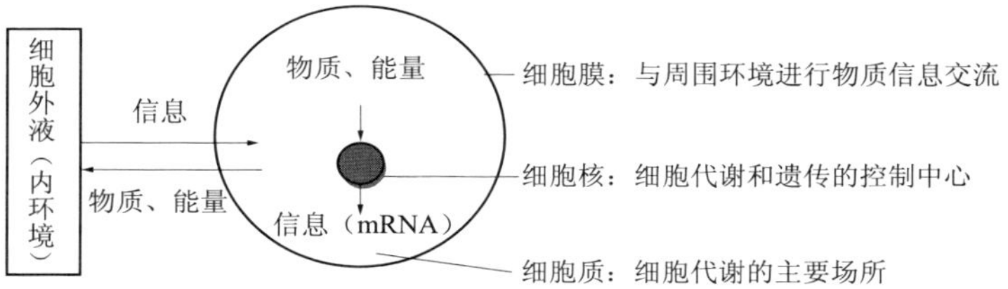

图 1　细胞膜、细胞质、细胞核三个组分之间的关系

细胞作为一个生命系统，其突出特征是这个系统具有整体性，不能把系统割裂成要素孤立地研究和学习，要注意研究要素与要素间的相互作用和相互影响。其次，系统还具有层次性。不同层次的生命系统又是层层相依，紧密联系的。整个机体的生命活动以细胞的正常代谢为前提，而细胞的正常代谢又以机体的内稳态为保障。

由此可见，围绕核心概念来组织知识，是一种非常经济和有效的组织教学活动的方式；教学内容围绕核心概念展开，课堂教学帮助学生掌握核心概念，将有助于学生对知识的深入理解和迁移应用。

3.2　真核细胞的三大结构体系

新授课教学中，教师习惯于按照教材内容的呈现方式，分别讲述细胞膜、细胞质和细胞核的结构与功能。这种内容组织方式，对于初学阶段无可厚非，如果单元复习仍然重复过去的程序模式，难免让学生生厌。事实上，真核细胞虽然结构复杂，但是可以在亚显微水平上划分为三大基本结构体系：以脂质及蛋白质成分为基础的膜系统结构；以核酸（DNA 或 RNA）和蛋白质为主要成分的遗传信息表达系统结构；由特异性蛋白质分子构成的细胞骨架系统。笔者认为，按照翟中和先生提出的“三大结构体系”组织单元内容的复习，不仅使学生从机械记忆各种琐碎繁杂的结构与功能中解脱出来，而且能够让学生换一个视角重新审视真核细胞的结构与功能，再次领悟生命的系统观。

3.2.1　以核酸和蛋白质为主要成分的遗传信息的表达结构体系

遗传信息的表达通过转录和翻译来实现，完成这个过程需要细胞核与核糖体之间的协作（见图 2 所示）。其中，染色质的主要成分是 DNA 和蛋白质，而核糖体则是由 rRNA 和数十种特定的蛋白质组成。因此，遗传信息的表达结构系统主要是由 DNA－蛋白质与 RNA－蛋白质复合体形成的。分析细胞核与核糖体之间的协作关系，可以很好地将必修 1 与必修 2 的相关内容整合起来，帮助学生形成有序的知识结构。学生已经知道核孔是某些大分子进出细胞核的通道，但究竟是哪些大分子出核孔，哪些大分子进核孔，却不甚明了。教师可以借助图 2 循循善诱，以帮助学生拓展和深化核孔的功能，实现相关知识的联系与综合。

（1）翻译过程需要 mRNA、tRNA 及 rRNA 三者之间的协作，那么这三种 RNA 是怎样产生的？又是怎样进入细胞质的？

（2）转录所需的 RNA 聚合酶，DNA 复制所需的解旋酶、DNA 聚合酶等，组成核糖体和染色质的蛋白质都是在哪里合成的？又是怎样进入细胞核的？

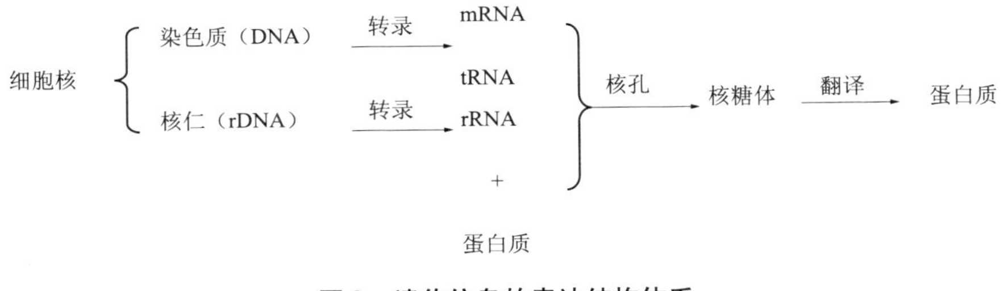

图 2　遗传信息的表达结构体系

3.2.2　以蛋白质和磷脂为主要成分的生物膜结构体系

如果把细胞看作一个生命系统，那么由细胞膜、核膜和各种细胞器膜构成的生物膜系统则是细胞这个生命系统的子系统。因此，复习该部分内容时，仍然要立足于训练学生的系统分析的方法和能力，使其深刻理解生物膜系统对于真核细胞生命活动的作用和意义。

（1）真核细胞的生物膜系统包含哪些基本组分？为什么把它们看作一个系统？（2）双层核膜将细胞分成两大结构与功能区域——细胞质和细胞核，对细胞的生命活动有何意义？（3）在细胞质内以膜的分化为基础形成了多种功能不同的细胞器，这与细胞生命活动的高效性和有序性有何关系？（4）细胞膜是生物膜系统的重要组分，它是如何与周围环境进行物质交换和信息交流的？

笔者认为，重组知识内容，建立单元内或单元间知识之间的内在联系，是教师组织单元复习的一项重要任务。例如，“细胞膜的结构”与“物质的跨膜运输”，在有的版本教材中分属于不同单元，《考试说明》也是分开表述的，复习时就可以将二者有机整合。再如，进出细胞的物质借助载体蛋白的扩散，叫作协助扩散。那么，神经元在静息状态时 K^+ 外排和受到适宜刺激后 Na^+ 内流属于什么运输方式？显然，这一问题的设置旨在丰富、拓展协助扩散（易化扩散）的概念内涵和外延，体现知识的科学性。

3.2.3　由特异性蛋白质分子构成的细胞骨架结构体系

细胞骨架系统是由一系列特异的结构蛋白质构成的网架系统，对于细胞形态与内部结构的排布起支架作用，同时与细胞内大分子的运输，细胞的运动与细胞器的位移，细胞信息的传递，基因表达，细胞的分裂与分化等重要的生命活动都有着密切的关系。由于《考试说明》对细胞骨架系统不作要求，复习时可简要处理即可，目的是让学生对真核细胞的结构体系形成完整的认识，并以此区别于原核细胞。

3.3　细菌与线粒体、蓝藻与叶绿体的类比分析

原核细胞与真核细胞相比，结构简单、原始，没有生物膜系统和细胞骨架系统。人们对原核细胞的深入了解，主要依靠细菌与蓝藻的细胞生物学与分子生物学研究资料的积累。现存的资料可以证明真核细胞是由原核细胞进化而来，而且由于原核生物（主要是蓝藻）的繁衍，在地球表面积累了大量氧气，为真核细胞的起源与生存准备了条件。基于上述认识，组织单元复习时，应该引导学生运用“进化的观点”重新审视两类细胞，既明辨区别点，又找出其统一性。另外，蓝藻与叶绿体、细菌与线粒体有诸多相似之处，通过让学生两两对比观察，既可以巩固蓝藻、细菌、叶绿体、线粒体结构与功能的基础知识，又能够训练他们通过类比思维，构思假设的能力。生物学家正是根据细菌与线粒体的大小相似；两者的 DNA 都是环状的，且核糖体也是相似的；细菌没有线粒体，它的呼吸酶位于细胞膜上等基本事实，设想真核细胞的线粒体是由侵入或被细胞吞入的某种细菌经过漫长的岁月演变而来

（内共生假说）。同样基于蓝藻与叶绿体含有光合色素，均能进行光合作用；都含有环状的 DNA 与核糖体等事实，设想真核细胞的叶绿体起源于被内吞的蓝藻。

（1）原核细胞与真核细胞结构有什么差异？两类细胞的统一性表现在哪些方面？（2）蓝藻与叶绿体有何相似之处？你能根据二者的相似之处，推测叶绿体的起源吗？（3）细菌与线粒体有何相似之处？细菌没有线粒体，但也能进行有氧呼吸，与有氧呼吸有关的酶定位于哪里？你能根据二者的相似之处，设想线粒体的起源吗？

上述问题促使学生以进化的观点重新审视两类细胞的差异性与统一性，极大地增进了学生的理解力，通过类比推理，设想线粒体与叶绿体的起源，使学生既夯实了基础知识，又获得了解决问题的思路和方法。

参考文献：

［1］胡玉华．生物教师学科知识结构评价研究［M］．北京：北京出版社，2011：8.

［2］艾里克森．概念为本的课程与教学［M］．北京：中国轻工业出版社，2003.

［3］翟中和．生命科学和生物技术［M］．济南：山东教育出版社，2000：78－88.

思维的深刻性

——高考生物复习方法之一

◇王　恒

社会主义核心价值观的内涵在个人层面上是——“爱国、敬业、诚信、友善”。敬业就要在工作中，认真负责和探索研究，探索研究最科学有效的方法，从而做一个智慧型的教师。

我在高三生物的复习过程中，探索出了一些科学的方法，通过这些方法可以激活学生的思维，提高复习效率，取得最优的教学效果。如思维的深刻性——就是在学习和复习过程中将思维引向深入，如知道了主要问题，就要同时想到次要问题；知道了一般问题，就要同时想到特殊问题；知道了一方面，就要同时想到另一方面，等等。这样就能使学生对知识的掌握达到准确、扎实、系统，同时能激发其思维，点燃其智慧。

1. 主要与次要、主要与其他

(1) 有氧呼吸的场所：
- 主要 —— 线粒体
- 次要 —— 细胞质基质

(2) 有丝分裂间期的特点：
- 主要特点：完成DHA分子的复制和有关蛋白质的合成
- 其他特点：
  - 体积增大
  - 细胞器分裂增生

【例1】（高考全国Ⅲ）连续分裂的动物体细胞的生长即体积增大，发生在细胞周期的（　　）。

A. 分裂间期　　B. 分裂前期　　C. 分裂中期　　D. 分裂后期

【解析】

细胞分裂间期：
- (1)染色体复制(DNA复制和有关蛋白质的合成)
- (2)细胞体积增大
- (3)细胞器分裂增生

【答案】A。

2. 大量与微量

(1) 化学元素
- 大量元素：C、H、O、N、P、S、K、Ca、Mg 等
- 微量元素：Fe、Mn、B、Zn、Cu、M_O 等

(2)
- 大量物质：水、蛋白质、脂质、糖类、无机盐、核酸
- 微量物质
  - 维生素
  - 酶
  - 激素
    - 动物激素
    - 植物激素

【例 2】（2012·北京）29 题（1）细胞分裂素是一种植物激素，它是由植物体的特定部位________，再被运输到作用部位，对生长发育起________作用的________有机物。

【答案】产生　调节　微量

3. 一部分与另一部分

(1)
- 一部分：睾丸里的一部分精原细胞进行减数分裂
- 另一部分：睾丸里的另一部分精原细胞进行有丝分裂

精原细胞 —有丝分裂→
- 精原细胞
- 精原细胞 —减数分裂→ 精细胞 —变形→ 精子

4. 必需与非必需

(1)
- 必需氨基酸：不能在人和动物体的细胞内合成，只能从食物中获得的氨基酸（自身蛋白质分解也可产生）
- 非必需氨基酸：在人和动物体的细胞内能够合成的氨基酸

① 必需氨基酸 —来源→
- 食物（主要）
- 自身蛋白质分解可产生（少）

② 非必需氨基酸 —来源→
- 食物（主要）
- 自身蛋白质分解可产生（少）
- 在人体内通过转氨基作用生成的氨基酸

【例 3】 探究某氨基酸（X）是动物（如小鼠）的必需氨基酸。

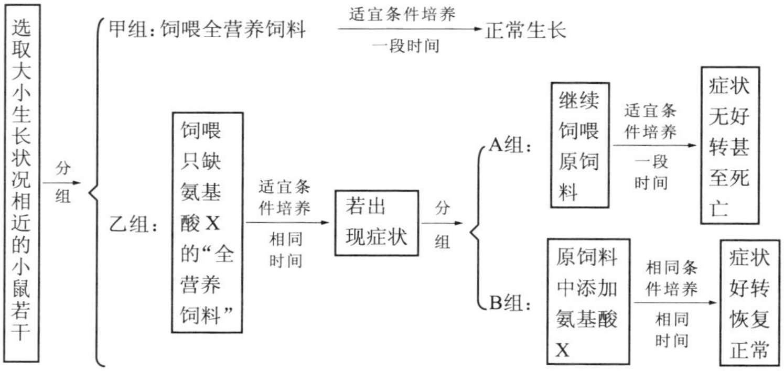

证明——该氨基酸 X 是动物的必需氨基酸

(2) 必需矿质元素——缺少该矿质元素植物体不能正常生长或表现出某种病症。

非必需矿质元素——缺少该矿质元素植物体仍能正常生长或不表现出某种病症。

【例 4】 在“探究叶绿素合成是否需要某种必需矿质元素”实验中：

人为改变的因素只有一个——矿质元素，这是实验变量，根据实验目的将该变量设置成：有该矿质元素和无该矿质元素两种水平，每种水平处理的植物各是一组。实验所用植株首先要发育正常，光照、温度、培养液、其他矿质元素种类及通气等实验条件也要能够满足植物正常生长需要。

无关变量——植株在两组之间要保证大小、发育状况一致，光照、温度，培养液通气等实验条件也要在两组之间保持一致。

对照组（完全营养液）　　实验组（缺某种元素的营养液）

设计实验：甲、乙两组，用同种植物的幼苗，无关变量相同。

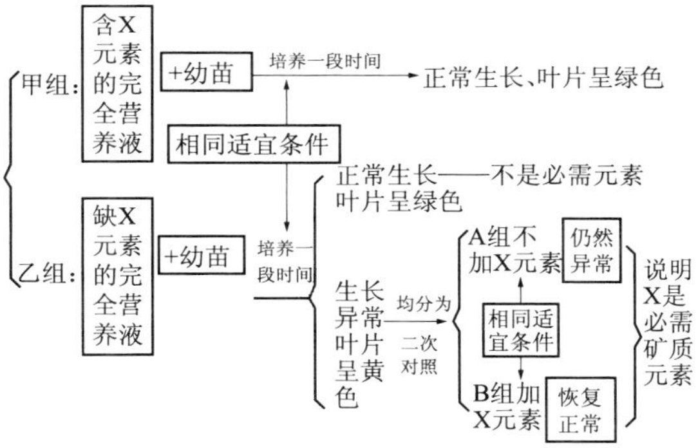

5. 细胞结构与非细胞结构，原核细胞与真核细胞等

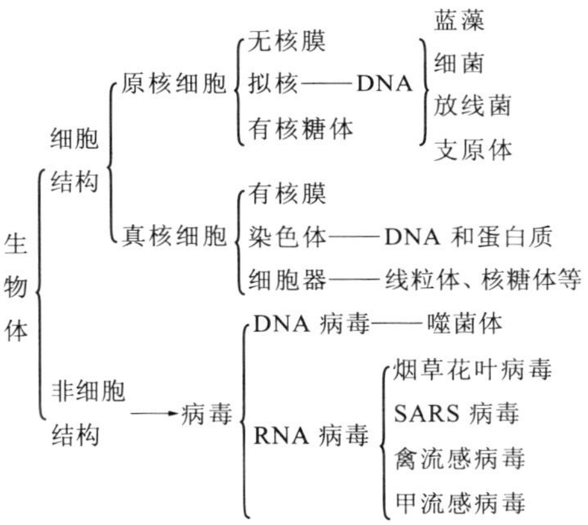

【例 5】（2007·山东）原核细胞核真核细胞最明显的区别在于（　　）。

A. 有无核膜　　B. 有无细胞质　　C. 有无细胞核　　D. 有无细胞膜

【解析】这是一个简单的问题，而出错的地方却在于不少同学会疏忽，把原核生物细胞与真核生物细胞的区别答成有无细胞核。

【答案】A

6. 细胞结构的有膜与无膜、双层膜与单层膜

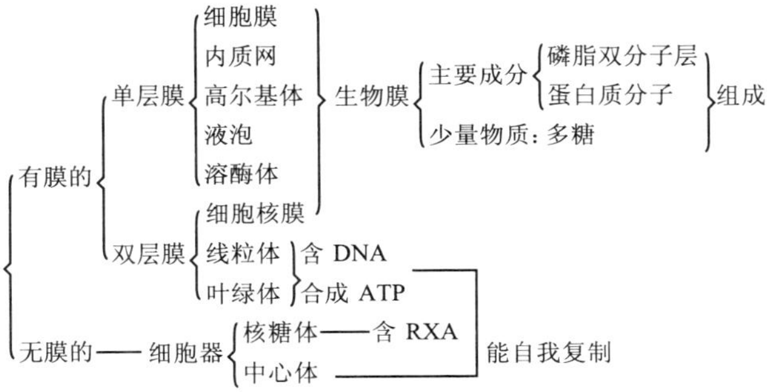

【例 6】在动物细胞中，具有双层膜的结构是（　　）。

A. 线粒体和高尔基体　　　　B. 线粒体和叶绿体

C. 内质网和高尔基体　　　　D. 线粒体和细胞核

【解析】解答本题的关键是认真审题，由于忽略了动物细胞，一看到双层膜结构就误以为问的是细胞器，因此总有人选择线粒体和叶绿体，可见植物细胞中具有双层膜结构的是——叶绿体、线粒体、细胞核。动物细胞中具有双层膜结构的是——线粒体、细胞核。

【答案】D

7. 一般与特殊

（1）$\begin{cases}\text{一般：同源染色体，形状和大小一般都相同}\\\text{特殊：同源染色体，XY 的形状和大小不同}\end{cases}$

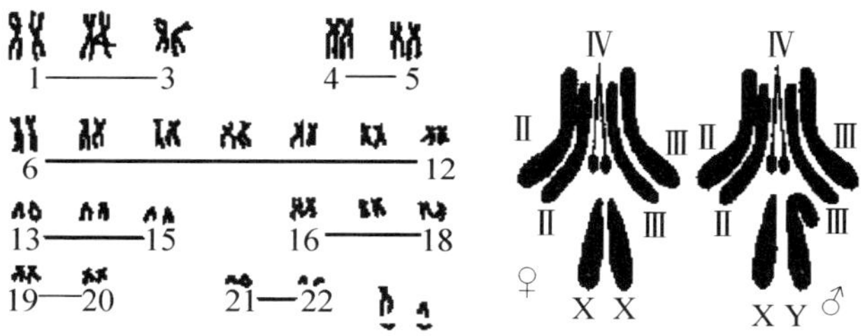

【例 7】下图为某雄性二倍体动物体内一个正在分裂的精原细胞。这个细胞所处的时期为（　　）。

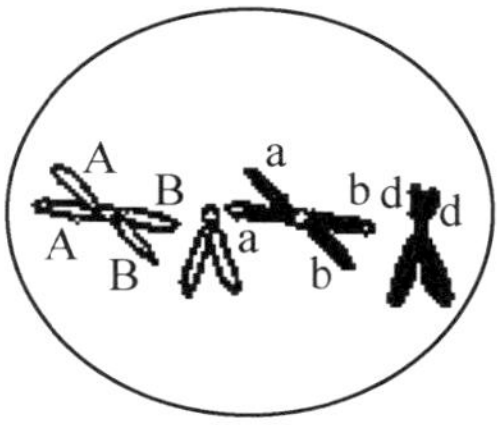

A. 有丝分裂中期　　　　B. 减数第一次分裂中期

C. 减数第二次分裂中期　　　　D. 减数第一次分裂间期

【解析】较多学生缺乏进一步思考，乍一看图中“好像”没有同源染色体，于是误选了 C。其实第 2 条染色体与第 4 条染色体应该是一对同源染色体（可能是 X 和 Y 染色体）。

【答案】A。

8. 同源染色体与非同源染色体、等位基因与非等位基因（对图示理解）

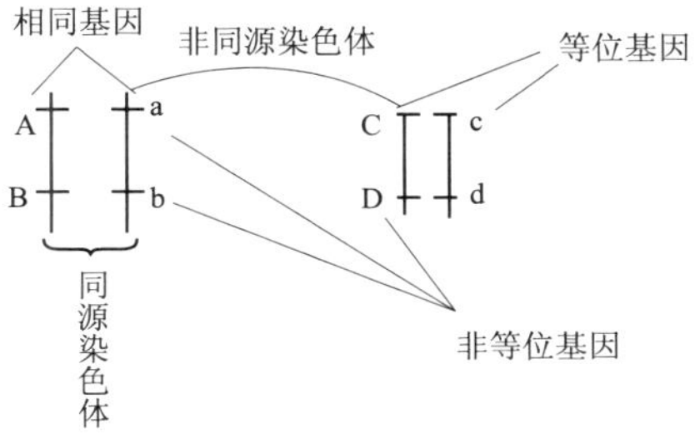

（1）相同基因：同源染色体上相同位置，控制同一性状。在纯合子中由两个相同基因组成。控制同一性状的基因，图中 A 和 A 就叫相同基因。

（2）等位基因：杂合子中在一对同源染色体的同一位置上，控制着相对性状的基因。如图中 C 和 c（B 和 b，D 和 b）就是等位基因。

（3）非等位基因：非等位基因有两种，即一种是位于非同源染色体上的基因，符合自由组合定律，如图中 A 和 D（A 和 C，A 和 c 等）；还有一种是位于同源染色体上的非等位基因。如图中 A 和 b（A 和 B）。

（4）复等位基因：若同源染色体上同一位置上的等位基因的数目在两个以上，称为复等位基因。如控制人类 ABO 血型的 I^A、I^B、i 三个基因，ABO 血型由这三个复等位基因决定，因为 I^A 对 i 是显性，I^B 对 i 是显性，I^A 和 I^B 是共显性，所以基因型与表现型的关系只能是：

I^Ai，I^AI^A——A 型血；I^Bi，I^BI^B——B 型血；

I^AI^B——AB 型血；ii——O 型血

9. 促进与抑制

（1）人体内：反馈调节

当血液中甲状腺激素的含量增加到一定程度时，就会抑制下丘脑和垂体的活动，使促甲状腺激素释放激素和促甲状腺激素的合成和分泌减少，从而

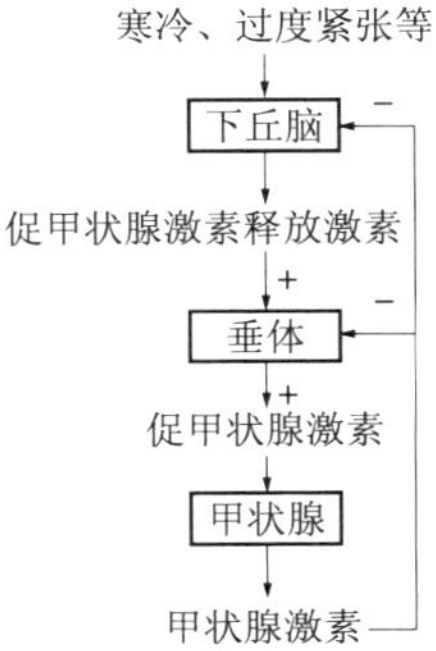

使血液中甲状腺激素不致过多；当血液中甲状腺激素的含量降低时，对下丘脑和垂体的________，使促甲状腺激素释放激素和促甲状腺激素的合成和分泌增加，从而使血液中甲状腺激素的量不至于过少。

【答案】抑制作用就减弱

（2）植物生长素的作用特点——具有两重性：

{既能促进生长 / 也能抑制生长} {既能促进发芽 / 也能抑制发芽} {既能防止落花落果 / 也能疏花疏果}

一般来说，低浓度的生长素可以促进生长，而高浓度的生长素则抑制植物生长，甚至杀死植物。

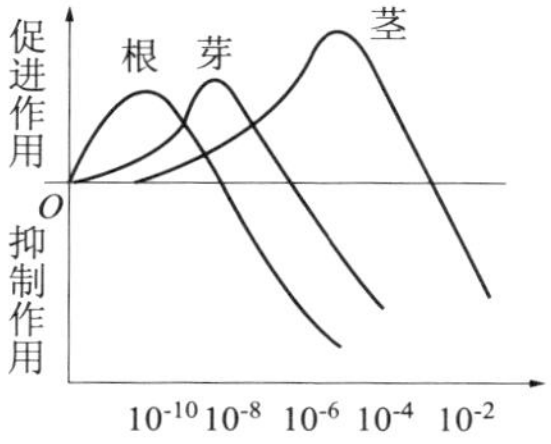

【例 8】农业上用生长素类似物 2. 4—D 进行麦田除草，其原理是（　　）。

A. 高浓度促进小麦生长　　B. 高浓度抑制杂草生长

C. 低浓度抑制杂草生长　　D. 高浓度促进杂草衰老

【解析】（1）一般来说，低浓度的生长素可以促进植物生长，而高浓度的生长素则抑制植物生长，甚至杀死植物。

（2）不同（双子叶、单子叶）如上图植物对生长素的反应不同：麦类植物是单子叶植物，要比双子叶植物（杂草）需要较高浓度生长素，用高浓度的生长素可抑制杂草的生长。

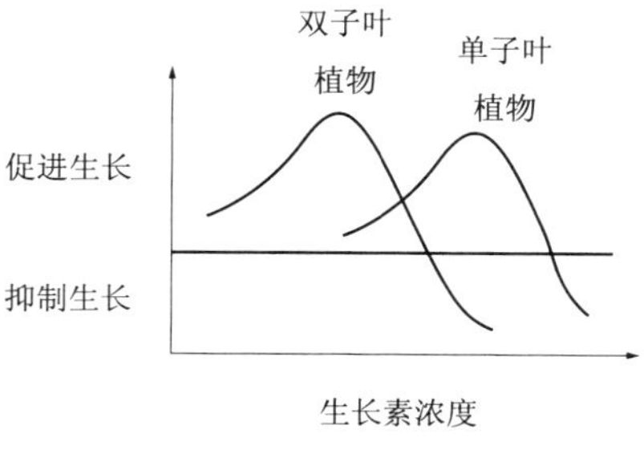

【答案】B。

类似的例子还有很多，在此不胜枚举。

总之，此种方法既能增加趣味性，又能提高复习效益，而且很受学生欢迎，学生给予高度的评价。如下：

亲爱的王老师：

就要与您分别了，万分不舍…

追求完美是您留给我们的印象，您努力把教学中的每一个细节做到极致，您不放过任何一个知识点、不放弃任何一名同学。您思维的深刻性和全面性让我们受益匪浅，您幽默风趣且略带特色的言语让我们对生物产生了浓厚的兴趣。

感谢您一年来为我们付出的一切！

祝您身体健康，工作顺利！

高三(1)班 全体同学

2009.6.26

作者简介

王恒：北京理工大学附属中学生物高级教师。论文《新课标的教学理念和高考生物复习方略》，在海淀区2011年高三新课程教育教学优秀成果评比中荣获二等奖。论文《思维的深刻性在高中生物教学中的应用》获北京市第六届“京研杯”教育教学研究成果二等奖。撰写的《读〈致青年教师〉（吴非著）的感受和收获》，获学校暑假读书活动一等奖。

信息技术教学中学生自主学习能力培养初探

◇丁　静

未来社会的文盲不再是不识字的人，而是不会学习的人。21 世纪对人的要求不仅仅是对现成知识的记忆和模仿学习；而更重要的是学会学习，能在复杂的现实情境中，收集信息，处理信息，独立思考，得出自己的见解，提高信息素养。因此，在新形势下如何把学生培养成为能够自主、能动、创造性地进行认识活动和实践活动的社会主体是摆在我们面前的一个重要课题。走进新课程的这几年，我在教学中不断摸索实践，对新课程有了新的思考与感受，并在教学中做了点滴尝试，与大家分享。

一、 重新理解课程功能， 改变教学方式

信息技术课程的总目标是：通过信息技术课，提升学生的信息素养，使学生具备获取信息、分析鉴别信息、传输处理信息及综合利用信息的能力，并且逐步将这些能力内化为自身的行为习惯。信息技术课到底如何上？它与之前的计算机课有着什么区别？教学目标有哪些不同？教学方式需有哪些变化？这些问题都需要教师从思想上有一个新的认识，才能在教学行为上有所改变。根据本学科的特点，信息技术不仅是学习的内容，而且也是学习的工具；信息技术学科的问题更多的是解决型问题，我们需要的是找到解决问题的方法，而不是答案。在课堂教学中，若仅仅是停留在培养学生掌握计算机知识和技能的目标上，停留在以教师讲授为中心，忽视学生能力培养的教学模式，那还不能算是真正意义上的信息素养教育。教师在教学中应改变课程过于注重知识传授的倾向，强调形成积极主动的学习态度，使学生掌握各种

信息工具和利用各类信息资源进行学习的能力，在获得基础知识与基本技能的过程同时成为学会学习和形成正确价值观的过程。即从单纯注重传授知识转变为引导学生学会学习，学会合作，学会生存，学会做人，关注学生“全人”的发展。

对课程功能有了新的理解，教学方式也就发生了相应的改变。在之前教学中，教师负责教，学生负责学，通常一节课前半部分是教师演示讲授，后半部分学生模仿练习。一堂课下来，有讲有练，似乎教师完成了教学大纲和教学内容的落实，学生掌握了相关的知识。但一周一次的信息技术课，教师在课堂上的所讲的知识点能在学生的记忆里记住多久？作为教师教给了学生什么？教师的责任是什么？一直是我在思考的问题。通过学习、观摩、交流、研讨等多种途径，使我逐步认识到自己之前的教学其实就是教师对学生单向的“培养”活动，教师是课堂的主宰者，所谓教学就是教师将自己拥有的知识传授给学生。教学关系为：我讲，你听；我问，你答；我示范，你练习。教代替了学，学生是被教会，而不是自己学会，更不用说会学了。学生只能跟着教师学，复制教师讲授的内容。先教后学，教了再学，教多少、学多少，怎么教、怎么学，不教不学。最终教师越教，学生越不会学、越不爱学。教学过程中忽视培养学生的学习能力，使得学生几乎没有时间独立思考问题，造成学生学习被动、学习自觉性差等，缺乏自主学习的意识。当认识到这一问题所带来的严重后果时，改变教学方式成为当务之急。因此我在教学过程中慢慢尝试在把握知识体系的基础上，适当放手，引导学生通过自主学习掌握技术工具的操作方法与应用技巧。在初二的 FLASH 教学中，我以任务驱动的形式展开教学，每节课都利用 5 ~ 10 分钟的时间让学生带着问题进行自主学习，阅读教材，使学生了解当堂课的教学内容、重点及难点，确定学习目标、做好具体的学习准备，学生在实践操作中对学习方法、学习进展做出自我调节、自我反馈，并对学习结果进行自我检查、自我评价、自我补救。如在 FLASH 引导层动画教学中，教师只是将直线运动与曲线运动两个源文件给学生展示，引导学生发现两者的区别，并没有手把手地演示教学，学生的学习完全是自主的。通过实践尝试，学生自主学习的效果非常好，学习的积极性高，完成任务时的成就感强。

自主学习能力的养成是个逐渐的过程，对于学生来说，已经习惯了以教师讲授为主的接受式学习，缺乏自主学习意识，对自主学习还不熟悉，此时可要求学生在老师的指导下，能进行预习，上课时通过自习能基本明确所学内容的重点和要点，理解所学知识的概念，并能独立进行上机操作；当学生对自主学习有了深刻认识之后，要求学生能在课前独立预习，能发现问题和提出问题，在课堂上通过自主学习获得相关知识并解决相关问题。这种自主学习的教学方式提高了学生的学习能动性，激发起学生主动探求知识的欲望，培养了学生解决实际问题的能力。

二、 重新理解教师角色， 转变教学行为

在教学中经常会遇到这种情景：学生在操作练习过程中，当因为某个问题产生迷惑的时候，举手请求教师帮助。面对这种情况，教师应如何做？之前我和许多信息技术教师的想法是一样的：全班有四十多位学生，对于每一位学生的问题，教师都应该以最短的时间给予解决，于是直接告诉学生应点击某个菜单的某个命令就可解决问题。尽管这样，每节课老师仍要不停地在四十多位学生中间穿梭，因为总有学生会有问题，尽管是非常小的问题，他也要等待老师去解决。这不禁使我们教师要反思：我们想要让学生通过学习掌握什么？是知识和技能吗？还是解决问题的方法？在课堂教学中教师应承担什么样的角色？

古人云："授之以鱼，不如授之以渔。"想要把信息技术学科的所有知识方面都详细地教授给学生，是根本不可能的。关键在于信息技术学科的学习方法的传授，鼓励学生积极思维、勇于实践、大胆尝试，学会举一反三。教师在课堂教学中，应该是学生思维的引导者、能力的培养者，再也不能把知识传授作为自己的主要任务和目的，而应把教学的重心放在如何促进学生"学"上，让学生在活动过程中掌握应用信息技术解决问题的思想和方法，从而真正实现教是为了不教。

如在 FLASH 引导层动画中讲解时，教师没有直接演示操作创建引导层及设置引导层动画，而是引导学生分析引导层的作用、与被引导层的关系，通过问题链帮助学生分析引导层动画制作原理：

引导层与别的图层有什么不同？

如何创建引导层？

引导层上有什么？

引导层上只有曲线，叫引导线，是否需做动画？

可以用什么工具来绘制引导线？

引导层的作用是什么？

运动对象的动画在哪一层上？

怎么能看出哪个图层被引导层引导呢？

是不是有了引导层，绘制了引导线，被引导层上做了运动对象的动画就可以使运动对象沿所绘制的引导线运动了吗？

经过了教师引导与分析，请学生带着这个问题，亲自动手实践。

在实践操作中出现学生提问时，我作为教师不是轻易告诉学生答案，而是引导学生观察，使学生从观察中发现问题、分析问题并解决问题，或是引导学生怎样去辨明方向，通过哪些途径可以获得帮助从而解决问题，如自主学习教材或帮助文档等；当学生因操作失误，不能成功做出预计效果而心灰意冷时，作为教师应尊重学生的努力，唤起他内在的精神动力，鼓励他不断前行。这样做师生都会花费很多的时间和精力，有可能当堂课根本看不出成效，但这些都是暂时的，这个过程是学生学习、成长、发展、创造所必须经历的过程，必会在将来逐步显示出它的“长效”，眼前耗费的时间和精力应该说是值得付出的代价。通过教师的一步步引导，培养学生解决问题的能力，提高学生的信息素养。

三、 重新理解知识观， 改善学生的学习方式

目前我们处在一个知识爆炸的时代，对于知识而言，人们更多谈到的是掌握知识、学习知识，其实我们唯一能够做的事情，就是“发现”。学生掌握知识的过程，实质上是一种探究的过程、选择的过程、创造的过程。因此，对于学生来说，最重要的不再是接受和存储知识，而是学会探究，以便为终身继续学习奠定基础。

学生在探究的过程中应该以什么样的方式去学习呢？若是一味地被动接受、模仿，毫无疑问是限制学生的思维和智力，摧残学生的学习兴趣和热情，阻碍学生的发展。为改变这种状态，一定要转变学生的学习方式，强调发现学习、自主学习、探究学习，使学习过程成为学生发现问题、提出问题、分析问题、解决问题的过程。

如何培养学生的问题意识，我认为任务的设计是关键，应注意以下几点：第一，任务的设计一定是解决某一问题的，要有一定的探索性，并能让学生在解决问题的过程中发现新问题，引发学生的进一步思考与探索。第二，任务的设计要给学生自由发挥的空间，学生可以根据自己的想象力充分发挥，突出个性，灵活自主地解决问题。第三，任务的设计一定要有梯度，由易到难，让学生逐步增强自信心，体验成功的喜悦。

如在初二 FLASH 引导层动画教学中，我设计的四个任务按从易到难排列，让学生很容易地完成第一个任务的同时发现问题，并通过自主学习尝试

探索解决问题的方法，当完成第二个任务时，提出了更高的要求，学生在现有知识的水平上通过分析问题制作完成第三个任务，第四个任务则是让学生自由发挥，突出个性。在此过程中，学生更能体会到发现问题、解决问题的乐趣，更多地调动了学生的心智活动，培养了学生解决问题的能力。

例：FLASH 引导层动画任务：

任务一：打开素材文件，在此基础上完成蝴蝶引导层动画。

任务二：由于属性设置，蝴蝶有横着飞或倒着飞的情况，不会随着曲线的弯曲度变换朝向。试着调整为始终正常飞行。

任务三：试着制作多只蝴蝶追逐风筝的动画。

任务四：能否利用所学知识在放风筝动画中自行设计一个动画，使作品有自己的特色。

总之，在现今的信息技术教学中，从根本上改变传统的授课方式，从教师作为知识的灌输者转变为作为学生学习的引导者、能力的培养者，教师把课堂真正让位给学生，而学生由被动的学习转变为主动地获取知识，真正实现学生的自主学习，这是我们应该不断努力探索的方向。希望我们的共同努力可以提高学生自身的综合素质和能力，为学生终身学习奠定基础。

参考文献：

朱慕菊．走进新课程——与课程实施者对话［M］．北京：北京师范大学出版社，2002.

作者简介

丁静：北京理工大学附属中学信息技术学科高级教师，海淀区信息技术学科带头人。2012 年获得区三八红旗手称号，2013 年《对管理者的思考》荣获北京市二等奖，2013 年成为海淀区名师工作站第三期学员，2013 年被评为海淀区师德之星。

新课程理念下信息技术课合作学习研究

◇王　雱

信息技术课程作为中学阶段的一门必修课程，是以培养学生信息素养为重要目标，以提高信息处理能力为主线，以学习信息技术和利用信息技术来促进学生的学科学习，以项目实践活动为教学的基本活动形式的工具性课程。新的《普通高中信息技术课程标准》更以提高学生的信息素养、促进学生全面而又富有个性的发展为基本目标。中学信息技术课的教学特点，决定了中学信息技术教学必须摒弃传统的死记硬背的教与学的模式，让学生形成主动学习的态度，在学习基础知识和基本操作技能的过程中学会学习、学会思考、学会探索、学会创新。让学生在实践中学习、在探索中发展、在研究中创新。

面对新教材和新课程标准，信息技术课的教学，到底应该采用什么样的教法？如何运用现代教育理论、教学观念，探索、总结出既符合信息技术课的教学特点，又适合学生认知规律的、能实现学生高效率学习的信息技术课的教学方法，这是我们中学信息技术教师必须认真研究的问题。

合作学习是目前世界上许多国家都普遍采用的一种教学理论和策略体系。由于它在改善课堂内的社会心理气氛、大幅提高学生的学业成绩、促进学生形成良好的非认知心理品质等方面实效显著，被人们誉为“近十几年来最重要和最成功的教学改革”。简单地说，合作学习就是学生共同学习，以完成共同的学习目标，其内涵是在学习中学会合作，在合作中学会学习。合作学习的基本理念之一就是“不求人人成功，但求人人进步”。其目的就是通过合作学习，开发利用课堂教学中的人际互动资源，使学生获得合作的技能和技巧，获得自尊和自信，为学生的可持续发展打下基础。这与新课程改革的基本理念“为了中华民族的复兴，为了每一个孩子的发展”相吻合，因此合作学习适合新课程改革中学习方式变革的需要，并成为新课程改革的重要学习方式之一。正由于此，如何把合作学习落实到具体的学科教学中去已成为摆在我们每个教育工作者面前的一个重要课题。

作为一名工作在一线的信息技术教师，笔者于四年前“被迫”参与了一次全校范围内开展的合作学习尝试，当时有很大的抵触情绪，尝试的结果也是收效甚微，最后不了了之。现今反思其原因，主要有两个：一是四年前对合作学习知之甚少，仅仅是从形式上机械地照搬别人的模式，为了合作而合作，并没有真正理解合作学习的真谛；二是当时还没有进入新课改，教材更强调的是知识的传授和灌输，也不利于合作学习的开展。而如今，随着新课改的深入，合作学习的优势越来越被广大教学一线的教师所认可，而作为有一次不成功经历的我，通过对合作学习的深入学习，有了很多学习的感悟和想法，于是，我又进行了一次为期一学年的合作学习的实践研究，取得了较好的成效。实践证明，如果盲目地开展合作学习收效甚微，甚至会影响正常的教学秩序和效果，因此需要不断摸索出适合本学科的行之有效的教学管理策略，才能使合作学习发挥最大的功效。下面就是我总结出的一套适合信息技术学科开展有效合作学习的教学、管理策略，与大家分享。

1. 合理摆放机器，使之最为适合开展合作学习

由于机房不同于教室，教室的课桌椅可以很快地摆成适合小组学习的样子，在合作完成后又可以很方便地复原，而机房则不同，机器的位置固定下来就不便于移动，所以一定要设计好机器的摆放方式。一般来说，大家比较习惯采用的机房机器摆放方式多采用“U 字型”或“双 T 型”，这样便于布线和教师的巡视与辅导，但是这种摆放方法却不太便于小组合作学习，一组 6 个同学阵线拉得过长，第 1 个同学想和第 6 个同学交流非常困难。当时我校正好要新建一个机房，因此我便把它设计成了一个适合于合作学习的机房，命名为合作学习特色机房，机器摆放如图 1 所示。这样设计的好处是 3 人一桌，小范围的讨论一桌同学即可完成，可以一边操作机器一边完成讨论、学习，而当合作任务较大，需要较多同学参与时，两个相邻的桌变形成了一个 6 人小组，十分的灵活，为了照顾到整个机房，教师机设在教室的中央，正对着教师机的地方设计了一个骨头形的 5 人

桌，即有效利用了空间，也使机房很美观、活泼。实践证明，这种摆放方式的确有助于合作学习的开展，已经引来很多兄弟学校的老师前来参观学习。

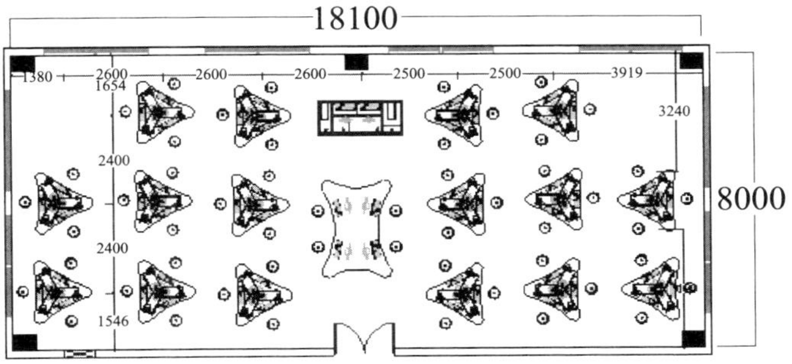

图 1　我设计的合作学习特色机房摆放图

2. 制定出适合信息技术学科的合作学习教学模式

目前，国内外关于合作学习的具体教学模式有很多，综合前人的研究经验，结合自己在教学过程中的实践，我认为适合信息技术课合作学习的具体实施过程通常包含三个部分，依次是：教师讲授、小组合作学习、成果汇报及评价。

教师讲授包括基本学习内容讲授、学习任务布置和学习技巧辅导等几个部分。前两项与具体课程内容有关，而学习技巧辅导对不同课程内容具有共性，适宜在开展合作学习的起始阶段有针对性地对学生进行这方面技能的培训。

小组合作学习是合作学习活动的核心。小组学习的具体内容包括确定小组学习活动方案、角色分配、独立学习、知识共享、小组讨论、实施行动、完成成果和自我评价等七个环节。教师需要观察每一个环节，并给予恰当的指导和干预。在小组学习过程中，教师需要随着学习进程的推进并根据学生的学习状况，给出形成性评价和诊断性评价。

成果汇报及评价可以结合起来进行。成果汇报可以采用全班同学一起进行面对面的汇报形式，也可以采用在网上进行展示的形式。在成果展示中，教师可以结合成果展示进行总结性评价，同时还应该进行不同小组间的互评，以引导学生对所完成的学习活动和所取得的学习成果进行深入反思。

整个过程可以归纳为图 2 所示流程：

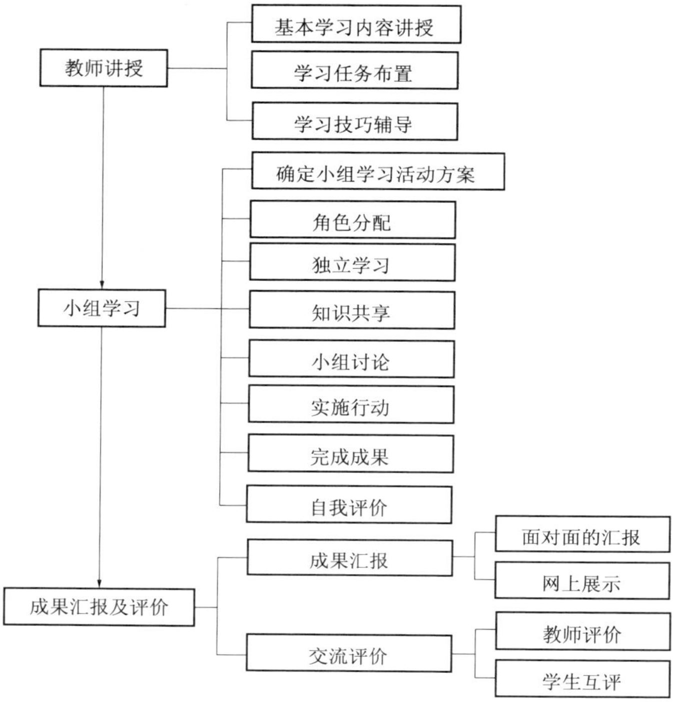

图 2　笔者总结出的信息技术课合作学习实施过程示意图

3. 合理选择合作学习的时机及内容，做到有需则用

并不是所有的内容都适合合作学习，这是从上次进行合作学习尝试失败后总结出的最大教训，只有在适合的时机、适合的内容开展适合的合作，才能收到最佳的效果，像上次那样为了合作而不分时机不分内容地节节课合作，其结果肯定是不成功的。因此，在开展此次合作学习之前，我便对教材进行了一个综合的分析，结合信息技术课适合开展合作学习活动的类型，找出其中适合开展合作学习的部分，做到有的放矢、心中有数。如“信息的获取”模块安排了围绕任务搜索、围绕任务实践操作和围绕任务小组游戏竞争的合作学习，在“信息的加工与表达”模块则安排了围绕任务实践操作、制作作品和评价作品等合作学习方式，在“信息资源管理”模块安排了围绕问题小组讨论和实践操作的合作学习，在“信息技术与社会”模块则安排了围绕任务搜集资源、制作作品和评价作品等合作学习的方式。

4. 合作学习的过程中一定不能忽视独立思考、独立操作的存在

有很多学生甚至包括很多教师都认为合作学习强调的是合作，合作就不

需要独立的思考，这是一个错误的见解。在合作学习的过程中，我经常观察到学生有这样的情况：教师说明任务要求后，好似一声令下，学生不假思索，马上开始投入讨论，看似场面很热烈，学生讨论得热火朝天，其实效果不得而知，未必理想。或是动手任务一布置下去，操作熟练的学生就立刻开始制作作品，而组中操作能力差的学生往往没有动手操作的机会。

合作学习作为一种新的教学理念，就是为了让每一位学生都能参与学习的全过程，给每一位学生提供展示自己的空间，使学生在小组合作中敢想、敢做、敢说，能够充分表达自己的观点，通过组内的交流、探讨，使学生不断完善自己的观点，不断地产生新的想法，获得不同程度的发展。而这一切成立的基础就是：学生的独立思考。没有进行独立思考就进行讨论、活动，其目标是茫然的，没有经过自己的主观思维活动，只能处于盲从状态，结果可想而知。只有在独立思考的基础上，学生有了对问题的初步见解，再进行小组合作，学生才能充分集百家之长、补自己之短，在集体的智慧中共同进步。

针对不独立思考就盲目开展合作的普遍现象，我的解决办法是在合作任务布置下去后，要求各组有至少 3 分钟的时间进行独立思考后，才能进行小组分工、讨论。而在需要操作的合作任务中，是要求每个同学都要动手参与操作的，在成品中要标识出哪位同学完成了哪部分内容，每个同学的得分是根据自己操作的内容加上小组作品的成绩综合评定的。

5. 正确发挥教师在合作学习中引导、参与、调控的作用

在合作学习的开始阶段，我对教师在合作学习中作用的认识就停留在组织和监督阶段，认为只要组织好了纪律，就让学生自己去合作就行了，合作不就是要发挥学生的自主能力吗？不需要教师参与其中。然而随着试验的推进，我的经验也逐步积累，我发现，其实在学生的小组活动中，如果教师也能适时地参与其中，给学生些建议和意见，则学生的合作效果会大大地提高。在合作中教师除了去组织去监督，其实还有很多任务去做，所承担的角色甚至比教师教授的课堂还要多得多。

《学会生存》一书中曾对教师的职责作了精辟的论述：“教师的职责现在越来越少地传递知识，而越来越多作为一位顾问，一位交换意见者，一位帮助发现矛盾观点而不是拿出现成真理的人。”

在合作学习中，教师的作用非常重要，教师的引导、参与、调控是否得法，决定着合作的成功与否，教师作为组织者、合作者与参与者，应该积极介入不同的小组并为小组提供及时有效的指导。要使合作学习不流于形式，

就需要教师具备更高的教育教学艺术与技术，从这个意义上来说，课程改革对于教师的素质要求更高了。除此之外，由于信息技术课特有的特点，信息技术教师还要有较强的专业技术，以及虚心学习的态度。因为由于学科的特点，很有可能学生会在某个领域（如电子游戏、网络技巧等方面），由于其兴趣爱好而研究得比教师还要深入，这就需要老师一方面不断地学习充电来丰富自己的专业知识，另一方面，也要虚心地向学生学习，共同提高，由此也可以看出合作学习的确不仅仅限于生生之间合作的提高，其实在师生之间，也是一个互相学习、共同提高的过程。

总而言之，教师只有在不断提升自身能力的同时，扮演好自己作为组织者、合作者与参与者的角色，积极地对合作过程进行引导、参与、调控，才能使得合作学习更加有效地开展。

6. 结合信息技术学科特点，恰当处理好合作学习的评价，使之充分发挥激励作用

对于像信息技术这种副科来说，过分简单的评价方式和标准是不能引起学生重视的，而评价的合理运用对于督促学生完成信息技术课作业来说又能起到十分重要的促进作用。因此，我在学习了北京市信息技术特级教师李冬梅老师的先进经验后，设计出了一份具有自我风格的学生作业评价表，这份作业评价表在调动学生学习兴趣、督促学生完成任务方面起到了不可或缺的作用。下面就是作业评价表的截图。

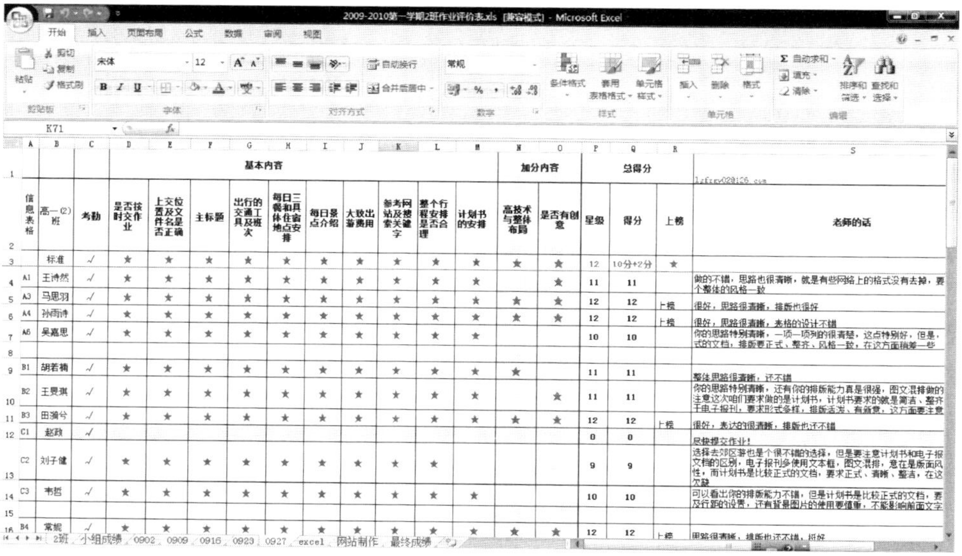

			基本内容										加分内容		总得分			lzfzxy02@126.com
信息表格	高一(2)班	考勤	是否按时交作业	上交位置及文件名是否正确	主标题	出行的交通工具及班次	每日三餐和具体住宿地点安排	每日景点介绍	大致出游费用	参考网站及搜索关键字	整个行程安排是否合理	计划书的安排	高技术与整体布局	是否有创意	星级	得分	上榜	老师的话
	标准	√	★	★	★	★	★	★	★	★	★	★	★	★	12	10分+2分	★	
A1	王诗然	√	★	★	★	★	★	★	★	★	★	★		★	11	11		做的不错，思路也很清晰，就是有些网络上的格式没有去掉，要个整体的风格一致
A3	马思羽	√	★	★	★	★	★	★	★	★	★	★	★	★	12	12	上榜	很好，思路很清晰，排版也很好
A4	孙雨诗	√	★	★	★	★	★	★	★	★	★	★	★	★	12	12	上榜	很好，思路很清晰，表格的设计不错
A6	吴嘉思	√	★	★	★	★	★	★	★	★	★	★			10	10		你的思路特别清晰，一项一项列的很清楚，这点特别好，但是，式的文档，排版要正式、整齐、风格一致，在这方面稍差一些
B1	胡若楠	√	★	★	★	★	★	★	★	★	★	★	★		11	11		整体思路很清晰，还不错
B2	王旻琪	√	★	★	★	★	★	★	★	★	★	★		★	11	11		你的思路特别清晰，还有你的排版能力真是很强，图文混排做的注意这次咱们要求做的是计划书，计划书要求的就是简洁、整齐于电子报刊，要求形式多样，排版活泼、有新意，这方面要注意
B3	田漪兮	√	★	★	★	★	★	★	★	★	★	★	★	★	12	12	上榜	很好，表达的很清晰，排版也还不错
C1	赵政	√													0	0		尽快提交作业！
C2	刘子健	√	★	★	★	★	★	★	★	★	★				9	9		选择去郊区游也是个很不错的选择，但是要注意计划书和电子报文档的区别，电子报刊多使用文本框，图文混排，意在是版面风性，而计划书是比较正式的文档，要求正式、清晰、整洁，在这欠缺
C3	韦哲	√	★	★	★	★	★	★	★	★	★	★			10	10		可以看出你的排版能力不错，但是计划书是比较正式的文档，要及行距的设置，还有背景图片的使用要慎重，不能影响前面文字
B4	常妮	√	★	★	★	★	★	★	★	★	★	★	★	★	12	12	上榜	思路很清晰，排版也还不错，挺好

图3　笔者设计的学生作业评价表

而对于小组合作学习的评价，也要改变了传统的“一把尺子”“统一标准”的评价模式，在对个人进行评价时，要改变根据个人成绩的高低进行评价和奖励的原则，针对每个学生在合作学习中的不同表现、不同特点，采取不同的评价方式、评价角度和评价标准。在评价的方法上，我不断对所采用的评价方式进行探索和改进，总结出合作学习评价要注意四个结合：一要关注小组合作探究知识的过程，注意把形成性评价与终结性评价相结合，侧重于形成性评价；二要关注学生间、小组间的差异，注意把差异性评价和整体性评价相结合，使各层次的学生均有受到表彰的机会；三要关注学生在合作学习中的行为表现和情感，注意把行为评价和情感评价相结合；四要关注学生的自我总结，注意把自我评价和小组集体评价相结合，侧重于小组集体的评价。

以上就是我通过前后两次的合作学习实践从总结出的一些适合信息技术学科开展合作学习的教学、管理策略，希望能给工作在信息技术教学一线的各位同仁提供一些行之有效的指导方法，使信息技术教学更具实效性。

参考文献：

[1] 王坦．合作学习的理念与实施［M］．北京：中国人事出版社，2002.

[2] 王坦．合作学习——原理与策略［M］．北京：学苑出版社，2001.

[3] 裴娣娜．合作学习的教学策略［J］．北京：学科教育，2000（2）.

[4] 盛群力，郑淑贞．合作学习设计［M］．杭州：浙江教育出版社，2006.

[5] 李艺．信息技术教学方法［M］．北京：高等教育出版社，2003.

[6] 王陆，杨卉．合作学习中的小组结构与活动设计研究［J］．北京：电化教育研究，2003（8）.

作者简介

王雳：北京理工大学附属中学信息技术学科一级教师，海淀区信息技术学科带头人。曾获海淀区师德先进个人、区教育系统“三八”红旗手、区师德之星、区科技之星、区科普教育先进个人等荣誉称号。所教课例多次荣获全国、市、区级教学大赛一等奖，指导的学生在信息技术、机器人等竞赛中屡获佳绩，所著书籍及论文也多次获奖并出版。

浅议教学实例对 Excel 课堂教学效果的影响

——从一节 Excel 研究课说起

◇严水冬

“用表格管理数据——工作表的建立”一课是初一年级第二学期信息技术学科 Excel 电子表格软件这一单元内容的起始课。电子表格是数据处理的主要工具之一，对学生的学习和生活有很重要的影响。而电子表格这部分学习内容与上学期精彩有趣的 PhotoImpact 图像处理相比，这部分内容显得比较抽象枯燥。因此，激发学生的学习兴趣就成了起始课非常重要的任务。而工作表的建立则是后续学习的基础，根据给定的材料，建立合适的工作表，是后续数据处理和分析并得出结论的前提，是学生学习电子表格必须具备的能力之一。

在本节课的教学中，我通过“对父母关心程度”这个主题的问卷调查的统计，引导学生如何完成问卷结果的统计，为了让大家能够更直观、更清晰地看出统计结果的意义，除了用计算值、百分比来表示统计结果外，往往还会利用图表来描述统计结果。进而说明我们获得数据统计的结果并不是目的，我们的目的是根据数据统计的结果来指导我们今后的实践活动。最后说明数据的统计和分析存在于生活的各个方面，大量的数据统计、分析和管理工作如果全部需要我们手工去完成，费时、费力，还容易出错，为了更方便、更好地管理数据，随着计算机技术的发展，人们开发了各种软件来处理日常生活、学习和工作中遇到的各种数据，引入 Excel 电子表格软件。为说明 Excel 软件的功能和统计数据的快捷、方便，又对上述问卷调查的结果用Excel软件进行处理，突出Excel的优点——统计结果随数据的改变而自动更新，同时相关的图表也自动随数据的变化而自动更新，以激发学生的学习兴趣。

目前大多数教师在Excel电子表格教学中，采用实例教学，案例的内容一般是成绩处理、比赛的积分处理等，案例中的数据通常也是由教师直接提供，与实际情况不尽相同。学生在学习中只是学会如何使用Excel电子表格来进行数据处理，这种教学模式下学生不了解数据从何而来，也不知道分析、计算的结果有何用途，学生为了处理数据而处理数据，没有任何学习兴趣，限制了学生学习的主动性，难以调动学生的学习积极性。为了能够更好地激发学生的学习兴趣，充分调动学生的学习主动性和积极性。本人精心选择了“对父母关心程度”问卷调查的数据统计、分析作为贯穿整个教学过程的案例。该案例非常贴近学生的实际生活，同时在课堂上可以渗透关爱教育。学生练习则选择了“某住户2009年月用水量和用电量”记录表作为案例，通过该案例让学生学会创建工作表，同时也让学生学会关心家庭情况，了解家庭中能源和水资源消耗情况，从而树立节约能源、水资源的习惯。这两个案例创设出真实的问题情景，让学生知道数据的实际意义，在学习中尝试去解决实际问题，对激发学生的学习兴趣，使学生在兴趣中掌握知识具有非常重要的作用，是本节课成功的基础。同时，通过这两个案例的学习，逐渐向学生渗透将Excel电子表格作为学习工具的思想，使学生置身于提出问题、思考问题、解决问题的动态过程中进行主动性学习。

通过这一节课的教学实践，我发现一个好的教学案例不仅可以让教师完成教学任务，激发学生的学习兴趣，提高教学效果，更重要的是可以让学生明白学习这部分内容的意义，以及在实际生活、学习、工作中的应用效果。因此，教师一定要精心选择教学案例，除了从贴近学生实际生活方面去选择教学案例外，还可以从其他学科中去选择教学案例。一方面，可以让学生在学习Excel电子表格的过程中复习巩固其他学科的知识；另一方面，还可以让学生进一步了解如何将Excel电子表格作为学习工具，帮助他更有效地学习其他学科的知识。

一、从数学学科中选择教学案例

数学的学习中学生会遇到大量的复杂计算和函数图像的制作，借助Excel

电子表格软件除了可以很容易实现一些复杂的计算外，还可以自动生成频率分步直方图、频率分步曲线等。合理地利用 Excel 电子表格软件，可以让学生对数学学习更加感兴趣，更有信心学好数学。另一方面，学生通过数学问题的解决，更加明确学习 Excel 电子表格的目的，从而主动去学习和应用 Excel 电子表格软件。例如：在 Excel 教学中学习用函数进行计算、分类汇总等内容时，我们可以选择数学“统计与概率”一章中的数学问题作为 Excel 电子表格学习的案例。

案例一：为了了解本班同学的身高情况，让学生自己调查本班所有同学的身高，并将调查结果输入到 Excel 电子表格中（假设本班有 40 位同学）：在单元格 A1 中输入“身高”，将这 40 个数据输入到单元格 A2 至 A41 中，然后在 B1 中输入“= AVERAGE（A2：A41）”、在 B2 中输入“= VARP（A2：A41）”、在 B3 中输入“= STDEVP（A2：A41）”，计算结果分别是这 40 个数据的平均值、方差和标准差。还可以利用 Excel 电子表格中的函数功能计算这个样本中的众数（MODE 函数）、中值（MEDIUM 函数）等。

利用分类汇总功能可以计算样本的频数。具体做法是：先将这些数据按照身高进行排序（升序和降序排序任选一种），然后单击“插入”菜单中的“分类汇总”命令，在弹出的“分类汇总”对话框中，“分类字段”选择“身高”，“汇总方式”选择“计数”，“选定汇总项”选择“身高”，再单击“确定”按钮即可求出所有不同身高的频数。

通过对这一教学实例的研究，学生在学会用函数进行计算的同时，也学会了用 Excel 的数据处理功能来计算样本的平均数、方差、标准差、中值、频数等数据统计问题，同时还掌握了如何应用 Excel 这一学习工具，来解决数学学习中的问题的方法。

又如：在 Excel 教学中学习图表制作这部分内容时，教师可以选择数学“函数”这一章中画函数图像的案例进行教学。学生不仅可以利用 Excel 画出函数图像，还可以通过观察改变函数参数值时，函数图像的变化情况，讨论研究函数的性质。

案例二：对于一次函数 $y = ax + b$，可以利用 Excel 在同一个坐标系中画出选取不同的 a 的值（b 的值不变）时的函数图像，通过观察函数图像的变化情况，发现 a 的值不同，一次函数图像的倾斜程度也不同，如下图。进一步的研究可以发现，一次函数图像的倾斜程度只与 a 的值有关。

通过该案例的学习，学生不仅掌握了利用 Excel 电子表格很方便、很快速地画出函数图像的方法；还学会了如何利用信息技术这一现代化的学习工具，学习其他学科知识的方法。

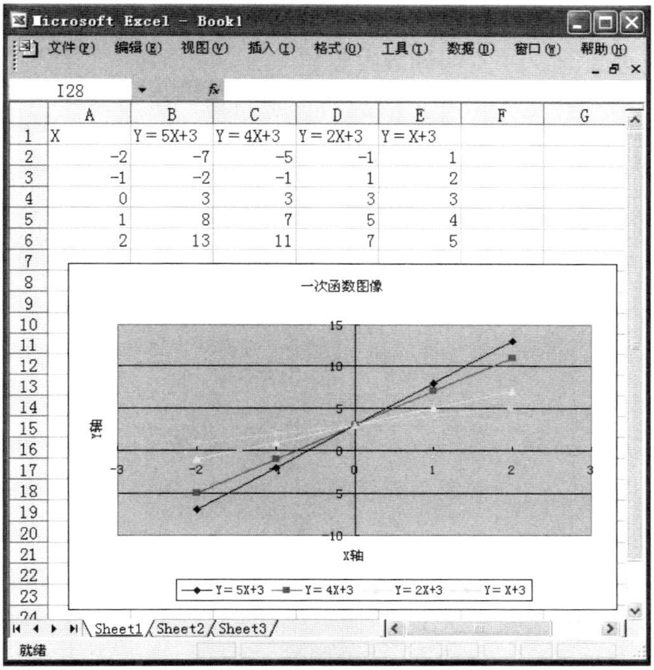

二、 从地理学科中选择教学案例

中学地理中有大量的地理数据资料的统计与分析、地理统计图表的制作与判读等学习内容，在 Excel 电子表格教学中选择合适的地理学科中数据处理的问题作为教学案例，不仅可以让学生在 Excel 电子表格课堂教学体验探索性学习活动，激发学生的学习兴趣，还可以培养学生的创新精神和实践能力。例如：在 Excel 教学中学习图表制作等内容时，可以选择以下地理学科中的问题作为教学案例：

案例三： 某地各月平均气温和降水的统计数据表

根据某地区（世界各种气候类型）各月平均气温和降水量数据表（数据可以要求学生自己收集），要求学生完成下列学习任务：

①利用 Excel 电子表格绘制统计图表；

②分析该地平均气温和降水的季节变化特点和原因，总结其变化规律；

③运用 Excel 电子表格独立（或小组为单位）编写分析报告；

④判断该地的气候类型及其分布规律；

⑤尝试制作反映该种气候类型不同变式（两种）的气温和降水统计图表。

又如：在Excel教学中学习专题研究这部分内容时，可以选择地理学科中的研究性学习的问题作为案例。

案例四：华北地区水资源调查报告

水，和空气一样是生命存在的源头。李白说：黄河之水天上来。那我们维系生态平衡的水又是从哪里来的呢？自然降水是补充水资源的主要渠道。

近年来华北地区降水不多，降水时间分布极不平衡，再加上水资源和需水量之间日益尖锐的矛盾，华北地区大范围缺水问题十分严重。在地理学科中我们学习过有关水资源的知识，但是我们没有对华北地区的水资源情况做详细的调查和分析，也没有自己提出过解决水资源问题的方法，这里我们就对这些问题做一些探索，并利用数据统计的知识，进行一项简单的水资源情况调查研究。

采用小组分工合作的方式，根据调查统计和网上搜索的数据资料，建立数据表格，依据数据的统计表、分析情况、图表报告等，运用Excel编写分析报告并找出解决方案。

在Excel教学中选择合适的地理学科中数据处理的问题作为教学案例，不仅可以让学生在Excel课堂教学中体验探索性学习活动，激发学生的学习兴趣，还可以培养学生的创新精神和实践能力，从而提高学生应用信息技术的能力。

三、 从其他学科中选择教学案例

学生利用Excel电子表格解决问题的过程，是一个充满想象、不断创新的过程，同时又是一个科学严谨、有计划的动手实践的过程，它有助于培养学生的创新精神和实践能力。Excel电子表格教学不仅可以与数学、地理学科进行整合，也可以和其他学科（如物理、化学、生物等）进行整合。如在物理、化学、生物等学科中经常有实验操作，学生要对实验数据进行统计分析、制作图表，在Excel电子表格教学中，我们可以选择这些学科的实验数据作为教学案例。不仅可以激发学生学习Excel电子表格的兴趣，还可以培养学生运用Excel电子表格解决实际问题的能力，提高学生的信息素养。

综上所述，在Excel课堂教学中恰当地选择教学实例，不仅可以增加课堂教学的趣味性，激发学生的学习兴趣，提升课堂教学效果，同时，通过实例所创设的真实情景，学生还可以从中学习新的知识，巩固其他学科的知识。更重要的是学会如何应用课堂所学的信息技术知识解决学生在学习、生活和工作中的实际问题。

参考文献：

蒲力．研究性学习法在 Excel 电子表格教学中的应用［J］．贵州教育学院学报，2002，8（13）：92－94.

作者简介

严水冬： 北京理工大学附属中学信息技术学科高级教师。曾获校“十一五”期间教育科研先进个人一等奖，多次被评为学生机器人竞赛优秀辅导教师；2011年以来，有2篇论文在国家级论文评比中获奖，多篇论文在市区级论文评比中获奖或在市级刊物上发表。

中小学数字校园建设过程中的实践与探索

◇张国春

一、引言

我国在《国家中长期教育改革和发展规划纲要（2010—2020）》中明确指出“信息技术对教育具有革命性的影响”，需要加快教育信息化进程，并从教育基础设施建设、优质教育资源开发与应用、国家教育管理信息系统三个方面提出了国家教育信息化建设的基本任务。

数字校园建设是学校一项长期性、基础性的工作，并且其建设使用频率极高，是现代化学校建设和现代综合性人才培养的重要组成部分，数字校园的建设水平最能体现一个学校整体的办学水平以及一个学校的形象和地位。当前信息技术发展迅速，对教育事业也产生了巨大的影响，从教育所处的环境、教育所采用的模式到教育所持有的理念、教育所要实现的目标都在这场变革中发生着变化。

随着北京市信息化建设的不断推进，从最初的铺设教育教学网络进行基础设施的建设普及，到相应的教育科研、网络办公、学生素质评价等综合系统的开发应用，完成了从规模普及向整合应用的转型。如何将信息技术有效地应用于教育教学，大力促进二者的深度融合，全面提升教育质量和管理效能，服务和引领教育发展，将是非常迫切的任务。

北京理工大学附属中学建于1950年，1980年被认定为海淀区重点中学，2004年成为北京市示范性普通高中学校，目前为北京市中小学数字校园建设首批试点实验学校。学校的“数字校园”围绕“数字促进教学、数字服务校园”的建设思想，以应用为核心，通过数字校园的基础设施建设和应用系统建设，建成学校的信息标准及统一数据平台，高效集成学校原有系统及数据，构建满足学校教育、科研、管理与服务要求的数字支撑环境，为校内、外各类人员提供完善的个性化信息服务支持。

二、 我校数字校园建设中的问题

经过不懈的努力，理工附中的信息化建设在基础设施建设、信息资源建设、信息技术普及、运用信息技术提高教育质量和管理水平方面都取得了巨大的成绩，各部门相继应用了各类业务系统，如图书查询系统、VOD 视频点播系统、照片管理系统、音像资料查询借阅系统、学生成绩分析系统、中小学信息管理系统、高中新课程管理系统、综合素质管理系统和 FTP 文件服务系统，等等。与此同时，学校的信息化建设多年来也积累了很多问题，如现有系统的设计和技术架构不统一，数据标准不统一，存在“信息孤岛”现象。各系统独立运行，通过拷贝数据或业务系统直接建立接口，造成数据的准确性、一致性、实时性无法保证。师生进入不同的系统要记多个网址、用户名与密码，而且管理存储多套应用用户名、密码对安全也不利。信息管理流程不够顺畅，信息之间不能共享，影响了部门的协作效率。还有工作中遇到的许多问题急需建设新的应用系统去解决。学校的信息化建设迫切需要全面、系统的规划和协调，进一步巩固原有建设成果，不断提升学校的核心竞争力和办学水平，建设成具有我校特色并具有示范引领作用的数字校园。

针对这样的问题，学校积极贯彻北京市教委在推进教育信息化建设工作会议精神下提出的《北京市中小学数字校园实验工作实施方案》的指导意见，通过对学校的现状分析，结合当前中小学信息化的发展趋势，从信息化的建设方面考虑，将数字校园建设规划的总体目标定位为：通过 2 ~ 3 年建设，利用先进技术手段，构建数字化的教学环境、数字化的科研环境、数字化的管理环境、数字化的生活环境，提高办学效益和工作效率，突出学校现有优势，提升教育管理水平，最终提高学校的核心竞争力，实现学校的跨越式发展，并在数字校园建设的中体现出整体解决方案的特色、先进性、易用性及可扩展性。

三、 我校数字校园整体规划设计

数字校园建设的实质就是学校和教育管理部门通过信息化手段，实现对各种资源的有效集成、整合和优化，实现资源的有效配置和充分利用，实现教育和校务管理过程的优化、协调，教师与学生实现教学过程与学习过程的优化，从而实现提高各种工作的效率和效果。

图 1　北京理工大学附属中学数字校园建设规划

图 1 是我校关于数字校园建设的整体方案设计，学校主要以统一数据和资源平台为基础，为教育、教学、管理提供服务为宗旨，对数字校园进行长期的规划和设计，从而达到数字校园建设的可持续性发展。

1. 基础平台的搭建

学校在数字校园建设的第一阶段，首先以三大平台为建设基础，搭建统一资源中心、统一数据中心、统一认证中心。将学校所有资源统一到一个平台中，将数据统一标准，支持单点登录，减少应用的烦琐程度。

2. 服务平台的搭建

在三大平台建设的基础上，根据学校教育教学过程中遇到的需求，进行学校教育、教学服务系统的建设，将包括：校园办公系统、教育管理系统、教学管理系统、国际部管理系统、资产管理系统等应用平台。

3. 师生成长服务平台的建设

学校将要重点建设师生成长服务平台，教师发展平台为教师提供展示个人成果和个人风采的舞台，进一步为教师和管理者提供数字化的办公服务，将建设教师专业发展档案系统、教师沙龙社区、班主任工作室等。学生成长服务平台着力于学生德、智、体、美的全面发展，培养学生的自主学习能力，关注学生的综合素质发展，为学校与家长委员会建立共进的网络社区，全面服务于学生的学习和生活。

4. 门户网站的建设

学校将根据需求改建学校统一的门户网站，加强互动功能的应用，实现个性化门户，通过门户网站彰显学校特色。

四、 我校数字校园建设的初步成果

通过对过去信息化建设存在问题的分析，我校进行了数字校园建设第一阶段的初步探索，基本实现了基础平台的搭建、现有资源的整合、学校管理系统的应用及教学教务系统的初步建设，对学校的行政管理、教育教学都起到了很好的推动作用：

1. 资源平台的优化

基础平台作为学校数字校园建设的基础服务性建设，在我校第一阶段的数字校园建设中已经开始，学校将现有资源进行了整合，学校教职工能够实现单点登录，通过电脑、移动终端进行教育教学资源的整合应用，为学校老师提供了方便，并且达到了及时、准确、实用的目标建设。同时通过基础平台的应用，使学校原有资源标准达到了统一，为下一步的管理和应用打下了基础。

2. 管理过程的优化

通过即时通信系统、日程安排系统、资产管理系统、下载审核系统、工资查询系统、网上评价系统等管理系统的搭建，解决了学校实际工作中遇到的不同问题，减轻了教职工的工作负担，提高了工作效率，促进了学校管理进一步向高效、便捷、低碳的方向发展。

3. 教学过程的优化

数字校园平台同时为教师提供学籍管理系统、智能排课系统、网上阅卷系统、成绩分析系统、考务管理系统，将排课、选课、阅卷、成绩分析等教学环节有效地整合为一体，加上后期网络教研、协同备课等系统的建设，将形成连贯易用的数字化教学管理体系，有效促进教学水平的提高。

五、 总结与展望

数字校园的建设规划不是我们凭空想象出来的，是我们通过对学校各个学科和部门进行调研分析而进行的需求规划。我们知道任何平台的建设只有有需求才能有生命力，完全依靠行政命令强推的平台维持不了太长的时间。所以我们根据学校的实际需求对数字校园建设进行了长期的规划，在保证软件在提高教学水平的同时，兼顾提高工作效率，并且争取做到加强互动、寓教于乐，使该系统适用时代的要求。

学校通过对过去建设的问题和成果分析总结，对数字校园建设做出了进一步的规划设计（如图 2）。

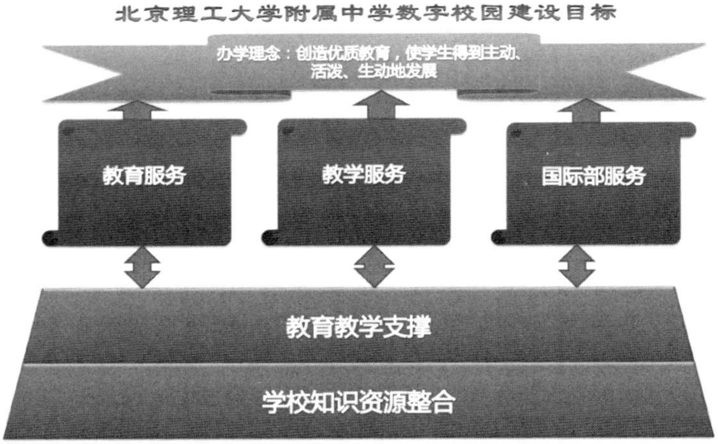

图 2　北理工附中数字化校园建设目标

学校规划通过下阶段的建设能够更加全面地将教师社区、家校互动、国际部服务平台等建设内容进一步完善，同时结合北京理工大学附属中学“人文奠基，理工见长”的学校特色，切实做到为教师提供工作方便，为学生提供学习平台，为家长提供参与入口，使数字校园建设在学校发展中的作用不断提高，实现教育的革命性变化，促进国家教育事业的进一步发展。

参考文献：

［1］李永生．数字化校园建设探讨［J］．大众科技，2011（10）．
［2］教育部．国家中长期教育改革和发展规划纲要（2010—2020 年）．

作者简介

张国春：北京理工大学附属中学教师，信息技术中教一级。2013 年《中小学数字校园建设过程中的实践与探索》获北京市 2012—2013 学年度基础教育科学研究优秀论文一等奖，2013 年《教师是减负的第一责任人》获海淀区“减负增效”主题征文三等奖，2013 年《桌面“云”系统实现移动教学的利器》获第四届全国中小学信息技术学科教学研讨会论文二等奖。

我国中学排球运动员体能训练现状与对策研究

◇孙 冬

现代排球运动是一项集体能、技能和心理能力为一体的综合性运动项目。体能水平是排球运动的技术基础和战术基础，是球队技术风格和精神面貌的物质基础。但纵观我国青少年排球联赛，运动员在比赛中表现出来的身体素质和体能较差的现象直接影响了中学排球联赛的水平。加强中学阶段运动员的体能训练，从小打下良好的身体基础，不仅是保证年轻运动员发展的需要，也是为祖国培养人才的需要，能为青少年运动员今后竞技水平的再提高奠定坚实的基础。本文通过分析中学排球运动员体能训练的现状，在把握青少年排球运动员体能训练特点的基础上，深入研究体能训练的理论及具体的训练方法，为进一步提高我国中学排球运动员的体能水平提供参考。

一、 我国中学阶段排球运动员体能训练现状

1. 重视程度不足，缺乏专门体能教练

我国中学排球运动训练重技战术而轻体能训练。首先，作为排球教练员培养重要基地的中小学，每周专项课中只有 6 个课时的体能训练，且大多数基层教练员认为在训练初级阶段应以技术为主。其次，调查发现，我国中学排球队中目前还没配备专门的体能教练，运动员体能训练的工作一般由主教练负责。中学排球队的主教练一般身兼多职，既负责技战术训练，又负责身体素质训练和管理全队的日常生活，甚至有的中学教练还要兼任中学生排球课的教学，而且许多排球教练员认为中学阶段体能训练在技战

术训练中实施就行了，因此在一定程度上影响到中学生运动员体能水平的提高。

2. 训练方法不科学，训练强度低

我国排球体能训练普遍存在训练方法手段简单化与盲目加大训练负荷的问题。体能训练方法手段简单化反映在训练方法单一，如力量训练以杠铃为主：下肢力量训练是蹲杠铃，上肢力量训练是推杠铃；耐力训练以单纯的田径式跑圈为主，队员跑得越多、越快就越好，只要看到球员气喘吁吁、汗流浃背，就认为体能训练的目标已经完成了。对练习次数、组数以及次与组间隔等问题没有科学体现排球运动体能训练的特殊要求和量化标准。没有科学的量化标准，机体得不到有效刺激，专项素质没有提高，运动成绩就没有突破。因此，小强度、低水平的训练很难提高训练的质量，这是造成中学排球运动员体能水平不高的重要原因。

3. 训练目标不明确，监测与恢复不完善

我国排球运动的体能训练不单是中学生运动员，就连专业队也将一般体能与专项体能训练混淆，表现为一般体能训练过多而专项体能训练过少。一般体能训练是专项体能训练的基础，专项体能训练又是专项运动能力改善和提高的基础。当一般体能达到一定训练阶段后，就需要进行专项体能训练。体能训练方式与要求常年不变，训练没有针对性，使一般体能无法向专项体能顺利过渡与转换。而且每次体能训练课的时间也只有 1 ~ 2 小时，这对提高中学阶段学生运动员专项运动竞技能力来说，训练的时间明显不足。

二、 中学阶段学生运动员体能训练的改革与创新

1. 体能训练理念的更新

（1）体能训练途径多样化。为了在长期、高强度激烈对抗的比赛中保持充沛的体力，体能训练将不再是单一形式的机械体能训练课，而是形式多样化的安排。最新的体能训练理念是在技战术训练课中准备部分进行体能训练、在技战术训练的基本部分和结束部分也进行体能训练的三个部分穿插进行体能训练的先进理念，目的是保持训练强度与实战的相似性，既增加体能又得到实战的模拟训练方法。同时采用形式多样的训练方法与手段，改变单一、枯燥的“田径”式训练方法。

（2）训练方法手段科学化。目前先进的力量训练方法除杠铃外，还有大强度的跳跃练习、综合力量练习器、等动和电刺激力量训练，以及各种

组合科学、多样化的力量训练方式。训练负荷的科学化就是对练习次数、组数以及次与组间隔等构成能体现排球运动速度、力量、耐力特殊要求的量化标准。突出科学的量化标准使机体能力得到有效的刺激，训练负荷突出专项特点。

（3）一般体能与专项体能合理转化。一般体能训练是专项体能训练的基础。一般体能达到一定训练阶段后，必须进行专项体能训练转化。我国中学排球运动员主要以一般体能训练为主，专项体能为辅。这是因为中学排球队队员身体还没有发育完全，过大的体能负荷会对中学运动员的身体造成一定的伤害，进而影响运动员技术水平的提高。因此，合理地进行一般体能训练和专项体能训练，能最大限度地提高我国中学排球运动员的体能水平。

2. 体能训练方法的改进

（1）力量训练的原则与方法。力量训练能够提高运动员的竞技水平，减少受伤概率。由于肌肉和韧带组织的力量得到加强，关节的活动范围加大，因此球员不容易受伤。中学排球运动员应该每周有 20 小时力量训练，内容应包括蹲跳、各种举重动作。只有不间断地进行抗阻力训练，才能使运动员的力量在比赛期间有所提高。同时针对背部和腹部肌肉的抗阻力训练，加上腿部肌肉的抗阻力训练，是中学排球运动员抗阻力训练中最为重要的内容。在比赛期间，队员应减少力量训练的频率和强度，但不应停止力量练习，每周至少保证一次高水平的力量练习。可以每次练习一个肌群，练习组数可以适当减少，这样就可以缩短一次力量训练的时间。

（2）速度素质训练的原则与方法。中学排球运动需要运动员在球场上快速准确移动的同时，要具备快速变向、滑步及后退的能力，特别是在攻防转换的时刻，速度显得尤为重要。除了快速移动外，速度耐力也是衡量速度素质的重要指标。速度训练内容一般包括快速跑、冲刺跑和场地练习。快速跑一般采用从 400m 距离开始，然后逐渐减至 100m，快跑速度介于冲刺跑和中速跑之间。冲刺跑的距离通常应该在 60m 以内。场地练习和爬楼梯是提高中学排球运动员所需的无氧能量供应系统的最佳途径。

（3）耐力训练原则与方法。耐力素质是指有机体坚持长时间运动的能力。运动员要在竞赛全过程保持特定的运动强度或动作质量，就必须具备良好的耐力素质。排球运动要求运动员能在整个比赛过程中持续表现出最佳技能和体能。因此，训练中要注意安排长时间的专项对抗练习或专项练习。中学耐力素质是随着年龄的增长而逐渐提高的，训练必须以有氧耐力训练为主。中学耐力训练的内容手段应是多种多样的，不应只局限于长跑的练习，可选用活动性游戏、球类运动、骑自行车、滑冰、登山和循环练习等。中学进行耐力训练的基本方法以持续训练法为主，工作强度控制在30% ~60%，练习总时间为20分钟左右。练习与休息时间的比例可按1∶1安排。随年龄增长，到15岁以后可使用较大强度的间歇训练法，强度可达50%以上。

三、 中学生排球运动员训练应注意的问题

正确认识青少年排球运动员专项体能特点，宏观把握体能训练。充分认识和把握中学阶段青少年排球运动员的身体发育特点和专项体能特点，是合理设计体能训练计划的前提，充分挖掘运动员后天体能潜力，是体能训练的核心部分。

力量素质与速度素质是排球运动员体能训练的中心。力量素质与速度素质既是排球运动员专项素质中最重要的素质，又是灵敏与协调素质的基础。良好的力量素质是保证运动员能够适应大负荷训练和高强度比赛的前提；良好的速度素质是运动员向更高层次迈进的保证。因此，在运动员的体能训练中力量素质与速度素质应是重中之重。

重视灵敏与协调素质的训练。在当前的训练中往往轻视或忽略对灵敏与协调素质的训练，而灵敏与协调素质恰恰是运动员能够高效率、高质量投入比赛的重要因素。因此，在体能训练中应对这两项素质给予足够的重视，运用科学的训练方法加以训练。

正确处理训练与恢复的关系，避免运动损伤的发生。过度疲劳是运动损伤发生的主要原因。在训练中选择科学的训练方法、正确处理训练与恢复的关系，是提高训练效果、避免运动员发生运动损伤的有效途径。

制订长远计划，保持体能训练连续性。体能的阶段性特点决定了运动员的体能状况很难始终维持在较高的水平，制订长远、合理的训练计划是保持与提高运动员体能水平的有效途径。

四、 建立青少年排球运动员体能训练评价体系

应根据我国中学排球运动员体能的评价目的、要求、对象及训练水平来确定评定指标。体能训练水平的评价内容与指标体系应由机能类指标、运动素质类指标、技能体能类指标、心理类指标构成。一般包括速度能力、跳跃能力、耐力、机能恢复、专项技能、身体各部肌肉力量等。同时针对速度能力中的三角折返跑、变距折返跑；跳跃能力中的立定10级跳、助跑摸高、连

续纵跳；耐力能力中的1 000m跑、3 000m跑；机能恢复能力中的定量负荷后的心率恢复速度；专项技能中的大负荷练习后不同位置扣球、大负荷练习后定点拦网；身体各部肌肉力量中的上肢力量、下肢力量及躯干力量进行科学的评定。

排球运动是一项综合素质要求很高的运动项目。优良的体能是中学排球运动员充分发挥技战术水平的保证。因此，科学地、系统地、有计划地进行体能训练，采取与排球专项运动有密切联系，运用能够引起青少年兴趣的训练方法和手段，不断提高体能训练的效果，使我国中学排球运动水平不断提高，努力实现为国家培养和输送高水平排球人才的目的。

作者简介

孙冬：北京理工大学附属中学中级体育教师，海淀区骨干教师、海淀区学科带头人、海韵之星；北京市运动会海淀区“功勋教练”；全国优秀教练员；2011年被评为海淀区师德之星、荣获“十一五”期间教育科研先进个人。海淀区中学体育教学评优活动中教学设计被评为一等奖。2012年《我国中学排球运动员体能训练现状与对策研究》获得海淀区第十二届教育科研优秀论文一等奖。

后　记

本书是北京理工大学附属中学学术委员会依据教师2011—2014三年来在区、市、国家级刊物发表的获奖文章，从教育、教学两大方面进行编写的，于2013年12月进行规划，2014年3月上报学校审查通过。

本书集中反映了本校教师三年来基础教育教学研究与实验的成果和教育教学体会与感悟，凝聚了本校一线教师，尤其是各级学科带头人、骨干教师的智慧。我们感谢所有对本书编写、出版提供过帮助和支持的同人和理工大学出版社以及整体设计艺术指导的林杰社长等。

本书出版之前，我们通过多种渠道选用作品（包括照片、获奖时间、发表刊物名称及个人简介等）的作者进行多次联系，选编作品先后两次公示，皆得到他们的大力支持。对此，我们表示衷心的感谢！但因版面有限，相当部分老师发来多篇优秀文章只选用了一篇，敬请大家理解包涵。

我们真诚地希望广大教师、学生、家长和社会各界同人在阅读本书的过程中提出宝贵意见，并将这些意见和建议及时反馈给我们。让我们携起手来，共同完成北京理工大学附属中学教书育人和学校文化建设工作！

本书参编人员如下：

主要参编人员：马成霞　宋美虹　高丽红

统稿人：马成霞

联系方式：电　　话：010－53205795